Φ?

POR QUE FILOSOFIA?

Grupo Editorial Nacional

O GEN | Grupo Editorial Nacional – maior plataforma editorial brasileira no segmento científico, técnico e profissional – publica conteúdos nas áreas de ciências humanas, exatas, jurídicas, da saúde e sociais aplicadas, além de prover serviços direcionados à educação continuada e à preparação para concursos.

As editoras que integram o GEN, das mais respeitadas no mercado editorial, construíram catálogos inigualáveis, com obras decisivas para a formação acadêmica e o aperfeiçoamento de várias gerações de profissionais e estudantes, tendo se tornado sinônimo de qualidade e seriedade.

A missão do GEN e dos núcleos de conteúdo que o compõem é prover a melhor informação científica e distribuí-la de maneira flexível e conveniente, a preços justos, gerando benefícios e servindo a autores, docentes, livreiros, funcionários, colaboradores e acionistas.

Nosso comportamento ético incondicional e nossa responsabilidade social e ambiental são reforçados pela natureza educacional de nossa atividade e dão sustentabilidade ao crescimento contínuo e à rentabilidade do grupo.

MARILENA
CHAUI

Φ?

POR QUE FILOSOFIA?

gen | LTC

- A autora deste livro e a editora empenharam seus melhores esforços para assegurar que as informações e os procedimentos apresentados no texto estejam em acordo com os padrões aceitos à época da publicação, e todos os dados foram atualizados pela autora até a data de fechamento da edição original do livro. Entretanto, tendo em conta a evolução das ciências, as atualizações legislativas, as mudanças regulamentares governamentais e o constante fluxo de novas informações sobre os temas que constam do livro, recomendamos enfaticamente que os leitores consultem sempre outras fontes fidedignas, de modo a se certificarem de que as informações contidas no texto estão corretas e de que não houve alterações nas recomendações ou na legislação regulamentadora.
- Data do fechamento do livro: 20/09/2025
- A autora e a editora se empenharam para citar adequadamente e dar o devido crédito a todos os detentores de direitos autorais de qualquer material utilizado neste livro, dispondo-se a possíveis acertos posteriores caso, inadvertida e involuntariamente, a identificação de algum deles tenha sido omitida.
- **Atendimento ao cliente: (11) 5080-0751 | faleconosco@grupogen.com.br**

Publicado pelo selo **LTC**
Uma editora integrante do GEN | Grupo Editorial Nacional
Travessa do Ouvidor, 11
Rio de Janeiro – RJ – 20040-040
www.grupogen.com.br

- Capa: Leônidas Leite

- **CIP-BRASIL. CATALOGAÇÃO NA PUBLICAÇÃO
SINDICATO NACIONAL DOS EDITORES DE LIVROS, RJ**

C437p

Chaui, Marilena, 1941-
Por que filosofia? / Marilena Chaui. - 1. ed. - Rio de Janeiro : LTC, 2026.

Inclui bibliografia
ISBN 9788521639305

1. Filosofia. I. Título.

CDD: 100
25-100938.0 CDU: 1

Carla Rosa Martins Gonçalves - Bibliotecária - CRB-7/4782

Prefácio

"A filosofia é uma ciência com a qual e sem a qual o mundo permanece tal e qual."

Conhecida de todos os que estudam e fazem filosofia, essa afirmação significa, em termos simples, que a filosofia não serve para coisa alguma e que, sem ela, vamos muito bem, obrigado.

Também é muito conhecida a anedota sobre o primeiro filósofo, Tales de Mileto. Conta a lenda que Tales, olhando para o céu, caiu num buraco. Uma mulher que por ali passava riu e gritou: "Ei, Tales! Você fica olhando para o céu e não sabe onde pisa aqui na terra!". A filosofia é uma distração, um devaneio.

Numa palavra: afinal, para que e por que filosofia?

Este livro espera refutar a afirmação da inutilidade desse saber e indicar que este se volta para o mundo em que vivemos para conhecê-lo e compreendê-lo, criticando o senso comum e seus preconceitos tanto no plano do saber como no da ação ética, artística e política.

Marilena Chaui

Sumário

Introdução, 1

O mundo da cultura, 1

CAPÍTULO 1 A Filosofia, 9

A atitude Filosófica, 9

O mito da caverna, 10

O que é a Filosofia?, 17

A origem da Filosofia, 24

Períodos de investigação da Filosofia grega, 28

Os campos do conhecimento filosófico, 37

A herança aristotélica, 38

CAPÍTULO 2 A Filosofia na História, 41

Os principais períodos da Filosofia, 42

Aspectos da Filosofia contemporânea, 49

A Filosofia: seus temas, suas disciplinas e seus campos de estudo, 59

CAPÍTULO 3 A Razão, 63

Os vários sentidos da palavra *razão*, 63

Origem da palavra *razão*, 65

Os princípios racionais, 66

A atividade racional e suas modalidades, 69

A razão é inata ou adquirida?, 77

A solução de Leibniz, 82

A solução de Kant, 83

O que é a razão?, 85

A resposta de Hegel, 88

Por que a razão é histórica?, 89

Empiristas, kantianos e hegelianos hoje, 90

Recapitulando, 93

CAPÍTULO 4 A Verdade, 95

Ignorância e verdade – a verdade como um valor, 95

Buscando a verdade, 98

A verdade para a Filosofia Analítica, 103

As concepções da verdade e a História, 105

As exigências fundamentais da verdade, 106

CAPÍTULO 5 O Conhecimento, 107

A preocupação com o conhecimento – o conhecimento e os primeiros filósofos, 107

Princípios gerais, 111

Os filósofos clássicos ou modernos e a teoria do conhecimento, 112

A consciência, 119

O inconsciente, 123

A psicanálise, 123
A alienação social, 128
A ideologia, 133

CAPÍTULO 6 A Lógica, 139
O nascimento da Lógica, 139
A dialética platônica, 141
Aristóteles e os elementos da Lógica, 142
O legado aristotélico, 150

CAPÍTULO 7 A Metafísica, 155
O surgimento da Metafísica, 155
As aventuras da Metafísica, 160
A ontologia contemporânea, 167

CAPÍTULO 8 A Ciência, 175
A atitude científica, 175
A ciência na História, 180
O ideal científico e a razão instrumental, 186

CAPÍTULO 9 A Religião, 199
A experiência do sagrado e a instituição da religião, 199

CAPÍTULO 10 A Arte, 217
O universo das artes, 217
Arte e Filosofia, 229
Arte e sociedade, 238

CAPÍTULO 11 A Ética, 245
A existência ética, 245
A filosofia moral, 253
Ética e psicanálise, 271
Ética e Ciência, 281

CAPÍTULO 12 A Política, 287
A vida política, 287
As filosofias políticas: Antiguidade e Idade Média, 292
Os regimes políticos, 297
As filosofias políticas: de Maquiavel às teorias revolucionárias, 304
A política contra a servidão voluntária, 323
As experiências políticas do século XX, 345
A questão democrática, 359

CAPÍTULO 13 Comunicação e Informação, 365
Os meios de comunicação, 365

Leituras Recomendadas, 385

Indicações Bibliográficas, 387

Introdução

O mundo da cultura

A Filosofia é uma das criações mais originais e únicas do pensamento ocidental, e dela nasceu a concepção ocidental da ciência e das ações humanas na ética, na política e nas artes. Pertence, por isso, ao que chamamos de *mundo da cultura*. Por esse motivo, antes de irmos à Filosofia, precisamos compreender o que é a Cultura.

A ideia de Cultura

Para pensarmos sobre a ideia de cultura precisamos, inicialmente, lembrar que, a partir dos séculos XVIII e XIX, o pensamento ocidental estabeleceu a distinção entre Natureza e Cultura; por isso, começaremos por uma caracterização geral dos vários sentidos que o Ocidente atribui à Natureza para, a seguir, passarmos à Cultura.

Natureza possui vários sentidos:

- princípio de vida ou princípio ativo que anima e movimenta os seres. Neste sentido, fala-se em "deixar agir a Natureza" ou "seguir a Natureza" para se referir ao que seria uma força espontânea, capaz de gerar e de cuidar de todos os seres por ela gerados;
- essência própria de um ser ou aquilo que um ser é necessariamente. Neste sentido, a natureza de alguma coisa é o conjunto de qualidades, propriedades e atributos que a definem, é seu caráter ou sua índole inata, espontânea. Aqui, natural ou inato se opõe a acidental (o que pode ser ou deixar de ser) e a adquirido por costume ou pela relação com as circunstâncias;
- organização universal e necessária dos seres segundo uma ordem regida por leis universais. Neste sentido, a Natureza se caracteriza pelo ordenamento dos seres, pela regularidade dos fenômenos ou dos fatos, pela frequência, constância e repetição de encadeamentos fixos entre as coisas, isto é, de relações de causalidade entre elas.

Em outros termos, a Natureza é a ordem e a conexão universal e necessária entre as coisas, expressas em leis naturais;

- tudo o que existe no Universo sem a intervenção da vontade e da ação humanas. Neste sentido, *Natureza* ou *natural* opõe-se a *artificial, artefato, artifício, técnico* e *tecnológico*. Natural é tudo quanto se produz e se desenvolve sem qualquer interferência humana;
- conjunto de tudo quanto existe e é percebido pelos humanos como o meio ambiente no qual vivem. A Natureza, aqui, tanto significa o conjunto das condições físicas onde vivemos como aquelas coisas que contemplamos com emoção (a paisagem, o mar, o céu, as estrelas, terremotos, eclipses, tufões, erupções vulcânicas etc.). A Natureza é o mundo visível como meio ambiente e como aquilo que existe fora de nós, mesmo que provoque ideias e sentimentos em nós;
- para as ciências contemporâneas, a Natureza não é apenas a realidade externa, dada e observada, percebida diretamente por nós, mas é um objeto de conhecimento elaborado pelas próprias operações científicas para explicar a realidade externa.

Quanto à *Cultura*, dois são seus significados iniciais:

1. Na Antiguidade, vinda do verbo latino *colere*, que significa cultivar, criar, tomar conta e cuidar, *Cultura* significava o cuidado humano com a Natureza – donde: agricultura. Significava também cuidado humano com os deuses – donde: culto. Significava ainda o cuidado com a alma e o corpo das crianças, com sua educação e formação – donde: puericultura (em latim, *puer* significa menino; *puera*, menina), de maneira que a cultura era o cultivo ou a educação do espírito das crianças para tornarem-se membros excelentes ou virtuosos da sociedade pelo aperfeiçoamento e refinamento das qualidades naturais (caráter, índole, temperamento). Com este sentido ela correspondia ao que os gregos chamavam de *paideia*, a formação ou educação do corpo e do espírito dos membros da sociedade (de *paideia* vem a nossa palavra pedagogia).

Nesse primeiro sentido, *Cultura* era o aprimoramento da natureza humana pela educação em sentido amplo, isto é, como formação das crianças não só pela alfabetização, mas também pela iniciação à vida da coletividade por meio do aprendizado da dança e da ginástica (para a educação ou formação do corpo, preparando-o para as atividades da guerra), e de exercícios mentais, com o aprendizado de gramática, poesia, oratória ou eloquência, história, ciências e filosofia (para a formação do espírito, preparando-o para as atividades da política). A pessoa culta era a pessoa fisicamente bem preparada, moralmente virtuosa, politicamente consciente e participante, intelectualmente desenvolvida pelo conhecimento das ciências, das artes e da filosofia.

Podemos observar que, nesse primeiro sentido, *Cultura* e *Natureza* não se opunham. Os humanos eram considerados seres naturais, embora diferentes dos animais e das plantas, porque dotados de linguagem e de pensamento, isto é, porque possuem espírito.

Sua natureza, porém, não poderia ser deixada por conta própria, porque tenderia a ser agressiva, destrutiva, ignorante, precisando, por isso, ser educada, formada, cultivada de acordo com os ideais de sua sociedade. Nessa perspectiva, a *Cultura* é uma *segunda natureza*, que a educação e os costumes acrescentam à natureza de cada um, isto é, uma natureza *adquirida*, que melhora, aperfeiçoa e desenvolve a natureza *inata* de cada um.

2. No entanto, a partir do século XVIII, *Cultura* passa a significar *os resultados e as consequências daquela* formação ou educação dos seres humanos, resultados expressos em obras, feitos, ações e instituições: as técnicas e os ofícios, as artes, as religiões, a filosofia, as ciências, a moral e a política. Torna-se sinônimo de *civilização* porque os pensadores julgavam que os resultados da formação-educação se manifestam com maior clareza e nitidez nas formas de organização da vida social e política ou na *vida civil*, pois a palavra "civil" vem do latim: *cives*, cidadão, de onde vem *civitas*, a Cidade-Estado, donde *civilização*.

Nesse segundo sentido, tem início a separação e, posteriormente, a oposição entre *Natureza* e *Cultura*. Os pensadores passam a considerar que há entre os humanos e a Natureza uma diferença essencial: esta opera por causalidade necessária, ou de acordo com leis necessárias de causa e efeito, mas os humanos são dotados de liberdade e razão, agindo por deliberação e escolha, de acordo com valores e fins estabelecidos por eles próprios. Por conseguinte, a *Natureza* é o campo da necessidade causal, ou de séries ordenadas de causas e efeitos que operam por si mesmos, sem depender da vontade de algum agente; em contrapartida, a *Cultura* é o mundo instituído pela ação humana, que opera escolhendo livremente seus atos, dando a eles sentido, finalidade e valor porque instituem as distinções (inexistentes na Natureza) entre bom e mau, verdadeiro e falso, útil e nocivo, justo e injusto, belo e feio, legítimo e ilegítimo, possível e impossível, sagrado e laico.

À medida que esse segundo sentido foi prevalecendo, além de civilização, *Cultura* passou também a significar a relação que os seres humanos socialmente organizados estabelecem com o tempo e com o espaço, com os outros seres humanos e com a Natureza, relações que se transformam no tempo e variam conforme as condições do meio ambiente. Assim, *Cultura* torna-se sinônimo de *História*.

Desse modo, a distinção entre *Natureza* e *Cultura* passa a levar em conta a diferença na maneira como o tempo se realiza: na Natureza, o tempo é *repetição* (o dia sempre sucede à noite, as estações do ano se sucedem sempre da mesma forma, as espécies vegetais e animais se reproduzem sempre da mesma maneira, os astros realizam sempre os mesmos movimentos etc.). Em contrapartida, o tempo da Cultura é o da *transformação* (isto é, das mudanças nos costumes, nas leis, nas emoções, nos pensamentos, nas técnicas, no vestuário, na alimentação, na linguagem, nas instituições sociais e políticas etc.). Em outras palavras, o tempo da Cultura é a *história*. O tempo cultural é o tempo das obras e instituições humanas – religião, artes, ciências, filosofia, instituições sociais, instituições políticas, formas do trabalho. A cada período de sua temporalidade, Cultura assume uma nova forma e um novo sentido.

A partir do século XIX, para vários filósofos e historiadores, o surgimento da Cultura se dá no momento em que os humanos produzem as primeiras transformações na Natureza pela ação do *trabalho*. Com o trabalho, os seres humanos produzem objetos inexistentes na Natureza (casa, utensílios, instrumentos, vestuário), organizam-se socialmente para realizá-lo, dividindo as tarefas entre homens e mulheres, adultos e crianças. Para aumentarem os recursos produzidos, instituem a família e as relações de parentesco, as aldeias e vilas. Para protegê-las, inventam as armas e a guerra. Para conseguirem sempre condições favoráveis para o trabalho e para a melhoria do que produzem, invocam e adoram forças divinas, instituindo a religião. Os vários agrupamentos humanos, nascidos do trabalho e dos sistemas de parentesco, trocam entre si produtos de seus trabalhos, inventando o comércio. As desigualdades surgem quando uma parte da comunidade toma para si, como propriedade privada, terras, animais, águas: aí começa, então, a divisão social de onde surgirão as classes sociais e os conflitos e, destes, a instituição do poder.

A esses sentidos, a partir do século XX, a Antropologia acrescentou um terceiro, que permanece até nossos dias. Como vimos, a partir do século XVIII, os pensadores consideraram que os humanos diferem da Natureza graças ao pensamento, à linguagem e à ação voluntária livre; e, no século XIX, viram no trabalho a ação instituidora da Cultura. Os antropólogos, a partir do século XX, sem negar a afirmação dos pensadores anteriores, procuraram uma *ação determinada* com a qual os seres humanos instituem a Cultura propriamente dita. Em outros termos, os antropólogos também consideram que as condições para que haja Cultura são o pensamento, a linguagem, a ação voluntária e o trabalho, porém julgam que não basta apontar essas condições, pois é preciso dizer qual ação os homens praticaram ou que decisão tomaram para fazê-los passar da possibilidade da Cultura à realidade efetiva dela.

Para muitos antropólogos, a Cultura foi instituída quando os humanos marcaram simbolicamente sua diferença com relação à Natureza ao decretar uma lei que não poderá ser transgredida, e, se o for, a comunidade exigirá reparação com a morte do transgressor: trata-se da lei da *proibição do incesto*, lei inexistente entre os animais. Essa lei dá início à sexualidade propriamente humana, que não é apenas a satisfação imediata de uma necessidade biológica, mas é definida por regras que instituem o proibido e o permitido na expressão do desejo. Os seres humanos dão um *sentido* à sexualidade.

Para alguns antropólogos, além dessa lei, há ainda mais uma que estabelece a diferença entre Cultura e Natureza e que também não pode ser transgredida: a lei que separa *o cru do cozido*, lei também inexistente entre os animais. A separação entre o cru e o cozido e a exigência de que os humanos comam alimentos que passaram pelo fogo colocam a culinária no ponto inicial da cultura. Como a sexualidade humana, assim também a alimentação humana não é apenas a satisfação de uma necessidade biológica de sobrevivência, mas está ligada a regras que lhe dão um *sentido* propriamente humano.

Essas duas primeiras leis estruturam o mundo humano a partir da oposição entre puro (permitido) e impuro (proibido), oposição inexistente para todo o restante da Natureza.

A Cultura como ordem simbólica

A Cultura é instituída no momento em que humanos instituem para si próprios regras e normas de conduta que asseguram a existência e conservação da comunidade e, por isso, devem ser obedecidas sob pena de punição (esta podendo ir desde um castigo ou a expulsão para longe do grupo de origem até a pena de morte).

O que é uma lei humana? A lei humana é um mandamento social que organiza toda a vida dos indivíduos e da comunidade, tanto porque determina o modo de estabelecimento dos costumes e de sua transmissão de geração a geração como porque preside as ações que criam as instituições sociais (religião, família, formas do trabalho, guerra e paz, distribuição das tarefas, formas do poder etc.). A lei não é uma simples proibição para certas coisas e obrigação para outras, mas é a afirmação de que os humanos são capazes de criar uma ordem de existência que não é simplesmente natural (física, biológica). Essa ordem é a *ordem simbólica*.

A ordem simbólica consiste na capacidade humana para dar às coisas um sentido que está além de sua presença material, isto é, pela capacidade de atribuir significações e valores às coisas e aos humanos, distinguindo entre bem e mal, verdade e falsidade, beleza e feiura; determinando se uma coisa ou uma ação é justa ou injusta, legítima ou ilegítima, desejável ou execrável, possível ou impossível. É essa dimensão simbólica que é instituída com a lei da proibição do incesto e a lei da proibição do cru. Por que *simbólica*? Porque todos os seres passam a ter um sentido que não se confunde com a materialidade das coisas e a mera presença de outros seres humanos. É assim, por exemplo, que uma montanha ganha um sentido novo quando é considerada a morada dos deuses ou quando é considerada o limite do mundo, nada mais havendo para além dela; e, da mesma maneira, um ser humano recebe um sentido novo quando é visto como pai ou mãe, filho ou filha, amigo(a) ou inimigo(a), superior, igual ou inferior.

Graças à linguagem, os humanos tornam presente algo ausente e, graças ao trabalho, tomam consciência do tempo e das diferenças temporais (passado, presente, futuro), assim como tomam consciência da morte e lhe dão um sentido; organizam o espaço, humanizando-o (isto é, dando sentido ao próximo e ao distante, ao alto e ao baixo, ao grande e ao pequeno, ao visível e ao invisível). A diferenciação temporal e espacial permite que os seres humanos se relacionem com o ausente, diferenciando não só o presente do passado e do futuro e o próximo do distante, mas também distinguindo o sagrado do profano, os deuses dos homens.

Definindo a Cultura

Podemos, então, definir a Cultura tendo como referência seus três sentidos principais, quais sejam:

1. criação da *ordem simbólica da lei*, isto é, de sistemas de interdições e obrigações, estabelecidos a partir da atribuição de valores às coisas (boas, más, perigosas,

desejáveis, indesejáveis, sagradas, diabólicas etc.), aos humanos e às suas relações (diferença sexual, significado da virgindade, fertilidade, virilidade; diferença etária e forma de tratamento das crianças, dos mais velhos e mais jovens; formas de tratamento dos amigos e dos inimigos; formas de autoridade e formas de relação com o poder etc.) e aos acontecimentos (significado da guerra, da peste, da fome, do nascimento e da morte, obrigação de enterrar os mortos etc.);

2. criação da *ordem simbólica das relações entre os humanos e deles com a Natureza*, isto é, a ordem simbólica da sexualidade, da linguagem, do trabalho, do espaço, do tempo, do sagrado e do profano, do visível e do invisível. Os símbolos surgem tanto para representar como para interpretar a realidade, dando-lhe sentido pela presença do humano no mundo;
3. conjunto de *práticas, comportamentos, ações e instituições* pelas quais os humanos se relacionam entre si e com a Natureza e dela se distinguem, agindo sobre ela ou por meio dela, modificando-a (rituais do trabalho, rituais religiosos, rituais sexuais e de constituição da família, regras de educação das crianças, regras da relação com as pessoas idosas, construção de habitações, fabricação de utensílios e instrumentos, agricultura, culinária, tecelagem, vestuário, formas da guerra e da paz, dança, música, pintura, escultura, formas da autoridade etc.).

Na realidade, não existe *"a" Cultura*, no singular, mas existem *Culturas*, no plural, pois os sistemas de proibição e permissão, as instituições sociais, religiosas, políticas, os valores, as crenças, os comportamentos variam de formação social para formação social e podem mudar em uma mesma sociedade no decorrer do tempo, pois toda cultura é histórica.

A esse sentido amplo podemos acrescentar outro, mais restrito, proveniente do primeiro sentido da Cultura, definido na Antiguidade, isto é, de cultivo do espírito: a Cultura como criação de obras da sensibilidade e da imaginação – as obras de arte – e como criação de obras da inteligência e da reflexão – as obras de pensamento, isto é, a ciência e a filosofia.

É esse sentido restrito que leva o *senso comum* a identificar Cultura e escola (educação formal), de um lado, e, de outro, a identificar Cultura e belas-artes (música, pintura, escultura, dança, literatura, teatro, cinema etc.). É também esse sentido que leva à distinção entre "cultos" e "incultos", entendida como os instruídos com escolaridade e os desprovidos dela.

Cultura popular

A distinção entre "cultos" e "incultos", que apaga o sentido amplo da Cultura, não é inexplicável, pois a pluralidade cultural não se refere apenas às diferenças temporais e espaciais das sociedades, mas também às divisões sociais ou às divisões de classe das sociedades, que, por isso, não possuem a unidade cultural que caracteriza uma comunidade. Em outras palavras, uma *comunidade* se define pela igualdade entre seus membros, que participam da mesma cultura; ao contrário, em uma *sociedade* a divisão social das classes traz a marca da desigualdade entre seus membros.

Cultura popular, entretanto, não é um conceito óbvio, bastando nos referirmos aos três tratamentos principais que ela recebeu. O primeiro, no Romantismo do século XIX, que afirma que cultura popular é a cultura do povo bom, verdadeiro e justo, ou aquela que exprime a alma da nação e o espírito do povo; o segundo, vindo da Ilustração Francesa do século XVIII, considera cultura popular o resíduo de tradição, misto de superstição e ignorância a ser corrigido pela educação do povo; e o terceiro, vindo dos populismos do século XX, mistura a visão romântica com a iluminista, mantendo, da visão romântica, a ideia de que a cultura feita pelo povo só por isso é boa e verdadeira, e mantendo, da visão iluminista, a ideia de que essa cultura, por ser feita pelo povo, tende a ser tradicional e atrasada com relação ao seu tempo, precisando, para atualizar-se, de uma ação pedagógica, realizada pelo Estado ou por uma vanguarda política.

Cada uma dessas concepções da cultura popular configura opções políticas bastante determinadas: a romântica busca universalizar a cultura popular por meio do nacionalismo, ou seja, transformando-a em cultura nacional; a ilustrada ou iluminista propõe a desaparição da cultura popular por meio da educação formal, a ser realizada pelo Estado; e a populista pretende trazer a "consciência correta" ao povo para que a cultura popular se torne revolucionária (na perspectiva das vanguardas de esquerda) ou se torne sustentáculo do Estado (na perspectiva dos populismos de direita).

Nos capítulos adiante, veremos algumas das principais manifestações da Cultura, tendo como critério a Filosofia, isto é, não apenas a maneira como a Filosofia interpreta suas atividades e ideias próprias, mas também as atividades e ideias das outras manifestações culturais (linguagem, ciência, religião, sociedade, ética, artes, política).

CAPÍTULO 1
A Filosofia

A atitude filosófica

Conhece-te a ti mesmo

Havia, na Grécia antiga, na cidade de Delfos, um santuário dedicado ao deus Apolo, deus da luz, da razão e do conhecimento verdadeiro, patrono da sabedoria. Sobre o portal de entrada desse santuário, estava escrita a grande mensagem do deus ou o principal oráculo de Apolo: *gnothi seauton*, conhece-te a ti mesmo. Um ateniense, chamado Sócrates, foi ao santuário consultar a sibila desse templo, pois em Atenas, onde morava, muitos diziam que ele era um sábio e ele desejava saber o que era um sábio e se poderia ser chamado de sábio. Desejava um oráculo, uma mensagem enviada pelo deus a uma sibila. Esta lhe perguntou: "o que você sabe?". Ele respondeu: "só sei que nada sei". Ao que sibila lhe transmitiu o oráculo apolíneo dizendo: "Sócrates é o mais sábio de todos os homens, pois é o único que sabe que não sabe". Sócrates jamais se contentou com as opiniões estabelecidas, com os preconceitos de sua sociedade, com as crenças inquestionadas de seus conterrâneos.

Andava pelas ruas de Atenas indagando aos atenienses "o que **é** isso em que você acredita?", "o que **é** isso que você está dizendo?", "o que **é** isso que você está fazendo?". Os atenienses achavam, por exemplo, que sabiam o que eram a justiça e a coragem tão valorizadas pelos gregos. Sócrates lhes fazia perguntas de tal maneira que não só contradiziam uns aos outros, mas também se davam conta de que suas próprias opiniões eram contraditórias. Embaraçados e confusos, chegavam à conclusão de que não sabiam o que supunham saber. Os atenienses acreditavam que sabiam o que eram a bondade, a beleza, a verdade, mas um prolongado diálogo com Sócrates os fazia perceber que não sabiam verdadeiramente o que era aquilo em que acreditavam.

A pergunta socrática "o que é?" era a pergunta sobre a realidade essencial e profunda de algo, para além das aparências e contra as aparências. Com essa pergunta, Sócrates levava os atenienses a descobrir a diferença entre parecer e ser, entre a mera crença ou opinião e a verdade.

Sócrates era filho de uma parteira. Ele dizia que sua mãe ajudava o nascimento dos corpos e que ele também era um parteiro, mas não de corpos, e sim de almas, auxiliando as mentes a libertarem-se das aparências e buscarem a verdade, pois é esse o percurso que leva das trevas da ignorância à luminosidade do saber verdadeiro. Podemos compreender como Sócrates concebia esse percurso acompanhando uma das mais célebres e famosas passagens de um escrito de um de seus discípulos, o filósofo Platão. Essa passagem encontra-se em uma obra intitulada *A república* e chama-se "o mito da caverna".

O mito da caverna

Imaginemos, escreve Platão, uma caverna separada do mundo exterior por um alto muro. Entre este e o chão da caverna há uma fresta por onde passa alguma luz externa, deixando a caverna na obscuridade quase completa. Desde seu nascimento, geração após geração, seres humanos ali estão acorrentados, sem poder mover a cabeça na direção da entrada, nem locomover-se até ela, forçados a olhar apenas a parede do fundo, vivendo sem nunca ter visto o mundo exterior nem a luz do Sol. Estão quase no escuro e imobilizados. Abaixo do muro, do lado de dentro da caverna, há um fogo que ilumina vagamente o interior sombrio e faz que as coisas que se passam do lado de fora sejam projetadas como sombras nas paredes do fundo da caverna (se quisermos ter uma ideia da descrição platônica, pensemos na caverna como se fosse uma sala de cinema e o fogo como a luz de um projetor de filmes). Do lado de fora da caverna, pessoas passam conversando e carregando nos ombros figuras ou imagens de homens, mulheres, animais cujas sombras também são projetadas na parede da caverna. Nunca tendo visto o mundo exterior, os prisioneiros julgam que as sombras de coisas e pessoas, os sons de suas falas e as imagens que transportam nos ombros são as próprias coisas externas, e que os artefatos (as figuras e imagens que alguns transportam) são seres vivos que se movem e falam.

Os prisioneiros se comunicam, dando nomes às coisas que julgam ver (sem vê-las realmente, pois estão na obscuridade), e imaginam que o que escutam, e que não sabem que são sons vindos de fora, são as vozes das próprias sombras e não dos seres humanos cujas imagens estão projetadas na parede da caverna. Também imaginam que os sons produzidos pelos artefatos que essas pessoas carregam nos ombros são vozes de seres reais. Qual é, pois, a situação dessas pessoas aprisionadas? Tomam sombras por realidade, tanto as sombras das coisas e dos seres humanos exteriores como as sombras dos artefatos fabricados por eles. Essa confusão, porém, não tem como causa um defeito na natureza dos prisioneiros, e sim decorre das condições adversas em que se encontram.

O que aconteceria se fossem libertados dessa condição miserável?

Um dos prisioneiros, inconformado com essa situação, decide abandoná-la. Com as pedras, fabrica um instrumento com o qual quebra os grilhões. De início, move a cabeça, depois o corpo todo; a seguir, avança na direção da saída da caverna e escala o muro.

Enfrentando as durezas de um caminho íngreme e difícil, sai da caverna. No primeiro instante, fica totalmente cego pela luminosidade do sol, com a qual seus olhos não estão acostumados. Enche-se de dor por causa dos movimentos que seu corpo realiza pela primeira vez e pelo ofuscamento de seus olhos sob a ação da luz externa, muito mais forte do que o fraco brilho do fogo que havia no interior da caverna. Sente-se dividido entre a incredulidade e o deslumbramento. Incredulidade, porque será obrigado a decidir onde se encontra a realidade: no que vê agora ou nas sombras em que sempre viveu. Deslumbramento (literalmente: ferido pela luz), porque seus olhos não conseguem ver com nitidez as coisas iluminadas. Seu primeiro impulso é retornar à caverna para livrar-se da dor e do espanto, atraído pela escuridão, que lhe parece mais acolhedora. Além disso, precisa aprender a ver e esse aprendizado é doloroso, fazendo-o desejar a caverna, onde tudo lhe é familiar e conhecido.

Sentindo-se sem disposição para regressar à caverna por causa da rudeza do caminho, o prisioneiro permanece no exterior. Aos poucos, habitua-se à luz e começa a ver o mundo. Encanta-se, tem a felicidade de finalmente ver as próprias coisas, descobrindo que estivera prisioneiro a vida toda e que, em sua prisão, vira apenas sombras. Doravante, desejará ficar longe da caverna para sempre e lutará com todas as suas forças para jamais regressar a ela. No entanto, não pode evitar lastimar a sorte dos outros prisioneiros e, por fim, toma a difícil decisão de regressar ao subterrâneo sombrio para contar aos demais o que viu e convencê-los a se libertarem também.

O que lhe acontece nesse retorno? Os demais prisioneiros zombam dele, não acreditando em suas palavras e, se não conseguirem silenciá-lo com suas caçoadas, tentarão fazê-lo espancando-o e, se mesmo assim ele teimar em afirmar o que viu e convidá-los a sair da caverna, certamente acabarão por matá-lo. Entretanto, quem sabe, alguns poderão ouvi-lo e, contra a vontade dos demais, também decidir sair da caverna rumo à realidade?

O que é a caverna? O mundo de aparências em que vivemos. Que são as sombras projetadas no fundo? As coisas que percebemos. Que são os grilhões e as correntes? Nossos preconceitos e opiniões, nossa crença de que o que estamos percebendo é a realidade. Quem é o prisioneiro que se liberta e sai da caverna? O filósofo. O que é a luz do sol? A luz da verdade. O que é o mundo iluminado pelo sol da verdade? A realidade. Qual o instrumento que liberta o prisioneiro rebelde e com o qual ele deseja libertar os outros prisioneiros? A Filosofia.

Nossas crenças costumeiras

Em nossa vida cotidiana, afirmamos, negamos, desejamos, aceitamos ou recusamos coisas, pessoas, situações. Fazemos perguntas como "que horas são?", ou "que dia é hoje?". Dizemos frases como "ele está sonhando", ou "ela ficou maluca". Fazemos afirmações como "onde há fumaça, há fogo", ou "não saia na chuva para não se resfriar". Avaliamos coisas e pessoas, dizendo, por exemplo, "esta casa é mais bonita do que a outra" e "Maria está mais jovem do que Jussara".

Em uma disputa, quando os ânimos estão exaltados, um dos contendores pode gritar ao outro: "Mentiroso! Eu estava lá e não foi isso o que aconteceu", e alguém, querendo acalmar os contendores, pode dizer: "Vamos pôr a cabeça no lugar, cada um seja bem objetivo e diga o que viu, porque assim todos poderão se entender".

Também é comum ouvirmos dizer que, quando o assunto é o amor, não somos capazes de ver as coisas tais como elas são, que vemos o que ninguém vê e não vemos o que todo mundo está vendo. Dizem que somos "muito subjetivos", ou, como diz o ditado, "quem ama o feio, bonito lhe parece".

Vejamos um pouco mais de perto o que dizemos em nosso cotidiano.

Quando pergunto "que horas são?" ou "que dia é hoje?", minha expectativa é a de que alguém, tendo um relógio ou um calendário, me dê a resposta exata. Em que acredito quando faço a pergunta e aceito a resposta? Acredito que o tempo existe, que ele passa, pode ser medido em horas e dias, que o que já passou é diferente de agora e o que virá também há de ser diferente deste momento, que o passado pode ser lembrado ou esquecido, e o futuro, desejado ou temido. Assim, uma simples pergunta contém, silenciosamente, várias crenças.

Por que *crenças*? Porque são coisas ou ideias em que acreditamos sem questionar, que aceitamos porque são óbvias, evidentes. Afinal, quem não sabe que ontem é diferente de amanhã, que o dia tem horas e que elas passam sem cessar?

Quando digo "ele está sonhando" para me referir a alguém que está acordado e diz ou pensa alguma coisa que julgo impossível ou improvável, tenho igualmente muitas crenças silenciosas: acredito que sonhar é diferente de estar acordado, que, no sonho, o impossível e o improvável se apresentam como possível e provável, e também que o sonho se relaciona com o irreal ou ilusório enquanto a vigília se relaciona com o que existe realmente. Acredito, portanto, que a realidade existe fora de mim, que posso percebê-la e conhecê-la tal como é, e, por isso, creio que sei diferenciar realidade de ilusão. A frase "ela ficou maluca" contém essas mesmas crenças e mais uma: a de que sabemos diferenciar entre sanidade mental e loucura, que a sanidade mental se chama razão e que doida ou louca é a pessoa que perde a razão e inventa uma realidade existente só para ela. Assim, ao acreditar que sei distinguir entre razão e loucura, acredito também que a razão se refere a uma realidade que é a mesma para todos, ainda que não gostemos das mesmas coisas ou nos relacionemos de maneiras diferentes com elas.

Quando alguém diz "onde há fumaça, há fogo" ou "não saia na chuva para não se resfriar", afirma silenciosamente muitas crenças: acredita que existem relações de causa e efeito entre as coisas, que onde há uma coisa certamente há uma causa para ela, ou que essa coisa é causa de outra (o fogo é uma causa e a fumaça é seu efeito, a chuva é causa do resfriado ou o resfriado é efeito da chuva). Acreditamos, assim, que a realidade é feita de causalidades, que as coisas, os fatos, as situações se encadeiam em relações de causa e efeito que podem ser conhecidas por nós e até mesmo controladas por nós para o uso de nossa vida.

Quando dizemos que uma casa é mais bonita do que a outra, ou que Maria está mais jovem do que Luíza, acreditamos que as coisas, as pessoas, as situações, os fatos podem ser comparados e avaliados, julgados por sua qualidade (bonito, feio, bom, ruim, jovem, velho, engraçado, triste, limpo, sujo) ou por sua quantidade (muito, pouco, mais, menos, maior, menor, grande, pequeno, largo, estreito, comprido, curto). Julgamos, assim, que as qualidades e as quantidades existem, que podemos conhecê-las e usá-las em nossa vida.

Se, por exemplo, dizemos que "o sol é maior do que o vemos", estamos acreditando que nossa percepção alcança as coisas de modos diferentes, às vezes tais como são em si mesmas (a página deste livro, bem à nossa frente, é percebida como branca e, de fato, ela o é), outras vezes tais como nos parecem (o sol, de fato, é maior do que o disco dourado que vemos ao longe), dependendo da distância, de nossas condições de visibilidade ou da localização e do movimento dos objetos. Por isso acreditamos que nossa visão pode ver as coisas diferentemente do que elas são, mas nem por isso diremos que estamos sonhando ou que ficamos loucos.

Acreditamos, assim, que vemos as coisas nos lugares em que elas estão ou a partir do lugar em que estamos e que a percepção visual varia conforme elas estejam próximas ou distantes de nós. Isso significa que acreditamos que elas e nós ocupamos lugares no espaço e, portanto, cremos que este existe, pode ser diferenciado (perto, longe, alto, baixo) e medido (comprimento, largura, altura). Em uma discussão, quando alguém chama o outro de mentiroso porque não estaria dizendo os fatos exatamente como aconteceram, está presente a nossa crença de que há diferença entre verdade e mentira. A primeira diz as coisas tais como são, enquanto a segunda faz exatamente o contrário, distorcendo a realidade.

No entanto, consideramos a mentira diferente do sonho, da loucura e do erro porque o sonhador, o louco e o que erra se iludem involuntariamente, enquanto o mentiroso decide voluntariamente deformar a realidade e os fatos.

Com isso, acreditamos que o erro e a mentira são falsidades, mas diferentes porque somente na mentira há a decisão de falsear.

Ao diferenciarmos erro de mentira, considerando o primeiro uma ilusão ou um engano involuntário e a segunda uma decisão voluntária, manifestamos silenciosamente a crença de que somos seres dotados de vontade e que dela depende dizer a verdade ou a mentira.

Ao mesmo tempo, porém, nem sempre avaliamos a mentira como algo ruim: não gostamos tanto de ler romances, ver novelas, assistir a filmes? E não são mentira? É que também acreditamos que, quando alguém nos avisa que está mentindo, a mentira é aceitável, não seria uma mentira "pra valer".

Quando distinguimos entre verdade e mentira e distinguimos mentiras inaceitáveis de mentiras aceitáveis, não estamos apenas nos referindo ao conhecimento ou ao desconhecimento da realidade, mas também ao caráter da pessoa, à sua moral. Acreditamos, portanto, que as pessoas, porque possuem vontade, podem ser morais ou imorais, pois cremos que a vontade é o poder para escolher entre o bem e o mal. Sobretudo, acreditamos que exercer tal poder é exercer a liberdade, pois acreditamos que somos livres porque escolhemos voluntariamente nossas ações, nossas ideias, nossos sentimentos.

Na discussão, quando uma terceira pessoa pede às outras duas para "pôr a cabeça no lugar" e que sejam "objetivas", ou quando falamos dos apaixonados como incapazes de ver as coisas como são ou como sendo "muito subjetivos", também temos várias crenças silenciosas. De fato, acreditamos que, quando alguém quer defender muito intensamente um ponto de vista, uma preferência, uma opinião e é até capaz de brigar por isso, pode "perder a objetividade" e deixar-se guiar apenas pelos seus sentimentos, e não pela realidade. Da mesma maneira, acreditamos que os apaixonados se tornam incapazes de ver as coisas como são, de ter uma "atitude objetiva", e que sua paixão os faz ficar "muito subjetivos".

Em que acreditamos, então? Acreditamos que ter objetividade é ter uma atitude imparcial que percebe e compreende as coisas tais como são verdadeiramente, enquanto a subjetividade é uma atitude parcial, pessoal, ditada por sentimentos variados (amor, ódio, medo, desejo). Assim, não só acreditamos que a objetividade e a subjetividade existem, como ainda acreditamos que são diferentes e que a primeira percebe perfeitamente a realidade e não a deforma, enquanto a segunda não percebe adequadamente a realidade e, voluntária ou involuntariamente, a deforma.

Ao dizermos que alguém "é muito apreciado" porque tem os mesmos gostos, as mesmas ideias, respeita ou despreza as mesmas coisas que nós e tem atitudes, hábitos e costumes muito parecidos com os nossos, estamos, silenciosamente, acreditando que a vida com as outras pessoas – família, amigos, escola, trabalho, sociedade, política – nos faz semelhantes ou diferentes em decorrência de normas e valores morais, políticos, religiosos e artísticos, regras de conduta, finalidades de vida.

Ao considerarmos óbvio que todos os seres humanos seguem regras e normas de conduta, possuem valores morais, religiosos, políticos, artísticos, vivem na companhia de seus semelhantes e procuram distanciar-se dos diferentes dos quais discordam e com os quais entram em conflito, acreditamos que somos seres sociais, morais e racionais, pois regras, normas, valores, finalidades só podem ser estabelecidos por seres conscientes e dotados de raciocínio.

Como se pode notar, nossa vida cotidiana é toda feita de crenças silenciosas, da aceitação de coisas e ideias que nunca questionamos porque nos parecem naturais, óbvias. Cremos na existência do espaço e do tempo, na realidade exterior e na diferença entre realidade e sonho assim como na diferença entre sanidade mental ou razão e loucura. Cremos na existência das qualidades e das quantidades. Cremos que somos seres racionais capazes de conhecer as coisas e, por isso, acreditamos na existência da verdade e na diferença entre verdade e mentira; cremos também na objetividade e na diferença entre ela e a subjetividade. Cremos na existência da vontade e da liberdade e, por isso, cremos na existência do bem e do mal, crença que nos faz aceitar como perfeitamente natural a existência da moral e a da religião.

Cremos ainda que somos seres que naturalmente precisam de seus semelhantes e, por isso, tomamos como um fato óbvio e inquestionável a existência da sociedade com suas regras, normas, permissões e proibições. Haver sociedade é para nós tão natural quanto haver o Sol, a Lua, o dia e a noite, chuva, rios, mares, céu e florestas.

E se não for bem assim?

Cremos que nossa vontade é livre para escolher entre o bem e o mal. Cremos também na necessidade de obedecer às normas e às regras de nossa sociedade. Que acontece, porém, quando, em uma situação, nossa vontade nos indica que é bom fazer ou querer algo que nossa sociedade proíbe ou condena? Ou, ao contrário, quando nossa vontade julga que será um mal e uma injustiça querer ou fazer algo que nossa sociedade exige ou obriga? Em outras palavras, há momentos em nossas vidas em que vivemos um conflito entre o que nossa liberdade deseja (porque nossa vontade julga ser isso o melhor) e o que nossa sociedade determina e impõe.

Cremos na existência do tempo, isto é, em um transcorrer que não depende de nós, e cremos que podemos medi-lo com instrumentos como o relógio e o cronômetro. No entanto, quando estamos à espera de alguma coisa muito desejada ou de alguém muito querido, o tempo parece não passar, a demora é longa, interminável; olhamos para o relógio e nele o tempo está passando, sem corresponder ao nosso sentimento de que está quase parado. Ao contrário, se estamos em uma situação de muita satisfação (uma festa, um espetáculo de música e dança, um encontro amoroso, um passeio com amigos queridos), o tempo voa, passa velozmente, ainda que o relógio mostre que se passaram várias horas.

Vemos que o Sol nasce a leste e se põe a oeste, que sua presença é o dia e sua ausência é a noite. Nossos olhos nos fazem acreditar que o Sol se move à volta da Terra e que esta permanece imóvel. Quando, durante muitas noites seguidas, acompanhamos a posição das estrelas no céu, vemos que elas mudam de lugar e acreditamos que se movem à nossa volta, enquanto a Terra permanece na imobilidade. No entanto, a astronomia demonstra que não é isso que acontece. A Terra é um planeta em um sistema cuja estrela central se chama Sol, ou seja, a Terra é um planeta do sistema solar e ela, juntamente com outros planetas, é que se move à volta do Sol, em um movimento de translação. Além desse movimento, ela ainda realiza outro, o de rotação em torno de seu eixo invisível. O movimento de translação explica a existência do ano e o de rotação explica a existência do dia e da noite. Assim, há uma contradição entre nossa crença na imobilidade da Terra e a informação astronômica sobre os movimentos terrestres.

Esses exemplos indicam, por um lado, que tudo parece certo e como tem que ser e, por outro, parece que tudo poderia estar errado ou ser ilusão. Temos a crença na liberdade, mas somos dominados pelas regras de nossa sociedade. Temos a experiência do tempo parado ou do tempo ligeiro, mas o relógio não comprova essa experiência. Temos a percepção do Sol e das estrelas em movimento à volta da Terra imóvel, mas a astronomia nos ensina o contrário.

Momentos de crise

Os conflitos entre várias de nossas crenças ou entre nossas crenças e um saber cientificamente estabelecido indicam a principal circunstância em que somos levados a mudar de atitude. Quando uma crença contradiz outra ou parece incompatível com outra, ou quando aquilo em que sempre acreditamos é contrariado por outra forma de conhecimento, entramos em *crise*. Algumas pessoas se esforçam para fazer de conta que não há problema algum e vão levando a vida como se tudo estivesse "muito bem, obrigado". Outras, porém, sentem-se impelidas a indagar qual é a origem, o sentido e a realidade de nossas crenças.

É assim que o conflito entre a minha vontade e as regras da minha sociedade me leva a colocar a seguinte questão: sou livre quando quero ou faço algo que contraria minha sociedade ou sou livre quando domino minha vontade e a obrigo a aceitar o que minha sociedade determina? Em outros termos, sou livre quando sigo minha vontade ou quando sou capaz de controlá-la? Ora, para respondermos a essa questão, precisamos fazer outras perguntas, mais profundas. Temos que perguntar: o que é a liberdade? O que é a vontade? O que é a sociedade? O que são o bem e o mal, o justo e o injusto?

É assim também que as experiências do tempo parado e do tempo veloz e do tempo marcado pelo relógio nos levam a indagar: como é possível que haja duas realidades temporais diferentes, a marcada pelo relógio e a vivida por nós? Qual é o tempo real e verdadeiro? Contudo, para responder a essa pergunta, novamente é preciso fazer uma pergunta mais profunda e indagar: o que é o tempo?

Da mesma maneira, a diferença entre a nossa percepção da imobilidade da Terra e da mobilidade do Sol e o que ensina a astronomia leva-nos a perguntar: se não percebemos os movimentos da Terra e se nossos olhos se enganam tão profundamente, será que poderemos sempre confiar em nossa percepção visual ou deveremos sempre desconfiar dela? Será que percebemos as coisas como realmente são? Entretanto, para respondermos a essas perguntas, precisamos fazer duas outras, mais profundas: o que é perceber? O que é realidade?

O que essas perguntas mais profundas significam? Que estamos mudando de atitude. Quando o que era objeto de crença aparece como algo contraditório ou problemático e, por isso, se transforma em indagação ou interrogação, estamos passando da atitude costumeira à atitude filosófica, aquela que indaga: *o que é*?

Essa mudança de atitude indica algo bastante preciso: quem não se contenta com as crenças ou opiniões preestabelecidas, quem percebe contradições e incompatibilidades entre elas, quem procura compreender o que elas são e por que são problemáticas está exprimindo um desejo, o *desejo de saber*. É exatamente isso o que, na origem, a palavra Filosofia significa, pois, em grego, *philosophía* quer dizer "amor à sabedoria" ou "amizade pela sabedoria".

Buscando a saída da caverna ou a atitude filosófica

Imaginemos, portanto, alguém que tomasse a decisão de não aceitar as opiniões estabelecidas e começasse a fazer perguntas que os outros julgam estranhas e inesperadas. Em vez de "que horas são?" ou "que dia é hoje?", perguntasse: *O que é o tempo?* Em vez de dizer "está sonhando" ou "ficou louca", quisesse saber: *O que é o sonho? A loucura? A razão?*

Se essa pessoa fosse substituindo suas afirmações por perguntas: "Onde há fumaça, há fogo", ou "não saia na chuva para não ficar resfriado", por: *O que é causa? O que é efeito?*; "Seja objetivo", ou "eles são muito subjetivos", por: *O que é a objetividade? O que é a subjetividade?*; "Esta casa é mais bonita do que a outra" por: *O que é "mais"? O que é "menos"? O que é o belo?*

Em vez de gritar "mentiroso!", questionasse: O que é a verdade? O que é o falso? O que é o erro? O que é a mentira? Quando existe verdade e por quê? Quando existe ilusão e por quê?

Se, em vez de falar na subjetividade dos apaixonados, inquirisse: *O que é o amor? O que é o desejo? O que são os sentimentos?*

Se, em lugar de discorrer tranquilamente sobre "maior" e "menor" ou "claro" e "escuro", resolvesse investigar: *O que é a quantidade? O que é a qualidade?*

Ademais, se, em vez de afirmar que gosta de alguém porque possui as mesmas ideias, os mesmos gostos, as mesmas preferências e os mesmos valores, preferisse analisar: *O que é um valor? O que é um valor moral? O que é um valor artístico? O que é a moral? O que é a vontade? O que é a liberdade?*

Tomando distância da vida cotidiana e de si mesmo, esse alguém teria passado a indagar o que são as crenças e os sentimentos que, silenciosamente, alimentam nossa existência. Ao tomar essa distância, estaria interrogando a si mesmo, desejando conhecer por que cremos no que cremos, por que sentimos o que sentimos e o que são nossas crenças e nossos sentimentos. Esse alguém estaria começando a cumprir o que dizia o oráculo de Delfos: "conhece-te a ti mesmo". E estaria começando a adotar o que chamamos de *atitude filosófica*.

O que é a Filosofia?

Podemos dizer que a filosofia surge quando os seres humanos começam a exigir provas e justificações *racionais* que validem ou invalidem as crenças cotidianas.

Por que *racionais*? Por três motivos principais: em primeiro lugar, porque racional significa argumentado, debatido e compreendido; em segundo, porque racional significa que, ao argumentarmos e debatermos, queremos conhecer as condições e os pressupostos de nossos pensamentos e os dos outros; em terceiro, porque racional significa respeitar certas regras de coerência do pensamento para que um argumento ou um debate tenham sentido, chegando a conclusões que possam ser compreendidas, discutidas, aceitas e respeitadas por outros.

A atitude filosófica

A primeira característica da atitude filosófica é negativa, isto é, um dizer não aos preconceitos, aos prejuízos, aos fatos e às ideias da experiência cotidiana, ao que "todo mundo diz e pensa", ao estabelecido. Em uma palavra, é colocar entre parênteses nossas crenças para poder interrogar quais são suas causas e quais são seus sentidos.

A segunda característica da atitude filosófica é positiva, isto é, uma interrogação sobre *o que são* as coisas, as ideias, os fatos, as situações, os comportamentos, os valores, nós mesmos. É também uma interrogação sobre o *porquê* e o *como* disso tudo e de nós próprios. O que é? Por que é? Como é? Essas são as indagações fundamentais da atitude filosófica.

A face negativa e a face positiva da atitude filosófica constituem o que chamamos de *atitude crítica*. Por que "crítica"?

Em geral, julgamos que a palavra "crítica" significa "ser do contra", azedume, dizer que tudo vai mal, tudo está errado, tudo é feio ou desagradável. Em outros termos, em geral, "crítica" parece significar mau-humor, coisa de gente pretensiosa que acha que sabe mais e melhor do que os outros. Contudo, não é isso que essa palavra quer dizer.

A palavra *crítica* vem do grego e possui três sentidos principais: (1) capacidade para julgar, discernir e decidir corretamente; (2) exame racional de todas as coisas sem preconceito e sem prejulgamento; (3) atividade de examinar e avaliar detalhadamente uma ideia, um valor, um costume, um comportamento, uma obra artística ou científica. A atitude filosófica é uma atitude crítica porque preenche esses três significados da noção de *crítica*, a qual, como se observa, é inseparável da noção de *racional*, que vimos anteriormente.

A Filosofia começa dizendo não às crenças e aos preconceitos do dia a dia para que possam ser avaliados racional e criticamente. Por isso começa dizendo que não sabemos o que imaginávamos saber ou, como dizia Sócrates, começamos a buscar o conhecimento quando somos capazes de dizer: "Só sei que nada sei".

Para Platão, a Filosofia começa com a admiração ou, como escreve seu discípulo Aristóteles, começa com o espanto: "pois os homens começam e começaram sempre a filosofar movidos pelo espanto (...). Aquele que se coloca uma dificuldade e se espanta reconhece sua própria ignorância. (...). De sorte que, se filosofa, é para fugir da ignorância".

Admiração e espanto significam que reconhecemos nossa ignorância e, exatamente por isso, podemos superá-la. Nós nos espantamos quando, por meio de nosso pensamento, tomamos distância do nosso mundo costumeiro, olhando-o como se nunca o tivéssemos visto antes, como se não tivéssemos tido família, amigos, professores, livros e outros meios de comunicação que nos tivessem dito o que o mundo é; como se estivéssemos acabando de nascer para o mundo e para nós mesmos e precisássemos perguntar o que é, por que é e como é o mundo, e precisássemos perguntar também o que somos, por que somos e como somos.

A Filosofia inicia sua investigação em um momento muito preciso: naquele instante em que abandonamos nossas certezas cotidianas e não dispomos de nada para substituí-las ou para preencher a lacuna deixada por elas. Em outras palavras, a Filosofia se interessa por aquele instante em que a realidade natural (o mundo das coisas) e a histórico-social (o mundo dos humanos) tornam-se estranhas, espantosas, incompreensíveis e enigmáticas, quando as opiniões estabelecidas disponíveis já não nos podem satisfazer. Nesse sentido, a Filosofia se volta preferencialmente para os *momentos de crise* no pensamento, na linguagem e na ação, pois é nesses *momentos críticos* que se manifesta mais claramente a exigência de fundamentação das ideias, dos discursos e das práticas ou das ações.

Assim como cada um de nós, quando tem desejo de saber, vai em direção à atitude filosófica ao perceber contradições, incoerências, ambiguidades ou incompatibilidades entre nossas crenças cotidianas, também a Filosofia tem especial interesse pelos momentos de crise ou momentos críticos, quando sistemas religiosos, éticos, políticos, científicos e artísticos estabelecidos se envolvem em contradições internas ou se contradizem uns aos outros e buscam transformações e mudanças cujo sentido ainda não está claro e precisa ser compreendido.

Portanto, mesmo se disséssemos que o objeto da Filosofia não é o conhecimento da realidade nem o conhecimento da nossa capacidade para conhecer, mesmo se disséssemos que o objeto da Filosofia é apenas a vida moral ou ética, ainda assim o estilo filosófico e a atitude filosófica permaneceriam os mesmos, pois as perguntas filosóficas – o que, por que e como – permanecem.

Atitude filosófica: indagar

Se, por enquanto, deixarmos de lado os objetos com os quais a Filosofia se ocupa, veremos que a atitude filosófica possui algumas características que são as mesmas, independentemente do conteúdo investigado. Essas características são:

- perguntar *o que é* (uma coisa, um valor, uma ideia, um comportamento), ou seja, a Filosofia pergunta qual é a realidade e qual é a significação de algo, não importa qual;
- perguntar *como é* (uma coisa, uma ideia, um valor, um comportamento), ou seja, a Filosofia indaga como é a estrutura ou o sistema de relações que constitui a realidade de algo;
- perguntar *por que é* (uma coisa, uma ideia, um valor, um comportamento), ou seja, por que algo existe, qual é a origem ou a causa de uma coisa, de uma ideia, de um valor, de um comportamento;
- perguntar *para que ou para quem* (uma coisa, uma ideia, um valor, um comportamento), ou seja, qual a finalidade de uma coisa, de uma ideia, de um valor, de um comportamento, de uma ação.

A atitude filosófica inicia-se dirigindo essas indagações ao mundo que nos rodeia e às relações que mantemos com ele. Pouco a pouco, descobre que essas questões pressupõem a figura daquele que interroga e que elas exigem que seja explicada a tendência do ser humano a interrogar o mundo e a si mesmo com o desejo de conhecê-lo e conhecer-se. Em outras palavras, a Filosofia compreende que precisa conhecer nossa capacidade de conhecer, que precisa pensar sobre nossa capacidade de pensar.

Por isso, pouco a pouco, as perguntas da Filosofia se dirigem ao próprio pensamento: o que é pensar, como é pensar, por que há o pensar? A Filosofia torna-se, então, o pensamento interrogando-se a si mesmo. Por ser uma volta que o pensamento realiza sobre si mesmo, a Filosofia se realiza como *reflexão* ou, seguindo o oráculo de Delfos, busca realizar o "conhece-te a ti mesmo".

Em busca de uma definição da Filosofia

Quando começamos a estudar Filosofia, somos logo levados a buscar o que ela é. Nossa primeira surpresa surge ao descobrirmos que não há apenas uma definição da Filosofia, mas várias. A segunda surpresa vem ao percebermos que, além de várias, as definições não parecem poder ser reunidas em uma só e mais ampla. Eis por que muitos, cheios de perplexidade, indagam: afinal, o que é a Filosofia que sequer consegue dizer o que ela é?

Uma primeira aproximação nos mostra pelo menos quatro definições gerais do que seria a Filosofia:

1. *Visão de mundo de um povo, de uma civilização ou de uma cultura*

Nesta definição, a Filosofia corresponderia, de modo vago e geral, ao conjunto de ideias, valores e práticas pelos quais uma sociedade apreende e compreende o mundo e a si mesma, definindo para si o tempo e o espaço, o sagrado e o profano, o bom e o mau, o justo e o injusto, o belo e o feio, o verdadeiro e o falso, o possível e o impossível, o contingente e o necessário.

Qual o problema dessa definição? Por um lado, ela se parece com a noção de "minha filosofia"; por outro, ela é tão genérica e tão ampla que não permite, por exemplo, distinguir a Filosofia da religião, a Filosofia da arte, a Filosofia da ciência. Na verdade, essa definição identifica Filosofia e Cultura, pois, como dissemos no início deste livro, ela é uma visão de mundo coletiva que se exprime em ideias, valores e práticas de uma sociedade determinada.

A definição, portanto, não consegue acercar-se da especificidade do trabalho filosófico, e, por isso, não podemos aceitá-la como definição da Filosofia, mas apenas como contendo ou indicando alguns aspectos que poderão entrar na sua definição.

2. *Sabedoria de vida*

Nesta definição, a Filosofia é identificada com a atividade de algumas pessoas que pensam sobre a vida moral, dedicando-se à contemplação do mundo e dos outros seres humanos para aprender e ensinar a controlar seus desejos, sentimentos e impulsos e a dirigir suas vidas de modo ético e sábio. A Filosofia seria uma escola de vida ou uma arte do bem-viver; seria uma contemplação do mundo e dos homens para nos conduzir a uma vida justa, sábia e feliz, ensinando-nos o domínio sobre nós mesmos, sobre nossos impulsos, desejos e paixões. Esta definição, porém, nos diz, de modo vago, o que se espera da Filosofia (a sabedoria interior), mas não o que é e o que faz a Filosofia, e, por isso, também não podemos aceitá-la, mas apenas reconhecer que nela está presente um dos aspectos do trabalho filosófico.

3. *Esforço racional para conceber o Universo como uma totalidade ordenada e dotada de sentido*

Nesta definição, atribui-se à Filosofia a tarefa de conhecer a realidade inteira, provando que o universo é uma totalidade, isto é, algo estruturado ou ordenado por relações de causa e efeito, e que essa totalidade é racional, ou seja, possui sentido e finalidade compreensíveis pelo pensamento humano.

No entanto, essa definição também é problemática, porque dá à Filosofia a tarefa de oferecer uma explicação e uma compreensão totais sobre o Universo, elaborando um sistema universal ou um sistema do mundo, mas sabemos, hoje, que essa tarefa é impossível.

É verdade que, nos seus começos, a Filosofia se apresentava como uma explicação total sobre a realidade, isto é, sobre a natureza e sobre os seres humanos, pois a Filosofia não só viera substituir a explicação religiosa como também constituía o conjunto de todas as ciências teóricas e práticas (ou seja, na Antiguidade, não havia distinção e separação entre Filosofia e Ciência). No entanto, há, nos dias de hoje, pelo menos duas limitações principais a essa pretensão totalizadora: em primeiro lugar, a Filosofia e as ciências foram separando-se no correr da história e o saber científico se dividiu em vários saberes particulares, cada qual com seu campo próprio de investigação e de explicação de um aspecto determinado da realidade. Em outras palavras, a Filosofia compartilha a explicação da realidade com as ciências e as artes, cada uma das quais define um aspecto e um campo da realidade para estudo (no caso das ciências) e para a expressão (no caso das artes), já não sendo admissível que haja uma única disciplina teórica que possa abranger, sozinha, a totalidade dos conhecimentos ou o conhecimento universal do Universo. Em segundo lugar, porque a própria Filosofia já não admite que seja possível um único sistema de pensamento que ofereça uma única explicação para o todo da realidade, pois esta permanece aberta e convida a múltiplas perspectivas de conhecimentos e interpretações. Por isso, essa definição também não pode ser aceita, embora contenha aspectos importantes da atividade filosófica.

4. *Fundamentação teórica e crítica dos conhecimentos e das práticas*

Fundamento é uma palavra que vem do latim e significa uma base sólida ou o alicerce sobre o qual se pode construir com segurança; do ponto de vista do conhecimento, significa a base ou o princípio racional que sustenta uma demonstração verdadeira. Sob essa perspectiva, *fundamentar* significa: encontrar, definir e estabelecer racionalmente os princípios, as causas e as condições que determinam a existência, a forma e os comportamentos de alguma coisa, bem como as leis ou regras de suas mudanças.

Teoria, por sua vez, vem do grego, *theoría*, que significava: contemplar uma verdade com os olhos do espírito, isto é, uma atividade puramente intelectual de conhecimento. Sob essa perspectiva, uma fundamentação teórica significa determinar pelo pensamento, de maneira lógica, metódica, organizada e sistemática, o conjunto de princípios, causas e condições de alguma coisa (de sua existência, de seu comportamento, de seu sentido e de suas mudanças).

Como vimos há pouco, *crítica* também é uma palavra grega, significando a capacidade para julgar, discernir e decidir corretamente; o exame racional de todas as coisas sem preconceito e sem prejulgamento e a atividade de examinar e avaliar detalhadamente uma ideia, um valor, um costume, um comportamento, uma obra artística ou científica. Sob essa perspectiva, *fundamentação crítica* significa examinar, avaliar e julgar racionalmente os princípios, as causas e as condições de alguma coisa (de sua existência, de seu comportamento, de seu sentido e de suas mudanças).

Como fundamentação teórica e crítica, a Filosofia se ocupa com os princípios, as causas e as condições do conhecimento que pretenda ser racional e verdadeiro; com a origem, a forma e o conteúdo dos valores éticos, políticos, religiosos, artísticos e culturais; com a compreensão das causas e das formas da ilusão e do preconceito no plano individual e coletivo; com os princípios, as causas e as condições das transformações históricas dos conceitos, das ideias, dos valores e das práticas humanas.

Assim, essa definição é a mais adequada porque nos explica que a Filosofia volta-se para o estudo das várias formas de conhecimento (percepção, imaginação, memória, linguagem, inteligência, experiência, reflexão) e dos vários tipos de atividades interiores e comportamentos externos dos seres humanos como expressões da vontade, do desejo e das paixões, procurando descrever as formas e os conteúdos dessas formas de conhecimento e desses tipos de atividade e comportamento como relação do ser humano com o mundo, consigo mesmo e com os outros.

Para realizar seu trabalho, a Filosofia investiga e interpreta o significado de ideias gerais como: realidade, mundo, natureza, cultura, história, verdade, falsidade, humanidade, temporalidade, espacialidade, qualidade, quantidade, subjetividade, objetividade, diferença, repetição, semelhança, conflito, contradição, mudança, necessidade, possibilidade, probabilidade etc.

A atividade filosófica é uma *análise* (das condições e dos princípios do saber e da ação, isto é, dos conhecimentos, da ciência, da religião, da arte, da moral, da política e da história), uma *reflexão* (volta do pensamento sobre si mesmo para conhecer-se como capacidade para o conhecimento, a linguagem, o sentimento e a ação) e uma *crítica* (avaliação racional para discernir entre a verdade e a ilusão, a liberdade e a servidão, investigando as causas e condições das ilusões e dos preconceitos individuais e coletivos, das ilusões e dos enganos das teorias e práticas científicas, políticas e artísticas, dos preconceitos religiosos e sociais, da presença e difusão de formas de irracionalidade contrárias ao exercício do pensamento, da linguagem e da liberdade).

Essas três atividades (análise, reflexão e crítica) estão orientadas pela elaboração filosófica de ideias gerais sobre a realidade e os seres humanos. Portanto, para que essas três atividades se realizem, é preciso que a Filosofia se defina como busca do *fundamento* (princípios, causas e condições) e do *sentido* (significação e finalidade) da realidade em suas múltiplas formas, indagando o que são essas formas de realidade, como são, por que são e para que/quem são, procurando as causas que as fazem existir, permanecer, mudar e desaparecer.

A Filosofia não é ciência: é uma reflexão sobre os fundamentos da ciência, isto é, sobre procedimentos e conceitos científicos. Não é religião: é uma reflexão sobre os fundamentos da religião, isto é, sobre as causas, origens e formas das crenças religiosas. Não é arte: é uma reflexão sobre os fundamentos da arte, isto é, sobre os conteúdos, as formas, as significações das obras de arte e do trabalho artístico. Não é sociologia nem psicologia, mas a interpretação e avaliação dos conceitos e métodos da sociologia e da psicologia. Não é moral, mas uma reflexão sobre a origem, o sentido e as mudanças dos valores éticos. Não é política, mas interpretação, compreensão e reflexão sobre a origem, a natureza e as formas do poder e suas mudanças. Não é história, mas reflexão sobre o sentido dos acontecimentos enquanto inseridos no tempo e compreensão do que seja o próprio tempo.

O filósofo alemão Immanuel Kant considerou que as indagações fundamentais da Filosofia são:

- *o que podemos saber?* É a pergunta sobre o conhecimento, isto é, sobre os fundamentos do pensamento em geral e do pensamento científico em particular;
- *o que podemos fazer?* É a pergunta sobre a ação e a expressão humana, isto é, sobre os fundamentos da ética, da política, das artes, das técnicas e da história;
- *o que podemos esperar?* É a pergunta sobre a esperança de outra vida após a morte, isto é, sobre os fundamentos da religião.

Inútil? Útil?

O primeiro ensinamento filosófico é perguntar: o que é o útil? Para que e para quem algo é útil? O que é o inútil? Por que e para quem algo é inútil?

O senso comum considera útil o que dá prestígio, poder, fama e riqueza. Julga o útil pelos *resultados visíveis* das coisas e das ações, identificando utilidade e a famosa expressão "levar vantagem em tudo". Não poderíamos, porém, definir o útil de outra maneira? Vejamos o que disseram alguns filósofos.

Platão definia a Filosofia como um saber verdadeiro que deve ser usado em benefício dos seres humanos para que vivam em uma sociedade justa e feliz.

Descartes dizia que a Filosofia é o estudo da sabedoria, conhecimento perfeito de todas as coisas que os humanos podem alcançar para o uso da vida, a conservação da saúde e a invenção das técnicas e das artes com as quais ficam menos submetidos às forças naturais, às intempéries e aos cataclismos.

Kant afirmou que a Filosofia é o conhecimento que a razão adquire de si mesma para saber o que pode conhecer, o que pode fazer e o que pode esperar, tendo como finalidade a felicidade humana.

Marx declarou que a Filosofia havia passado muito tempo apenas contemplando o mundo e que se tratava, agora, de conhecê-lo para transformá-lo, transformação que traria justiça, abundância e felicidade para todos.

Merleau-Ponty escreveu que a Filosofia é um despertar para ver, compreender e mudar nosso mundo.

Espinosa afirmou que a Filosofia é um caminho árduo e difícil, mas que pode ser percorrido por todos, se desejarem a liberdade e a felicidade.

Qual seria, então, a utilidade da Filosofia? *Por que Filosofia?*

Se abandonar a ingenuidade e os preconceitos do senso comum for útil; se não se deixar guiar pela submissão às ideias dominantes e aos poderes estabelecidos for útil; se buscar compreender a significação do mundo, da cultura, da história for útil; se conhecer o sentido das criações humanas nas artes, nas ciências e na política for útil; se dar a cada um de nós e à nossa sociedade os meios para serem conscientes de si e de suas ações em uma prática ética que deseja a liberdade e a felicidade para todos for útil, então poderemos dizer que a Filosofia é o mais útil de todos os saberes de que os seres humanos são capazes.

A origem da Filosofia

A palavra *filosofia*

A palavra *filosofia* é grega. É composta de duas outras: *philo* e *sophía*. *Philo* quer dizer aquele ou aquela que tem um sentimento amigável, pois deriva-se de *philía*, que significa amizade e amor fraterno. *Sophía*, por sua vez, quer dizer sabedoria e dela vem a palavra *sophós*, sábio.

Filosofia significa, portanto, amizade pela sabedoria ou amor e respeito pelo saber. *Filósofo*: o que ama ser sábio, é amigo do sábio ou tem amizade pelo saber, deseja ser sábio.

Assim, *Filosofia* indica a disposição interior de quem estima o saber, ou o estado de espírito da pessoa que deseja o conhecimento, o procura e o respeita.

Atribui-se ao filósofo grego Pitágoras de Samos (que viveu no século V antes de Cristo) a invenção da palavra *filosofia*. Pitágoras teria afirmado que a sabedoria plena e completa pertence aos deuses, mas que os homens podem desejá-la ou amá-la, tornando-se filósofos.

Dizia Pitágoras que três tipos de pessoas compareciam aos Jogos Olímpicos (a festa pública mais importante da Grécia, na qual havia não só competições esportivas, mas também concursos artísticos e teatrais): as que iam para comerciar durante os jogos, ali estando apenas para satisfazer sua própria cobiça, sem se interessar pelas disputas e pelos torneios; as que iam para competir e fazer brilhar suas próprias pessoas, isto é, os atletas e artistas; e as que iam para assistir aos jogos e concursos, para avaliar o desempenho e julgar o valor dos que ali se apresentavam. Esse terceiro tipo de pessoa, dizia Pitágoras, é como o filósofo.

A Filosofia se originou na Grécia quando alguns gregos, admirados e espantados com a realidade, insatisfeitos com as explicações que a tradição lhes dera, começaram a fazer perguntas e buscar respostas para elas, demonstrando que o mundo e os seres humanos, os acontecimentos naturais e as coisas da Natureza, os acontecimentos humanos e as ações dos seres humanos podem ser conhecidos pela razão humana, e que a própria razão é capaz de conhecer a si própria.

Em suma, a Filosofia surgiu quando alguns pensadores gregos se deram conta de que a verdade do mundo e dos humanos não era algo secreto e misterioso, que precisasse ser revelado por divindades a alguns escolhidos, mas que, ao contrário, podia ser conhecida por todos, por meio das operações mentais de raciocínio, que são as mesmas em todos os seres humanos, quando os pensadores compreenderam que o conhecimento depende apenas do uso correto da razão ou do exercício correto do pensamento, permitindo que a verdade possa ser conhecida por todos. Esses pensadores descobriram também que a linguagem respeita as exigências do pensamento e que, por esse mesmo motivo, os conhecimentos verdadeiros podem ser transmitidos e ensinados a todos.

O nascimento da Filosofia

Os historiadores da Filosofia dizem que ela tem data e local de nascimento: final do século VII e início do século VI antes de Cristo, nas colônias gregas da Ásia Menor (particularmente as que formavam uma região denominada Jônia), na cidade de Mileto. O primeiro filósofo foi Tales de Mileto.

Além de possuir data e local de nascimento e de possuir seu primeiro autor, a Filosofia possui um conteúdo preciso ao nascer: é uma *cosmologia*. A palavra *cosmologia* é composta de duas outras: *cosmos* (*kósmos*), que significa a ordem e organização do mundo ou o mundo ordenado e organizado, e *logia*, que vem da palavra *lógos*, que significa pensamento racional, discurso racional, conhecimento. Assim, a Filosofia nasce como conhecimento racional da ordem do mundo ou da Natureza, donde cosmologia.

Ao nascer, a Filosofia tem dívidas com a sabedoria dos orientais, não só porque as viagens marítimas colocaram os gregos em contato com os conhecimentos produzidos por outros povos (sobretudo os egípcios, persas, babilônios, assírios e caldeus), mas também porque os dois maiores formadores da cultura grega antiga, os poetas Homero e Hesíodo, encontraram nos mitos e nas religiões dos povos orientais, bem como nas culturas que precederam a grega, os elementos para elaborar a mitologia grega, que, depois, seria transformada racionalmente pelos filósofos.

Entretanto, os gregos imprimiram mudanças profundas no que receberam do Oriente e das culturas precedentes. Dessas mudanças, podemos mencionar quatro que nos darão uma ideia da originalidade grega:

1. Com relação aos mitos: quando comparamos os mitos orientais, cretenses, micênicos, minoicos e os que aparecem nos poetas Homero e Hesíodo, vemos que estes retiraram os aspectos apavorantes e monstruosos dos deuses e do início do mundo; humanizaram os deuses e divinizaram os homens; deram racionalidade a narrativas sobre as origens das coisas, dos homens, das instituições humanas (como o trabalho, as leis ou o poder, a moral).
2. Com relação aos conhecimentos: os gregos transformaram em *saber teórico* (isto é, em um conhecimento racional, abstrato e universal) aquilo que eram elementos de uma sabedoria prática para o uso direto da vida. Assim, transformaram em matemática (aritmética, geometria, harmonia) o que os egípcios praticavam como agrimensura para medir, contar e calcular as terras após as enchentes periódicas do rio Nilo; transformaram em astronomia (conhecimento racional da natureza e do movimento dos astros) a astrologia, praticada por caldeus e babilônios como adivinhação e previsão do futuro; transformaram em medicina (conhecimento racional sobre o corpo humano, a saúde e a doença) aquilo que, nas culturas precedentes, eram práticas de grupos religiosos secretos para a cura misteriosa das doenças.
3. Com relação à organização social e política: os gregos não inventaram apenas a filosofia, mas inventaram também a política. Todas as sociedades anteriores a eles conheciam e praticavam a autoridade e o governo, mas não inventaram a política propriamente dita porque não separavam o poder político e duas outras formas tradicionais de autoridade: o poder privado do chefe de família e o poder religioso do sacerdote ou mago. De fato, nas sociedades orientais e não gregas, o poder e o governo eram exercidos como autoridade absoluta da vontade pessoal e arbitrária de um só homem ou de um pequeno grupo de homens que possuíam o poder militar, religioso e econômico e decidiam sobre tudo, sem consultar ninguém e sem justificar suas decisões para ninguém. Os gregos inventaram a política (palavra que vem de *pólis*, que, em grego, significa a cidade organizada por leis e instituições) porque instituíram práticas pelas quais as decisões eram tomadas a partir de discussões e debates públicos e eram adotadas ou revogadas por voto em assembleias públicas; porque estabeleceram instituições públicas (tribunais, assembleias, separação entre autoridade do chefe da família e autoridade pública, e entre autoridade político-militar e autoridade religiosa); e, sobretudo, porque criaram a ideia da lei e da justiça como expressões da vontade coletiva pública, e não como imposição da vontade de um só ou de um grupo, em nome de divindades.
4. Com relação ao pensamento: diante da herança recebida, os gregos inventaram a ideia ocidental da razão como um pensamento sistemático que segue necessariamente regras, normas e leis universais, isto é, as mesmas em todos os tempos e lugares.

Condições históricas para o surgimento da Filosofia

Podemos apontar como principais condições históricas para o surgimento da Filosofia na Grécia:

- *as viagens marítimas*, que permitiram aos gregos descobrir que os locais que os mitos diziam habitados por deuses, titãs e heróis eram, na verdade, habitados por outros seres humanos; e que as regiões dos mares que os mitos diziam habitadas por monstros e seres fabulosos não possuíam nem monstros nem seres fabulosos. As viagens produziram o desencantamento ou a desmitificação do mundo, que passou, assim, a exigir uma explicação sobre sua origem, explicação que o mito já não podia oferecer;
- *a invenção do calendário*, que é uma forma de calcular o tempo segundo as estações do ano, as horas do dia, os fatos importantes que se repetem, revelando, com isso, uma capacidade de abstração nova, ou uma percepção do tempo como algo natural, e não como uma força divina incompreensível;
- *a invenção da moeda*, que permitiu uma forma de troca que não se realiza como escambo ou em espécie (isto é, coisas trocadas por outras coisas), e sim uma troca abstrata, uma troca feita pelo cálculo do valor semelhante das coisas diferentes, revelando, portanto, uma nova capacidade de abstração e de generalização;
- *o surgimento da vida urbana*, com predomínio do comércio e do artesanato, dando desenvolvimento a técnicas de fabricação e de troca, e diminuindo o prestígio das famílias da aristocracia proprietária de terras, por quem e para quem os mitos foram criados; além disso, o surgimento de uma classe de comerciantes ricos, que precisava encontrar pontos de poder e de prestígio para suplantar o velho poderio da aristocracia de terras e de sangue (as linhagens constituídas pelas famílias), fez que se procurasse o prestígio pelo patrocínio e estímulo às artes, às técnicas e aos conhecimentos, favorecendo um ambiente onde a Filosofia poderia surgir;
- *a invenção da escrita alfabética*, que, como a do calendário e a da moeda, revela o crescimento da capacidade de abstração e de generalização, uma vez que a escrita alfabética ou fonética, diferentemente de outras escritas – por exemplo, os hieróglifos dos egípcios ou os ideogramas dos chineses –, supõe que não se represente uma imagem da coisa que está sendo dita, e sim se ofereça um sinal ou signo abstrato (uma palavra) dela. Além disso, enquanto, nas outras escritas, para cada sinal corresponde uma coisa ou uma ideia, na escrita alfabética ou fonética as letras são independentes e podem ser combinadas de formas variadas em palavras, e estas podem ser distribuídas de formas variadas para exprimir ideias. Em outros termos, nas outras escritas, o signo *representa* a coisa assinalada, enquanto, na escrita alfabética, a palavra *designa* uma coisa e *exprime* uma ideia. Nas outras escritas, há a tendência a sacralizar os sinais ou os signos ou a lhes dar um caráter mágico (isto é, acredita-se que eles *são* as coisas assinaladas e que neles se encarnam forças divinas e demoníacas, de maneira que quem sabe

escrever ou usar os sinais tem poder sobre as coisas e sobre os outros), enquanto a escrita alfabética é inteiramente leiga, abstrata, racional e usada por todos;

- *a invenção da política*, que introduz três aspectos novos e decisivos para o nascimento da Filosofia, quais sejam:
  1. a *ideia da lei* como expressão da vontade de uma coletividade humana que decide por si mesma o que é melhor para si e como ela definirá suas relações internas. O aspecto legislado e regulado da cidade – da *pólis* – servirá de modelo para a Filosofia propor o aspecto legislado, regulado e ordenado do mundo como um mundo racional;
  2. o surgimento de um *espaço público*, que faz aparecer um novo tipo de palavra ou de discurso, diferente daquele que era proferido pelo mito. Neste, um poeta-vidente, que recebia das deusas ligadas à memória (a deusa Mnemosyne, mãe das Musas, que guiavam o poeta) uma iluminação misteriosa ou uma revelação sobrenatural, dizia aos humanos quais eram as decisões dos deuses que eles deveriam obedecer. Agora, com a *pólis*, isto é, a cidade política, surge a palavra como direito de cada cidadão de emitir em público sua opinião, discuti-la com os outros, persuadi-los a tomar uma decisão proposta por ele, de tal modo que surge o discurso político como a palavra humana compartilhada, como diálogo, discussão e deliberação humana, isto é, como decisão racional e exposição dos motivos ou das razões para fazer ou não fazer alguma coisa;
  3. a ideia de *discussão pública das opiniões e ideias*, pois a política estimula um pensamento e um discurso que não procuram ser formulados por seitas secretas dos iniciados em mistérios sagrados, mas que procuram, ao contrário, ser públicos, ensinados, transmitidos, comunicados e discutidos. A ideia de um pensamento que todos podem compreender e discutir, que todos podem comunicar e transmitir, é fundamental para a Filosofia.

A política, valorizando o humano, o pensamento, a discussão, a persuasão e a decisão racional, valorizou o pensamento racional e criou condições para que surgisse o discurso ou a palavra filosófica.

Períodos de investigação da Filosofia grega

A Filosofia terá, no correr dos séculos, um conjunto de preocupações, indagações e interesses que lhe vieram desde seu nascimento na Grécia. Assim, antes de vermos que conjunto é esse, examinemos brevemente os conteúdos que a Filosofia possuía na Grécia. Para isso, devemos, primeiro, conhecer os períodos principais da Filosofia grega, pois definiram os campos da investigação filosófica na Antiguidade.

Os quatro grandes períodos da Filosofia grega, nos quais seu conteúdo muda e se enriquece, são:

1. *período pré-socrático ou cosmológico*, do final do século VII ao final do século V a.C., quando a Filosofia se ocupa fundamentalmente com a origem do mundo e as causas das transformações na Natureza;
2. *período socrático ou antropológico*, do final do século V e todo o século IV a.C., quando a Filosofia investiga as questões humanas (em grego, *ântropos* quer dizer homem; por isso o período recebeu o nome de antropológico), isto é, a ética, a política e as técnicas, e busca compreender qual é o lugar do homem no mundo;
3. *período sistemático*, do final do século IV ao final do século III a.C., quando a Filosofia busca reunir e sistematizar tudo quanto foi pensado pela cosmologia e pelas investigações sobre a ação humana na ética, na política e nas técnicas. A Filosofia se interessa em mostrar que tudo pode ser objeto do conhecimento filosófico, desde que as leis do pensamento e de suas demonstrações estejam firmemente estabelecidas para oferecer os critérios da verdade e da ciência, ou seja, nesse período desenvolvem-se a teoria do conhecimento, a psicologia e a lógica. Além disso, os filósofos procuram encontrar o fundamento último de todas as coisas ou da realidade inteira, e essa investigação, séculos mais tarde, será designada com nome de metafísica;
4. *período helenístico ou greco-romano*, do final do século III a.C. ao século VI d.C. Nesse longo período, que abrange a época do domínio mundial de Roma e do surgimento do cristianismo, a Filosofia se ocupa sobretudo com as questões da ética, do conhecimento humano e das relações entre o homem e a Natureza e de ambos com Deus.

Pode-se perceber que os dois primeiros períodos da Filosofia grega têm como referência o filósofo Sócrates de Atenas, donde a divisão em Filosofia pré-socrática e socrática.

Período pré-socrático ou cosmológico

A filosofia pré-socrática se desenvolve em cidades da Jônia (na Ásia Menor): Mileto, Éfeso, Samos e Clazômena; em cidades da Magna Grécia (sul da Itália e Sicília): Crotona, Tarento, Eleia e Agrigento; e na cidade de Abdera, na Trácia.

Os principais filósofos pré-socráticos foram:

- Escola Jônica: Tales de Mileto, Anaxímenes de Mileto, Anaximandro de Mileto e Heráclito de Éfeso;
- Escola Itálica: Pitágoras de Samos, Filolau de Crotona e Árquitas de Tarento;
- Escola Eleata: Parmênides de Eleia e Zenão de Eleia;
- Escola da Pluralidade: Empédocles de Agrigento, Anaxágoras de Clazômena, Leucipo de Abdera e Demócrito de Abdera.

As principais características da cosmologia são:

- É uma explicação racional e sistemática sobre a origem, ordem e transformação da Natureza, da qual os seres humanos fazem parte, de modo que, ao explicar a Natureza, a Filosofia também explica a origem e as mudanças dos seres humanos.
- Busca o princípio natural, eterno, imperecível e imortal, gerador de todos os seres. Em outras palavras, a cosmologia não admite a *criação* do mundo a partir do nada (como afirmam as religiões judaica e cristã), mas afirma a *geração* de todas as coisas por um princípio natural de onde tudo vem e para onde tudo retorna. Esse princípio é uma Natureza primordial e chama-se *phýsis* (palavra que vem de um verbo que significa fazer surgir, fazer brotar, fazer nascer, produzir), sendo ele a causa natural contínua e imperecível da existência de todos os seres e de suas transformações. A *phýsis* não pode ser conhecida pela percepção sensorial (esta só nos oferece as coisas já existentes), mas apenas pelo pensamento. Em outras palavras, ela é aquilo que o pensamento descobre quando indaga qual é a causa da existência e da transformação de todos os seres percebidos. A *phýsis* é a Natureza tomada em sua totalidade, isto é, a Natureza entendida como princípio e causa primordial da existência e das transformações das coisas naturais (os seres humanos aí incluídos) e como o conjunto ordenado e organizado de todos os seres naturais ou físicos.
- Afirma que, embora a *phýsis* (o princípio ou o elemento primordial eterno) seja imperecível, ela dá origem a todos os seres infinitamente variados e diferentes do mundo, seres que, ao contrário do princípio gerador, são perecíveis ou mortais. A *phýsis* é imortal e as coisas físicas são mortais.
- Afirma que, embora a *phýsis* seja imutável, os seres físicos ou naturais gerados por ela, além de serem mortais, são mutáveis ou seres em contínua transformação, mudando de qualidade (por exemplo: o branco amarelece, acinzenta, enegrece; o negro acinzenta, embranquece; o novo envelhece; o quente esfria; o frio esquenta; o seco fica úmido; o úmido seca; o dia se torna noite; a noite se torna dia; a primavera cede lugar ao verão, que cede lugar ao outono, que cede lugar ao inverno; o saudável adoece; o doente se cura; a criança cresce; a árvore vem da semente e produz sementes; etc.) e mudando de quantidade (o pequeno cresce e fica grande; o grande diminui e fica pequeno; o longe fica perto se eu vou até ele, ou se as coisas distantes chegam até mim; um rio aumenta de volume na cheia e diminui na seca; etc.). Portanto, o mundo está em uma mudança contínua, sem por isso perder sua forma, sua ordem e sua estabilidade.

A mudança – nascer, mudar de qualidade ou de quantidade, perecer – se diz, em grego, *kínesis*, palavra que significa movimento. Por movimento, os gregos não entendem apenas a mudança de lugar ou a locomoção, mas toda e qualquer alteração ou mudança qualitativa e/ou quantitativa de um ser, bem como seu nascimento e seu perecimento. As coisas naturais, isto é, todos os seres existentes, se movem ou são movidos por outros e o mundo está em movimento, isto é, em transformação permanente. O movimento das coisas e do mundo chama-se *devir* e o devir segue leis rigorosas que o pensamento conhece. Essas leis são as que mostram que toda mudança é passagem de um estado ao seu contrário: dia-noite, claro-escuro, quente-frio, seco-úmido, novo-velho, pequeno-grande, bom-mau, cheio-vazio, um-muitos, vivo-morto etc.; e também no sentido inverso: noite-dia, escuro-claro, frio-quente, muitos-um etc. O *devir* é, portanto, a passagem contínua de uma coisa ao seu estado contrário, e essa passagem não é caótica, mas obedece a leis determinadas pela *phýsis* ou pelo princípio fundamental do mundo.

Embora todos os pré-socráticos afirmassem as ideias que acabamos de expor, nem por isso concordaram ao determinar o que era a *phýsis*, e cada filósofo encontrou motivos e razões para determinar qual era o princípio eterno e imutável que está na origem da Natureza e de suas transformações. Assim, Tales dizia que a *phýsis* era a água ou o úmido; Anaximandro considerava que era o ilimitado, sem qualidades definidas; Anaxímenes, que era o ar ou o frio; Pitágoras julgava que era o número (entendido como estrutura e relação proporcional entre os elementos que compõem as coisas); Heráclito afirmou que era o fogo; Empédocles, que eram quatro raízes (úmido, seco, quente e frio); Anaxágoras, que eram sementes contendo os elementos de todas coisas; Leucipo e Demócrito disseram que eram os átomos.

Período socrático ou antropológico

Com o desenvolvimento das cidades, do comércio, do artesanato e das artes militares, Atenas tornou-se o centro da vida social, política e cultural da Grécia, vivendo seu período de esplendor, conhecido como o Século de Péricles.

É a época de maior florescimento da democracia. A democracia grega possuía, entre outras, duas características de grande importância para o futuro da Filosofia. Em primeiro lugar, afirmava a igualdade de todos os homens adultos perante as leis e o direito de todos de participar diretamente do governo da cidade, da *pólis*. Em segundo, e como consequência, a democracia, sendo direta e não por eleição de representantes, garantia a todos a participação no governo, e os que dele participavam tinham o direito de exprimir, discutir e defender em público suas opiniões sobre as decisões que a cidade deveria tomar. Surgia, assim, a figura política do *cidadão*.

Ora, para conseguir que a sua opinião fosse aceita nas assembleias, o cidadão precisava saber falar e ser capaz de persuadir os demais. Com isso, uma mudança profunda vai ocorrer na educação grega.

Antes da instituição da democracia, as cidades eram dominadas pelas famílias aristocráticas, senhoras das terras e do poder militar. Essas famílias, valendo-se dos grandes poetas gregos, Homero, Píndaro e Hesíodo, criaram um padrão de educação, próprio dos aristocratas. Esse padrão afirmava que o homem ideal ou perfeito era o guerreiro belo e bom. Belo: seu corpo era formado pela ginástica, pela dança e pelos jogos de guerra, imitando os heróis da guerra de Troia (Aquiles, Heitor, Ajax, Ulisses). Bom: seu espírito era formado escutando esses grandes poetas, aprendendo com eles as virtudes admiradas pelos deuses e praticadas pelos heróis, a principal delas sendo a coragem diante da morte, na guerra. A virtude era a *aretê* (palavra grega que significa excelência e superioridade), própria dos melhores, ou, em grego, dos *aristoi* (donde: aristocrata e aristocracia, poder dos melhores).

Quando a economia agrária foi sendo suplantada pelo artesanato e pelo comércio, surgiu nas cidades (particularmente em Atenas) uma classe social urbana rica que desejava exercer o poder político, até então privilégio da classe aristocrática. Será para responder aos anseios dessa nova classe social que a democracia é instituída. Com ela, o poder vai sendo retirado dos aristocratas e passando para todos os cidadãos. Dessa maneira, o antigo ideal educativo ou pedagógico também foi sendo substituído por outro. O ideal da educação do Século de Péricles já não é a formação do jovem guerreiro belo e bom, e sim a formação do bom cidadão. A *aretê* é a excelência no exercício da cidadania ou a virtude cívica.

Ora, qual é o momento em que o cidadão mais aparece e mais exerce sua cidadania? Quando opina, discute, delibera e vota nas assembleias. Assim, a nova educação estabelece como padrão ideal a formação do bom orador, isto é, aquele que saiba falar em público e persuadir os outros na política.

Para dar aos jovens essa educação, substituindo a educação antiga dos poetas, surgiram, na Grécia, os *sofistas,* que são os primeiros filósofos do período socrático. Os sofistas mais importantes foram: Protágoras de Abdera, Górgias de Leontini e Isócrates de Atenas.

O que diziam e faziam os sofistas? Diziam que os ensinamentos dos filósofos cosmologistas estavam repletos de erros e contradições e que não tinham utilidade para a vida da *pólis.* Apresentavam-se como mestres de oratória ou de retórica, afirmando ser possível ensinar aos jovens tal arte para que fossem bons cidadãos. Que arte era essa? A arte da persuasão. Os sofistas ensinavam técnicas de persuasão para os jovens, que aprendiam a defender a posição ou opinião A, depois a posição ou opinião contrária, não A, de modo que, em uma assembleia, soubessem ter fortes argumentos a favor ou contra uma opinião e ganhassem a discussão.

Sócrates rebelou-se contra os sofistas, dizendo que não eram filósofos, pois não tinham amor pela sabedoria nem respeito pela verdade, defendendo qualquer ideia, se isso fosse vantajoso. Corrompiam o espírito dos jovens, pois faziam o erro e a mentira valer tanto quanto a verdade. Como homem de seu tempo, Sócrates concordava com os sofistas em um ponto: por um lado, a educação antiga do guerreiro belo e bom já não atendia às exigências da sociedade grega, e, por outro, os filósofos cosmologistas defendiam ideias tão contrárias entre si que também não eram uma fonte segura para o conhecimento verdadeiro.

Discordando dos antigos poetas, dos antigos filósofos e dos sofistas, o que propunha Sócrates? Propunha que, antes de querer conhecer a Natureza e antes de querer persuadir os outros, cada um deveria, primeiro e antes de tudo, conhecer-se a si mesmo. Como vimos na Introdução, a expressão "conhece-te a ti mesmo", ou o oráculo que estava gravado no pórtico do templo de Apolo Delfo, deus da luz e da sabedoria, foi o centro das preocupações e investigações de Sócrates. Por fazer do autoconhecimento ou do conhecimento que os humanos têm de si mesmos a condição de todos os outros conhecimentos verdadeiros, é que se diz que o período socrático é antropológico, isto é, voltado para o conhecimento do homem (em grego, *ântropos*), particularmente de seu espírito e de sua capacidade para conhecer a verdade.

O retrato que a história da Filosofia possui de Sócrates foi traçado por seu mais importante aluno e discípulo, o filósofo ateniense Platão. Que retrato Platão nos deixa de seu mestre Sócrates?

O de um homem que andava pelas ruas e praças de Atenas, pelo mercado e pela assembleia indagando a cada um: "Você sabe o que é isso que você está dizendo?", "Você sabe o que é isso em que você acredita?", "Você acha que está conhecendo realmente aquilo em que acredita, aquilo em que está pensando, aquilo que está dizendo?". "Você diz", falava Sócrates, "que a coragem é importante, mas: o que *é* a coragem? Você acredita que a justiça é importante, mas: o que *é* a justiça? Você diz que ama as coisas e as pessoas belas, mas o que *é* a beleza? Você crê que seus amigos são a melhor coisa que você tem, mas: o que *é* a amizade?"

Sócrates fazia perguntas sobre as ideias, sobre os valores nos quais os atenienses acreditavam e que julgavam conhecer. Suas perguntas deixavam os interlocutores embaraçados, irritados, curiosos, pois, quando tentavam responder ao célebre "o que é?", descobriam, surpresos, que não sabiam responder e que nunca tinham pensado em suas crenças, seus valores e suas ideias. Entretanto, o pior não era isso. O pior é que as pessoas esperavam que Sócrates respondesse por elas ou para elas, que soubesse as respostas às perguntas, como os sofistas pareciam saber, mas Sócrates, para desconcerto geral, dizia: "Eu também não sei, por isso estou perguntando". Daí a famosa expressão atribuída a ele quando respondeu à pergunta da sibila no templo de Apolo: "Sei que nada sei".

A consciência da própria ignorância é o começo da Filosofia. O que procurava Sócrates? Procurava a definição daquilo que uma coisa, uma ideia, um valor *é* verdadeiramente. Aquilo que uma coisa, uma ideia, um valor é realmente em si mesmo chama-se *essência*. Sócrates procurava a essência real e verdadeira da coisa, da ideia, do valor. Como a essência não é dada pela percepção sensorial, e sim encontrada pelo trabalho do pensamento, procurá-la é procurar o que o pensamento conhece da realidade e verdade de uma coisa, de uma ideia, de um valor. Isso que o pensamento conhece da essência chama-se *ideia*, e não a mera *opinião* que temos de nós mesmos, das coisas, das ideias e dos valores.

Qual a diferença entre uma opinião e uma ideia? A opinião varia de pessoa para pessoa, de lugar para lugar, de época para época. É instável, mutável, depende de cada um, de seus gostos e preferências. A ideia, ao contrário, é um uma verdade intemporal, universal e necessária que o pensamento descobre, mostrando que é a essência universal, intemporal e necessária de alguma coisa. A ideia é o *conceito* que define racionalmente a essência de um ser (coisas e humanos).

Por isso, Sócrates não perguntava se tal ou qual coisa era bela – pois nossa opinião sobre ela pode variar – e sim: o que é a beleza? Qual é a essência ou o conceito/a ideia do belo? Do justo? Do amor? Da amizade?

Sócrates perguntava: que razões rigorosas você possui para dizer o que diz e para pensar o que pensa? Qual é o fundamento racional daquilo que você fala e pensa?

Ora, as perguntas de Sócrates se referiam a ideias, valores, práticas e comportamentos que os atenienses julgavam certos e verdadeiros em si mesmos e por si mesmos. Ao fazer suas perguntas e suscitar dúvidas, Sócrates os fazia pensar não somente sobre si mesmos, mas também sobre a *pólis*. Aquilo que parecia evidente acabava sendo percebido como duvidoso e incerto.

Sabemos que os poderosos têm medo do pensamento, pois o poder será mais forte se ninguém pensar, se todos aceitarem as coisas como nos dizem e nos fazem acreditar que elas são. Para os poderosos de Atenas, Sócrates tornara-se um perigo, pois fazia a juventude pensar. Por isso, eles o acusaram de desrespeitar os deuses, corromper os jovens e violar as leis. Levado perante a assembleia, Sócrates não se defendeu e foi condenado a tomar um veneno – a cicuta – e obrigado a suicidar-se.

Por que Sócrates não se defendeu? "Porque", dizia ele, "se eu me defender, aceitarei as acusações, e eu não as aceito. Se eu me defender, o que os juízes vão exigir de mim? Que eu pare de filosofar. Mas eu prefiro a morte a ter que renunciar à Filosofia". O julgamento e a morte de Sócrates são narrados por Platão em uma obra intitulada *Apologia de Sócrates*, isto é, a defesa de Sócrates, feita por seus discípulos, contra Atenas.

Sócrates nunca escreveu. O que sabemos de seu pensamento encontra-se nas obras de seus vários discípulos, e Platão foi o mais importante deles. Se reunirmos o que esse filósofo escreveu sobre os sofistas e sobre Sócrates, além da exposição de suas próprias ideias, poderemos apresentar como características gerais do período socrático:

- A Filosofia se volta para as questões humanas no plano da ação, dos comportamentos, das ideias, das crenças, dos valores, e, portanto, se preocupa com as questões morais e políticas.
- O ponto de partida da Filosofia é a confiança no pensamento ou no ser humano como um ser racional, capaz de conhecer a si mesmo e, portanto, capaz de reflexão. Reflexão é a volta que o pensamento faz sobre si mesmo para conhecer-se; é a consciência conhecendo-se a si mesma como capacidade para conhecer as coisas, alcançando o conceito, a ideia ou a essência delas.
- Como se trata de conhecer a capacidade de conhecimento do homem, a preocupação se volta para estabelecer procedimentos que nos garantam que encontramos a verdade, isto é, o pensamento deve oferecer a si mesmo caminhos próprios, critérios próprios e meios próprios para saber o que é o verdadeiro e como alcançá-lo em tudo o que investiguemos.
- A Filosofia está voltada para a definição das virtudes morais (do indivíduo) e das virtudes políticas (do cidadão), tendo como objeto central de suas investigações a moral e a política, isto é, as ideias e práticas que norteiam os comportamentos dos seres humanos tanto como indivíduos quanto como cidadãos.

- Cabe à Filosofia, portanto, encontrar a definição, o conceito, a ideia ou a essência dessas virtudes, para além da variedade das opiniões, para além da multiplicidade das opiniões contrárias e diferentes. As perguntas filosóficas se referem, assim, a valores como a justiça, a coragem, a amizade, a piedade, o amor, a beleza, a temperança, a prudência etc., que constituem os ideais do sábio e do verdadeiro cidadão.
- É feita, pela primeira vez, uma separação radical entre, de um lado, a *opinião* ou as *imagens das coisas*, trazidas pelos nossos órgãos dos sentidos, por nossos hábitos, pelas tradições, pelos interesses, e, de outro lado, os *conceitos* ou as *ideias*. As ideias se referem à essência invisível e verdadeira das coisas e só podem ser alcançadas pelo pensamento puro, que afasta os dados sensoriais, os hábitos recebidos, os preconceitos, as opiniões.
- A reflexão e o trabalho do pensamento são tomados como uma purificação intelectual, que permite ao espírito humano conhecer a verdade invisível, imutável, universal e necessária.
- A opinião, as percepções e imagens sensoriais são consideradas falsas, mentirosas, mutáveis, inconsistentes, contraditórias, devendo ser abandonadas para que o pensamento siga seu caminho próprio no conhecimento verdadeiro.

São essas ideias que, de maneira alegórica ou simbólica, encontramos na exposição platônica do *Mito da Caverna*, que apresentamos na Introdução.

Nesse mito ou alegoria, Platão estabelece uma distinção decisiva para toda a história da Filosofia e das ciências, qual seja, a *diferença entre o sensível e o inteligível*. O *sensível* são as coisas materiais ou corpóreas cujo conhecimento nos é dado por meio de nosso corpo na experiência sensorial ou dos órgãos dos sentidos e pela linguagem baseada nesses dados. O sensível nos dá imagens das coisas tais como nos aparecem ou as sentimos e, portanto, tais como nos *parecem* ser, sem alcançar a realidade ou a essência verdadeira delas. As imagens sensíveis formam a mera opinião - a *dóxa* -, variável de pessoa para pessoa e variável em uma mesma pessoa, dependendo das circunstâncias. Já o *inteligível* é o conhecimento verdadeiro que alcançamos exclusivamente pelo pensamento, pelo intelecto. São as ideias imateriais e incorpóreas de todos os seres ou as essências reais e verdadeiras das coisas. Discípulo de Sócrates, para Platão a Filosofia é o esforço do pensamento para abandonar o sensível e passar ao inteligível.

Período sistemático

Esse período tem como principal nome o filósofo Aristóteles de Estagira, discípulo de Platão.

Passados quase quatro séculos de Filosofia, Aristóteles apresenta, nesse período, uma verdadeira enciclopédia de todo o saber que foi produzido e acumulado pelos gregos em todos os ramos do pensamento e da prática considerando essa totalidade de saberes como sendo a Filosofia. Esta, portanto, não é um saber específico sobre algum assunto, mas uma forma de conhecer todas as coisas, possuindo procedimentos diferentes para cada campo de coisas que conhece.

Além de a Filosofia ser a totalidade dos conhecimentos e práticas humanas, ela estabelece uma diferença entre esses conhecimentos, distribuindo-os em uma escala que vai dos mais simples e inferiores aos mais complexos e superiores. Essa classificação e distribuição dos conhecimentos fixou, para o pensamento ocidental, os campos de investigação da Filosofia como totalidade do saber humano.

Cada saber, no campo que lhe é próprio, possui seu objeto específico, procedimentos específicos para sua aquisição e exposição, formas próprias de demonstração e prova. Cada campo do conhecimento ou do saber é uma ciência (ciência, em grego, se diz *episteme*). Veremos mais adiante a classificação aristotélica dos saberes.

Aristóteles afirma que, antes de um conhecimento constituir seu objeto e seu campo próprios, seus procedimentos próprios de aquisição e exposição, de demonstração e de prova, deve, primeiro, conhecer os princípios e as leis gerais que governam o pensamento, independentemente do conteúdo que possa vir a ser pensado. O estudo dos princípios e das formas do pensamento, sem preocupação com seu conteúdo, foi chamado por Aristóteles de *Analítica*, mas, desde a Idade Média, passou a chamar-se *Lógica*. Aristóteles foi o criador da lógica como instrumento do conhecimento em qualquer campo do saber. A lógica não é uma ciência ou um saber sobre um objeto determinado, mas o *instrumento para o saber ou a ciência*, e, por isso, na classificação do saber ou das ciências feita por Aristóteles, a lógica não aparece, embora ela seja indispensável para a Filosofia e, mais tarde, tenha-se tornado um dos ramos específicos dela.

Período cosmopolita ou helenístico

Trata-se do último período da Filosofia antiga, quando a *pólis* grega desapareceu como centro político, deixando de ser referência principal dos filósofos, uma vez que a Grécia encontra-se sob o poderio do Império Romano. Os filósofos dizem, agora, que o mundo é sua cidade e que são cidadãos do mundo. Em grego, mundo se diz *Kósmos* e esse período é chamado o da Filosofia *cosmopolita*. Os gregos se referiam a si mesmos como helenos, pois a Grécia era chamada Hélade

Essa época da Filosofia é constituída por grandes sistemas ou doutrinas, isto é, explicações que buscam entender a realidade como um todo articulado e entrelaçado formado pelas coisas da Natureza, os seres humanos, pelas relações entre elas e eles e de todos com a divindade (esta, em geral, pensada como Providência divina que instaura e conserva a ordem universal). Predominam preocupações com a física, a ética – pois os filósofos já não podem ocupar-se diretamente com a política, uma vez que esta é privilégio dos imperadores romanos –, e a teologia.

Datam desse período quatro grandes sistemas cuja influência será sentida pelo pensamento cristão, que começa a formar-se nessa época: estoicismo, epicurismo, ceticismo e neoplatonismo.

Os campos do conhecimento filosófico

Devemos a Aristóteles a primeira grande classificação dos campos da atividade filosófica ao distinguir e classificar todos os saberes humanos (cuja totalidade é a Filosofia). O critério aristotélico para a distinção dos campos do saber é a distinção entre ação e contemplação, isto é, diferencia os saberes ou ciências que constituem a Filosofia conforme seus objetos e finalidades sejam atividades produtivas, éticas e políticas ou puramente intelectuais, interessadas exclusivamente no conhecimento e sem preocupação com qualquer prática. Aristóteles se refere aos campos do saber filosófico com a palavra *ciência* (*episteme*) para indicar cada modalidade ou forma do conhecimento e da ação humana.

Vejamos, pois, a classificação aristotélica dos campos do saber cujo conjunto se chama *philosophía*.

Ciências produtivas

Ciências que estudam as práticas produtivas ou as técnicas, isto é, as ações humanas cuja finalidade está para além da própria ação, pois a finalidade é a produção de um objeto, de uma obra. São elas: arquitetura (cujo fim é a edificação de alguma coisa), economia (cujo fim é a produção agrícola, o artesanato e o comércio, isto é, produtos para a sobrevivência e para o acúmulo de riquezas), medicina (cujo fim é produzir a saúde ou a cura), pintura, escultura, poesia, teatro, oratória, arte da guerra, da caça, da navegação etc. Em suma, são objeto das ciências produtivas todas as atividades humanas técnicas e artísticas que resultam em um produto ou em uma obra distintos do produtor.

Ciências práticas

Ciências que estudam as práticas humanas como ações que têm nelas mesmas seu próprio fim, isto é, a finalidade da ação não é chegar a um produto diferente do agente, mas é a realização do ser do próprio agente. Em outras palavras, a finalidade da ação é ela mesma e não há distinção entre o agente e o ato que ele realiza. São elas: ética, em que a ação é realizada pela vontade guiada pela razão tendo como finalidade o bem do indivíduo, sendo esse bem alcançado pela prática voluntária e deliberada das virtudes morais (coragem, generosidade, fidelidade, lealdade, clemência, prudência, amizade, justiça, modéstia, honradez, temperança etc.); e política, em que a ação racional voluntária é realizada tendo como fim o bem da comunidade ou o bem comum. Para Aristóteles, como para todo grego da época clássica, a política é superior à ética, pois a verdadeira liberdade, sem a qual não pode haver vida virtuosa ou ética, só é conseguida na *pólis*. Por isso, a finalidade da política é a vida justa, a vida boa e bela, a vida livre, da qual depende a atividade ética ou moral dos indivíduos.

Ciências teoréticas ou contemplativas

São aquelas que estudam coisas que existem independentemente dos humanos e de suas ações e que, não tendo sido feitas pelos homens, só podem ser contempladas por eles. *Theoría*, em grego, significa contemplação da verdade. O que são as coisas que existem por si mesmas e em si mesmas, independentes de nossa ação fabricadora (técnica) e de nossa ação moral e política? São as coisas da Natureza e as coisas divinas. Aristóteles, aqui, classifica as ciências teoréticas por graus de superioridade, indo da mais inferior à superior:

1. ciência das coisas naturais submetidas à mudança ou ao devir: física, biologia, meteorologia, psicologia (pois a alma – que, em grego, se diz *psychê* – é um ser natural, existindo de formas variadas em todos os seres vivos, plantas, animais e homens);
2. ciência das coisas naturais que não estão submetidas à mudança ou ao devir: as matemáticas e a astronomia (os gregos julgavam que os astros eram eternos e imutáveis);
3. ciência da realidade pura, que não é nem natural mutável, nem natural imutável, nem resultado da ação humana, nem resultado da fabricação humana. Trata-se daquilo que deve haver em toda e qualquer realidade, seja ela natural, matemática, ética, política, seja técnica, para ser realidade. É o que Aristóteles chama de *ser* ou *substância* de tudo o que existe. A ciência teorética que estuda o puro ser foi chamada por Aristóteles de *filosofia primeira,* mas alguns séculos depois, como os livros que a expunham estavam localizados nas bibliotecas depois dos livros que expunham a física, ela passou a ser chamada de *metafísica* (pois, em grego, *meta* significa o que vem depois, o que está além; ou seja, no caso, os livros que vinham depois da física e que tratavam da realidade para além da física);
4. ciência das coisas divinas que são a causa e a finalidade de tudo o que existe na Natureza e no homem. Deus, em grego, se diz *theós* e as coisas divinas são chamadas de *theion*; por isso, esta última ciência se chama *teologia.*

A Filosofia, para Aristóteles, encontra seu ponto mais alto na metafísica e na teologia, de onde se derivam todos os outros conhecimentos.

A herança aristotélica

A partir da classificação aristotélica, definiu-se, no correr dos séculos, o grande campo da investigação filosófica, campo que só seria desfeito no século XIX de nossa era, quando as ciências particulares separaram-se do tronco geral da Filosofia. Considerando-se a herança deixada pela classificação aristotélica, podemos dizer que, até hoje, os campos de investigação da Filosofia são três, quais sejam:

1. o do conhecimento do Ser, isto é, da realidade fundamental e primordial de todas as coisas, ou da essência de toda a realidade. Como, em grego, *ser* se diz *on* e *as coisas* se diz *ta onta*, este campo é chamado de *ontologia* (na concepção de Aristóteles, a ontologia era formada pelo conjunto da filosofia primeira e da teologia);
2. o do conhecimento das ações humanas ou dos valores e das finalidades da ação humana: das ações que têm em si mesmas sua finalidade, a ética e a política, ou a vida moral (valores morais) e a vida política (valores políticos); e das ações que têm sua finalidade em um produto ou em uma obra: as técnicas e as artes e seus valores (utilidade, beleza etc.);
3. o do conhecimento da capacidade humana de conhecer, isto é, o conhecimento do próprio pensamento em exercício. Neste campo estão: a *lógica*, que oferece as leis gerais do pensamento; a *teoria do conhecimento*, que oferece os procedimentos pelos quais conhecemos; as ciências propriamente ditas; e o conhecimento do conhecimento científico, isto é, a teoria das ciências ou *epistemologia*, que estuda e avalia os procedimentos empregados pelas diferentes ciências para definir e conhecer seus objetos.

Ser ou realidade, prática ou ação segundo valores, conhecimento do pensamento em suas leis gerais e em suas leis específicas em cada ciência: eis os campos da atividade ou investigação filosófica. Como instrumento para as ciências, sem ser ela própria uma ciência, encontra-se a *analítica*, que mais tarde receberia o nome de *lógica*.

CAPÍTULO 2

A Filosofia na História

Como todas as criações e instituições humanas, a Filosofia está na História e tem uma história.

Está na História: a Filosofia manifesta e exprime os problemas e as questões que, em cada época de uma sociedade, os humanos colocam para si mesmos diante do que é novo e ainda não foi compreendido. A Filosofia procura enfrentar essa novidade, oferecendo caminhos, respostas, e, sobretudo, propondo novas perguntas, em um diálogo permanente com a sociedade e a cultura de seu tempo, do qual ela faz parte.

Tem uma história: as respostas, as soluções e as novas perguntas que os filósofos de uma época oferecem tornam-se saberes adquiridos que outros filósofos prosseguem ou, frequentemente, tornam-se novos problemas que outros filósofos tentam resolver, seja aproveitando o passado filosófico, seja criticando-o e refutando-o. Além disso, as transformações nos modos de conhecer podem ampliar os campos de investigação da Filosofia, fazendo surgir novas disciplinas filosóficas, como também podem diminuir esses campos, porque alguns de seus conhecimentos podem desligar-se dela e formar disciplinas separadas.

Assim, por exemplo, a Filosofia teve seu campo de atividade aumentado quando, no século XVIII, surge a filosofia da arte ou estética; no século XIX, a filosofia da história; no século XX, a filosofia da linguagem. Por outro lado, o campo da Filosofia diminuiu quando as ciências particulares que dela faziam parte foram-se desligando para constituir suas próprias esferas de investigação. É o que acontece, por exemplo, no século XVIII, quando se desligam da Filosofia a biologia, a física e a química; e, no século XX, as chamadas ciências humanas (psicologia, antropologia, história, linguística).

Pelo fato de estar na História e ter uma história, a Filosofia costuma ser apresentada em grandes períodos que acompanham, às vezes de maneira mais próxima, às vezes de maneira mais distante, os períodos em que os historiadores dividem a História da sociedade ocidental.

Os principais períodos da Filosofia

Filosofia antiga (do século VI a.C. ao século VI d.C.)

Compreende os quatro grandes períodos da Filosofia greco-romana, indo dos pré-socráticos aos grandes sistemas do período helenístico, supramencionados.

Filosofia patrística (do século I ao século VII)

Inicia-se com as Epístolas do Apóstolo Paulo e o Evangelho de João e termina no século VIII, quando teve início a Filosofia medieval.

A filosofia desse período é conhecida com o nome de *Patrística* porque foi obra não só de dois apóstolos (Paulo e João), mas também dos chamados Padres da Igreja, isto é, dos primeiros dirigentes espirituais e políticos do cristianismo, após a morte dos apóstolos.

A Patrística resultou do esforço feito pelos dois apóstolos intelectuais (Paulo e João) e pelos primeiros Padres da Igreja para conciliar a nova religião – o cristianismo – com o pensamento filosófico dos gregos e romanos, pois somente com tal conciliação seria possível convencer os pagãos da nova verdade e convertê-los a ela. A Filosofia patrística liga-se, portanto, à tarefa religiosa da evangelização e à defesa da religião cristã contra os ataques teóricos e morais que recebia dos antigos.

Divide-se em *Patrística grega* (ligada às Igrejas de Alexandria e Constantinopla ou Bizâncio) e *Patrística latina* (ligada à Igreja de Roma) e seus nomes mais importantes foram: Justino, Tertuliano, Atenágoras, Orígenes, Clemente, Eusébio, Ambrósio de Milão, Gregório Nazianzo, João Crisóstomo, Isidoro de Sevilha, Agostinho, Beda e Boécio.

A Patrística foi obrigada a introduzir ideias desconhecidas para os filósofos greco-romanos: a ideia de criação do mundo a partir do nada, a de pecado original do homem, a de Deus como trindade una, a de encarnação e morte de Deus, a de juízo final ou de fim dos tempos, a de ressurreição dos mortos, ou seja, ideias que constituem o chamado *Credo* cristão. Precisou também explicar como o mal pode existir no mundo, já que tudo foi criado por Deus, que é pura perfeição e bondade. Introduziu, sobretudo com Agostinho e Boécio, a ideia de "homem interior", isto é, da consciência moral e do livre-arbítrio da vontade (ou o poder da vontade para escolher dentre alternativas opostas igualmente possíveis), pelo qual o homem, por ser dotado de liberdade para escolher dentre o bem e o mal, é o responsável pela existência do mal no mundo.

Para impor as ideias cristãs, os Padres da Igreja as transformaram em verdades reveladas por Deus (por meio da Bíblia e dos santos) que, por serem decretos divinos, seriam *dogmas*, isto é, verdades irrefutáveis e inquestionáveis. Com isso, surge uma distinção, desconhecida pelos antigos filósofos, entre verdades reveladas ou da fé e verdades da razão ou humanas, isto é, entre verdades sobrenaturais e verdades naturais, as primeiras introduzindo a noção de conhecimento recebido por uma graça divina, superior ao simples conhecimento racional. Dessa forma, o grande tema de toda a Filosofia patrística é o da possibilidade ou impossibilidade de conciliar razão e fé, e, a esse respeito, havia três posições principais:

1. os que julgavam fé e razão irreconciliáveis e a fé superior à razão (diziam eles: "Creio porque absurdo");
2. os que julgavam fé e razão conciliáveis, mas subordinavam a razão à fé (diziam eles: "Creio para compreender");
3. os que julgavam razão e fé irreconciliáveis, mas afirmavam que cada uma delas tem seu campo próprio de conhecimento e não devem misturar-se – a razão se refere a tudo o que concerne à vida temporal dos homens no mundo; a fé, a tudo o que se refere à salvação da alma e à vida eterna futura (diziam eles: "Creio e entendo").

Filosofia medieval (do século VIII ao século XIV)

Abrange pensadores europeus, árabes e judeus. É o período em que a Igreja Romana dominava a Europa, ungia e coroava reis, organizava cruzadas à Terra Santa e criava, à volta das catedrais, as primeiras universidades ou escolas. A partir do século XII, por ter sido ensinada em escolas, a Filosofia medieval também é conhecida com o nome de *Escolástica*.

A Filosofia medieval teve como influências principais Platão e Aristóteles, embora o Platão conhecido pelos medievais fosse o neoplatônico (isto é, interpretado pelo filósofo Plotino, do século VI d.C.), e o Aristóteles por eles conhecido fosse aquele conservado e traduzido pelos árabes, particularmente Avicena e Averróis.

Conservando e discutindo os mesmos problemas que a Patrística, a Escolástica acrescentou outros – particularmente um, conhecido com o nome de Problema dos Universais – e, além de Platão e Aristóteles, sofreu uma grande influência das ideias de Santo Agostinho. Durante esse período surge propriamente a Filosofia cristã, que é, na verdade, a teologia. Um de seus temas mais constantes são as provas da existência de Deus e da imortalidade da alma, isto é, demonstrações racionais da existência do infinito criador e do espírito humano imortal.

A diferença e separação entre infinito (Deus) e finito (homem, mundo), a diferença entre razão e fé (a primeira deve subordinar-se à segunda), a diferença e separação entre corpo (matéria) e alma (espírito), o Universo como uma hierarquia de seres, onde os superiores dominam e governam os inferiores (Deus, serafins, querubins, arcanjos, anjos, alma, corpo, animais, vegetais, minerais), a subordinação do poder temporal dos reis e barões ao poder espiritual de papas e bispos: eis os grandes temas da Filosofia medieval.

Outra característica marcante da Escolástica foi o método por ela inventado para expor as ideias filosóficas, conhecido como *disputa*: apresentava-se uma tese e esta devia ser ou refutada ou defendida com argumentos tirados da Bíblia, de Aristóteles, de Platão ou de outros Padres da Igreja.

Assim, uma ideia era considerada uma tese verdadeira ou falsa dependendo da força e da qualidade dos argumentos encontrados nos vários autores. Por causa desse método de disputa – teses, refutações, defesas, respostas, conclusões baseadas em escritos de outros autores –, costuma-se dizer que, na Idade Média, o pensamento estava subordinado ao *princípio da autoridade*, isto é, uma ideia era considerada verdadeira somente se baseada nos argumentos de uma autoridade reconhecida (Bíblia, Platão, Aristóteles, um papa, um santo).

Os pensadores medievais mais importantes foram: Abelardo, Duns Scoto, Escoto Erígena, Santo Anselmo, Santo Tomás de Aquino, Santo Alberto Magno, Guilherme de Ockham, Roger Bacon, São Boaventura. Do lado árabe: Avicena, Averróis, Alfarabi e Algazáli. Do lado judaico: Maimônides, Nahmanides, Yeudah ben Levi.

Filosofia da Renascença (do século XIV ao século XVI)

É marcada pela descoberta de obras de Platão desconhecidas na Idade Média e de novas obras de Aristóteles, que passam a ser lidos em grego e a receber novas traduções latinas, mais acuradas e fiéis, além de dedicar-se à recuperação das obras dos grandes autores e artistas gregos e romanos e à imitação deles.

São três as grandes linhas de pensamento que predominavam na Renascença:

1. aquela proveniente da leitura de três diálogos de Platão (*Banquete, Fédon, Fedro*), das obras dos filósofos neoplatônicos e da descoberta do conjunto dos livros do Hermetismo (o *Corpus Hermeticum*), que se supunha terem vindo do Egito e terem sido escritos séculos antes de Moisés e de Platão, ditados pelo deus Hermes a seus filhos humanos. A Natureza era concebida como um grande ser vivo, dotada de uma alma universal (a Alma do Mundo) e feita de laços e vínculos secretos entre todas as coisas, unidas por simpatia e desunidas por antipatia. O ser humano era concebido como parte da Natureza (o macrocosmo) e como um *microcosmo* (isto é, um pequeno mundo que espelha e reproduz em pequeno a estrutura e a vida do grande mundo, ou o universo) e, por isso, pode agir sobre o mundo por meio de conhecimentos e práticas que operam com as ligações secretas entre as coisas, isto é, por meio da magia natural, da alquimia e da astrologia;
2. aquela originária dos pensadores florentinos, que valorizava a vida ativa, isto é, a política, e defendia a liberdade das cidades italianas contra o Império Romano-Germânico, isto é, contra o poderio dos papas e dos imperadores. Na defesa da liberdade política, recuperaram a ideia de república, tal como esta aparecia nas obras dos grandes autores políticos latinos, como Cícero, Tito Lívio e Tácito, bem como nos escritos de historiadores e juristas clássicos, e propuseram a "imitação dos antigos" ou o renascimento da república livre, anterior ao surgimento do império fundado no poder eclesiástico;
3. aquela que propunha o ideal do homem como artífice de seu próprio destino, tanto por meio dos conhecimentos (astrologia, magia, alquimia) quanto por meio

da política (o ideal republicano), das técnicas (medicina, arquitetura, engenharia, navegação) e das artes (pintura, escultura, poesia, teatro).

Essas três grandes linhas de pensamento explicam por que se costuma falar no *humanismo* como traço predominante da Renascença, uma vez que nelas o ser humano é valorizado, colocado como centro do Universo, defendido em sua liberdade e em seu poder criador e transformador.

A intensa atividade teórica e prática dessa época foi alimentada com as grandes descobertas marítimas, que garantiam aos humanos o conhecimento de novos mares, novos céus, novas terras e novas gentes, permitindo-lhes ter uma visão crítica de sua própria sociedade. Essa efervescência cultural e política levou a críticas profundas à Igreja Romana, culminando na Reforma Protestante, baseada na ideia de liberdade de crença e de pensamento. À Reforma a Igreja Romana respondeu com a Contrarreforma e com o aumento do violento poder da Inquisição.

Os nomes mais importantes desse período são: Dante, Maquiavel, Marsílio Ficino, Giordano Bruno, Nicolau de Cusa, Campanella, Montaigne, Jean Bodin, Erasmo, Thomas More, Copérnico e Kepler.

Filosofia moderna ou clássica (do século XVII aos meados do século XVIII)[1]

Esse período, conhecido como o Grande Racionalismo Clássico, nasce procurando vencer um ambiente de pessimismo teórico, reinante no final do século XVI e início do XVII. Esse pessimismo teórico é o *ceticismo*, ou seja, a atitude filosófica que duvida da capacidade da razão humana para conhecer a realidade exterior e o ser humano. As guerras de religião (as lutas entre protestantes e católicos em toda a Europa), as descobertas de outros povos inteiramente diferentes dos europeus, as disputas e querelas filosóficas e teológicas criaram um ambiente em que o sábio já não podia admitir que a razão humana é capaz de conhecimento verdadeiro nem que a verdade é universal e necessária. Ao contrário, diante da multiplicidade de opiniões em luta e da descoberta dos habitantes do Novo Mundo, o sábio tornou-se cético, o caso exemplar sendo o de Montaigne.

Para vencer o ceticismo e restaurar o ideal filosófico da possibilidade do conhecimento racional verdadeiro e universal, a Filosofia Moderna ou Grande Racionalismo Clássico propõe três mudanças teóricas principais:

1. Aquela surgida com Francis Bacon e René Descartes, conhecida como o "surgimento do sujeito do conhecimento", isto é, a Filosofia, em lugar de começar seu trabalho conhecendo a Natureza (como na Filosofia antiga) e Deus (como na

[1] Os historiadores da filosofia convencionaram denominar a filosofia do século XVII com os termos "clássica" e "moderna". Neste livro, sempre que usarmos um desses esses termos, referir-nos-emos ao pensamento do século XVII.

Patrística e na Escolástica), para depois referir-se ao homem, começa indagando qual é a capacidade da razão humana para conhecer e demonstrar a verdade dos conhecimentos. Em outras palavras, em lugar de começar pelas coisas a serem conhecidas e sobre as quais, como mostra o ceticismo, só cabem dúvidas e desconfianças, a Filosofia começa, segundo Bacon, pelo estabelecimento de maneiras seguras de conhecer, pela instauração de um método como instrumento para que o homem seja senhor de si e senhor da natureza. Assim, Bacon introduz a exigência de um *método* para o conhecimento (*methodos*, em grego, significa caminho correto, bom caminho), ideia que será retomada mais profundamente por Descartes, com quem se dá efetivamente o início da Filosofia, cujo ponto de partida é o sujeito do conhecimento. Em outros termos, Descartes propõe que o ponto de partida seja a reflexão, isto é, que aquele que conhece – o sujeito do conhecimento –deve voltar-se para si próprio para saber se é capaz de conhecimento verdadeiro e, se o for, sob quais condições a capacidade de conhecer se realiza corretamente. Somente depois de conhecer-se a si mesmo como capacidade para o conhecimento verdadeiro é que o sujeito se volta para as coisas a conhecer ou os objetos do conhecimento.

O ponto de partida é, portanto, o sujeito do conhecimento como consciência de si reflexiva, isto é, como consciência que conhece sua capacidade de conhecer – ideia sintetizada no célebre *Cogito* (Eu penso) cartesiano: *Cogito ergo sum*, "Penso, logo existo". Em outras palavras, posso duvidar da existência de tudo e admitir que tudo é duvidoso, como diria o cético, porém, não posso duvidar de que estou duvidando. Ora, duvidar é pensar, e, para pensar, é preciso que meu pensamento exista e isso, sendo indubitável, é o ponto de partida para o conhecimento verdadeiro. O sujeito do conhecimento é o intelecto ou a inteligência que, juntamente com a vontade, existe no interior de uma substância espiritual, a alma, cuja natureza é completamente diferente da natureza de outra substância, a corpórea, que constitui a natureza do nosso corpo e dos corpos exteriores. Por isso, para vencer o ceticismo, não basta afirmar que minha existência pensante é indubitável, mas é preciso garantir que meu pensamento pode conhecer o não pensamento, isto é, os corpos da Natureza. A Filosofia precisa responder à pergunta: como o intelecto pode conhecer o que é diferente dele? Como o espírito pode conhecer a matéria? Como o sujeito espiritual pode conhecer os objetos corporais, o seu próprio corpo e os demais corpos da Natureza? Essa pergunta exige a elaboração de um método de conhecimento, com regras certas e seguras.

2. A resposta à pergunta sobre o conhecimento do que não é pensamento constituiu a segunda grande mudança teórica dos modernos e diz respeito, portanto, ao objeto do conhecimento. Para os modernos, as coisas exteriores (a Natureza, as instituições sociais e políticas) são conhecidas quando o sujeito do conhecimento as representa intelectualmente, ou seja, quando as apreende como ideias que dependem apenas das operações cognitivas realizadas pelo próprio sujeito. Isso significa, por um lado, que tudo o que pode ser conhecido deve poder ser representado por um conceito ou uma ideia clara e distinta, demonstrável e necessária,

formulada pelo intelecto; e, por outro lado, que a Natureza, a sociedade e a política podem ser inteiramente conhecidas pelo sujeito do conhecimento porque são racionais em si mesmas e propensas a serem representadas pelas ideias do sujeito do conhecimento.

3. Essa concepção da realidade como intrinsecamente racional e que pode ser plenamente captada pelas ideias e pelos conceitos preparou a terceira grande mudança teórica moderna. A Natureza, a partir de Galileu, é concebida como um sistema ordenado de causas e efeitos necessários cuja estrutura profunda e invisível é matemática. O "livro do mundo", diz Galileu, está escrito em caracteres matemáticos e, para lê-lo, é preciso conhecer matemática. Nesse sentido, a geometria e aritmética não são ciências de figuras e números, mas a estrutura inteligível do mundo físico. Física e matemática se tornam inseparáveis. Os modernos afirmam que a realidade é racional porque é um sistema ordenado de causalidades físico-matemáticas perfeitas e plenamente conhecíveis pela razão humana. Essa ideia deu origem à ciência clássica na qual prevalece o ponto de vista da Mecânica, isto é, nas relações de causa e efeito entre as coisas, a causa é sempre o movimento, e este segue leis universais necessárias que podem ser explicadas e representadas matematicamente. Todas as coisas e todos os fatos da realidade são conhecidos como formas de movimento e pelo conhecimento das relações necessárias de causa e efeito que os produzem, os conservam ou os destroem.
4. Disso resultará mais um traço definidor da Modernidade, isto é, o nascimento da experimentação científica e da tecnologia, isto é, da técnica comandada pela ciência. A realidade é um sistema de causalidades racionais rigorosas que podem ser conhecidas e transformadas pelo homem. Porque o objeto do conhecimento pode ser inteiramente representado pelos conceitos do sujeito do conhecimento, este também pode intervir na realidade e alterá-la. Nascem, assim, a ideia de experimentação científica (são criados os laboratórios) e o ideal tecnológico, ou seja, a expectativa de que o homem poderá dominar tecnicamente a Natureza e a sociedade, graças à invenção de máquinas sob orientação científica.
5. Existe também a convicção de que a razão humana é capaz de conhecer a origem, as causas e os efeitos das paixões e das emoções e, pela vontade orientada pela razão, é capaz de governá-las e dominá-las, de sorte que a vida ética pode ser plenamente racional. A mesma convicção orienta o racionalismo político, isto é, a ideia de que a razão é capaz de definir para cada sociedade qual o melhor regime político e como mantê-lo racionalmente.

Os principais pensadores desse período foram: Francis Bacon, Descartes, Galileu, Pascal, Hobbes, Espinosa, Leibniz, Malebranche, Locke, Berkeley, Newton, Gassendi.

Filosofia da Ilustração ou Iluminismo (dos meados do século XVIII ao começo do século XIX)

Esse período também crê nos poderes da razão, chamada de *As Luzes* (por isso, os nomes Iluminismo e Ilustração). A Ilustração ou Iluminismo afirma que:

- pela razão, o homem pode conquistar a liberdade e a felicidade social e política (a Filosofia da Ilustração foi decisiva para as ideias da Revolução Francesa de 1789);
- a razão é capaz de aperfeiçoamento e progresso, e o ser humano é um ser perfectível. A perfectibilidade consiste em liberar-se dos preconceitos religiosos, sociais e morais, em libertar-se da superstição e do medo, graças ao avanço das ciências, das artes e da moral;
- o aperfeiçoamento da razão se realiza pelo progresso das civilizações, que vão das mais atrasadas (também chamadas de "primitivas" ou "selvagens") às mais adiantadas e perfeitas (as da Europa ocidental);
- há diferença entre Natureza e Civilização, isto é, a Natureza é o reino das relações necessárias de causa e efeito ou das leis naturais universais e imutáveis, enquanto a Civilização é o reino da liberdade e da finalidade proposta pela vontade livre dos próprios humanos, em seu aperfeiçoamento moral, técnico e político. A Natureza é o reino da necessidade (isto é, das coisas e dos acontecimentos que não podem ser diferentes do que são); a Civilização é o reino da liberdade (isto é, onde os fatos e acontecimentos podem ser diferentes do que são porque a vontade humana pode escolher dentre alternativas contrárias possíveis). Por isso, data desse período a discussão sobre as relações entre os humanos e a Natureza, havendo a indagação se nossa condição humana é inteira e totalmente natural ou decorrente da vida social e política. Somos seres naturais ou seres inteiramente sociais? Essa discussão se encontra em filósofos como o escocês Hume, o francês Rousseau, os alemães Kant, Fichte e Schelling. Aliás, o simples fato de designá-los por suas nacionalidades já indica como as diferenças sociais e políticas passam a ser levadas em consideração na formulação filosófica.

Como a Filosofia iluminista afirma a ideia de progresso e não o limita apenas à Civilização, mas também o refere à vida, há grande interesse pelas ciências que se relacionam com a ideia de transformação progressiva, e, por isso, a biologia terá um lugar central no pensamento ilustrado, pertencendo ao campo da Filosofia da Vida e relacionada com os primeiros desenvolvimentos da química. Há igualmente grande interesse e preocupação com as artes (particularmente com a literatura, a música e o teatro), visto que elas são as expressões por excelência do grau de progresso de uma civilização.

Data também desse período o interesse pela compreensão das bases econômicas da vida social e política, surgindo uma reflexão sobre a origem e a forma das riquezas das nações, com uma controvérsia sobre a importância maior ou menor da agricultura e do comércio, controvérsia que se exprime em duas correntes do pensamento econômico:

a corrente *fisiocrata* (a agricultura é a fonte principal das riquezas) e a *mercantilista* (o comércio é a fonte principal da riqueza das nações).

Os principais pensadores do período foram: Hume, Voltaire, D'Alembert, Diderot, Rousseau, Kant, Fichte e Schelling.

Filosofia contemporânea

Abrange o pensamento filosófico que vai de meados do século XIX e chega aos nossos dias.

Esse período se inicia com a tendência filosófica denominada Idealismo Alemão, que se inicia com Kant, Fichte e Schelling e tem seu momento culminante com Hegel. Na França, surge outra tendência com a filosofia de Augusto Comte, denominada Positivismo, por sua confiança nas ciências chamadas positivas, em oposição à religião e à metafísica.

No final do século XIX até meados do século XX, desenvolve-se, na França, a Filosofia da Duração, de Bergson; no século XX, surge, na Alemanha, com Husserl, a Fenomenologia, com Heidegger, uma versão ontológica da Fenomenologia, e, com os filósofos franceses Sartre e Merleau-Ponty, a versão fenomenológica que ficou conhecida como Existencialismo. Houve também um grande desenvolvimento da lógica e de estudos sobre a lógica e a linguagem, os nomes mais conhecidos tendo sido os de Frege, Wittgenstein, Bertrand Russell, Peirce e Quine.

Esse período, por ser o mais próximo de nós, parece ser o mais complexo e o mais difícil de definir, pois as diferenças entre as várias filosofias ou posições filosóficas nos parecem muito grandes porque as estamos vendo surgir diante de nós.

Para facilitar uma visão mais geral do período, faremos uma contraposição entre as principais ideias do século XIX e as principais correntes de pensamento do século XX.

Aspectos da Filosofia contemporânea

As questões discutidas pela Filosofia contemporânea

Dissemos, *supra*, que a Filosofia contemporânea vai dos meados do século XIX aos nossos dias e que, por estar próxima de nós, é mais difícil de ser vista em sua generalidade, pois os problemas e as diferentes respostas dadas a eles parecem impossibilitar uma visão de conjunto.

Em outras palavras, não temos distância suficiente para perceber os traços mais gerais e marcantes deste período da Filosofia. Apesar disso, é possível assinalar quais têm sido as principais questões e os principais temas que interessaram à Filosofia neste período e quais as diferenças entre o século XIX e o século XX (nos primeiros 20 anos do século XXI ainda não surgiram novas correntes filosóficas).

História e progresso

O século XIX é, na Filosofia, o grande século da descoberta da História ou da historicidade dos seres humanos, das sociedades, das ciências e das artes. É particularmente com o filósofo alemão Hegel que se afirma que a História *é a realidade*, e que a razão, a verdade e os seres humanos são essencial e necessariamente históricos.

Essa concepção levou à ampliação da ideia iluminista de *progresso*, isto é, de que os seres humanos, as sociedades, as ciências, as artes e as técnicas melhoram com o passar do tempo, acumulam conhecimento e práticas, aperfeiçoando-se cada vez mais, de modo que o presente é melhor e superior, se comparado ao passado, e o futuro será melhor e superior, se comparado ao presente. Essa visão otimista foi desenvolvida não somente por Hegel, mas, em uma outra chave filosófica, também foi desenvolvida na França pelo filósofo Augusto Comte. Para Hegel o progresso definia a marcha do Espírito no conhecimento total de si mesmo. Para Comte, o progresso era atribuído ao desenvolvimento das ciências, que permitiriam aos seres humanos não só libertar-se de crendices e das tendências metafísicas da filosofia, mas também "saber para prever, prever para prover", de modo que o desenvolvimento social se faria por aumento do conhecimento científico e do controle científico da sociedade. (É de Comte a ideia de "Ordem e Progresso", que viria a fazer parte da bandeira do Brasil republicano, pois no Brasil do XIX a filosofia comteana foi muito respeitada e admirada). Também no final do século XIX a importância filosófica do tempo, entendido não como história, mas como duração contínua, foi desenvolvida por Henri Bergson, dentre cujas obras podemos destacar *A evolução criadora*.

No entanto, no século XX, a mesma afirmação da historicidade dos seres humanos, da razão e da sociedade levou à ideia de que a História é descontínua e não progressiva, cada sociedade tendo sua história própria em vez de ser apenas uma etapa em uma História universal das civilizações. Com isso, a ideia de progresso universal passou a ser criticada porque serviria como desculpa para legitimar colonialismos e imperialismos (os mais "adiantados" teriam o direito de dominar os mais "atrasados"). Passou a ser criticada também a ideia de progresso das ciências e das técnicas, mostrando-se que, em cada época histórica e para cada sociedade, os conhecimentos e as práticas possuem sentido e valor próprios, e que tal sentido e tal valor desaparecem em uma época seguinte ou são diferentes em uma outra sociedade, não havendo, portanto, transformação contínua, acumulativa e progressiva da humanidade. Essa ideia foi particularmente desenvolvida pelos franceses Merleau-Ponty e Michel Foucault.

As ciências e as técnicas

No século XIX, entusiasmada com as ciências e as técnicas, bem como com a Segunda Revolução Industrial, a Filosofia afirmava a confiança plena e total no saber científico e na tecnologia para dominar e controlar a Natureza, a sociedade e os indivíduos.

Acreditava-se, por exemplo, que a sociologia, ciência criada por Augusto Comte e desenvolvida por Émile Durkheim, nos ofereceria um saber seguro e definitivo sobre o modo de funcionamento das sociedades e que os seres humanos poderiam organizar racionalmente o social, evitando revoluções, revoltas e desigualdades.

Acreditava-se também que o nascimento da psicologia como ciência ensinaria definitivamente como é e como funciona a psique humana, quais as causas dos comportamentos e os meios de controlá-los, quais as causas das emoções e os meios de controlá-las, de tal modo que seria possível livrar-nos das angústias, do medo, da loucura, assim como seria possível uma pedagogia baseada nos conhecimentos científicos e que permitiria não só adaptar perfeitamente as crianças às exigências da sociedade, como também educá-las segundo suas vocações e potencialidades psicológicas.

No entanto, no século XX, a Filosofia passou a desconfiar do otimismo científico-tecnológico do século anterior em virtude de vários acontecimentos: as duas guerras mundiais, o bombardeio atômico de Hiroshima e Nagasaki, os campos de concentração nazistas e estalinistas, as guerras da Coreia, do Vietnã, do Oriente Médio, do Afeganistão, as invasões russas da Hungria e da Tchecoslováquia, as ditaduras sangrentas da América Latina e da África, a devastação de mares, florestas e terras, a poluição do ar, os perigos cancerígenos de alimentos e remédios, o aumento de distúrbios e sofrimentos mentais, os problemas éticos e políticos surgidos com o desenvolvimento da genética e da engenharia genética (a inseminação artificial, a clonagem, a alteração da estrutura de plantas e animais) etc.

Além disso, as ciências e técnicas foram incorporadas a grandes complexos industriais e militares, que financiam centros de pesquisa e definem o que deve ser pesquisado e como serão utilizados os resultados. O chamado "complexo industrial-militar" das grandes potências econômicas possui poder de vida e morte sobre o planeta, não está submetido a governos nem a associações públicas, mas opera secretamente, segundo seus próprios interesses, desencadeando guerras, ditaduras, violências em toda parte, quando isso convém às suas finalidades. Atualmente, o núcleo mais importante dessas pesquisas se situa nas empresas do chamado Vale do Silício, nos Estados Unidos, responsáveis pela informática e pela eletrônica.

Uma escola alemã de Filosofia, a Escola de Frankfurt, elaborou uma concepção conhecida como Teoria Crítica, na qual distingue duas formas da razão: a *razão instrumental* e a *razão crítica*.

A *razão instrumental* é a razão técnico-científica, que faz das ciências e das técnicas não um meio de liberação dos seres humanos, mas um meio de intimidação, medo, terror e desespero. Ao contrário, a *razão crítica* é aquela que analisa e interpreta os limites e os perigos do pensamento instrumental e afirma que as mudanças sociais, políticas e culturais só se realizarão verdadeiramente se tiverem como finalidade a emancipação do gênero humano, e não as ideias de controle e domínio técnico-científico sobre a Natureza, a sociedade e a cultura.

Os ideais políticos revolucionários

No século XIX, em decorrência do otimismo trazido pelas ideias de progresso, desenvolvimento técnico-científico, poderio humano para construir uma vida justa e feliz, a Filosofia apostou nos ideais políticos revolucionários – anarquismo, socialismo, comunismo –, que criariam, graças à ação política consciente dos explorados e oprimidos, uma sociedade nova, justa e feliz.

No entanto, no século XX, com o surgimento das chamadas sociedades totalitárias ou dos regimes totalitários – fascismo, nazismo, stalinismo, maoismo – e com o aumento do poder das sociedades autoritárias (como as da América Latina, das Filipinas e da África do Sul), a Filosofia também passou a desconfiar do otimismo revolucionário e das utopias e a indagar se os seres humanos, os explorados e dominados serão capazes de criar e manter uma sociedade nova, justa e feliz.

O crescimento das chamadas burocracias – que dominam as organizações estatais, empresariais, político-partidárias, escolares, hospitalares – levou a Filosofia a indagar como os seres humanos poderiam derrubar esse imenso poderio que nos governa secretamente, que desconhecemos e que determina as vidas cotidianas, desde o nascimento até a morte. O filósofo francês Claude Lefort mostrou que a burocracia não é uma forma de organização de serviços, e sim uma forma de poder baseado na hierarquia dos cargos e nos segredos das informações, portanto autoritária e antidemocrática.

A cultura

Como vimos na Introdução, no século XIX, a Filosofia descobre a Cultura como o modo próprio e específico da existência dos seres humanos. Os animais são seres naturais; os humanos, seres culturais. A Natureza é governada por leis necessárias de causa e efeito; a Cultura é o exercício da liberdade.

A Cultura é a criação coletiva de ideias, símbolos e valores pelos quais uma sociedade define para si mesma o bom e o mau, o belo e o feio, o justo e o injusto, o verdadeiro e o falso, o puro e o impuro, o possível e o impossível, o inevitável e o casual, o sagrado e o profano, o espaço e o tempo. A Cultura se realiza porque os humanos são capazes de linguagem, trabalho e relação com o tempo. A Cultura se manifesta como vida social, como criação das obras de pensamento e de arte, como vida religiosa e vida política.

Para a Filosofia do século XIX, em consonância com sua ideia de progresso da humanidade e de uma História universal das civilizações, haveria uma única grande Cultura em desenvolvimento ou em progresso, da qual as diferentes culturas seriam fases ou etapas.

Para outros, em uma corrente conhecida como Romantismo, as culturas não formavam uma sequência universal progressiva, mas eram culturas particulares, isto é, nacionais. Assim, cabia à Filosofia conhecer o "espírito de um povo" conhecendo as origens e as raízes de cada nação e de sua cultura, pois, para esses filósofos, o mais importante de uma cultura não se encontraria em seu futuro (no seu progresso), mas no seu passado, isto é, nas tradições, no folclore nacional.

No entanto, no século XX, a Filosofia, afirmando que a História é descontínua, também afirma que não há *a Cultura*, mas *culturas* diferentes, e que a pluralidade de culturas e as diferenças entre elas não se devem à nação, pois a ideia de nação é ela própria uma criação cultural, e não a causa das diferenças culturais. Em outras palavras, a nação não é causa da diferença cultural porque a própria ideia de nação é uma invenção cultural de uma cultura determinada (no caso, invenção feita pelas culturas francesa e alemã do século XIX).

Cada cultura inventa seu modo de relacionar-se com o tempo, de criar sua linguagem, de elaborar seus mitos e suas crenças, de organizar o trabalho e as relações sociais, de criar as obras de pensamento e de arte. Cada uma, em decorrência das condições históricas, geográficas e políticas em que se forma, tem seu modo próprio de organizar o poder e a autoridade, de produzir seus valores.

Contra a filosofia da cultura universal, a Filosofia do século XX negou que houvesse uma única cultura em progresso e afirmou a existência da pluralidade cultural. Contra a filosofia romântica das culturas nacionais como expressão do "espírito do povo" e do conjunto de tradições, a Filosofia do século XX negou que a nacionalidade fosse causa das culturas (as nacionalidades são efeitos culturais temporários) e afirmou que cada cultura se relaciona com outras e encontra dentro de si seus modos de transformação; ou seja, o presente está voltado para o futuro, e não para o conservadorismo do passado.

O "fim da Filosofia"

No século XIX, o otimismo científico e técnico levou a Filosofia a supor que, no futuro, só haveria ciências, e que todos os conhecimentos e todas as explicações seriam dados por elas. Assim, a própria Filosofia poderia desaparecer, não tendo motivo para existir, ideia celebrizada pela conhecida afirmação de que "a filosofia é uma ciência com a qual e sem a qual o mundo permanece tal e qual".

No entanto, no século XX, a Filosofia passou a mostrar que as ciências não possuem princípios totalmente certos, seguros e rigorosos para as investigações, que os resultados podem ser duvidosos e precários e que, frequentemente, uma ciência desconhece até onde pode ir e quando está entrando no campo de investigação de outra.

Os princípios, os métodos, os conceitos e os resultados de uma ciência podem estar totalmente equivocados ou desprovidos de fundamento. Com isso, a Filosofia voltou a afirmar seu papel de compreensão e interpretação crítica das ciências, discutindo a validade de seus princípios, procedimentos de pesquisa, resultados, de suas formas de exposição dos dados e das conclusões etc.

Foram preocupações com a falta de rigor das ciências que levaram o filósofo alemão Husserl a propor que a Filosofia fosse o estudo e o conhecimento rigoroso da possibilidade do próprio conhecimento científico, examinando os fundamentos, os métodos e os resultados das ciências. Foram também preocupações como essas que levaram filósofos como Wittgenstein, Russell, Peirce, Quine e Kuhn a estudar a linguagem científica, a discutir os problemas lógicos das ciências, a mostrar os paradoxos e os limites do conhecimento científico e a pensar como e por que se dão as mudanças científicas.

A maioridade da razão

No século XIX, o otimismo filosófico levava a Filosofia a afirmar que, enfim, os seres humanos haviam suplantado a superstição, as explicações mágicas e fantásticas da realidade e alcançado, conforme dissera Kant, a "maioridade racional". Acreditava também que a razão se desenvolvia plenamente para que o conhecimento completo da realidade e das ações humanas fosse atingido.

No entanto, Marx, no final do século XIX, e Freud, no início do século XX, puseram em questão esse otimismo racionalista. Marx e Freud, cada qual em seu campo de investigação e cada qual voltado para diferentes aspectos da ação humana - Marx, voltado para a economia e a política; Freud, voltado para as perturbações e os sofrimentos psíquicos -, fizeram descobertas que, até hoje, continuam impondo questões filosóficas. Que descobriram eles?

Marx descobriu que temos a ilusão de estarmos pensando com nossa própria cabeça e agindo por nossa própria vontade de maneira racional e livre, de acordo com nosso entendimento e nossa liberdade, porque desconhecemos as condições econômicas e sociais nas quais a classe social que domina a sociedade exerce seu poder sobre as mentes de todos, fazendo que suas ideias pareçam ser verdades universais, válidas para todos os membros da sociedade e para todas as classes sociais. Esse poder social invisível que nos força a pensar como pensamos e agir como agimos foi chamado por ele de *ideologia*.

Freud, por sua vez, mostrou que os seres humanos têm a ilusão de que tudo quanto pensam, fazem, sentem e desejam, tudo quanto dizem ou calam estaria sob o pleno controle de nossa consciência porque desconhecemos a existência de uma força invisível, de um poder - que é psíquico e social - que atua sobre nossa consciência sem que ela o saiba. A esse poder que domina e controla invisível e profundamente nossa vida consciente ele deu o nome de *inconsciente*.

Diante dessas duas descobertas, a Filosofia se viu forçada a reabrir a discussão sobre o que é e o que pode a razão, sobre o que é e o que pode a consciência reflexiva ou o sujeito do conhecimento, sobre o que são e o que podem as aparências e as ilusões.

Ao mesmo tempo, a Filosofia teve que reabrir as discussões éticas e morais: o ser humano é realmente livre ou é inteiramente condicionado pela sua situação psíquica, social e histórica? Se for inteiramente condicionado, então a História e a Cultura operam por meio de causalidades necessárias como a Natureza? Ou seria mais correto indagar: como os seres humanos conquistam a liberdade em meio a todos os condicionamentos psíquicos, históricos, econômicos e culturais em que vivem?

Infinito e finito

O século XIX prosseguiu uma tradição filosófica que veio desde a Antiguidade e que foi muito alimentada pelo pensamento cristão. Nessa tradição, o mais importante sempre foi a ideia do *infinito*, isto é, a Natureza eterna (dos gregos), o Deus eterno (dos cristãos), o desenvolvimento pleno e total da História ou do tempo como totalização de todos os seus momentos ou suas etapas (como na filosofia de Hegel, por exemplo). Prevalecia a ideia de todo ou de totalidade, da qual os humanos fazem parte e da qual participam.

No entanto, a Filosofia do século XX tendeu a dar maior importância ao *finito*, isto é, ao que surge e desaparece, ao que tem fronteiras e limites. Esse interesse pelo finito apareceu, por exemplo, em uma corrente filosófica (entre 1930 e 1960) chamada *Existencialismo*, que definiu o humano ou o homem como "um ser para a morte", isto é, um ser temporal e finito que termina e que precisa encontrar em si próprio o sentido de sua existência. Para a maioria dos existencialistas, dois eram os modos privilegiados de o ser humano aceitar e enfrentar sua finitude: por meio das artes e por meio da ação político-revolucionária. Nessas formas excepcionais da atividade, os humanos seriam capazes de dar sentido à brevidade e à finitude de suas vidas. Eis por que, inspirando-se nos trabalhos dos antropólogos, a Filosofia se interessou pela diversidade, pluralidade e singularidade das diferentes culturas, em lugar de voltar-se para a ideia de uma cultura universal, que foi, no século XIX, uma das imagens do infinito, isto é, de uma totalidade que conteria dentro de si, como suas partes ou seus momentos, as diferentes culturas singulares.

Outro exemplo do interesse pela finitude apareceu no que se costuma chamar de *Filosofia da Diferença*, isto é, a filosofia que se interessa menos pelas semelhanças e identidades, critica a ideia de um movimento contínuo e transformador trazido pelas contradições históricas e se volta muito mais para as singularidades e particularidades. Trata-se sobretudo da filosofia desenvolvida por Gilles Deleuze e Félix Guattari, na França. Entre as várias consequências dessa concepção, em seu interesse pela pluralidade finita, apareceu quando a Filosofia, em vez de buscar uma ciência universal que conteria dentro de si todas as ciências particulares, interessou-se pela multiplicidade e pela diferença entre as ciências, pelos limites de cada uma delas e, principalmente, por seus impasses e problemas insolúveis. Deleuze propôs que, em lugar da famosa "árvore do conhecimento", em que a Filosofia era a totalidade dos saberes, deveríamos tomar como referência os *rizomas*, que são horizontais, e não verticais, e que se espalham de maneiras variadas pelos terrenos que encontram.

A chamada pós-Modernidade

Desde o final dos anos 1970 e início dos anos 1980, surgiu a ideia de que a Modernidade terminara e que se iniciava a pós-Modernidade. Essa corrente teve curta duração, mas algumas de suas ideias permanecem de maneira difusa até nossos dias.

Dizia-se que a Modernidade corresponde à época da sociedade industrial (aquela em que o poder econômico e político pertence às grandes indústrias e em que se explora o trabalho produtivo), enquanto a pós-Modernidade corresponderia à sociedade pós-industrial (aquela em que o poder econômico e político se desloca do setor produtivo para o do capital financeiro e do setor de serviços das redes eletrônicas de automação e informação, isto é, a economia política neoliberal).

O que era a Modernidade? Era o conjunto de ideias e de valores que haviam norteado a filosofia e as ciências desde o final do século XVIII até os anos 1980, e que podemos brevemente resumir nos seguintes aspectos:

1) No campo do conhecimento:
   - racionalismo: confiança no poder da razão (seja como razão instrumental, seja como razão crítica) para distinguir entre aparência e realidade e para conhecer e transformar a realidade. O racionalismo definira critérios que permitiam distinguir entre razão e loucura, ser e parecer ou realidade e aparência; conhecimento e ilusão, verdade e ideologia; e assegurava a validade do conhecimento filosófico e científico;
   - distinção entre interior e exterior ou entre sujeito e objeto: confiança em critérios e procedimentos que permitiam distinguir claramente entre o sujeito ou a consciência (o interior) e o objeto ou as coisas (o exterior), a fim de assegurar a subjetividade (isto é, o pensamento com seus princípios e leis universais e com seus procedimentos teóricos próprios) como fundamento necessário do conhecimento ou como condição necessária da objetividade como forma do conhecimento verdadeiro;
   - afirmação da capacidade da razão humana de conhecer a essência ou a estrutura interna de todos os seres, definindo as causas e condições pelas quais é determinada a identidade de cada coisa e sua realidade, demonstrando as relações necessárias que cada uma delas mantém com outras de que dependem ou que delas dependem e oferecendo as leis necessárias de mudança ou alteração de todas as coisas.
2) No campo da prática:
   - afirmação da diferença entre a necessidade que rege a ordem natural ou as leis da Natureza e a ordem humana da Cultura (ética, política, artes), pois nesta as regras e normas dependem da ação econômica, social e política dos próprios homens. Ainda que a ordem social e política atue sobre os indivíduos como se tivesse a mesma necessidade que a ordem natural, ela pode ser mudada e transformada pelos seres humanos, o que prova que ela é uma instituição humana e histórica;
   - afirmação de que os seres humanos são indivíduos e agentes livres porque são seres racionais dotados de vontade, capazes de controlar e moderar suas paixões e seus desejos e que escolhem por si mesmos as ações que praticam, sendo, por isso, responsáveis por elas;
   - distinção entre o público e o privado: estabelecimento de critérios que permitiam distinguir entre a esfera pública ou política (ou o campo das instituições sociais e de poder) e a esfera privada da moral individual (a ética) e da economia de mercado (a propriedade privada dos meios de produção);
   - afirmação dos ideais da Revolução Francesa – igualdade, liberdade e fraternidade –, reconhecimento de uma esfera de direitos civis – o campo da

cidadania – e ampliação desses ideais pela afirmação de direitos sociais, que deram origem aos movimentos sociais de luta contra o racismo, ao movimento feminista e aos movimentos de liberação sexual;

- afirmação da ideia de revolução socialista em decorrência do sentido progressivo da história ou de ideais revolucionários de emancipação do gênero humano, com lutas sociais e políticas contra a opressão e a exploração econômicas, sociais, políticas e culturais.

O pensamento pós-moderno criticou essas ideias e as recusou. Considerou infundadas e ilusórias as pretensões da razão no conhecimento e na prática, quando não um disfarce para o exercício da dominação sobre os humanos.

Julgou que o conhecimento não se define por procedimentos articulados à distinção entre a verdade e a falsidade, e sim pelos critérios da utilidade e da eficácia: um conhecimento (filosófico, científico, artístico) será válido se for útil (se servir para alguma coisa aqui e agora) ou se for eficaz para a obtenção de fins desejados por quem conhece, não importando que fins sejam.

Considerou infundada a distinção entre sujeito e objeto, pois tanto as filosofias como as ciências são construções subjetivas de seus objetos, os quais só existem como resultado das operações teóricas e técnicas. Em outras palavras, o conhecimento não visa a uma realidade existente em si mesma, e sim à invenção ou à construção de objetos teóricos e técnicos. No caso da Filosofia, essa criação é feita por meio da linguagem, a qual, como na literatura, não diz o que as coisas são, e sim cria coisas ao falar delas. No caso das ciências, essa criação é feita por meio de procedimentos de laboratório, no qual os cientistas não observam realidades, e sim as constroem.

Não admitia a distinção entre ordem natural necessária e ordem histórica ou cultural instituída pelos humanos: ambas são invenções ou instituições humanas, contingentes, efêmeras, passageiras.

Não admitia a definição do ser humano como animal racional dotado de vontade livre, mas o concebe como um ser passional, desejante, que age movido por impulsos e instintos, embora, ao mesmo tempo, institua uma ordem social que reprime seus desejos e paixões. A ética, portanto, não se definiria pela ação racional voluntária livre que busca a ação boa ou virtuosa, mas se definiria pela busca da satisfação dos desejos, satisfação que define a felicidade, e esta se realiza na esfera da intimidade individual.

Desconfiava da política: a democracia geraria a apatia crescente dos cidadãos; o socialismo e o comunismo desembocam em regimes e sociedades totalitárias. Por isso desconfiava da distinção entre o público e o privado e deu importância à esfera da intimidade individual e do desejo individual.

Finalmente, em lugar de tomar a sociedade como uma estrutura que opera pela divisão social das classes (cada uma das quais com uma realidade e uma identidade definidas pela economia e pela política e contrárias umas às outras ou em luta contínua), concebia o social como uma teia fragmentada de grupos que se diferenciam por etnia, gênero, religião, costumes, comportamentos, gostos e preferências.

Para além do pós-modernismo

As ideias pós-modernas poderiam levar a duas suposições: a de que não há motivos para valorizar a razão e a de que a Filosofia já não tem por que existir.

Essas duas suposições constituem o que o pensador português Boaventura de Sousa Santos denomina *razão indolente*: uma razão preguiçosa, que se contenta em transformar os impasses da Modernidade em desculpa para aceitar o mundo tal como aparece, sem perguntar se essa aparência é a realidade verdadeira.

Uma filosofia que aposta no trabalho do pensamento realiza o movimento inverso: dirige-se ao mundo para novamente indagar por que ele aparece fragmentado, passageiro, inconsistente. Sobretudo, a filosofia indaga se essa aparência não esconde formas de dominação e de servidão que precisamos compreender, avaliar, criticar e lutar para ultrapassar.

Três exemplos contra a razão indolente podem ajudar-nos a perceber a importância do trabalho do pensamento:

1. *Crítica da cultura do narcisismo*. Essa expressão foi criada pelo pensador Christopher Lasch para se referir à subjetividade defendida pelo pós-modernismo. Na mitologia grega, o mito de Narciso relata que este, um jovem extremamente belo, que nunca havia visto a si próprio, ao ver refletida sua própria imagem no espelho das águas de um lago, julgou que se tratava de outra pessoa por quem se apaixonou perdidamente, lançando-se no lago para encontrá-la, morrendo afogado. Lasch toma esse mito para explicar como os meios de comunicação contemporâneos (mediante a propaganda) e, particularmente, os meios eletrônicos (sobretudo mediante a selfie e o meme) inventam imagens de seres humanos jovens, belos, saudáveis, bem-sucedidos com os quais devemos nos identificar se quisermos aprovação social e amizades. Dessa maneira, aquilo que os pós-modernistas entendiam como elogio do desejo contra as limitações trazidas pela razão significa que, na realidade, deixamos de conhecer a nós próprios e o mundo que nos rodeia e, como novos Narcisos, desejamos imagens inventadas que passam a dominar nossas vidas.
2. *Crítica da sociedade da vigilância e do controle*. Alguns filósofos contemporâneos, como Michel Foucault, têm estudado as maneiras pelas quais as sociedades contemporâneas vigiam e controlam seus cidadãos. Os procedimentos para isso vão desde a carteira de identidade até as formas de controle populacional por meio de vírus e bactérias mortíferos, desde as câmeras que vigiam ruas, edifícios e meios de transporte até satélites que vigiam o que se passa em todo o planeta, desde doenças inventadas pela indústria farmacêutica até a transformação genética de seres humanos. O elogio pós-moderno das rebeliões passageiras não leva em consideração que, por meio delas, os dominantes controlam os cidadãos,

aceitando-as porque lhes impõem um limite (o centro do poder), que não pode ser atingido sem provocar repressão.

3. *Crítica das novas divisões sociais.* Ao analisar a chamada globalização, vários estudiosos, entre os quais David Harvey, mostram que, sob a aparente unificação econômica do planeta, ocorre realmente uma fragmentação das sociedades, divididas entre si entre pela extrema riqueza e opulência e pela extrema pobreza e miséria, divisão que se repete no interior de cada uma delas entre bolsões de riqueza e bolsões de miséria. Assim, o elogio pós-moderno da fragmentação social ignora e mascara a presença real de imensa desigualdade, exploração e dominação.

A Filosofia: seus temas, suas disciplinas e seus campos de estudo

A Filosofia existe há 27 séculos. Durante uma história tão longa e de tantos períodos diferentes, surgiram temas, disciplinas e campos de investigação filosóficos enquanto outros desapareceram. Desapareceu também a ideia de Aristóteles de que a Filosofia era a totalidade dos conhecimentos teóricos e práticos da humanidade.

Igualmente desapareceu uma imagem, que durou muitos séculos, na qual a Filosofia era representada como uma grande árvore frondosa, cujas raízes eram a metafísica e a teologia, cujo tronco era a lógica, cujos ramos principais eram a filosofia da Natureza, a ética e a política e cujos galhos extremos eram as técnicas, as artes e as invenções. A Filosofia, vista como uma totalidade orgânica ou viva, era chamada de "rainha das ciências". Isso desapareceu.

Pouco a pouco, as várias ciências particulares foram definindo seus objetos, seus métodos e seus resultados próprios e se desligaram da grande árvore. Cada ciência, ao se desligar, levou consigo os conhecimentos práticos ou aplicados de seu campo de investigação, isto é, as técnicas a ela ligadas. As últimas ciências a aparecer e a se desligar da árvore da Filosofia foram as ciências humanas (psicologia, sociologia, antropologia, história, linguística, geografia). Outros campos de conhecimento e de ação abriram-se para a Filosofia, mas a ideia de uma totalidade de saberes que conteria em si todos os conhecimentos nunca mais reapareceu.

Assim, a Filosofia foi submetida a uma grande limitação quanto à esfera de seus conhecimentos. Isso pode ser atribuído a dois motivos principais:

1. Desde o final do século XVIII, com o filósofo alemão Immanuel Kant, passou-se a considerar que a Filosofia, durante todos os séculos anteriores, tivera uma pretensão irrealizável. Que pretensão fora essa? A de que nossa razão pode conhecer as coisas tais como são em si mesmas. Esse conhecimento da realidade em si, dos primeiros princípios e das primeiras causas de todas as coisas chama-se *metafísica*.

Kant negou que a razão humana tivesse tal poder de conhecimento e afirmou que só conhecemos as coisas tais como são organizadas pela estrutura interna e universal de nossa razão, mas nunca saberemos se tal organização corresponde ou não à organização em si da própria realidade. Deixando de ser metafísica, a Filosofia se tornou o conhecimento das condições de possibilidade do conhecimento verdadeiro como conhecimento possível para os seres humanos racionais.

A Filosofia tornou-se uma *teoria do conhecimento*, ou uma teoria sobre a capacidade e a possibilidade humana de conhecer, e uma *ética*, ou estudo das condições de possibilidade da ação moral enquanto realizada por liberdade e por dever. Com isso, a Filosofia deixava de ser conhecimento do mundo em si e tornava-se apenas conhecimento do ser humano como ser racional e moral.

2. Desde meados do século XIX, como consequência da filosofia de Augusto Comte – chamada de Positivismo –, foi feita uma separação entre a Filosofia e as ciências então existentes (matemática, física, química, biologia, astronomia, sociologia). As ciências, dizia Comte, estudam a realidade natural, social, psicológica e moral e são propriamente o conhecimento. Para ele, a Filosofia seria apenas uma reflexão sobre o significado do trabalho científico, isto é, uma análise e uma interpretação dos procedimentos ou das metodologias usadas pelas ciências e uma avaliação dos resultados científicos. A Filosofia tornou-se, assim, uma teoria das ciências ou *epistemologia* (como já vimos, *episteme*, em grego, quer dizer ciência).

   A Filosofia reduziu-se, portanto, à teoria do conhecimento, à ética e à epistemologia. Como consequência dessa redução, os filósofos passaram a ter um interesse primordial pelo conhecimento das estruturas e formas de nossa consciência e também pelo seu modo de expressão, isto é, a linguagem.

O interesse pela consciência reflexiva ou pelo sujeito do conhecimento deu surgimento a uma corrente filosófica conhecida como *Fenomenologia*, iniciada pelo filósofo alemão Edmund Husserl. Já o interesse pelas formas e pelos modos de funcionamento da linguagem corresponde a uma corrente filosófica conhecida como Filosofia Analítica, cujo início é atribuído ao filósofo austríaco Ludwig Wittgenstein.

No entanto, a atividade filosófica não se restringiu à teoria do conhecimento, à lógica, à epistemologia e à ética. Desde o início do século, a História da Filosofia tornou-se uma disciplina de grande prestígio e, com ela, a história das ideias e a história das ciências. Por outro lado, desde a Segunda Guerra Mundial, com o fenômeno do totalitarismo – fascismo, nazismo, stalinismo –, com as guerras de libertação nacional contra os impérios coloniais e com as revoluções socialistas em vários países, assim como, desde os anos 1960, com as lutas contra ditaduras e com os movimentos sociais por direitos (afrodescendentes, indígenas, mulheres, pessoas idosas, gênero, sofredores mentais, crianças, os excluídos econômica e politicamente), e, finalmente, desde os anos 1970, com a luta pela democracia em países submetidos a regimes autoritários, ressurgiu um grande interesse pela *filosofia política*, com a qual foram retomadas as críticas de ideologias e uma nova discussão sobre as relações entre a ética e a política, além das discussões em torno da *filosofia da história*.

Quais são os campos próprios em que se desenvolveu a reflexão filosófica nestes vinte e sete séculos? São eles:

- *Ontologia* ou *metafísica*: conhecimento dos princípios e fundamentos últimos de toda a realidade, de todos os seres; ou, como escreveu Heidegger, "o ser de cada um e de todos os entes";
- *Lógica*: conhecimento das formas gerais e regras gerais do pensamento correto e verdadeiro, independentemente dos conteúdos pensados; regras e critérios que determinam a forma dos discursos ou dos argumentos tanto para a demonstração científica verdadeira como para os discursos não científicos; regras para verificação da verdade ou falsidade de um pensamento ou de um discurso etc.;
- *Epistemologia*: análise crítica das ciências, tanto das ciências exatas ou matemáticas quanto das naturais e das humanas; avaliação dos métodos e dos resultados das ciências; compatibilidades e incompatibilidades entre as ciências; formas de relações entre as ciências etc.;
- *Teoria do conhecimento* ou estudo das diferentes modalidades de conhecimento humano: o conhecimento sensorial ou sensação e percepção; a memória e a imaginação; o conhecimento intelectual; a ideia de verdade e falsidade; a ideia de ilusão e realidade; formas de conhecer o espaço e o tempo; formas de conhecer relações; conhecimento ingênuo e conhecimento científico; diferença entre conhecimento científico e filosófico etc.;
- *Ética*: estudo dos valores morais (as virtudes), da relação entre vontade e paixão, vontade e razão; finalidades e valores da ação moral; ideias de liberdade, responsabilidade, dever, obrigação etc.;
- *Filosofia política*: estudo sobre a natureza do poder e da autoridade; ideia de direito, lei, justiça, dominação, violência; formas dos regimes políticos e suas fundamentações; nascimento e formas do Estado; ideias autoritárias, conservadoras, revolucionárias e libertárias; teorias da revolução e da reforma; análise e crítica das ideologias;
- *Filosofia da história*: estudo sobre a dimensão temporal da existência humana como existência sociopolítica e cultural; teorias do progresso, da evolução e teorias da descontinuidade histórica; significado das diferenças culturais e históricas, suas razões e consequências;
- *Estética ou Filosofia da arte*: estudo das formas de arte, do trabalho artístico; ideia de obra de arte e de criação; relação entre matéria e forma nas artes; relação entre arte e sociedade, arte e política, arte e ética;
- *Filosofia da linguagem*: a linguagem como manifestação da humanidade do homem; signos, significações; a comunicação; passagem da linguagem oral à escrita, da linguagem cotidiana à filosófica, à literária, à científica; diferentes modalidades de linguagem como diferentes formas de expressão e de comunicação;

- *História da Filosofia*: estudo dos diferentes períodos da Filosofia; de grupos de filósofos segundo os temas e problemas que abordam; de relações entre o pensamento filosófico e as condições econômicas, políticas, sociais e culturais de uma sociedade; mudanças ou transformações de conceitos filosóficos em diferentes épocas; mudanças na concepção do que seja a Filosofia e de seu papel ou finalidade. Como vimos, a Filosofia muda na história e também muda a história, pois seu papel de questionamento desbloqueia horizontes novos para o pensar e agir humanos. Não é por outro motivo que o ensino da Filosofia nas escolas vem sendo perseguido há décadas; a interdição do ensino de Filosofia faz manter e ganhar os poderosos políticos e econômicos que, dos alunos das escolas públicas brasileiras, pretendem apenas utilizar o trabalho barato e precário. Mesmo assim, podemos contar com a luta dos jovens estudantes – unidos em uma atitude filosófica autêntica – contra o chamado "Novo Ensino Médio" e o banimento da Filosofia na sala de aula. Eis um belo porquê da Filosofia.

CAPÍTULO 3

A Razão

Os vários sentidos da palavra *razão*

No capítulo precedente, insistimos muito na afirmação de que a Filosofia se realiza como conhecimento racional da realidade natural e cultural, das coisas e dos seres humanos. Dissemos que ela confia na razão e que, hoje, ela também desconfia da razão. Contudo, até agora, não dissemos o que é a razão, apesar de ser ela tão antiga quanto a Filosofia.

Em nossa vida cotidiana usamos a palavra *razão* em muitos sentidos. Dizemos, por exemplo, "eu estou com a razão", ou "ele não tem razão", para significar que nos sentimos seguros de alguma coisa ou que sabemos com certeza alguma coisa. Também dizemos que, em um momento de fúria ou de desespero, "alguém perde a razão", como se a razão fosse alguma coisa que se pode ter ou não ter, possuir e perder, ou recuperar, como na frase: "Agora ela está lúcida, recuperou a razão".

Dizemos ainda frases como: "Se você me disser suas razões, sou capaz de fazer o que você me pede", querendo dizer com isso que queremos ouvir os motivos que alguém tem para querer ou fazer alguma coisa. Fazemos perguntas como: "Qual a razão disso?", querendo saber qual a causa de alguma coisa, e, nesse caso, a razão parece ser alguma propriedade que as próprias coisas teriam, já que teriam uma causa.

Assim, usamos *razão* para nos referirmos a *motivos* de alguém, e também para nos referirmos a *causas* de alguma coisa, de modo que tanto nós quanto as coisas parecemos dotados de razão, mas em sentido diferente.

Esses poucos exemplos já nos mostram quantos sentidos variados a palavra *razão* possui: certeza, lucidez, motivo, causa. Todos esses sentidos encontram-se presentes quando a Filosofia fala na razão.

Por identificar razão e certeza, a Filosofia afirma que a verdade é racional; por identificar razão e lucidez, a Filosofia chama nossa razão de luz natural (pois a palavra "lucidez" vem de luz); por identificar razão e motivo, por considerar que sempre agimos e falamos motivados por algo, a Filosofia afirma que somos seres racionais e que nossa vontade é racional; por identificar razão e causa e por julgar que a realidade opera de acordo com relações causais, a Filosofia afirma que a realidade é racional.

É muito conhecida a célebre frase de Pascal, filósofo francês do século XVII: "O coração tem razões que a razão desconhece". Nessa frase, as palavras *razões* e *razão* não têm o mesmo significado, indicando coisas diversas. *Razões* são os motivos do coração, enquanto *razão* é algo diferente de *coração*; este é o nome que damos às emoções e às paixões, enquanto *razão* é o nome que damos à consciência intelectual e moral.

Ao dizer que o coração tem suas próprias razões, Pascal está afirmando que as emoções, os sentimentos ou as paixões são motivos e causas de muito do que fazemos, dizemos, queremos e pensamos. Ao dizer que a razão desconhece "as razões do coração", Pascal está afirmando que a consciência intelectual e moral é diferente das paixões e dos sentimentos e que ela é capaz de uma atividade própria não motivada nem causada pelas emoções, mas possuindo seus motivos e causas ou suas próprias razões.

Assim, a frase de Pascal pode ser traduzida da seguinte maneira: nossa vida emocional possui causas e motivos (as "razões do coração"), que são as paixões ou os sentimentos, e é diferente de nossa atividade consciente, de nossa razão (*a razão*), seja como atividade intelectual, seja como atividade moral.

A consciência é a razão. Coração e razão, paixão ou sentimentos e consciência intelectual ou moral são diferentes. Se alguém "perde a razão", é porque está sendo arrastado pelas "razões do coração". Se alguém "recupera a razão", é porque o conhecimento intelectual e a consciência moral se tornaram mais fortes do que as paixões. A razão, como consciência moral, é a vontade racional livre que não se deixa dominar pelos impulsos passionais, mas realiza as ações morais como atos corretos, ditados pela inteligência ou pelo intelecto.

Além da frase de Pascal, ouvimos outras que elogiam as ciências, dizendo que elas manifestam o "progresso da razão". Aqui, a razão é colocada como capacidade puramente intelectual para conseguir o conhecimento verdadeiro da Natureza, da sociedade, da História, e isso é considerado algo bom, positivo, um progresso.

Por ser considerado um progresso, o conhecimento científico é visto como se realizando no tempo e como dotado de continuidade, de tal modo que a razão também é concebida como temporal, isto é, como capaz de aumentar seus conteúdos e suas capacidades através dos tempos.

Algumas vezes ouvimos alguém dizer: "Fulano escreveu texto irracional; era um caos, uma confusão. Incompreensível. Já o texto de Beltrano era uma beleza: claro, compreensível, racional". Aqui, razão racional significa clareza das ideias, ordem, resultado de esforço intelectual ou da inteligência, seguindo normas e regras de pensamento e de linguagem. Ao contrário, irracional significa confuso, desordenado, sem seguir as regras e normas do pensamento e da linguagem corretos.

Todos esses sentidos constituem a nossa ideia de razão. Nós a consideramos a consciência moral que observa as paixões, orienta a vontade e oferece finalidades éticas para a ação. Nós a vemos como atividade intelectual de conhecimento da realidade natural, social, política, psicológica, artística, histórica. Nós a concebemos segundo o ideal da clareza, da ordenação e do rigor e precisão dos pensamentos e das palavras.

Para muitos filósofos, porém, a razão não é apenas a capacidade moral e intelectual dos seres humanos, mas também uma propriedade ou qualidade primordial das próprias coisas, existindo na própria realidade. Para esses filósofos, nossa razão pode conhecer a realidade (natureza, sociedade, história) porque ela é racional em si mesma.

Fala-se, portanto, em *razão objetiva* (a realidade é racional em si mesma) e em *razão subjetiva* (a razão é uma capacidade intelectual e moral dos seres humanos). A razão objetiva é a afirmação de que o *objeto do conhecimento* ou a realidade é racional; a razão subjetiva é a afirmação de que o *sujeito do conhecimento e da ação* é racional. Para muitos filósofos, a Filosofia é o momento do encontro, do acordo e da harmonia entre as duas razões ou racionalidades.

Origem da palavra *razão*

Na cultura da chamada sociedade ocidental, a palavra *razão* origina-se de duas fontes: a palavra latina *ratio* e a palavra grega *lógos*. Essas duas palavras são substantivos derivados de dois verbos que têm um sentido muito parecido em latim e em grego. De fato, na língua grega, *lógos* vem do verbo *legein*, que quer dizer: contar, reunir, juntar, calcular; e, na língua latina, *ratio* vem do verbo *reor*, que quer dizer: contar, reunir, medir, juntar, separar, calcular.

O que fazemos quando medimos, juntamos, separamos, contamos e calculamos? Pensamos de modo ordenado. E de que meios usamos para essas ações? Usamos palavras (mesmo quando usamos números, estamos usando palavras, sobretudo os gregos e os romanos, que usavam letras para indicar números).

Por isso, *lógos*, *ratio* ou *razão* significam pensar e falar ordenadamente, com medida e proporção, com clareza e de modo compreensível para outros. Assim, na origem, razão é a capacidade intelectual para pensar e exprimir-se correta e claramente, para pensar e dizer as coisas tais como são. A razão é uma maneira de organizar a realidade (medir, reunir, juntar, separar, contar, calcular) pela qual esta se torna compreensível. É também a confiança de que podemos ordenar e organizar as coisas porque são organizáveis, ordenáveis, compreensíveis nelas mesmas e por elas mesmas, isto é, as próprias coisas são racionais, isto é, estão ordenadas e organizadas, estão articuladas e conectadas, são semelhantes ou diferentes, possuem identidade etc., podendo, por isso, ser reunidas ou separadas, medidas e calculadas.

Desde o começo da Filosofia, a origem da palavra *razão* fez que ela fosse considerada oposta a quatro outras atitudes mentais:

1. ao conhecimento ilusório, isto é, ao conhecimento da mera aparência das coisas que não alcança a realidade ou a verdade delas; para a razão, a ilusão provém de nossos costumes, de nossos preconceitos, da aceitação imediata das coisas

tais como aparecem aos nossos órgãos dos sentidos e tais como parecem ser. As ilusões criam as *opiniões*, que variam de pessoa para pessoa e de sociedade para sociedade. A razão se opõe à mera opinião;

2. às emoções, aos sentimentos, às paixões, que são cegas, caóticas, desordenadas, contrárias umas às outras, ora dizendo "sim" a alguma coisa, ora dizendo "não" a essa mesma coisa, como se não soubéssemos o que queremos e o que as coisas são. A razão é vista como atividade ou ação (intelectual e da vontade) oposta à paixão;
3. à crença religiosa, pois, nesta, a verdade nos é dada pela fé em uma revelação divina, não dependendo do trabalho de conhecimento realizado pela nossa inteligência ou pelo nosso intelecto. A razão é oposta à revelação, por isso os filósofos cristãos distinguem a luz natural – a razão – da luz sobrenatural – a revelação;
4. ao êxtase místico (dos santos, dos profetas), no qual o espírito acredita entrar em relação direta com o ser divino e participando dele, sem qualquer intervenção do intelecto ou da inteligência nem da vontade. Pelo contrário, o êxtase místico exige um estado de abandono, de rompimento com a atividade intelectual e com a vontade, um rompimento com o estado consciente, a perda da consciência da própria individualidade para entregar-se ao gozo ou ao prazer de participar do ser infinito, em um conhecimento que só pode ser sentido, um sentimento que não pode ser expresso em pensamentos e palavras.

OBSERVAÇÃO: O vocabulário filosófico denomina *sensibilidade* o conhecimento sensorial ou sensível, isto é, obtido por meio de nossos órgãos dos sentidos, de maneira que esse conceito não se refere aos nossos sentimentos, os quais são filosoficamente denominados como paixões e afetos. A sensibilidade é denominada conhecimento *empírico*, palavra vinda do grego *empeiría*, que significa *experiência*. Experiência não se refere, portanto, a conhecimentos práticos adquiridos durante nossa vida, mas ao conhecimento por meio dos órgãos dos sentidos ou sensorial. Como veremos, uma das questões centrais a respeito da razão é sua relação com a sensibilidade, isto é, entre entendimento ou intelecto e conhecimento empírico ou experiência. Veremos também que a Filosofia emprega um conceito, o de *transcendental*, que não se confunde com o sentido costumeiro de "muito importante", nem com o conceito de transcendente, isto é, o que está acima de outros seres e para além deles (por exemplo, Deus em várias religiões). Transcendental significa *condição necessária*, seja da essência de alguma coisa, seja de todo conhecimento verdadeiro. Também a palavra *fenômeno* não significa algo espantoso e excepcional, mas, sim, vindo do grego *phainomenon*, significa o que aparece, o que se mostra, o que é percebido e pode ser explicado ou conhecido.

Os princípios racionais

Desde seus começos, a Filosofia considerou que a razão opera seguindo certos princípios que ela própria estabelece e que estão em concordância com a própria realidade, mesmo quando os empregamos sem conhecê-los explicitamente. Em outras palavras, o conhecimento racional obedece a certas regras ou leis fundamentais, que respeitamos até mesmo quando não conhecemos diretamente quais são e o que são. Nós as respeitamos porque somos seres racionais e porque são princípios que garantem que a realidade é racional.

Princípio da identidade

O enunciado pode parecer surpreendente: "*A* é *A*" ou "O que é é". O princípio da identidade é a condição do pensamento e sem ele não podemos pensar. Ele afirma que uma coisa, seja ela qual for (um ser da Natureza, uma figura geométrica, um ser humano, uma obra de arte, uma ação), só poderá ser conhecida e pensada se for percebida e conservada com sua identidade.

Esse princípio, cujo enunciado parece absurdo (pois achamos óbvio que uma coisa é idêntica a si mesma), é usado por nossa sociedade sem que percebamos que está sendo usado. Onde é usado? Na chamada "carteira de identidade" (o nosso RG) com a qual se afirma e se garante que "A é A".

O princípio da identidade é a condição para que definamos as coisas e possamos conhecê-las a partir de suas definições. Por exemplo, depois que a matemática definir o triângulo determinando sua identidade como figura de três lados e de três ângulos internos cuja soma é igual à soma de dois ângulos retos, nenhuma outra figura a não ser essa poderá ser chamada de triângulo. Uma vez estabelecida a identidade do triângulo, todos os teoremas e problemas que o matemático demonstrar sobre essa figura só poderão ser demonstrados se, a cada vez que ele disser "triângulo", soubermos a qual ser ou a qual coisa ele está se referindo.

Princípio da não contradição

Também conhecido como princípio de contradição, cujo enunciado é: "*A* é *A* e é impossível que seja, ao mesmo tempo e na mesma relação, não *A*". Assim, é impossível que a árvore que está diante de mim seja e não seja, ao mesmo tempo, uma mangueira; que o cachorrinho de dona Filomena seja e não seja, ao mesmo tempo, branco; que o triângulo seja e não seja, ao mesmo tempo, a figura geométrica de três lados e três ângulos; que o ser humano seja e não seja, ao mesmo tempo, mortal; que o vermelho seja e não seja, ao mesmo tempo, vermelho; etc.

Sem o princípio da não contradição, o princípio da identidade não poderia funcionar. O princípio da não contradição afirma que uma coisa ou uma ideia da qual algo é afirmado e negado ao mesmo tempo e na mesma relação são uma coisa ou uma ideia que se negam a si mesmas e que, por isso, se autodestroem, desaparecem, deixam de existir. Eis por que o princípio enuncia que a contradição de algo consigo mesmo é impossível, ou seja, afirma também que as coisas e as ideias contraditórias são impensáveis e impossíveis.

No enunciado desse princípio devemos estar atentos às duas condições nas quais há contradição. De fato, o princípio enuncia que é impossível afirmar e negar algo sobre a *mesma* coisa *ao mesmo tempo e na mesma relação*. Por que essas duas condições? Porque há coisas que podem mudar no correr de suas existências ou no correr do tempo, de tal maneira que poderão tornar-se diferentes do que eram e até mesmo opostas ao que eram. Por exemplo, é contraditório que, aqui e agora (neste tempo e nesta relação), uma criança seja e não seja, ao mesmo tempo, criança e não criança; entretanto, não será contraditório dizer que essa criança *é* uma criança e não *será* uma criança, quando crescer. A contradição existe para a afirmação e negação simultâneas de algo, mas não para uma afirmação que poderá ser negada em outro tempo. Assim, é contraditório que uma flor seja, ao mesmo tempo e na mesma relação, uma rosa e uma não rosa; mas essa flor, que era branca, pode tornar-se amarelada ao murchar.

As condições para que haja contradição indicam também que as coisas que não estão submetidas ao tempo ou que não são temporais, justamente porque não mudam ou não se transformam, são aquelas para as quais o princípio de não contradição opera sempre da mesma maneira. Assim, será sempre contraditório dizer que o triângulo é triângulo e não triângulo, ou que o vermelho é vermelho e não vermelho, embora uma *coisa* triangular possa perder a forma com o correr do tempo ou com uma intervenção humana – *deixa de ser* triangular – e uma *coisa* vermelha possa mudar de cor com o passar do tempo ou com uma intervenção humana – *deixa de* ser vermelha.

Princípio do terceiro excluído

O enunciado é: "Ou *A* é *x* ou é *y* e não há terceira possibilidade". Por exemplo: "Ou este homem é Sócrates ou não é Sócrates"; "Ou faremos a guerra ou faremos a paz". Este princípio define a decisão de um dilema – "ou isto ou aquilo" – no qual as duas alternativas são possíveis, e cuja solução exige que apenas uma delas seja verdadeira. Mesmo quando temos, por exemplo, um teste de múltipla escolha, escolhemos, na verdade, apenas dentre duas opções – "ou está certo ou está errado" – e não há terceira possibilidade ou terceira alternativa, pois, dentre várias escolhas possíveis, só há realmente duas, a certa ou a errada.

Princípio da razão suficiente

Afirma que tudo o que existe e tudo o que acontece tem uma razão (causa ou motivo) para existir ou para acontecer, e que tal razão (causa ou motivo) pode ser conhecida pela nossa razão. O princípio da razão suficiente costuma ser chamado de *princípio de causalidade* para indicar que a razão afirma que, para tudo o que existe ou acontece, há uma causa (nada é sem causa – costuma-se dizer para referir-se ao princípio de razão suficiente). Em outros termos, esse princípio afirma a existência de relações ou conexões internas entre as coisas, entre fatos, ou entre ações e acontecimentos. Pode ser enunciado da seguinte maneira: "Dado *A*, necessariamente se dará *B*". E também: "Dado *B*, necessariamente houve *A*".

Isso não significa que a razão não admita o acaso ou ações e fatos acidentais, mas, sim, que ela procura, mesmo para o acaso e para o acidente, uma causa para que algo inesperado tenha acontecido (é exatamente por isso que falamos em *acidente*). A diferença entre a causa, ou razão suficiente, e a causa casual ou acidental está em que a primeira se realiza sempre, é universal e necessária, enquanto a causa acidental ou casual só vale para aquele caso particular, para aquela situação específica, não podendo ser generalizada e ser considerada válida para todos os casos ou situações iguais ou semelhantes, pois, justamente, o caso ou a situação são únicos.

A morte, por exemplo, é um efeito necessário e universal (válido para todos os tempos e lugares) da guerra e a guerra é a causa necessária e universal da morte de pessoas. No entanto, é imprevisível ou acidental que esta ou aquela guerra aconteçam. Podem acontecer ou não. Nenhuma causa universal exige que aconteçam. Contudo, se uma guerra acontecer, ela terá necessariamente causas (mesmo as mais absurdas e inaceitáveis) e, se ela acontecer, terá necessariamente como efeito mortes. Todavia, as causas dessa guerra são somente as desta guerra e de nenhuma outra. Assim, o princípio de razão suficiente assegura que, se houver guerra, haverá causa para ela e que, havendo guerra, as mortes se darão.

Diferentemente desse caso, o princípio da razão suficiente vigora plenamente quando, por exemplo, Galileu demonstrou as leis universais do movimento dos corpos em queda livre, isto é, no vácuo. Em outras palavras, quando descobriu e demonstrou as causas naturais necessárias e os efeitos naturais necessários do movimento dos corpos em queda livre; ou quando Newton demonstrou a lei da gravitação universal.

Pelo que foi exposto, podemos observar que os princípios da razão apresentam algumas características importantes:

- não possuem um conteúdo determinado, pois são *formas sem um conteúdo determinado*: indicam como as coisas devem ser pensadas, mas não nos dizem quais coisas são, nem quais os conteúdos que devemos ou vamos pensar;
- possuem validade universal, isto é, onde houver razão (nos seres humanos e nas coisas, nos fatos e nos acontecimentos), em todo tempo e em todo lugar, tais princípios são verdadeiros e empregados por todos (os humanos) e obedecidos por todos (coisas, fatos, acontecimentos);
- são necessários, isto é, indispensáveis para o pensamento e para a vontade, indispensáveis para as coisas, os fatos e os acontecimentos. Indicam que algo é assim e não pode ser de outra maneira. Necessário significa: é impossível que não seja dessa maneira e que pudesse ser de outra.

A atividade racional e suas modalidades

A Filosofia distingue entre duas grandes modalidades da atividade racional, realizadas pela razão subjetiva ou pelo sujeito do conhecimento: a intuição (ou razão intuitiva) e o raciocínio (ou razão discursiva).

A atividade racional *discursiva*, como a própria palavra indica, discorre, percorre uma realidade ou um objeto para chegar a conhecê-lo, isto é, realiza vários atos de conhecimento até conseguir captá-lo. A razão discursiva ou o pensamento discursivo chega ao objeto passando por etapas sucessivas de conhecimento, realizando esforços sucessivos de aproximação para chegar ao conceito ou à definição do objeto.

A razão *intuitiva* ou intuição, ao contrário, consiste em um único ato do espírito, que, de uma só vez, capta por inteiro e completamente o objeto. A palavra *intuição* deriva de um verbo latino, *intuere*, que significa: olhar atentamente, contemplar, ver claramente. A intuição é uma visão direta e imediata do objeto do conhecimento, um contato direto e imediato com ele, sem necessidade de provas ou demonstrações para saber o que conhece.

A intuição

A intuição é uma compreensão global e completa de uma verdade, de um objeto, de um fato. Nela, de uma só vez, a razão capta todas as relações que constituem a realidade e a verdade da coisa intuída. É um ato intelectual de discernimento e compreensão, por exemplo, quando um médico, graças ao conjunto de conhecimentos que possui, faz um diagnóstico em que apreende de uma só vez a doença, sua causa e o modo de tratá-la. Os psicólogos se referem à intuição usando o termo *insight*, para referirem-se ao momento em que temos uma compreensão total, direta e imediata de alguma coisa, ou o momento em que percebemos, em um só lance, um caminho para a solução de um problema prático, científico, filosófico, moral ou vital.

Um exemplo de intuição pode ser encontrado no romance de Guimarães Rosa, *Grande Sertão: Veredas*. Riobaldo e Diadorim são dois jagunços ligados pela mais profunda amizade e lealdade, companheiros de lutas e cumpridores de uma vingança de sangue contra os assassinos da família de Diadorim. Riobaldo, porém, sente-se cheio de angústia e atormentado, pois seus sentimentos por Diadorim são confusos, como se entre eles houvesse muito mais do que a amizade. Diadorim é assassinado. Quando o corpo é trazido para ser preparado para o funeral, Riobaldo descobre que Diadorim era mulher. De uma só vez, em um só lance, Riobaldo compreende tudo o que havia sentido, todos os fatos acontecidos entre eles e que lhe pareciam inexplicáveis, todas as conversas que haviam tido, todos os gestos estranhos de Diadorim (por exemplo, o de jamais banhar-se nos rios na companhia dos demais jagunços) e compreende, instantaneamente, a verdade: estivera apaixonado por Diadorim.

O exemplo do médico e o de Riobaldo indicam que a intuição pode depender de conhecimentos anteriores e que ela é o momento em que eles são percebidos de uma só vez, numa síntese em que aparecem articulados e organizados num todo. Isso significa que a intuição pode ser o momento final de um processo de conhecimento. Em outras palavras, o momento em que o conjunto de conhecimentos que foi sendo adquirido permite que o sujeito do conhecimento realize uma síntese, percebendo de uma só vez e imediatamente o todo do objeto conhecido (sua forma, seu conteúdo, suas causas, suas propriedades, seus efeitos, suas relações com outros, seu sentido).

Justamente por ser o momento de conclusão de um percurso, muitos filósofos consideram também que uma intuição pode ser o ponto inicial de um novo percurso de conhecimento, isto é, graças a ela, a razão discursiva poderá dar início de a uma nova cadeia de conhecimentos em cujo ponto final haverá uma nova intuição.

A intuição racional pode ser de dois tipos: intuição sensível ou empírica e intuição intelectual.

A intuição sensível ou empírica (do grego, *empeiría*: experiência) é o conhecimento que temos a todo momento em nossa vida. Assim, com um só olhar ou num só ato de visão, percebemos uma casa, um homem, uma mulher, uma flor, uma mesa. Num só ato, por exemplo, capto que *isto* é uma flor: vejo sua cor e suas pétalas, sinto a maciez de sua textura, aspiro seu perfume, tenho-a por inteiro e de uma só vez diante de mim.

A intuição empírica é o conhecimento direto e imediato das qualidades do objeto externo chamadas de *qualidades sensíveis*: cor, sabor, odor, paladar, som, textura. É também a percepção direta de formas, dimensões, distâncias das coisas percebidas. É igualmente o conhecimento direto e imediato de nossos estados internos ou mentais que dependem ou dependeram de nosso contato sensorial com as coisas: lembranças, desejos, sentimentos, imagens.

A intuição sensível ou empírica é psicológica, isto é, refere-se aos estados do sujeito do conhecimento como um ser corporal e psíquico individual – sensações, lembranças, imagens, sentimentos, desejos e percepções são exclusivamente pessoais, variando de pessoa para pessoa e numa mesma pessoa em decorrência de variações em seu corpo, em sua mente ou nas circunstâncias em que o conhecimento ocorre.

Assim, a marca da intuição empírica é sua singularidade: por um lado, está ligada à singularidade do objeto intuído (ao "isto" oferecido à sensação e à percepção) e, por outro, está ligada à singularidade do sujeito que intui (*meus* estados psíquicos, *minhas* experiências). A intuição empírica não capta o objeto em sua universalidade e a experiência intuitiva não é transferível para outro objeto. Riobaldo teve uma intuição empírica e, por isso, intransferível.

A intuição intelectual difere da sensível ou empírica justamente por sua universalidade e necessidade. Quando penso: "Uma coisa não pode ser e não ser ao mesmo tempo", sei, sem necessidade de provas e demonstrações, que isso é verdade e que é necessário que seja sempre assim, ou que é impossível que não seja sempre assim. Em outras palavras, tenho conhecimento intuitivo do princípio da contradição. Quando digo: "O amarelo é diferente do azul", sei, sem necessidade de provas e demonstrações, que há diferenças entre as coisas. Vejo, na intuição sensível, a cor amarela e a cor azul, mas vejo, na intuição intelectual, a *diferença entre cores*. Quando afirmo: "O todo é maior do que as partes", sei, sem necessidade de provas e demonstrações, que isso é verdade, porque intuo *uma forma necessária de relação* entre as coisas.

A intuição intelectual é o conhecimento direto e imediato dos princípios da razão (identidade, contradição, terceiro excluído, razão suficiente), os quais, por serem princípios, não podem ser demonstrados (pois, para demonstrá-los, precisaríamos de outros princípios e, para demonstrar estes, precisaríamos de outros, em um processo interminável que nos impediria de saber com certeza a verdade de um princípio). Alguns filósofos afirmam também que conhecemos por intuição as ideias simples, isto é, aquelas que não são compostas de outras e não precisam de outras para serem conhecidas. Justamente porque não dependem de outros conhecimentos ou de outras ideias, as ideias simples são apreendidas em um ato intuitivo. Por outro lado, como a intuição pode ser o ponto final de um processo de conhecimento, ela é também a apreensão intelectual das relações necessárias entre as ideias e entre os seres e entre as ideias e as coisas de que são ideias.

Na história da Filosofia, os dois exemplos mais célebres de intuição intelectual encontram-se em Platão (século IV a.C.) e em Descartes (século XVII).

Na narrativa do Mito da Caverna, Platão descreve o que se passa com o prisioneiro que vê a luz do sol e as coisas e o compara ao filósofo que vê a luz do bem e as ideias verdadeiras. O prisioneiro tem uma intuição empírica (tudo o que conhece, conhece por sensação ou por percepção sensorial) e o filósofo tem uma intuição intelectual (é seu intelecto ou sua inteligência que conhece as ideias verdadeiras), mas ambos têm um conhecimento intuitivo porque direto, imediato, sem necessidade de demonstrações, argumentos e provas.

Em uma obra intitulada *Meditações Metafísicas*, o filósofo francês Descartes (considerado o iniciador do racionalismo moderno) descreve a intuição intelectual que ficou conhecida como *cogito cartesiano*, ou, mais simplesmente, *o cogito*. Descartes escreve: "Cogito, sum", isto é, "Penso (*cogito*), existo" (em latim, o verbo *cogitare* significa pensar). Por que essa afirmação é um conhecimento intuitivo? Porque, quando penso, sei que estou pensando e não é preciso provar ou demonstrar isso, mesmo porque provar e demonstrar é pensar e, para demonstrar e provar, é preciso, primeiro, pensar e saber que se pensa. Ora, para pensar, é preciso que alguém realize o ato de pensamento e, portanto, aquele que pensa exista necessariamente ao pensar ou enquanto pensa, pois, do contrário, não haveria o ato de pensar. Isso também não precisa ser provado ou demonstrado, mas é imediatamente evidente. Por que essa intuição é intelectual? Porque é realizada exclusivamente pelo intelecto ou pela inteligência, sem recorrer a qualquer conhecimento sensível ou sensorial.

Quando digo: "Penso, existo", estou simplesmente afirmando racionalmente que sei que sou um ser pensante ou que existo pensando, sem necessidade de provas e demonstrações. A intuição capta, em um único ato intelectual, a verdade do pensamento pensando a si mesmo.

Outro exemplo de intuição intelectual é oferecido por uma corrente filosófica criada no século XX pelo filósofo alemão Husserl, a Fenomenologia. Trata-se da intuição intelectual de essências ou significações. Toda consciência, diz Husserl, é sempre "consciência de" ou consciência de alguma coisa, isto é, toda consciência é um ato pelo qual visamos a um objeto, um fato, uma ideia (a consciência é sempre *intencional*, isto é, dirigida a algo que não é ela própria). A consciência representa os objetos, os fatos, as pessoas. Essa representação pode ser de dois tipos: psicológica (isto é, empírica, variando de pessoa para pessoa e numa mesma pessoa em diferentes circunstâncias) e intelectual (quando o pensamento, sem recorrer aos dados psicológicos individuais, conhece a essência necessária do objeto, isto é, apreende de uma só vez a sua significação ou o seu sentido, independentemente das condições de espaço e tempo). Intuímos ideias ou significações, ou, como diz a Fenomenologia, intuímos essências.

Fala-se também de uma *intuição emotiva* ou *valorativa*. Trata-se daquela intuição na qual, juntamente com o sentido ou a significação de alguma coisa, captamos seu *valor*, isto é, a intuição intelectual capta a essência do objeto (o que ele é ou o que ele significa) e a intuição emotiva ou valorativa capta essa essência apreendendo o que ela vale (boa, má, bela, feia, justa, injusta etc.).

A razão discursiva: dedução, indução e abdução

A intuição pode ser o ponto de chegada, a conclusão de um processo de conhecimento, e pode também ser o ponto de partida de um processo cognitivo. O processo de conhecimento, seja o que chega a uma intuição, seja o que parte dela, constitui a razão discursiva ou o raciocínio.

Ao contrário da intuição, o raciocínio é o conhecimento que exige provas e demonstrações e se realiza igualmente por meio de provas e demonstrações das verdades que estão sendo conhecidas ou investigadas. Não é um ato intelectual, mas são vários atos intelectuais internamente ligados ou conectados, formando um processo de conhecimento.

Um caçador sai pela manhã em busca da caça. Entra no mato e vê rastros: choveu na véspera e há pegadas no chão; pequenos galhos rasteiros estão quebrados; o capim está amassado em vários pontos; a carcaça de um bicho está à mostra, indicando que foi devorado há poucas horas; há um grande silêncio no ar, não há canto de pássaros, não há ruídos de pequenos animais.

O caçador supõe que haja uma onça por perto. Ele pode, então, tomar duas atitudes. Se, por todas as experiências anteriores, tiver certeza de que a onça está nas imediações, pode preparar-se para enfrentá-la: sabe que caminhos evitar, se não estiver em condições de caçá-la; sabe que armadilhas armar, se estiver pronto para capturá-la; sabe como atraí-la, se quiser conservá-la viva e preservar a espécie.

O caçador pode ainda estar sem muita certeza se há ou não uma onça nos arredores e, nesse caso, tomará uma série de atitudes para verificar a presença ou ausência do felino: pode percorrer trilhas que sabe serem próprias de onças; pode examinar melhor as pegadas e o tipo de animal que foi devorado; pode comparar, em sua memória, outras situações nas quais esteve presente uma onça; etc.

Assim, partindo de indícios, o caçador raciocina para chegar a uma conclusão e tomar uma decisão. Temos aí um exercício de raciocínio empírico (isto é, baseado nos dados sensoriais ou na experiência sensível) e prático (isto é, um pensamento que visa a uma ação), ou seja, um exame de vários sinais que permitem a alguém fazer uma *inferência*, isto é, tirar uma conclusão a partir dos dados conhecidos. Esse raciocínio, por ser empírico, caracteriza-se pela singularidade ou individualidade do sujeito do conhecimento (no caso, um caçador) e do objeto do conhecimento (no caso, uma situação em que há sinais ou indícios de uma onça).

Quando, porém, um raciocínio se realiza em condições tais que a individualidade psicológica do sujeito e a singularidade do objeto são substituídas por critérios de generalidade e universalidade, temos a dedução, a indução e a abdução.

A dedução

Dedução e *indução* são procedimentos racionais que nos levam do já conhecido ao ainda não conhecido, isto é, permitem que adquiramos conhecimentos novos graças a conhecimentos já adquiridos. Por isso, costuma-se dizer que, no raciocínio, o intelecto opera seguindo *cadeias de razões* ou os nexos e conexões internos e necessários entre as ideias ou entre os fatos.

A *dedução* consiste em partir de uma verdade já conhecida (seja por intuição, seja por uma demonstração anterior) e que funciona como um princípio geral ao qual se subordinam todos os casos que serão demonstrados a partir dela. Em outras palavras, na dedução parte-se de uma verdade já conhecida para demonstrar que ela se aplica a todos os casos particulares iguais. Por isso também se diz que a dedução vai do geral ao particular ou do universal ao individual. O ponto de partida de uma dedução é ou uma ideia verdadeira (ou definição) ou uma teoria verdadeira (isto é, um todo sistemático de definições e demonstrações, baseadas em princípios verdadeiros e procedimentos corretos), e a finalidade do processo dedutivo é assegurar a *inferência* de conclusões nova e verdadeiras, obtidas a partir da definição do objeto ou da teoria já existente.

Por exemplo, se definirmos o triângulo como uma figura geométrica cujos ângulos internos somados são iguais à soma de dois ângulos retos, dela deduziremos todos os diferentes tipos de triângulos possíveis (equilátero ou isósceles, retângulo etc.), todas as propriedades de todos os triângulos possíveis e todas as propriedades de cada um dos tipos possíveis de triângulos. Se tomarmos como ponto de partida as definições geométricas do ponto, da linha, da superfície e da figura, deduziremos todas as figuras geométricas possíveis.

No caso de uma teoria, a dedução permitirá que cada novo caso particular encontrado seja conhecido, demonstrando que a ele se aplicam todas as leis, regras e verdades da teoria. Em outras palavras, a dedução é um procedimento pelo qual um fato ou objeto particulares são conhecidos por *inclusão* em uma teoria geral.

Por exemplo, estabelecida a verdade da teoria física de Newton, sabemos que: (1) as leis da física são relações dinâmicas de tipo mecânico, isto é, referem-se a relações de força (ação e reação) entre corpos dotados de figura, massa e grandeza; (2) os fenômenos físicos ocorrem no espaço e no tempo; (3) conhecidas as leis iniciais de um conjunto ou de um sistema de fenômenos, poderemos prever os atos que ocorrerão nesse conjunto e nesse sistema.

Assim, se eu quiser conhecer um caso físico particular – por exemplo, o que acontecerá com um corpo lançado no espaço por uma nave espacial, ou qual a velocidade de um projétil lançado de um submarino para atingir um alvo num tempo determinado, ou qual é o tempo para certo astro realizar um movimento de rotação em torno de seu eixo

–, aplicarei a esses casos particulares as leis gerais da física newtoniana e saberei com certeza a resposta verdadeira.

Costuma-se representar a dedução pela seguinte fórmula:

Todos os *x* são *y* (definição ou teoria geral);

A é *y* (caso particular);

Portanto, *A* é *x* (dedução).

A razão oferece regras especiais para realizar uma dedução e, se tais regras não forem respeitadas, a dedução será considerada falsa.

A indução

A *indução* realiza um caminho exatamente inverso ao da dedução. Com a indução, partimos de casos particulares iguais ou semelhantes e procuramos a lei geral, a definição geral ou a teoria geral que explica e subordina todos os casos particulares. A definição ou a teoria são obtidas no ponto final do percurso. A razão também oferece um conjunto de regras precisas para guiar a indução; se tais regras não forem respeitadas, a indução será considerada falsa.

Por exemplo, colocamos água no fogo e observamos que ela ferve e se transforma em vapor; colocamos leite no fogo e vemos também que ele se transforma em vapor; colocamos vários tipos de líquidos no fogo e vemos sempre sua transformação em vapor. Induzimos desses casos particulares que o fogo possui uma propriedade que produz a evaporação dos líquidos. Essa propriedade é o calor.

Verificamos, porém, que os diferentes líquidos não evaporam sempre na mesma velocidade; cada um deles, portanto, deve ter propriedades específicas que os fazem evaporar em velocidades diferentes. Descobrimos, porém, que a velocidade da evaporação não é o fato a ser observado, e sim quanto de calor cada líquido precisa para começar a evaporar. Se considerarmos a água o nosso padrão de medida, diremos que ela ferve e começa a evaporar a partir de certa quantidade de calor e que é essa quantidade de calor que precisa ser conhecida. Podemos, a seguir, verificar um fenômeno diferente. Vemos que água e outros líquidos, colocados em um refrigerador, endurecem e se congelam, mas que, como no caso do vapor, cada líquido se congela ou se solidifica em velocidades diferentes. Procuramos, novamente, a causa dessa diferença de velocidade e descobrimos que depende tanto de certas propriedades de cada líquido quanto da quantidade de frio que há no refrigerador. Percebemos, finalmente, que é essa quantidade que devemos procurar.

Com essas duas séries de fatos (vapor e congelamento), descobrimos que os estados dos líquidos variam (evaporação e solidificação) em decorrência da temperatura ambiente (calor e frio) e que cada líquido atinge o ponto de evaporação ou de solidificação em temperaturas diferentes. Com esses dados, podemos formular uma teoria da relação entre os estados da matéria – sólido, líquido e gasoso – e as variações de temperatura, estabelecendo uma relação necessária entre o estado de um corpo e a temperatura ambiente. Chegamos, por indução, a uma teoria.

A dedução e a indução são conhecidas com o nome de *inferência*, isto é, concluir alguma coisa a partir de outra já conhecida. Na dedução, dado *X* (definição ou teoria), infiro (concluo) *a*, *b*, *c*, *d* (os casos particulares). Na indução, dados *a*, *b*, *c*, *d*, infiro (concluo) *X*.

A abdução

O filósofo inglês Peirce considera que, além da dedução e da indução, a razão discursiva ou o raciocínio também se realiza em uma terceira modalidade de inferência, embora esta não seja propriamente demonstrativa. Essa terceira modalidade é chamada por ele de *abdução*.

A abdução é uma espécie de intuição, mas que não se dá de uma só vez, indo passo a passo para chegar a uma conclusão. A abdução é a busca de uma conclusão pela interpretação racional de sinais, de indícios, de signos. O exemplo mais simples oferecido por Peirce para explicar o que seja a abdução são os contos policiais, o modo como os detetives vão coletando indícios e sinais e formando uma teoria para o caso que investigam.

Segundo Peirce, a abdução é a forma que a razão possui quando inicia o estudo de um novo campo científico que ainda não havia sido abordado. Ela se aproxima da intuição do artista e da adivinhação do detetive, que, antes de iniciarem seus trabalhos, só contam com alguns sinais que indicam pistas a seguir. Os historiadores costumam usar a abdução.

De modo geral, diz-se que a indução e a abdução são procedimentos racionais que empregamos para a *aquisição* de conhecimentos, enquanto a dedução é o procedimento racional que empregamos para *verificar* ou *comprovar* a verdade de um conhecimento já adquirido.

Realismo e idealismo

Vimos anteriormente que muitos filósofos distinguem entre razão objetiva e razão subjetiva, considerando a Filosofia o encontro e o acordo entre ambas.

Falar em uma razão *objetiva* significa afirmar que a realidade externa ao nosso pensamento é racional em si e por si mesma e que podemos conhecê-la justamente por ser racional. Significa dizer, por exemplo, que o espaço e o tempo existem em si e por si mesmos, que as relações matemáticas e as de causa-efeito existem nas próprias coisas, que o acaso existe na própria realidade etc.

Chama-se *realismo* a posição filosófica que afirma a existência objetiva ou em si da realidade externa como uma realidade racional em si e por si mesma e, portanto, que afirma a existência da razão objetiva.

Há filósofos, porém, que estabelecem uma diferença entre a realidade e o conhecimento racional que dela temos. Dizem eles que, embora a realidade externa exista em si e por si mesma, só podemos conhecê-la tal como nossas ideias formulam-na e organizam-na, e não tal como ela seria em si mesma. Não podemos saber nem dizer se a realidade exterior é racional *em si*, pois só podemos saber e dizer que ela é racional *para nós*, isto é, por meio de nossas ideias.

Essa posição filosófica é conhecida com o nome de *idealismo* e afirma apenas a existência da razão subjetiva. A razão subjetiva possui princípios e modalidades de conhecimento que são universais e necessários, isto é, válidos para todos os seres humanos em todos os tempos e lugares. O que chamamos realidade, portanto, é apenas o que podemos conhecer por meio das ideias de nossa razão.

A razão é inata ou adquirida?

De onde vieram os princípios racionais? De onde veio a capacidade para a intuição e para o raciocínio? Nascemos com eles? Ou nos seriam dados pela educação e pelo costume? Seriam algo próprio dos seres humanos, constituindo a natureza deles, ou seriam adquiridos por meio da experiência?

Inatismo e empirismo

Durante séculos, a Filosofia ofereceu duas respostas a essas perguntas. A primeira ficou conhecida como *inatismo* e a segunda como *empirismo*.

O inatismo afirma que nascemos trazendo em nossa inteligência não só os princípios racionais, mas também algumas ideias verdadeiras, que, por isso, são ideias inatas. O empirismo, ao contrário, afirma que a razão, com seus princípios, seus procedimentos e suas ideias, é adquirida por nós por meio da experiência. Em grego, experiência se diz: *empeiría* – donde empirismo, conhecimento empírico, isto é, conhecimento adquirido por meio da experiência.

A tese central dos inatistas é a de que se, desde nosso nascimento, não possuirmos em nosso espírito a razão com seus princípios e leis e algumas ideias verdadeiras das quais todas as outras dependem, nunca teremos como saber se um conhecimento é verdadeiro ou falso, isto é, nunca saberemos se uma ideia corresponde ou não à realidade a que ela se refere. Não teremos um critério seguro para avaliar nossos conhecimentos.

Contrariamente aos defensores do inatismo, os defensores do empirismo afirmam que a razão, a verdade e as ideias racionais são adquiridas por nós por meio da experiência. Antes da experiência, dizem eles, nossa razão é como uma "folha em branco", na qual nada foi escrito; uma *tábula rasa*, em que nada foi gravado. Somos como uma cera sem forma e sem nada impresso nela, até que a experiência venha escrever na folha, gravar na tábula, dar forma à cera. A razão é uma maneira de conhecer que adquirimos no decorrer de nossa vida e a adquirimos por meio da experiência sensorial.

De acordo com os empiristas, nossos conhecimentos começam com a experiência dos cinco sentidos, isto é, com as *sensações*. Os objetos exteriores excitam nossos órgãos dos sentidos e vemos cores, sentimos sabores e odores, ouvimos sons, sentimos a diferença entre o áspero e o liso, o quente e o frio, o doce e o amargo, o ruído e o silêncio etc.

As sensações se reúnem e formam uma *percepção*, ou seja, percebemos uma única coisa ou um único objeto que nos chegou por meio de várias e diferentes sensações. Assim, vejo uma cor vermelha e uma forma arredondada, aspiro um perfume adocicado, sinto a maciez e digo: "Percebo uma rosa". A "rosa" é o resultado da reunião de várias sensações diferentes em um só objeto de percepção.

As percepções, por sua vez, se combinam ou se associam. A associação pode dar-se por três motivos: por semelhança, por proximidade ou contiguidade espacial e por sucessão temporal. A causa da associação das percepções é a repetição. Logo, de tanto algumas sensações se repetirem por semelhança, ou de tanto se repetirem no mesmo espaço ou próximas umas das outras, ou, enfim, de tanto se repetirem sucessivamente no tempo, criamos o hábito de associá-las. Essas associações são as *ideias*.

As ideias, trazidas pela experiência, isto é, pela sensação, pela percepção e pelo hábito, são levadas à memória e, de lá, a razão as apanha para formar os pensamentos, associando-as por semelhança e por diferença. A razão é o *hábito* de associar ideias, seja por semelhança, seja por diferença.

Por que um hábito? Por exemplo: a experiência me mostra, todos os dias, que, se eu puser um líquido em um recipiente e levar ao fogo, esse líquido ferverá, saindo do recipiente sob a forma de vapor. Se o recipiente estiver totalmente fechado e eu o destampar, receberei um bafo de vapor, como se o recipiente tivesse ficado pequeno para conter o líquido. A experiência igualmente me mostra que, se eu puser um objeto sólido (um pedaço de vela, um pedaço de ferro) no calor do fogo, não só ele se derreterá, mas também passará a ocupar um espaço muito maior no interior do recipiente. Outrossim, a experiência repete constantemente para mim a possibilidade que tenho de retirar um objeto preso dentro de outro, se eu aquecer este último, pois, aquecido, ele solta o que estava preso no seu interior, parecendo alargar-se e aumentar de tamanho.

A repetição dessas experiências vai criando em mim o hábito de associar o calor com certos fatos. Adquiro o hábito de perceber o calor e, em seguida, um fato igual ou semelhante a outros que já percebi inúmeras vezes. Isso me leva a dizer: "O calor é a *causa* desses fatos". Como os fatos são de aumento do volume ou da dimensão dos corpos submetidos ao calor, acabo concluindo: "O calor é a *causa* da dilatação dos corpos" e também "A dilatação dos corpos é o *efeito* do calor". É assim que nascem as ciências, as quais nada mais são do que o hábito de associar ideias, em consequência das repetições da experiência.

Ora, a razão pretende alcançar a realidade em seus aspectos universais e necessários. Em outras palavras, pretende conhecer a realidade tal como é em si mesma, considerando que o que conhece vale como verdade para todos os tempos e lugares (universalidade) e indica como as coisas são e como não poderiam, de modo algum, ser de outra maneira (necessidade). No entanto, o empirismo afirma que o universal é apenas um nome ou uma palavra geral que usamos para nos referirmos à repetição de semelhanças percebidas e associadas; e o necessário, apenas o nome ou uma palavra geral que usamos para nos referirmos à repetição das percepções sucessivas no tempo.

Problemas do inatismo

Se os princípios e as ideias da razão são inatos e, por isso, universais e necessários, como explicar que possam mudar?

Por exemplo, um inatista como Platão afirmava que a ideia de justiça era inata, vinha da contemplação intelectual do justo em si ou do conhecimento racional das coisas justas em si. Sendo inata, era universal e necessária.

Sem dúvida, dizia o filósofo grego, os seres humanos variam muito nas suas opiniões sobre o justo e a justiça, pois essas opiniões se formam por experiência e esta varia de pessoa para pessoa, de época para época, de lugar para lugar. Por isso mesmo, são simples *opiniões*. Contudo, é preciso distinguir meras opiniões variáveis e frequentemente falsas (porque se baseiam na experiência e esta só oferece a aparência – e não a essência – das coisas) de *ideias verdadeiras*, imutáveis e universais (porque nos oferecem a essência necessária daquilo de que são ideias).

Tomemos um exemplo: a ideia platônica de justiça, que era uma ideia moral e também uma ideia política.

Moralmente, uma pessoa é justa (ou seja, pratica a ideia universal da justiça) quando é capaz de fortalecer sua razão para que domine e controle inteira e completamente seus impulsos passionais, seus sentimentos e suas emoções irracionais. Por quê? Porque a razão é a parte melhor e superior de nossa alma deve dominar a parte inferior e pior, ligada aos desejos irracionais do nosso corpo.

Politicamente, uma sociedade é justa (isto é, pratica a ideia inata e universal de justiça) quando nela as classes sociais se relacionam como na moral, ou seja, quando as classes inferiores (ignorantes e passionais) são dirigidas e controladas pelas classes superiores (conhecedoras e racionais). A sociedade justa cria uma hierarquia ou uma escala de classes sociais e de poderes, em que a classe econômica mais inferior deve ser dominada e controlada pela classe militar para que as riquezas não provoquem desigualdades, egoísmos, guerras, violências; a classe militar, por sua vez, deve ser dominada e controlada pela classe política para impedir que os militares queiram usar a força e a violência contra a sociedade e fazer guerras absurdas. Enfim, a classe política deve ser dominada e controlada pela classe dos sábios, que não deixarão que os políticos abusem do poder e prejudiquem toda a sociedade.

A ideia verdadeira (inata, universal e necessária) de justiça, portanto, é o domínio da inteligência sobre os instintos, os interesses e as paixões, tanto no indivíduo quanto na sociedade.

Ora, com o surgimento da psicanálise, o que acontece com a justiça moral platônica, isto é, com a ideia de um poder total da razão sobre as paixões e os sentimentos, os desejos e os impulsos? Freud, seu criador, mostrou que não temos esse poder, que nossa consciência, nossa vontade e nossa razão podem menos do que o nosso inconsciente, o qual é puramente desejo e paixão. Entretanto, se a ideia platônica da justiça era inata, como explicar que tenha deixado de ser verdadeira?

O que acontece com a justiça política platônica, hierárquica, quando alguns filósofos que estudaram a formação histórica das sociedades e da política (por exemplo, o filósofo do século XVII, Espinosa, ou alguns filósofos da Ilustração francesa do século XVIII, ou Marx, no século XIX) mostraram que o fundamento da política é a igualdade de todos os cidadãos, afirmando que nenhuma classe tem o direito de dominar e controlar outras e que tal domínio e controle são, exatamente, a injustiça? Como uma ideia inata, afinal, perdeu a verdade?

Tomemos, agora, outro exemplo, vindo da filosofia de outro inatista, o filósofo do século XVII, Descartes.

Descartes considera que a Natureza é regida por leis universais e necessárias do movimento ou por relações necessárias de causa e efeito nas quais a causa é sempre o movimento. Considera também que as leis mecânicas ou leis do movimento elaboradas por sua filosofia ou por sua física são ideias racionais deduzidas de ideias inatas simples e verdadeiras.

Ora, quando comparamos a física de Descartes com a de Galileu, elaborada na mesma época, verificamos não só que, sob vários aspectos, a física galileana é oposta à cartesiana, mas também que a física de Galileu é a que será provada e demonstrada como verdadeira, enquanto a de Descartes será falsa. Como poderia isso acontecer, se as ideias da física cartesiana se fundamentavam em ideias inatas?

Os exemplos que propusemos indicam onde estão os dois grandes problemas do inatismo:

1. A própria razão pode mudar o conteúdo de ideias que eram consideradas universais e verdadeiras (é o caso da ideia platônica de justiça).
2. A própria razão pode provar que ideias consideradas racionais também podem ser falsas (é o caso de várias ideias da física cartesiana).

Se as ideias são racionais e verdadeiras, é porque correspondem à realidade. Ora, se a realidade mudar (como é caso da realidade social ou histórica), visto que uma ideia verdadeira deve corresponder à realidade, como manter ideias que não apresentam tal correspondência? Ou, ao contrário, se a realidade permanecer a mesma (como é o caso da realidade natural ou da Natureza) e, no entanto, as ideias que a explicavam perderam a validade porque outras mais corretas e verdadeiras substituíram-nas, como considerar as primeiras ideias como verdades inatas?

Em outros termos, o inatismo se depara, de um lado, com o problema da mudança da realidade, que exige mudança das ideias, e, de outro lado, com mudanças das próprias ideias, feitas pela própria razão no processo de conhecimento, além do problema da falsidade das ideias, demonstrada pela própria razão.

Problemas do empirismo

O empirismo, por sua vez, se defronta com um problema insolúvel.

Se as ciências são apenas hábitos psicológicos de associar percepções e ideias por semelhança e diferença, bem como por contiguidade espacial ou sucessão temporal, então as ciências não possuem verdade alguma, não explicam realidade alguma, não nos dão certeza alguma sobre a realidade, não alcançam os objetos tais como são em si mesmos e tais como funcionam ou operam realmente. Em outras palavras, os conhecimentos não possuem objetividade, pois são apenas hábitos subjetivos.

Ora, o ideal racional da objetividade afirma que uma verdade é uma verdade porque corresponde à realidade das coisas e, portanto, não depende de nossos gostos, nossas opiniões, nossas preferências, nossos preconceitos, nossas fantasias, nossos costumes e hábitos. Em outras palavras, não é subjetiva, não depende de nossa vida pessoal e psicológica. No entanto, para o empirista, a ciência não pode oferecer nem garantir essa objetividade.

A ciência, se reduzida a um mero hábito psicológico ou subjetivo, torna-se, afinal, uma ilusão, e a realidade tal como é em si mesma (isto é, a realidade objetiva) jamais poderá ser conhecida pela nossa razão. Basta, por exemplo, que um belo dia eu ponha um líquido no fogo e, em lugar de vê-lo ferver e aumentar de volume, eu o veja gelar e diminuir de volume, para que toda a ciência desapareça, já que ela depende da repetição, da frequência, do hábito de sempre percebermos certa sucessão de fatos à qual, também por hábito, demos o nome de princípio da causalidade.

Assim, do lado do empirismo, o problema colocado é o da impossibilidade do conhecimento objetivo da realidade.

Resumindo

Do lado do inatismo, o problema pode ser formulado da seguinte maneira: como são inatos, os princípios e as ideias da razão são verdades intemporais que nenhuma experiência nova poderá modificar. Ora, a história (social, política, científica e filosófica) mostra que ideias tidas como verdadeiras e universais não possuíam essa validade e foram substituídas por outras. Todavia, por definição, uma ideia inata é sempre verdadeira e não pode ser substituída por outra. Se for substituída, então não era uma ideia verdadeira e, não sendo uma ideia verdadeira, não era inata.

Do lado do empirismo, o problema pode ser formulado da seguinte maneira: a racionalidade ocidental só foi possível porque a Filosofia e as ciências demonstraram que a razão é capaz de alcançar a universalidade e a necessidade que governam a própria realidade, isto é, as leis racionais que governam a Natureza, a sociedade, a moral, a política. Ora, a marca própria da experiência é a de ser sempre individual, particular e subjetiva. Se o conhecimento racional for apenas a generalização e a repetição para todos os seres humanos de seus estados psicológicos, derivados de suas experiências, então o que chamamos de Filosofia, de ciência, de ética etc. são nomes gerais para hábitos psíquicos, e não um conhecimento racional verdadeiro de toda a realidade, tanto a realidade natural quanto a humana.

Problemas dessa natureza, frequentes na história da Filosofia, suscitam, periodicamente, o aparecimento de uma corrente filosófica conhecida como *ceticismo*, para o qual a razão humana é incapaz de conhecer a realidade e, por isso, deve renunciar à verdade. O cético sempre manifesta explicitamente dúvidas toda vez que a razão tenha pretensão ao conhecimento verdadeiro do real.

Os problemas criados pela divergência entre inatistas e empiristas foram resolvidos em dois momentos: o primeiro encontra-se na filosofia de Leibniz (filósofo alemão do século XVII); o segundo é posterior à filosofia de um dos mais célebres empiristas, Hume (filósofo escocês do século XVIII), e encontra-se na filosofia de Kant (filósofo alemão do século XVIII).

A solução de Leibniz

Leibniz estabeleceu uma distinção entre *verdades de razão* e *verdades de fato*.

As *verdades de razão* enunciam que uma coisa é, necessária e universalmente, não podendo de modo algum ser diferente do que é e de como é. O exemplo mais evidente das verdades de razão são as ideias matemáticas. É impossível que o triângulo não tenha três lados e que a soma de seus ângulos não seja igual à soma de dois ângulos retos; é impossível que um círculo não tenha todos os pontos equidistantes do centro e que não seja a figura formada pelo movimento de um semieixo ao redor de um centro fixo; é impossível que 2 + 2 não seja igual a 4; é impossível que o todo não seja maior do que as partes.

As verdades de razão são inatas. Isso não significa que uma criança, por exemplo, nasça conhecendo a matemática e sabendo realizar operações matemáticas, demonstrar teoremas ou resolver problemas nessa área do conhecimento. Significa que nascemos com a capacidade racional, puramente intelectual, para conhecer ideias que não dependem da experiência para serem formuladas e para serem verdadeiras.

As *verdades de fato*, ao contrário, são as que dependem da experiência, pois enunciam ideias que são obtidas por meio da sensação, da percepção e da memória. As verdades de fato são empíricas e se referem a coisas que poderiam ser diferentes do que são, mas que são como são porque há uma causa para que sejam assim. Quando digo "Esta rosa é vermelha", nada impede que ela pudesse ser branca ou amarela, mas, se ela é vermelha, é porque alguma causa a fez ser assim e outra causa poderia tê-la feito amarela. Entretanto, não é acidental ou contingente que ela tenha cor e é a cor que possui uma causa necessária.

As verdades de fato são verdades porque, para elas, funciona o princípio da razão suficiente, segundo o qual tudo o que existe, tudo o que percebemos e tudo aquilo de que temos experiência possui uma causa determinada e essa causa pode ser conhecida. Pelo princípio da razão suficiente – isto é, pelo conhecimento das causas –, todas as verdades de fato poderão, sob certas condições, tornar-se, um dia, verdades necessárias e ser consideradas verdades de razão, isto é, ainda que, para conhecê-las, dependamos da experiência, podemos desenvolver procedimentos pelos quais descobrimos que a experiência está oferecendo relações causais necessárias entre as coisas. Para Leibniz, o que são verdades de fato para a inteligência humana limitada ou finita são verdades de razão para a inteligência divina infinita.

Observamos, assim, que, para Leibniz, o princípio da razão suficiente ou a ideia de causalidade universal e necessária permite manter as ideias inatas e as ideias empíricas. Ora, é justamente o princípio da causalidade, como vimos, que será alvo das críticas dos empiristas, na filosofia de David Hume, no século XVIII. Para esse filósofo, o princípio da razão suficiente é apenas um hábito adquirido por experiência como resultado da repetição e da frequência de nossas impressões sensoriais. A crítica de Hume à causalidade e ao princípio da razão suficiente leva à resposta de Kant.

A solução de Kant

A resposta aos problemas do inatismo e do empirismo oferecida pelo filósofo alemão do século XVIII, Immanuel Kant, é conhecida com o nome de "revolução copernicana" em Filosofia. Por quê? Qual a relação entre o que propõe Kant e o que fizera Copérnico, quase dois séculos antes do kantismo?

Vejamos, muito brevemente, o que foi a revolução copernicana em Astronomia para, depois, vermos o que foi ela em Filosofia.

A tradição antiga e medieval considerava que o mundo possuía limites (ou seja, o mundo era finito), sendo formado por um conjunto de sete esferas concêntricas, em cujo centro estava a Terra, imóvel. À volta da Terra giravam as esferas nas quais estavam presos os planetas (o Sol e a Lua eram considerados planetas*), a última dessas esferas sendo denominada "esfera fixa" ou "esferas dos fixos". Em grego, Terra se diz *Gaia* ou *Geia*. Como ela se encontrava no centro, o sistema astronômico era chamado de *geocêntrico* e o mundo era explicado pelo *geocentrismo*.

Uma das características mais marcantes do geocentrismo era o fato de que baseava suas explicações em nossa experiência sensorial, isto é, no fato de que percebemos o movimento do Sol, da Lua e dos demais astros, mas não percebemos o movimento da Terra. Outro traço marcante do sistema geocêntrico era sua complexidade ou sua complicação, pois, para explicar os movimentos celestes tais como percebidos por nós, precisava imaginar os astros fazendo não só os movimentos circulares, mas também vários movimentos "para frente" e "para trás", e se referia a esses movimentos como "ciclos" e "epiciclos", falando, outrossim, em movimentos reais e movimentos aparentes dos astros.

A revolução copernicana (entendida não apenas como obra de Copérnico, mas de vários astrônomos posteriores que continuaram suas ideias, aperfeiçoaram-nas e corrigiram--nas) demonstrou que o sistema geocêntrico era falso. A palavra "revolução" (que aparece no título da obra de Copérnico, *Das revoluções dos orbes celestes*) é um termo astronômico que significa: movimento completo de um astro ou de um sistema de astros que retorna ao ponto inicial e recomeça. Os que adotaram as ideias do *Das revoluções* demonstraram que:

1. o mundo não é finito, mas é um Universo infinito;
2. o centro do Universo não é a Terra e o centro do sistema em que ela se encontra não é ela, e sim o Sol;
3. os astros não estão presos em esferas móveis nem em esferas fixas, e não fazem um movimento circular, e sim dois movimentos, um de rotação, em torno de seu próprio eixo, e um de translação, em volta do Sol, e esse movimento (como demonstrará Kepler, depois de Copérnico) não é circular, mas tem a forma de uma elipse. Esses movimentos podem ser estudados, calculados e descritos sem recorrer à complicação dos movimentos "para frente" e "para trás", sem ciclos e epiciclos;
4. o Sol (como já fora demonstrado por outros astrônomos) não é um planeta, mas uma estrela, e a Terra, como os outros planetas do sistema solar, gira ao redor dele;
5. Copérnico julgava que o Sol se mantinha imóvel no centro do sistema, mas, posteriormente, os astrônomos demonstraram que o próprio Sol realiza um movimento de translação, isto é, também se move, mas não em volta da Terra.

Em grego, Sol se diz *Hélios*, por isso o sistema de Copérnico é chamado de *heliocêntrico*, e sua explicação, de *heliocentrismo*, pois o Sol está no centro do nosso sistema planetário e tudo se move ao seu redor.

Voltemos agora a Kant e observemos o que ele diz.

Inatistas e empiristas, isto é, todos os filósofos, parecem ser como astrônomos geocêntricos, buscando um centro que não é verdadeiro. Parecem, diz Kant, como alguém que, querendo assar um frango, fizesse o fogo girar em torno dele, e não o frango em torno do fogo.

Qual o engano dos filósofos? Considerar que o conhecimento se inicia tendo como ponto de partida a realidade exterior. De fato, em lugar de, primeiro e antes de tudo, é preciso estudar o que é a própria razão e indagar o que ela pode e o que não pode conhecer, estudar o que é a experiência e o que ela pode e não pode conhecer. Ora, em vez de procurar saber o que é conhecer, o que é pensar e o que é a verdade, os filósofos preferiram começar dizendo o que a realidade é, afirmando que ela é racional e que, por isso, pode ser inteiramente conhecida pelas ideias da razão. Como para assar um frango fazendo o fogo girar à sua volta, os filósofos colocaram a realidade exterior ou os objetos do conhecimento no centro e fizeram a razão, ou o sujeito do conhecimento, girar em torno deles, considerando que o conhecimento depende da realidade exterior. A consequência foi o dilema insolúvel do inatismo e do empirismo.

Façamos, pois, uma *revolução copernicana* em Filosofia, escreve Kant em sua obra *Crítica da razão pura*: até agora, julgava-se que nosso conhecimento devia ser regulado pelos objetos exteriores, mas agora devemos admitir que os objetos devem regular-se pelo nosso conhecimento. À maneira copernicana (isto é, do heliocentrismo), prossegue Kant, demonstremos, também de maneira universal e necessária, que os objetos se adaptam ao conhecimento, e não o conhecimento aos objetos. Em outros termos, em vez de colocarmos no centro a realidade objetiva ou os objetos do conhecimento, dizendo, com os inatistas, que são racionais e que podem ser conhecidos tais como são em si mesmos, ou dizendo, com os empiristas, como Hume, que não temos como alcançar essa realidade objetiva e que nossos conhecimentos são hábitos e opiniões, comecemos colocando no centro a própria razão.

Não é a razão a Luz Natural? Não é ela o Sol que ilumina todas as coisas e em torno do qual tudo gira? Comecemos, portanto, pela Luz Natural no centro do conhecimento e indaguemos: o que é ela? O que ela pode conhecer? Quais são as condições para que haja conhecimento verdadeiro? Quais são os limites que o conhecimento humano não pode transpor? Como a razão e a experiência se relacionam?

Comecemos, então, pelo *sujeito do conhecimento*. E comecemos mostrando que esse sujeito é a razão universal, e não uma subjetividade pessoal e psicológica, que ele é o *sujeito conhecedor*, e não esta ou aquela pessoa, este ou aquele indivíduo.

O que é a razão?

A razão é uma estrutura vazia, uma *forma pura* sem conteúdo – ela organiza o conhecimento por meio do *entendimento* ou de *categorias* universais (unidade, causalidade, relação, quantidade, qualidade, permanência, substancialidade) que se aplicam a todas as coisas conhecíveis. Essa estrutura (e não os conteúdos) é universal, a mesma para todos os seres humanos, em todos os tempos e lugares. Essa estrutura é inata, isto é, não é adquirida por meio da experiência. Por ser inata e não depender da experiência sensorial para existir, o entendimento é, do ponto de vista do conhecimento, *anterior* à experiência ou *a priori*.

Todavia, os conteúdos que a razão conhece e sobre os quais ela pensa, estes, sim, dependem da experiência. Sem esta, a razão seria sempre vazia, inoperante, nada conhecendo. Assim, a experiência fornece a *matéria* (os conteúdos) do conhecimento para a razão e esta, por sua vez, fornece a *forma* (universal e necessária) do conhecimento. A matéria do conhecimento, por ser fornecida pela experiência, vem *depois* desta e, por isso, é, no dizer de Kant, *a posteriori*.

No entanto, diz Kant, somos dotados não somente de entendimento, mas também de *sensibilidade*, isto é, de conhecimento sensorial (os cinco sentidos). Ora, embora a sensibilidade varie de pessoa para pessoa, há nela algo que é invariável ou universal: o espaço e o tempo. Só temos sensações espaciais (grande, pequeno, próximo, distante, redondo, quadrado, perfumado, salgado, escuro claro etc.) e temporais (ontem, hoje, amanhã, agora, antes, depois, sempre, nunca). Ora, explica Kant, não podemos saber se as coisas em si mesmas são espaciais ou temporais, e sim que só as conhecemos a partir das *formas a priori* de nossa sensibilidade, isto é, o espaço e o tempo. Como o entendimento, também a sensibilidade tem uma forma *a priori* (isto é, que não depende da experiência sensorial, mas é condição dela) e tem conteúdos *a posteriori* (isto é, o que nossos sentidos percebem dos corpos), e esses conteúdos trazidos pela sensibilidade são a matéria que as formas *a priori* da razão organizam para nosso conhecimento por meio de categorias também universais e *a priori*. Em outras palavras, o conhecimento não se refere às coisas como sendo *em si mesmas* qualitativas, quantitativas, causais, substanciais, e sim que nós as conhecemos somente por meio dessa organização racional. *Para nós*, elas são espaciais, temporais, quantidades, qualidades, substâncias, causas, efeitos e nunca saberemos se elas o são *em si mesmas*. Por isso, Kant distingue entre fenômeno e noúmeno: *fenômeno* (do grego *phainomenon* – aparecer, mostrar-se) é o que as coisas são para nós, de acordo com a estrutura de nossa sensibilidade e de nossa razão; *noúmeno* (do grego *noumenon* – o ser inteligível em si mesmo). Só conhecemos fenômenos.[1]

Qual o engano dos inatistas? Supor que os conteúdos ou a matéria do conhecimento são inatos quando o que é inato é a estrutura da sensibilidade e da razão.

Qual o engano dos empiristas? Supor que a estrutura da razão é adquirida por experiência ou causada pela experiência. Na verdade, diz Kant, a experiência não é causa das ideias, mas é a *ocasião* para que a razão, recebendo a matéria ou o conteúdo, formule as ideias.

Dessa maneira, a estrutura da razão é inata e universal, enquanto os conteúdos são empíricos e podem variar no tempo e no espaço, podendo transformar-se com novas experiências e mesmo revelar-se falsos, graças a experiências novas.

O que é o conhecimento racional, sem o qual não há Filosofia nem ciência?

É a *síntese* que, por meio das formas do entendimento e das formas da sensibilidade, a razão realiza entre uma forma universal inata e um conteúdo particular oferecido pela experiência.

A razão é constituída por três estruturas *a priori*:

1. a estrutura ou forma da sensibilidade, isto é, a estrutura ou forma da percepção sensível ou sensorial;
2. a estrutura ou forma do entendimento, isto é, do intelecto ou inteligência;
3. a estrutura ou forma da razão propriamente dita, quando esta não se relaciona nem com os conteúdos da sensibilidade, nem com os conteúdos do entendimento, mas apenas consigo mesma. Como, para Kant, só há conhecimento quando a experiência oferece conteúdos à sensibilidade e ao entendimento, a razão, separada da sensibilidade e do entendimento, *não conhece coisa alguma* e não é sua função conhecer. Sua função é a de *regular e controlar* a sensibilidade e o entendimento. Do ponto de vista do conhecimento, portanto, *a razão é a função reguladora da atividade do sujeito do conhecimento*.

Em instante algum Kant admite que a realidade, em si mesma, é espacial, temporal, qualitativa, quantitativa, causal etc. Isso seria regredir ao fogo girando em torno do frango.

---

[1] Em linguagem filosófica, *fenômeno* não é o espantoso, o excepcional, mas o que se mostra a nós ou nos aparece por meio dos órgãos dos sentidos.

O que Kant afirma é que a razão e o sujeito do conhecimento possuem essas estruturas para poder conhecer e que, por serem elas universais e necessárias, o conhecimento é racional e verdadeiro para os seres humanos.

É isso que a razão pode. O que ela não pode (e nisso inatistas e empiristas se enganaram) é supor que, com suas estruturas, passe a conhecer a realidade tal como esta é em si mesma. A razão conhece os objetos do conhecimento. O objeto do conhecimento é aquele conteúdo empírico que recebeu as formas e as categorias do sujeito do conhecimento. *A razão não está nas coisas, mas em nós.* A razão é sempre razão subjetiva e não pode pretender conhecer a realidade tal como ela seria em si mesma, nem pode pretender que exista uma razão objetiva governando as próprias coisas. Dizer que a razão ou a consciência é subjetiva não significa que são tomadas como pessoais ou psicológicas, variando de indivíduo para indivíduo, mas, ao contrário, significa que são a condição universal de possibilidade do conhecimento e da ação humana. Para caracterizar a razão como condição *a priori* da possibilidade do conhecer e do agir, Kant introduz a noção de *transcendental*.[2] Essa noção não tem o sentido que lhe damos na linguagem cotidiana, em que significa "muito importante". Seu sentido filosófico é: *condição universal* a priori *de possibilidade de todo conhecimento e de toda ação humana.*

O erro dos inatistas e empiristas foi o de supor que nossa razão alcança a realidade em si. Para um inatista como Descartes, a realidade em si é espacial, temporal, qualitativa, quantitativa, causal. Para um empirista como Hume, a realidade em si pode ou não repetir fatos sucessivos no tempo, pode ou não repetir fatos contíguos no espaço, pode ou não repetir as mesmas sequências de acontecimentos.

O engano de inatistas e empiristas era supor que conhecemos o noúmeno, quando, na verdade, só podemos conhecer o fenômeno. No entanto, isso não nos impede de ter conhecimentos verdadeiros e de alcançar o saber científico universal e necessário. Por quê? Porque sabemos que nossa razão possui uma estrutura universal, necessária e *a priori* que organiza necessariamente a realidade em termos das *formas transcendentais* da sensibilidade e dos *conceitos* e *categorias* do entendimento transcendental. Como razão subjetiva transcendental (universal e *a priori*), nossa razão pode garantir a verdade da Filosofia e da ciência.

---

[2] A palavra *transcendental* foi introduzida pelo filósofo medieval Duns Scoto, passando a significar: aquilo que torna possível tanto a existência quanto o conhecimento de alguma coisa. É a condição necessária da possibilidade da existência de alguma coisa e do sentido de alguma coisa. Na metafísica de Scoto, havia três elementos transcendentais: o uno, o verdadeiro e o bom. Dizia ele, todo ser só será possível se for uno, verdadeiro e bom. Kant desloca a noção de transcendental das coisas (ou do Ser em si) para o sujeito do conhecimento: não são certas qualidades das próprias coisas em si que são a condição de possibilidade para as conhecermos, e sim o Sujeito Transcendental, que é a condição *a priori* e necessária da possibilidade de todo e qualquer objeto de conhecimento. Em outras palavras, o conhecimento não parte de qualidades dos seres ou das coisas em si que o entendimento conheceria, mas parte das faculdades cognitivas do sujeito do conhecimento e de suas ideias, que determinam o que se pode designar como objeto do conhecimento. Portanto, o objeto do conhecimento *é posto* pelo sujeito do conhecimento ou o Sujeito Transcendental.

A resposta de Hegel

O filósofo alemão do século XIX, Hegel, ofereceu outra solução para o problema do inatismo e do empirismo.

Hegel criticou o inatismo, o empirismo e o kantismo. A todos endereçou a mesma crítica, qual seja, a de não haverem compreendido o que há de mais fundamental e de mais essencial à razão: *a razão é histórica.*

De fato, a Filosofia, preocupada em garantir a diferença entre a mera opinião ("eu acho que", "eu gosto de", "eu não gosto de") e a verdade ("eu penso que", "eu sei que", "isto é assim porque"), considerou que as ideias só seriam racionais e verdadeiras se fossem intemporais, perenes, eternas, as mesmas em todo tempo e em todo lugar. Uma verdade que mudasse com o tempo ou com os lugares seria mera opinião, seria enganosa, não seria verdade. A razão, sendo a fonte e a condição da verdade, teria também que ser intemporal.

É essa intemporalidade atribuída à verdade e à razão que Hegel criticou em toda a Filosofia anterior.

Ao afirmar que a razão é histórica, Hegel não está, de modo algum, dizendo que a razão é algo relativo, que vale hoje e não vale amanhã, que serve aqui e não serve ali, que cada época não alcança verdades universais. Não. O que Hegel está dizendo é que a mudança, a transformação da razão e de seus conteúdos é *obra racional da própria razão.* A razão não é uma vítima do tempo, que lhe roubaria a verdade, a universalidade, a necessidade. A razão não está *na* História; ela *é* a História. A razão não está *no* tempo; ela *é* o tempo. Ela dá sentido ao tempo.

Hegel também fez uma crítica aos inatistas e aos empiristas muito semelhante à que Kant fizera. Em outros termos, inatistas e empiristas acreditam que o conhecimento racional vem das próprias coisas para nós, que o conhecimento depende exclusivamente da ação das coisas sobre nós e que a verdade é a correspondência entre a coisa e a ideia da coisa.

Para o empirista, a realidade "entra" em nós pela experiência. Para o inatista a verdade "entra" em nós pelo poder da nossa força intelectual, capaz de ter ideias que são verdadeiras porque representam ou reproduzem as próprias coisas externas. Estava certo Kant quando disse que inatistas e empiristas se enganaram por excesso de objetivismo, isto é, por julgarem que o conhecimento racional dependeria inteiramente dos objetos do conhecimento, seja porque dependeria da experiência, seja porque dependeria da capacidade das ideias para reproduzir a realidade em si das coisas.

Contudo, Kant também se enganou e pelo motivo oposto, isto é, por excesso de subjetivismo, por acreditar que o conhecimento racional dependeria exclusivamente do sujeito do conhecimento, das estruturas da sensibilidade e do entendimento.

A razão, diz Hegel, não é nem exclusivamente razão objetiva (isto é, a razão que diz que a verdade está nos objetos) nem exclusivamente subjetiva (isto é, a razão que diz que a verdade está no sujeito), mas *ela é a unidade necessária do objetivo e do subjetivo.* Ela é o conhecimento da harmonia entre as coisas e as ideias, entre o mundo exterior e a consciência, entre o objeto e o sujeito, entre a verdade objetiva e a verdade subjetiva. O que é, afinal, a razão para Hegel?

A razão é:

1. o conjunto das leis do pensamento, isto é, os princípios, os procedimentos do raciocínio, as formas e as estruturas necessárias para pensar, as categorias, as ideias – é razão subjetiva;
2. a ordem, a organização, o encadeamento e as relações das próprias coisas, isto é, a realidade objetiva e racional – é razão objetiva;
3. a relação interna e necessária entre as leis do pensamento e as leis do real. Ela é a unidade da razão subjetiva e da razão objetiva.

Hegel afirma que toda realidade é racional e que toda racionalidade é real, ou, em suas palavras, "o real é racional e o racional é real". Com essa afirmação pretendeu significar a unidade da razão objetiva e da razão subjetiva.

Por que a razão é histórica?

A unidade ou harmonia entre o objetivo e o subjetivo, entre a realidade das coisas e o sujeito do conhecimento, não é um dado eterno, algo que existiu desde todo o sempre, mas é uma *conquista* da razão, e essa conquista a razão realiza no tempo. A razão não tem como ponto de partida essa unidade, mas a tem como ponto de chegada, como *resultado* do percurso histórico ou temporal que ela própria realiza.

Qual o melhor exemplo para compreender o que Hegel quer dizer? O melhor exemplo é o que acabamos de ver sobre inatistas e empiristas.

Vimos que os inatistas começaram combatendo a suposição de que opinião e verdade são a mesma coisa. Para livrarem-se dessa suposição, o que fizeram eles? Disseram que a opinião pertence ao campo da experiência sensorial, pessoal, psicológica, instável, e que as ideias da razão são inatas, universais, necessárias, imutáveis. Os empiristas, no entanto, negaram que os inatistas tivessem acertado, negaram que as ideias pudessem ser inatas e fizeram a razão depender da experiência psicológica ou da percepção. Ao fazê-lo, revelaram os pontos fracos dos inatistas, mas abriram o flanco para um problema que não podiam resolver, isto é, a validade das ciências.

A filosofia kantiana negou, então, que inatistas e empiristas estivessem certos. Negou que pudéssemos conhecer a realidade em si das coisas, negou que a razão possuísse conteúdos inatos, mostrando que os conteúdos dependem da experiência; mas negou também que a experiência fosse a causa da razão, ou que esta fosse adquirida, pois possui formas e estruturas inatas. Kant deu prioridade ao sujeito do conhecimento, enquanto empiristas e inatistas davam prioridade ao objeto do conhecimento.

Que diz Hegel? Que esses conflitos filosóficos são *a história da razão* buscando conhecer-se a si mesma e, graças a tais conflitos, graças às contradições entre as filosofias, a Filosofia pode chegar à descoberta da razão como síntese, unidade ou harmonia das teses opostas ou contraditórias.

Em cada momento de sua história, a razão produziu uma tese a respeito de si mesma e, logo a seguir, uma tese contrária à primeira ou uma antítese, a começar pela oposição entre Sócrates e os sofistas. Cada tese e cada antítese foram momentos necessários para a razão conhecer-se cada vez mais. Cada tese e cada antítese foram verdadeiras, mas *parciais*. Sem elas, a razão nunca teria chegado a conhecer-se a si mesma. Entretanto, a razão não pode ficar estacionada nessas contradições que ela própria criou, por uma necessidade dela mesma: precisa ultrapassá-las em uma *síntese* que una as teses contrárias, mostrando onde está a verdade de cada uma delas e conservando essa verdade. Essa é a razão histórica.

Empiristas, kantianos e hegelianos hoje

Embora Hegel tenha proposto sintetizar a história da razão, considerando, portanto, que inatistas, empiristas e kantianos eram parte do passado dessa história, isso não significa que todos os filósofos tenham aceitado a solução hegeliana como resposta final. Assim, os empiristas não desapareceram, mas reformularam muitas de suas teses e posições; o mesmo aconteceu com os inatistas e com os que adotaram a filosofia kantiana. Todos reformularam teses, acrescentaram novas ideias e perspectivas, mas mantiveram suas posições, vigentes até hoje.

A razão na Filosofia contemporânea

A história da razão não terminou. Podemos, de maneira breve, assinalar as principais correntes filosóficas que se voltam para a discussão do lugar e do papel da razão.

A Fenomenologia

Conforme vimos, nem todos os filósofos aceitaram a solução hegeliana para as dificuldades criadas à razão no conflito entre inatismo, empirismo e kantismo.

É o caso, no século XX, de Edmund Husserl, criador da Fenomenologia, que manteve o inatismo, mas com as contribuições trazidas pelo kantismo. Em outras palavras, a Fenomenologia considera a razão uma estrutura da consciência (como Kant), mas cujos conteúdos são produzidos por ela mesma, independentemente da experiência (diferentemente do que dissera Kant).

O que chamamos de "mundo" ou "realidade", diz Husserl, não é um conjunto ou um sistema de coisas e pessoas, animais, vegetais e minerais. O mundo ou a realidade é um conjunto de *significações* ou de *sentidos* que são produzidos pela consciência ou pela razão. A razão é "doadora do sentido" e ela "constitui a realidade" como sistemas de significações que dependem da estrutura da própria consciência, não como consciência pessoal ou psicológica, mas como *consciência transcendental*, isto é, no sentido kantiano de condição *a priori* de possibilidade do conhecimento e da ação.

As significações não são pessoais, psicológicas, sociais, mas universais e necessárias. Elas são as *essências*, isto é, o *sentido* impessoal, intemporal, universal e necessário de toda a realidade, que só existe para a consciência e pela consciência. A razão é razão subjetiva que cria o mundo como racionalidade objetiva, isto é, o mundo tem sentido objetivo porque a razão lhe dá sentido.

Assim, por exemplo, a razão não estuda os conteúdos psicológicos de minha vida pessoal, mas pergunta: O que é a vida psíquica? O que são e como são a memória, a imaginação, a sensação, a percepção?

A pergunta "O que é?" não se refere a uma descrição dos processos mentais e físicos que nos fazem lembrar, imaginar, sentir ou perceber. Essa pergunta se refere à descrição do *sentido* da memória, da sensação, da percepção, isto é, refere-se à *essência* delas, independentemente de nossas experiências psicológicas pessoais. A Fenomenologia não indaga, por exemplo, se certa ideia ou certa opinião são causadas pela vida em sociedade, mas pergunta: O que é o social? O que é a sociedade? As respostas a essas perguntas formam as *significações* ou *essências* e são elas o conteúdo que a própria razão oferece a si mesma para dar sentido à realidade.

A Fenomenologia afasta-se, portanto, da solução hegeliana, pois não admite que as formas e os conteúdos da razão mudem no tempo e com o tempo. Eles se enriquecem e se ampliam *no* tempo, mas não se transformam *por causa* do tempo.

A Escola de Frankfurt e a Teoria Crítica

Diferentemente da Fenomenologia, outros filósofos, como os que, no século XX, criaram a chamada Escola de Frankfurt ou *Teoria Crítica*, adotam a solução hegeliana, mas com uma modificação fundamental. Os filósofos dessa Escola, como Theodor Adorno, Herbert Marcuse e Max Horkheimer, têm uma formação marxista. O que significa isso? Significa que acompanham a afirmação de Marx de que a história não é o desenvolvimento do Espírito, e sim é materialmente determinada pelas formas da economia, isto é, da divisão social do trabalho e das formas da propriedade. Por esse motivo, os frankfurtianos recusam a ideia hegeliana de que a História é obra da própria razão, ou que as transformações históricas da razão são realizadas pela própria razão, sem que esta seja condicionada ou determinada pelas condições sociais, econômicas e políticas.

Para esses filósofos, o engano de Hegel está, em primeiro lugar, na suposição de que a razão seja uma força histórica autônoma (isto é, não condicionada pela situação material ou econômica, social e política de uma época) e, em segundo lugar, na suposição de que a razão é a força histórica que cria a própria sociedade, a política, a cultura. Para esses filósofos, Hegel está correto quando afirma que as mudanças históricas ocorrem pelos conflitos e pelas contradições, mas está enganado ao supor que tais conflitos se dão entre diferentes formas da razão, pois eles se dão como conflitos e contradições econômicas, sociais e políticas (isto é, a luta das classes sociais), modificando a própria razão.

Os filósofos da Teoria Crítica consideram que existem, na verdade, duas modalidades da razão: a *razão instrumental* ou razão técnico-científica, que está a serviço da exploração e da dominação, da opressão e da violência, e a *razão crítica* ou filosófica, que reflete sobre as contradições e os conflitos sociais e políticos e se apresenta como uma força liberadora.

Os frankfurtianos mantêm a ideia hegeliana de que há uma continuidade temporal ou histórica entre uma forma anterior da racionalidade e uma forma seguinte: a razão moderna, por exemplo, não surge de repente e do nada, mas resulta de contradições e conflitos sociopolíticos do final da Idade Média e da Renascença, de modo que, ao superar a racionalidade medieval e renascentista, nasce como racionalidade moderna. Cada nova forma de racionalidade é a vitória sobre os conflitos das formas anteriores, sem que haja ruptura histórica entre elas. Mudanças sociais, políticas e culturais determinam mudanças no pensamento, e tais mudanças são a solução realizada pelo tempo presente para os conflitos e as contradições do passado.

A razão não determina nem condiciona a sociedade (como julgara Hegel), mas (como dissera Marx) é determinada e condicionada pela sociedade e suas mudanças.

Razão e descontinuidade temporal

Nos anos 1960, desenvolveu-se, sobretudo na França, uma corrente científica (iniciada na linguística e na antropologia social) chamada *estruturalismo*. Para os estruturalistas, o mais importante não é a mudança ou a transformação de uma realidade (de uma língua, de uma sociedade, de uma teoria científica), mas a *estrutura* ou a forma que ela tem no presente.

A estrutura passada e a estrutura futura são consideradas estruturas *diferentes* entre si e *diferentes* da estrutura presente, sem que haja interesse em acompanhar temporalmente a passagem de uma estrutura para outra. Assim, o estruturalismo científico desconsidera a posição filosófica de tipo hegeliano e marxista.

O estruturalismo teve uma grande influência sobre o pensamento filosófico, e isso se refletiu na discussão sobre a razão.

Influenciados pelo estruturalismo, vários filósofos franceses, como Michel Foucault, Jacques Derrida e Gilles Deleuze, estudando a história da Filosofia, das ciências, das sociedades, das artes e das técnicas, disseram que, sem dúvida, a razão é histórica - isto é, muda temporalmente –, mas essa história não é cumulativa, evolutiva, progressiva e contínua. Pelo contrário, é *descontínua*, realiza-se por saltos, e cada estrutura nova da razão tem um sentido próprio, válido apenas para ela.

Dizem eles que uma teoria (filosófica ou científica) ou uma prática (ética, política, artística) são novas justamente quando rompem com as concepções anteriores e substituem-nas por outras completamente diferentes, não sendo possível falar em uma continuidade progressiva entre elas, pois são tão intrinsecamente diferentes e não há como nem por que compará-las e julgar uma delas mais atrasada e a outra mais adiantada.

Assim, por exemplo, a teoria da relatividade, elaborada por Einstein, não é continuação evoluída e melhorada da física clássica, formulada por Galileu e Newton, mas é *outra* física, com conceitos, princípios e procedimentos completamente novos e diferentes. Temos duas físicas diferentes, cada qual com seu sentido e valor próprio. Não se pode falar num *processo*, numa *evolução* ou num *avanço* da razão a cada nova teoria, pois a novidade significa justamente que se trata de algo tão novo, tão diferente e tão outro que será absurdo falar em continuidade e avanço. Não há como dizer que as ideias e as teorias passadas são falsas, erradas ou atrasadas: elas simplesmente são diferentes das atuais porque se baseiam em princípios, interpretações e conceitos novos.

Desse modo, em cada época de sua história, a razão cria modelos ou paradigmas explicativos para os fenômenos ou para os objetos do conhecimento, não havendo continuidade nem pontos comuns entre eles que permitam compará-los. Agora, em lugar de um processo linear e contínuo da razão, fala-se na invenção de formas diferentes de racionalidade, de acordo com critérios que a própria razão cria para si mesma. A razão grega é diferente da medieval, que, por sua vez, é diferente da renascentista e da moderna. A razão moderna e a iluminista também são diferentes, assim como a razão hegeliana é diferente da contemporânea.

Enfim, os filósofos ditos *pós-modernos* (como o francês Lyotard e o estadunidense Rorty) consideram a filosofia e a ciência práticas culturais típicas do Ocidente cuja pretensão de realizar a razão ou o conhecimento racional é infundada e irrealizável. Por quê? Porque, dizem eles, a razão tem a pretensão de ser o conhecimento verdadeiro da realidade, mas esta não existe, pois não há fatos, dados ou coisas, e sim maneiras de falar ou "jogos de linguagem" com que inventamos meios para exprimir o que pensamos e sentimos. Chamamos tais jogos de racionais ou de verdadeiros simplesmente enquanto funcionam ou são úteis para nossos fins, e os abandonamos por outros quando deixam de funcionar ou de ser úteis para nossos fins. A prova de que não há *"a" razão* está na multiplicidade de filosofias contrárias umas às outras e nas mudanças das teorias científicas. Razão, racionalidade, objetividade, verdade são mitos ocidentais, "crenças tribais" como as de quaisquer outros povos. É a razão indolente do pós-modernismo, nos termos da crítica de Boaventura dos Santos que já vimos antes.

Recapitulando

No caminho que fizemos até aqui, notamos que a Filosofia e a razão estão na História e possuem uma história, ou seja, modificam-se com as mudanças da sociedade, que faz novas exigências ao conhecimento, e com as relações entre os próprios filósofos na análise e compreensão da origem e das operações da razão. Dessa maneira, pudemos observar que as respostas filosóficas aos dilemas criados pelo inatismo e pelo empirismo se transformaram em novas dificuldades e novos problemas. Diante das mudanças e divergências filosóficas, ainda teria sentido continuarmos a falar de *razão*?

A essa indagação procuramos responder mostrando que a permanência da razão se deve ao fato de considerarmos que a realidade (natural, social, cultural, histórica) têm sentido e que este pode ser conhecido, mesmo quando isso implique modificar a noção de razão e alargá-la.

Dissemos também que a razão permanece porque a própria razão exige que seu trabalho de conhecimento seja julgado por ela mesma, e que, para esse julgamento da racionalidade dos conhecimentos e das ações, a razão oferece dois critérios principais:

1. o critério lógico da coerência interna de um pensamento ou de uma teoria, isto é, a avaliação da compatibilidade e da incompatibilidade entre os princípios, conceitos, definições e procedimentos empregados e as conclusões ou resultados obtidos;
2. o critério ético-político do papel da razão e do conhecimento para a compreensão das condições em que vivem os seres humanos e para sua manutenção, melhoria ou transformação.

Ora, o que fizemos até aqui foi um percurso no qual a razão *não cessa de indagar a si mesma* o que ela é, o que ela pode e vale, por que ela existe. As crises da razão são enfrentadas por ela própria, ao serem criadas por ela mesma em sua relação com a produção dos conhecimentos e com as condições históricas nas quais ela se realiza.

Sem dúvida, tomar a razão pelo prisma de suas dificuldades e de seus impasses pode levar ao risco de cairmos na *atitude cética*, isto é, na posição dos que não acreditam que a razão seja capaz de conhecimentos verdadeiros. Isso, no entanto, só aconteceria se imaginássemos que a razão deveria ser imutável, intemporal e a-histórica, portanto algo que estaria em nós, mas que seria completamente diferente de nós, já que somos mutáveis, temporais e históricos. O cético é, afinal, aquele que, no fundo, deseja uma razão absoluta (impossível) e, por isso, despreza a razão humana tal como ela existe, pois, da forma como ela existe, ele, o cético, não pode conhecê-la.

Podemos dizer ainda que tomar a razão pelo prisma de suas dificuldades e de seus impasses, de suas conquistas e perdas é a melhor vacina que a Filosofia possui contra uma doença intelectual muito perigosa chamada *dogmatismo*.

As crises, as dificuldades e os impasses da razão mostram, assim, o oposto do dogmatismo. Indicam atitude reflexiva e crítica própria da racionalidade, destacando a importância fundamental da liberdade de pensamento para a própria razão e para a Filosofia.

CAPÍTULO 4

A Verdade

Ignorância e verdade – a verdade como um valor

"Não se aprende Filosofia, mas a filosofar", disse Kant. A Filosofia não é um conjunto de ideias e de sistemas que possamos aprender automaticamente, não é um passeio turístico pelas paisagens intelectuais, mas uma decisão ou deliberação orientada por um valor: a verdade. É o desejo do verdadeiro que move a Filosofia e suscita filosofias.

Afirmar que a verdade é um valor significa: o verdadeiro confere às coisas, aos seres humanos, ao mundo um sentido que não teriam se fossem considerados indiferentes à verdade e à falsidade.

Ignorância, incerteza e insegurança

Ignorar é não saber alguma coisa. A ignorância pode ser tão profunda que sequer a percebemos ou a sentimos, isto é, não sabemos que não sabemos, não sabemos que ignoramos. Em geral, o estado de ignorância se mantém em nós enquanto as crenças e opiniões que possuímos para viver e agir no mundo se conservam como eficazes e úteis, de modo que não temos nenhum motivo para duvidar delas, nenhum motivo para desconfiar delas e, consequentemente, achamos que sabemos tudo o que há para saber.

A incerteza é diferente da ignorância porque, na incerteza, descobrimos que somos ignorantes, que nossas crenças e opiniões parecem não dar conta da realidade, que há falhas naquilo em que acreditamos e que, durante muito tempo, nos serviu como referência para pensar e agir. Na incerteza, não sabemos o que pensar, o que dizer ou o que fazer em certas situações ou diante de certas coisas, pessoas, fatos etc. Temos dúvidas, ficamos cheios de perplexidade e somos tomados pela insegurança.

Outras vezes, estamos confiantes e seguros e, de repente, vemos ou ouvimos alguma coisa que nos enche de espanto e de admiração, não sabemos o que pensar ou o que fazer com a novidade do que vimos ou ouvimos porque as crenças, opiniões e ideias que possuímos não dão conta do novo. O espanto e a admiração, assim como antes a dúvida e a perplexidade, fazem-nos querer saber o que não sabíamos, fazem-nos querer sair do estado de insegurança ou de encantamento, fazem-nos perceber nossa ignorância e criam o desejo de superar a incerteza.

Quando isso acontece, estamos na disposição de espírito chamada busca da verdade.

O desejo da verdade aparece muito cedo nos seres humanos como desejo de confiar nas coisas e nas pessoas, isto é, de acreditar que as coisas são exatamente tais como as percebemos e o que as pessoas nos dizem é digno de confiança e crédito. Ao mesmo tempo, nossa vida cotidiana é feita de pequenas e grandes decepções e, por isso, desde cedo, vemos as crianças perguntarem aos adultos se tal ou qual coisa "é de verdade ou é de mentira".

Quando uma criança ouve uma história, inventa uma brincadeira ou um brinquedo, quando joga, vê um filme ou uma peça teatral, está sempre atenta para saber se "é de verdade ou de mentira", está sempre atenta para a diferença entre o "de mentira" e a mentira propriamente dita, isto é, para a diferença entre brincar, jogar, fingir e faltar à confiança.

Quando uma criança brinca, joga e finge, está criando outro mundo, mais rico e mais belo, mais cheio de possibilidades e invenções do que o mundo onde, de fato, vive. No entanto, sabe, mesmo que não formule explicitamente tal saber, que há uma diferença entre imaginação e percepção, ainda que, no caso infantil, essa diferença seja muito tênue, muito leve, quase imperceptível – tanto assim que a criança acredita em mundos e seres maravilhosos como parte do mundo real de sua vida.

Por isso mesmo, a criança é muito sensível à mentira dos adultos, pois a mentira é diferente do "de mentira", isto é, a mentira é diferente da imaginação e a criança se sente ferida, magoada, angustiada quando o adulto lhe diz uma mentira, porque, ao fazê-lo, quebra a relação de confiança e a segurança infantis.

Quando crianças, estamos sujeitos a duas decepções: a de que os seres, as coisas, os mundos maravilhosos não existem "de verdade" e a de que os adultos podem dizer-nos falsidades e nos enganar. Essa dupla decepção pode acarretar dois resultados opostos: ou a criança se recusa a sair do mundo imaginário e sofre com a realidade como algum coisa ruim e hostil a ela; ou, dolorosamente, aceita a distinção, mas também se torna muito atenta e desconfiada diante da palavra dos adultos. Nesse segundo caso, a criança também se coloca na disposição da busca da verdade.

Nessa busca, a criança pode desejar um mundo melhor e mais belo do que aquele em que vive e encontrar a verdade nas obras de arte, desejando ser artista também, ou pode desejar saber como e por que o mundo em que vive é tal como é e se ele poderia ser diferente ou melhor do que é. Nesse caso, é despertado nela o desejo de conhecimento intelectual e o da ação transformadora.

A criança não se decepciona nem se desilude com o "faz de conta" porque sabe que é um "faz de conta". Ela se decepciona ou se desilude quando descobre que querem que acredite como sendo "de verdade" alguma coisa que ela sabe ou que ela supunha que fosse "de faz de conta", isto é, decepciona-se e desilude-se quando descobre a mentira. Os jovens se decepcionam e se desiludem quando descobrem que o que lhes foi ensinado e lhes foi exigido oculta a realidade, reprime sua liberdade, diminui sua capacidade de compreensão e de ação. Os adultos se desiludem ou se decepcionam quando enfrentam situações para as quais o saber adquirido, as opiniões estabelecidas e as crenças enraizadas em suas consciências não são suficientes para que compreendam o que se passa nem para que possam agir ou fazer alguma coisa.

Assim, seja na criança, seja nos jovens, seja nos adultos, a busca da verdade está sempre ligada a uma decepção, a uma desilusão, a uma dúvida, a uma perplexidade, a uma insegurança ou, então, a um espanto e uma admiração diante de algo novo e insólito.

Dificuldades para a busca da verdade

Em nossa sociedade, é muito difícil despertar nas pessoas o desejo de buscar a verdade. Pode parecer paradoxal que assim seja, pois parecemos viver em uma sociedade que acredita nas ciências, que luta por escolas, que recebe durante 24 horas diárias informações vindas de jornais, rádios, televisões e redes eletrônicas, que possui editoras, livrarias, bibliotecas, museus, salas de cinema e de teatro, vídeos, fotografias e computadores.

Ora, é justamente essa enorme quantidade de veículos e formas de informação que acaba tornando tão difícil a busca da verdade, pois todo mundo acredita que está recebendo, de modos variados e diferentes, informações científicas, filosóficas, políticas, artísticas, e que tais informações são verdadeiras, sobretudo porque tal quantidade informativa ultrapassa a experiência vivida pelas pessoas, que, por isso, não têm meios para avaliar o que recebem.

Bastaria, no entanto, que uma mesma pessoa, durante uma semana, lesse de manhã quatro jornais diferentes, ouvisse três noticiários de rádio diferentes e recebesse notícias fornecidas por três "sites" da Internet; à tarde, frequentasse duas escolas diferentes, onde os mesmos cursos estariam sendo ministrados; e, à noite, visse os noticiários de quatro canais diferentes de televisão, para que, comparando todas as informações recebidas, descobrisse que elas "não batem" umas com as outras, que há vários "mundos" e várias "sociedades" diferentes, dependendo da fonte de informação.

Uma experiência como essa criaria perplexidade, dúvida e incerteza. Contudo, as pessoas não fazem ou não podem fazer tal experiência e, por isso, não percebem que, em lugar de receber informações, estão, na maioria das vezes, sendo desinformadas. Sobretudo, como há outras pessoas (o jornalista, o radialista, o professor, o policial, o repórter) dizendo a elas o que devem saber, o que podem saber, o que podem e devem fazer ou sentir, confiando na palavra desses "emissores de mensagens", as pessoas se sentem seguras e confiantes, e não há incerteza porque há ignorância.

Outra dificuldade para fazer surgir o desejo da busca da verdade, em nossa sociedade, vem da propaganda.

A propaganda trata todas as pessoas – crianças, jovens, adultos, pessoas idosas – como crianças extremamente ingênuas e crédulas. O mundo é sempre um mundo "de faz de conta": nele a margarina fresca faz a família bonita, alegre, unida e feliz; o automóvel faz o homem confiante, inteligente, belo, sedutor, bem-sucedido nos negócios, cheio de namoradas lindas; o desodorante faz a moça bonita, atraente, bem empregada, bem-vestida, com um belo apartamento e lindos namorados; o cigarro leva as pessoas para belíssimas paisagens exóticas, cheias de aventura e de negócios coroados de sucesso que terminam com lindos jantares à luz de velas.

A propaganda nunca vende um produto dizendo o que ele é e para que serve. Ela vende uma imagem (de felicidade, de sucesso, de juventude, de saúde, de riqueza, de beleza etc.) que é transmitida por meio do produto rodeando-o de magias, belezas, dando-lhe qualidades que são de outras coisas (a criança saudável, o jovem bonito, o adulto inteligente, a pessoa idosa feliz, a casa agradável etc.), produzindo um eterno "faz de conta".

Outra dificuldade para o desejo da busca da verdade vem da atitude dos políticos nos quais as pessoas confiam, ouvindo seus programas, suas propostas, seus projetos, enfim, dando-lhes o voto e vendo-se, depois, ludibriadas, não só porque não são cumpridas as promessas, mas também porque há corrupção, mau uso do dinheiro público, crescimento das desigualdades e das injustiças, da miséria e da violência.

Em vista disso, a tendência das pessoas é julgar que é impossível a verdade na política, passando a desconfiar do valor e da necessidade da democracia e aceitando "vender" seu voto por alguma vantagem imediata e pessoal, ou caem na descrença e no ceticismo.

No entanto, essas dificuldades podem ter o efeito oposto, isto é, suscitar em muitas pessoas dúvidas, incertezas, desconfianças e desilusões que as façam desejar conhecer a realidade, a sociedade, a ciência, as artes, a política. Muitos começam a não aceitar o que lhes é dito. Muitos começam a não acreditar no que lhes é mostrado. E, como Sócrates em Atenas, começam a fazer perguntas, a indagar sobre fatos e pessoas, coisas e situações, a exigir explicações, a exigir liberdade de pensamento e de conhecimento.

Para essas pessoas, surge o desejo e a necessidade da busca da verdade. Essa busca nasce não só da dúvida e da incerteza, nasce também da ação deliberada contra os preconceitos, contra as ideias e opiniões estabelecidas, contra crenças que paralisam a capacidade de pensar e de agir livremente.

Podemos, dessa maneira, distinguir dois tipos de busca da verdade. O primeiro é o que nasce da decepção, da incerteza e da insegurança e, por si mesmo, exige que saiamos de tal situação readquirindo certezas. O segundo é o que nasce da deliberação ou decisão de não aceitar as certezas e crenças estabelecidas, de ir além delas e de encontrar explicações, interpretações e significados para a realidade que nos cerca. Esse segundo tipo é a busca da verdade na atitude filosófica.

Buscando a verdade

O que é dogmatismo?

Dogmatismo, vindo da palavra grega *dogma* (verdade inquestionável) é uma atitude muito natural e muito espontânea que temos, desde muito crianças. É nossa crença de que o mundo existe e que é exatamente tal como o percebemos. Temos essa crença porque somos seres práticos, isto é, relacionamo-nos com a realidade como um conjunto de coisas, fatos e pessoas que são úteis ou inúteis para nossa sobrevivência.

Os seres humanos trabalham. O trabalho é uma ação pela qual modificamos as coisas e a realidade de modo que consigamos nossa preservação na existência. Constroem casas, fabricam vestuário e utensílios, produzem objetos técnicos (os instrumentos) e de consumo, inventam meios de transporte, de comunicação e de informação. Por meio da prática ou do trabalho e da técnica, os seres humanos organizam-se economicamente (coleta de frutos, caça e pesca, pastoreio, agricultura, comércio, indústria), criam instituições sociais (família, parentesco, religião, classes e grupos sociais, escola, formas de assistência e de amparo a órfãos e viúvas, hospitais etc.) e instituições políticas (o Estado, o Poder Executivo, Legislativo e Judiciário, as forças militares profissionais, os tribunais e as leis).

Essas práticas só são possíveis por que acreditamos que o mundo existe, que é tal como o percebemos e tal como nos ensinaram que ele é. Acreditamos que pode ser modificado ou conservado por nós; que é explicado pelas religiões e pelas ciências, e que é representado pelas artes. Acreditamos que os outros seres humanos também são racionais, pois, graças à linguagem, trocamos ideias e opiniões, pensamos de modo muito parecido e a escola e os meios de comunicação garantem a manutenção dessas semelhanças.

Na atitude dogmática, tomamos o mundo como já dado, já feito, já pensado, já transformado. A realidade natural, social, política e cultural forma uma espécie de moldura de um quadro em cujo interior nos instalamos e onde existimos. Mesmo quando acontece algo excepcional ou extraordinário (uma catástrofe, o aparecimento de um objeto inteiramente novo e desconhecido), nossa tendência espontânea e dogmática é a de reduzir o excepcional e o extraordinário aos padrões do que já conhecemos e já sabemos. Mesmo quando descobrimos que alguma coisa é diferente do que havíamos suposto, essa descoberta não abala nossa crença e nossa confiança na realidade, nem nossa familiaridade com ela.

Big Brother e Novilíngua

Como seria uma sociedade na qual a mentira fosse a regra e, portanto, na qual não conseguíssemos nenhuma informação, por menor que fosse, que tivesse alguma veracidade? Como faríamos para sobreviver se tudo o que nos fosse dito fosse mentira? Perguntas e respostas seriam inúteis, a desconfiança e a decepção seriam as únicas formas de relação entre as pessoas e tal sociedade seria a imagem do Inferno.

Essa sociedade infernal é imaginada pelo escritor George Orwell, no romance *1984* (o título é a inversão da data em que o livro foi escrito, 1948, logo após o término da Segunda Guerra Mundial e o início do totalitarismo stalinista na Rússia). Orwell descreve uma sociedade totalitária que controla todos os gestos, atos, pensamentos e as palavras de seus membros. Estes, todos os dias, entram em um cubículo onde uma teletela exibe o rosto do grande chefe, o Grande Irmão (o Big Brother), que, pela mentira e pelo medo, domina o espírito da população, falando diariamente com cada um. Em todas as partes, nas paredes externas e internas dos edifícios, é exibido o rosto do Grande Irmão, que, incessantemente, envia mensagens, ordens e conselhos a toda a sociedade. Em toda parte, há câmeras escondidas pelas quais o Big Brother vigia e controla a sociedade inteira (como se vê, é uma péssima ideia inventar um programa "divertido" de televisão chamado Big Brother).

Nessa sociedade, é instituído o Ministério da Verdade, no qual, todos os dias, os fatos reais são omitidos ou modificados em narrativas ou relatos falsos, são apagados da História e da memória, como se nunca tivessem existido. O Ministério da Verdade cria a mentira como instituição social. O Estado cria a Novilíngua, que inventa palavras e destrói outras; as inventadas são as que estão a serviço da mentira institucionalizada e as destruídas são as que poderiam fazer aparecer a mentira. A negação da verdade é, assim, usada para manter uma sociedade inteira enganada e submissa.

Quando vemos o modo como funcionam os meios de comunicação e as redes sociais com as fake news, podemos perguntar se *1984* é uma simples ficção ou se realmente existe, sem que o saibamos.

Como é possível que a linguagem tenha tamanho poder mistificador? É que os seres humanos, desde as culturas mais antigas, sempre acreditaram que certas palavras podem ter força para fazer acontecer ou não acontecer as coisas, pois são poderes mágicos (é por isso que em todas as sociedades há palavras consideradas de boa sorte e da má sorte, palavras que nunca devem ser ditas porque têm o poder de causar a morte ou uma catástrofe etc.). Como é possível que a linguagem seja capaz de produzir coisas ou fatos?

A linguagem pode mistificar e iludir. Entretanto, ao mesmo tempo, como é possível que, em todas as culturas, na relação entre os humanos e a divindade, entre o profano e o sagrado, o papel fundamental de revelação da verdade seja sempre dado à linguagem, à palavra sagrada e verdadeira que os deuses dizem aos homens? Como uma mesma coisa – a palavra, o discurso – pode, ao mesmo tempo, ser origem da verdade e da falsidade? Como a linguagem pode mostrar e esconder?

Como essa duplicidade misteriosa da linguagem pode servir para manter o dogmatismo? Mas também como pode despertar o desejo da verdade?

Verdades reveladas e verdades alcançadas

A atitude dogmática é conservadora, isto é, sente receio das novidades, do inesperado, do desconhecido e de tudo o que possa desequilibrar as crenças e opiniões já constituídas. Esse conservadorismo se transforma em preconceito, isto é, em ideias preconcebidas que impedem até mesmo o contato com tudo quanto possa pôr em perigo o já sabido, o já dito e o já feito.

O conservadorismo pode aumentar ainda mais quando o dogmatismo estiver convencido de que várias de suas opiniões e crenças vieram de uma fonte sagrada, de uma revelação divina incontestável e incontestada, de tal modo que situações que tornem problemáticas tais crenças são afastadas como inaceitáveis e perigosas; aqueles que ousam enfrentar essas crenças e opiniões são tidos como criminosos, blasfemadores e heréticos.

Para a atitude natural ou dogmática, o verdadeiro é o que funciona e não surpreende. É – como vimos – o já sabido, o já dito e o já feito. Verdade e realidade parecem ser idênticas, e, quando essa identidade se desfaz ou se quebra, surge a incerteza, que busca readquirir certezas.

Para a atitude crítica ou filosófica, a verdade nasce da decisão e da deliberação de encontrá-la, da consciência da ignorância, do espanto, da admiração e do desejo de saber. Nessa busca, a Filosofia é herdeira de três grandes concepções da verdade: a do ver-perceber, a do falar-dizer e a do crer-confiar.

Grego, latim e hebraico

Nossa ideia da verdade foi construída ao longo dos séculos, a partir de três concepções diferentes, vindas da língua grega, da latina e da hebraica.

Em grego, verdade se diz *alétheia*, palavra composta do prefixo *a* (que, em grego, indica negação) e de *léthe* (que significa esquecimento). *Alétheia* significa o não esquecido e, justamente por isso, Platão fala da verdade como o que é lembrado ou não esquecido por nossa razão. Por extensão do sentido, *alétheia* também significa o não escondido, não dissimulado. Como não esquecido, não escondido, não dissimulado, a verdade é o que vemos em uma contemplação, o que se manifesta ou se mostra para os olhos do corpo e do espírito. O que é manifestado ou mostrado? A verdade é a manifestação daquilo que é realmente ou do que existe realmente tal como se manifesta ou se mostra. O verdadeiro se opõe ao falso, *pseudos* (em grego), que é o encoberto, o escondido, o dissimulado, o que parece ser, mas não é, o que não é como parece. O verdadeiro é o plenamente visível para a razão ou o evidente (pois a palavra *evidência* significa visão completa e total de alguma coisa, a vidência plena de algo).

Assim, a verdade é uma automanifestação da realidade ou a manifestação de todos os seres à visão intelectual dos humanos. Ela é uma qualidade das próprias coisas (o manifestar-se ou mostrar-se a si mesmas) e o verdadeiro está nas próprias coisas, quando o que elas manifestam é sua realidade própria. Conhecer é ver e dizer a verdade que está na própria realidade, e, portanto, a verdade depende de que a realidade se manifeste, enquanto a falsidade depende de que ela se esconda ou se dissimule em aparências. Por isso, na concepção grega, o verdadeiro é o ser (o que algo realmente é) e o falso é o parecer (o que algo aparenta ser e não é).

Em latim, verdade se diz *veritas* e se refere à precisão, ao rigor e à exatidão de um relato, no qual se diz com detalhes, pormenores e fidelidade o que realmente aconteceu. Verdadeiro se refere, portanto, à linguagem como narrativa de fatos acontecidos, refere-se a enunciados que dizem fielmente as coisas tais como foram ou aconteceram. Um relato é veraz ou dotado de veracidade quando a linguagem enuncia os fatos reais.

Nesse caso, a verdade depende, de um lado, da veracidade, da memória e da acuidade mental de quem fala e, de outro lado, de que o enunciado corresponda aos fatos acontecidos.

A verdade não se refere às próprias coisas e aos próprios fatos (como acontece na *alétheia*), mas ao relato e ao enunciado, à linguagem. Seu oposto, portanto, não é a aparência (como na concepção grega), e sim a mentira ou a falsificação. As coisas e os fatos ou são reais ou imaginários (não são verdadeiros em si, como para os gregos); os relatos e enunciados sobre eles é que são verdadeiros ou falsos.

Em hebraico, verdade se diz *emunah* e significa confiança. Agora são as pessoas e é Deus quem são verdadeiros. Um Deus verdadeiro ou um amigo verdadeiro são aqueles que cumprem o que prometem, são fiéis à palavra dada ou a um pacto feito; enfim, não traem a confiança.

Nesse caso, a verdade se relaciona com a presença de alguém (Deus ou humano) e com a espera de que aquilo que foi prometido ou pactuado irá cumprir-se ou acontecer. *Emunah* é uma palavra de mesma origem que *amém*, palavra que significa: "assim seja". A verdade é uma crença fundada na esperança e na confiança em uma promessa, estando referida ao futuro, ao que será ou virá. Sua forma mais elevada é a revelação divina e sua expressão mais perfeita é a profecia.

Alétheia se refere ao que as coisas são (isto é, que elas sempre foram e sempre serão tais como se manifestam agora ao nosso espírito); *veritas* se refere aos fatos que foram (isto é, a acontecimentos que realmente se deram tais como são relatados); *emunah* se refere às ações e às coisas que serão (isto é, ao que virá a ser ou a acontecer porque assim foi prometido). A nossa concepção da verdade é uma síntese dessas três fontes e, por isso, se refere à percepção das coisas reais (como na *alétheia*), à linguagem que relata fatos passados (como na *veritas*) e à expectativa de coisas futuras (como na *emunah*). Em outros termos, nossa concepção da verdade abrange o que é (a realidade), o que foi (os acontecimentos passados) e o que será (as ações e os acontecimentos futuros). Refere-se, portanto, à própria realidade (como na *alétheia*), à linguagem (como na *veritas*) e à confiança-esperança (como na *emunah*).

Palavras como "averiguar" e "verificar" indicam buscar a verdade; "veredito" é pronunciar um julgamento verdadeiro, dizer um juízo veraz; "verossímil" e "verossimilhante" significam: ser parecido com a verdade, ter traços semelhantes aos de algo verdadeiro.

Os filósofos clássicos ou modernos afirmam que:

1. a verdade é conhecida por evidência, isto é, com absoluta certeza e sem qualquer dúvida, e, por isso, a obtenção da evidência exige determinados processos de conhecimento que a tornam válida;
2. a verdade se exprime no juízo (o enunciado), quando uma ideia está em conformidade com o ser das coisas ou com os fatos que ela representa ou exprime;
3. o erro, o falso e a mentira também se alojam no juízo (quando afirmamos algo de uma coisa que não pertence a sua essência ou natureza, ou quando lhe negamos algo que pertence necessariamente a sua essência ou natureza);

4. as causas do erro e do falso são as opiniões preconcebidas, os hábitos, os enganos da percepção e da memória e os enganos na formulação de juízos sobre as coisas;
5. em decorrência da afirmação cristã de que temos livre-arbítrio, para alguns filósofos clássicos ou modernos a causa do falso e da mentira também se encontra na vontade, que é mais poderosa do que o intelecto ou o pensamento, e precisa ser controlada por ele;
6. uma verdade, por referir-se à essência das coisas ou dos seres, é sempre universal e necessária e distingue-se da aparência, pois esta é sempre particular, individual, instável e mutável;
7. o pensamento se submete a uma única autoridade: a dele próprio como capacidade para o conhecimento verdadeiro.

Quando os filósofos antigos e clássicos ou modernos afirmam que a verdade é conformidade ou correspondência entre a ideia e a coisa e entre a coisa e a ideia (ou entre a ideia e o ideado), não estão dizendo que uma ideia verdadeira é uma cópia da coisa verdadeira. Ideia e coisa, conceito e ser, juízo e fato não são de mesma natureza. Como disse um filósofo, a ideia de cão não late e a de açúcar não é doce. O que os filósofos afirmam é que a ideia corresponde à coisa conhecida ou ao ideado porque é o conhecimento da causa e estrutura da coisa, das relações internas necessárias que constituem sua essência e das relações e nexos necessários que ela mantém com outras. A ideia é uma ação realizada pelo intelecto, uma operação intelectual; o ideado, uma realidade externa conhecida pelo intelecto.

Quando o pensamento conhece, por exemplo, o fenômeno da queda livre dos corpos (formulado pela física de Galileu), isso não significa que o pensamento se torna um corpo caindo no vácuo, mas, sim, que conhece as causas desse movimento e as formula em conceitos verdadeiros, isto é, formula as leis do movimento. Em outras palavras, os corpos seguem as leis do movimento; o pensamento conhece essas leis.

A ideia verdadeira é o conhecimento das causas, qualidades, propriedades e relações da coisa conhecida, e, por ser o conhecimento de causa, qualidades, propriedades e relações necessárias (e não acidentais ou casuais), ela é o conhecimento da essência da coisa conhecida ou de seu ser íntimo e necessário.

A verdade para a Filosofia Analítica

Quando falamos sobre Filosofia contemporânea, fizemos referência a um tipo de filosofia conhecida como Filosofia Analítica.

A Filosofia Analítica dedicou-se prioritariamente aos estudos da linguagem e da lógica e, por isso, situou a verdade como um fato ou um acontecimento linguístico e lógico, isto é, como um fato da linguagem. A teoria da verdade, nessa filosofia, passou por duas grandes etapas.

Na primeira, os filósofos consideravam que a linguagem produz enunciados ou sentenças sobre as coisas – há os enunciados do senso comum ou da vida cotidiana (a chamada linguagem natural) e os enunciados ou as sentenças lógicas formuladas pelas ciências. A pretensão da linguagem, nos dois casos, seria a de produzir enunciados ou sentenças em conformidade com a própria realidade, de modo que a verdade seria tal conformidade ou correspondência entre os enunciados e os fatos e as coisas.

Essa conformidade ou correspondência seria inadequada e imprecisa na linguagem natural (isto é, cotidiana) e seria adequada e precisa na linguagem correta e rigorosa das ciências. Por isso, a ciência foi definida como "linguagem bem-feita" e concebida como descrição e pintura do mundo.

No entanto, inúmeros problemas levaram os chamados filósofos analíticos a perceber que a estrutura e o funcionamento da linguagem não correspondem exatamente à estrutura e ao funcionamento das coisas, que uma linguagem, por mais bem feita e rigorosa, não é uma "pintura do mundo". A filosofia analítica passou, então, à ideia da verdade como a coerência interna de uma linguagem que apresenta axiomas, postulados e regras para os seus enunciados e argumentos. Um enunciado ou um argumento são verdadeiros quando respeitam as normas e critérios de funcionamento de sua linguagem, isto é, quando são conformes aos preceitos estipulados por sua linguagem; e são falsos quando não os respeitam. Cada campo do conhecimento institui sua própria linguagem, com seus axiomas, seus postulados, suas regras de argumentação ou de demonstração e de verificação de seus resultados, e é a coerência interna dos procedimentos e dos resultados com os princípios que norteiam esse campo de conhecimento que define o verdadeiro e o falso. Verdade e falsidade não estão nas coisas nem nas ideias, nem nas relações de correspondência entre coisas e ideias, mas são propriedades dos enunciados de uma linguagem.

A concepção pragmática da verdade

Há, porém, filósofos que consideram os critérios anteriores puramente teóricos e insuficientes para decidir sobre a verdade de um fato ou uma ideia, podendo gerar ceticismo. Em outros termos, dizem eles, como há variados critérios e como há mudanças históricas no conceito da verdade, acaba-se julgando que a verdade não existe ou é inalcançável pelos seres humanos.

Para tais filósofos, o empirismo está correto ao considerar que a verdade é sempre verdade de fato e é obtida por indução e por experimentação. No entanto, além disso, é preciso acrescentar qual é o critério que permite decidir se um conhecimento é verdadeiro. Esse critério é sua eficácia ou sua utilidade. Um conhecimento é verdadeiro não só quando explica alguma coisa ou algum fato, mas sobretudo quando permite obter consequências práticas e aplicáveis. Por considerarem como critério da verdade a eficácia e a utilidade, essa concepção é chamada de Pragmática (que é uma palavra derivada do vocábulo grego *pragmatikós*, que significa o que concerne à ação, o que é próprio da ação, o que é eficaz) e a corrente filosófica que a defende é denominada pragmatismo.

As concepções da verdade e a História

As várias concepções da verdade que foram expostas estão articuladas a mudanças históricas, tanto no sentido de mudanças na estrutura e organização das sociedades como no sentido de mudanças no interior da própria Filosofia.

Assim, por exemplo, nas sociedades antigas, baseadas no trabalho escravo, a ideia da verdade como utilidade e eficácia prática não poderia ser valorizada, pois a busca da verdade era considerada a realização superior do espírito humano, portanto desligada do trabalho e das técnicas, e tomada como um valor do conhecimento enquanto pura contemplação da realidade, isto é, como *theoría*.

Em contrapartida, nas sociedades nascidas com o capitalismo, em que o trabalho escravo e servil é substituído pelo trabalho assalariado, que produz a riqueza, e que são regidas pelo princípio do crescimento ou da acumulação do capital por meio do crescimento das forças produtivas (trabalho e técnicas) e por meio do aumento da capacidade industrial para dominar e controlar as forças da Natureza e a sociedade, a verdade tenderá a aparecer como utilidade e eficácia, ou seja, como algo que tenha uso prático e verificável.

Também as transformações internas à própria Filosofia modificam a concepção da verdade. A teoria da verdade como correspondência entre coisa e ideia, fato e ideia, liga-se à concepção das ideias como representações da realidade, seja na perspectiva realista da razão e do conhecimento, isto é, da prioridade do objeto do conhecimento sobre o sujeito do conhecimento, seja na perspectiva idealista, em que as operações da razão constituem o objeto do conhecimento. Ao contrário, a concepção da verdade como coerência interna articula-se à crítica do realismo em filosofia e da suposição, nas ciências, de que o conhecimento científico se baseia na observação dos fatos, pois as ciências constroem seus objetos instituindo linguagens coerentes para eles.

As mudanças históricas e as transformações internas ao conhecimento mostram que as várias concepções da verdade não são arbitrárias nem casuais ou acidentais, mas possuem causas e motivos que as explicam, e que, a cada formação social e a cada mudança interna do conhecimento, surge a exigência de reformular a concepção da verdade para que o saber possa realizar-se. Sob as mudanças algo permanece sempre: a busca do conhecimento verdadeiro. A verdade se conserva, portanto, como o valor mais alto a que aspira o pensamento.

A verdade é, ao mesmo tempo, frágil e poderosa. Frágil porque os poderes estabelecidos podem destrui-la, assim como mudanças teóricas podem substituí-la por outra. Poderosa porque a exigência do verdadeiro é o que dá sentido à existência humana. Um texto do filósofo Pascal nos mostra essa fragilidade-força do desejo do verdadeiro:

> O homem é apenas um caniço, o mais fraco da Natureza; mas é um caniço pensante. Não é preciso que o Universo inteiro se arme para esmagá-lo: um vapor, uma gota de água é suficiente para matá-lo. Mas, mesmo que o Universo o esmagasse, o homem seria ainda mais nobre do que aquilo que o mata, porque ele sabe que morre e conhece a vantagem do Uni-

verso sobre ele; mas disso o Universo nada sabe. Toda nossa dignidade consiste, pois, no pensamento. É a partir dele que nós devemos elevar, e não do espaço e do tempo, que não saberíamos ocupar.

As exigências fundamentais da verdade

Se examinarmos as diferentes concepções da verdade, notaremos que algumas exigências fundamentais são conservadas em todas elas e constituem o campo da busca do verdadeiro:

1. distinguir, nas coisas, entre ser e parecer; no pensamento, entre certo e errado; na linguagem, entre verdade e mentira;
2. distinguir e separar os preconceitos e a atitude crítica do conhecimento;
3. buscar os princípios necessários e universais do conhecimento racional;
4. indagar se o conhecimento racional é capaz de conhecer as causas da existência e das formas de existência dos seres e de suas ações;
5. compreender as causas e os princípios da transformação dos próprios conhecimentos;
6. explicitar os procedimentos empregados para o conhecimento e os critérios de sua realização;
7. liberdade de pensamento para investigar o sentido ou a significação da realidade que nos circunda e da qual fazemos parte;
8. comunicabilidade, isto é, os critérios, os princípios, os procedimentos, os percursos realizados e os resultados obtidos devem poder ser conhecidos e compreendidos por todos os seres racionais;
9. transmissibilidade, isto é, os critérios, princípios, procedimentos, percursos e resultados do conhecimento devem poder ser ensinados e discutidos em público;
10. veracidade, isto é, o conhecimento não pode servir para mascarar, dissimular e ocultar a realidade servindo aos interesses da exploração e da dominação entre os homens;
11. objetividade, isto é, deve poder ser compreendida e aceita universalmente por todos os seres racionais.

CAPÍTULO 5

O Conhecimento

A preocupação com o conhecimento – o conhecimento e os primeiros filósofos

Quando estudamos o nascimento da Filosofia na Grécia, vimos que os primeiros filósofos – os pré-socráticos – dedicavam-se a um conjunto de indagações principais: por que e como as coisas existem? O que é o mundo? Qual a origem da Natureza e quais as causas de sua transformação? Essas indagações colocavam no centro a pergunta: o que são as coisas? Pouco a pouco essa pergunta foi assim formulada: o que é o Ser?

A palavra *ser*, em português, traduz a palavra latina *esse* e a expressão grega *tà ónta*. A palavra latina *esse* é o infinitivo de um verbo, o verbo *ser*. A expressão grega *tà ónta* quer dizer: as coisas existentes, os entes, os seres. No singular, *tà ónta* se diz *tò ón*, que é traduzida por: o ser. Os primeiros filósofos se ocupavam com a origem e a ordem do mundo, o *kósmos*, e a filosofia nascente era uma cosmologia. Pouco a pouco, passou-se a indagar o que era o próprio *kósmos*, qual era o princípio eterno que ordenava todas as coisas e que permanecia imutável sob a multiplicidade e transformação delas. Esse princípio era concebido como o fundo imperecível presente em todas as coisas, fazendo-as existir tais como são. Esse fundo presente sob todas as coisas é o Ser. Assim, passou-se a perguntar qual era e o que era o ser subjacente a todos os seres. Com isso, a filosofia nascente tornou-se ontologia, isto é, conhecimento ou saber sobre o ser – *tó on*.

Por esse mesmo motivo, alguns estudiosos consideram que os primeiros filósofos não tinham uma preocupação principal com o conhecimento como conhecimento, isto é, não indagavam se podemos ou não conhecer o Ser, mas partiam da pressuposição de que podemos conhecê-lo, pois a verdade, sendo *alétheia*, isto é, presença e manifestação das coisas para os nossos sentidos e para o nosso pensamento, significa que o Ser está manifesto e presente para nós e, portanto, nós podemos conhecê-lo.

Todavia, a opinião de que os primeiros filósofos não se preocupavam com nossa capacidade e possibilidade de conhecimento não é exata. Para tanto, basta levarmos em conta o fato de afirmarem que a realidade (o Ser, a Natureza) é racional e que podemos conhecê-la porque também somos racionais; nossa razão é parte da racionalidade do mundo, dela participando.

Heráclito, Parmênides e Demócrito

Alguns exemplos indicam a existência da preocupação dos primeiros filósofos com o conhecimento e, aqui, tomaremos três: Heráclito de Éfeso, Parmênides de Eleia e Demócrito de Abdera.

Heráclito de Éfeso considerava a Natureza (o mundo, a realidade) como um fluxo perpétuo, o escoamento contínuo dos seres em mudança perpétua. Dizia: "Não podemos banhar-nos duas vezes no mesmo rio, porque as águas nunca são as mesmas e nós nunca somos os mesmos". Comparava o mundo à chama de uma vela que queima sem cessar, transformando a cera em fogo, o fogo em fumaça e a fumaça em ar. O dia se torna noite, o verão se torna outono, o novo fica velho, o quente esfria, o úmido seca, tudo se transforma no seu contrário. O mundo é um processo incessante de transformação em que cada ser está a caminho de seu contrário; cada ser é um movimento em direção ao seu contrário.

A realidade, para Heráclito, é a harmonia dos contrários, que não cessam de se transformar uns nos outros. Se tudo não cessa de se transformar perenemente, como explicar que nossa percepção nos ofereça as coisas como se fossem estáveis, duradouras e permanentes? Com essa pergunta o filósofo indicava a diferença entre o conhecimento que nossos sentidos nos oferecem e o conhecimento que nosso pensamento alcança, pois nossos sentidos nos oferecem a imagem da estabilidade e nosso pensamento alcança a verdade como mudança contínua.

Parmênides de Eleia colocava-se na posição oposta à de Heráclito. Dizia que só podemos pensar sobre aquilo que permanece sempre idêntico a si mesmo, isto é, que o pensamento não pode pensar sobre coisas que são e não são, que ora são de um modo e ora são de outro, que são contrárias a si mesmas e contraditórias.

Conhecer é alcançar o idêntico, imutável. Nossos sentidos nos oferecem a imagem de um mundo em incessante mudança, em um fluxo perpétuo, onde nada permanece idêntico a si mesmo, onde tudo se torna o contrário de si mesmo: o dia vira noite, o inverno vira primavera, o doce se torna amargo, o pequeno vira grande, o grande diminui, o doce amarga, o quente esfria, o frio se aquece, o líquido vira vapor ou vira sólido.

Como pensar o que é e não é ao mesmo tempo? Como pensar o instável? Como pensar o que se torna oposto e contrário a si mesmo? Não é possível, dizia Parmênides. Pensar é apreender um ser em sua identidade profunda e permanente. Com isso, afirmava o mesmo que Heráclito – perceber e pensar são diferentes –, mas o dizia no sentido oposto ao de Heráclito, isto é, percebemos mudanças impensáveis e devemos pensar identidades imutáveis.

Demócrito de Abdera desenvolveu uma teoria sobre o Ser ou sobre a Natureza conhecida com o nome de atomismo: a realidade é constituída por átomos. A palavra *átomo* tem origem grega e significa: o que não pode ser cortado ou dividido, isto é, a menor partícula indivisível de todas as coisas. De acordo com Demócrito, os seres surgem por composição dos átomos, transformam-se por novos arranjos dos átomos e morrem por separação dos átomos.

Os átomos, para Demócrito, possuem formas e consistências diferentes (redondos, triangulares, lisos, duros, moles, rugosos, pontiagudos etc.), e essas diferenças e os diferentes modos de combinação entre eles produzem a variedade de seres, suas mudanças e desaparições. Por meio de nossos órgãos dos sentidos, percebemos o quente e o frio, o doce e o amargo, o seco e o úmido, o grande e o pequeno, o duro e o mole, sabores, odores, texturas, o agradável e o desagradável, sentimos prazer e dor, porque percebemos os efeitos das combinações dos átomos que, em si mesmos, não possuem tais qualidades (isto é, não são doces nem amargos, nem azuis nem verdes, nem grande nem pequenos, pois são as menores partículas materiais existentes).

Somente o pensamento pode conhecer os átomos, que são invisíveis para nossa percepção sensorial. Dessa maneira, Demócrito concordava com Heráclito e Parmênides em que há uma diferença entre o que conhecemos por meio de nossa percepção e o que conhecemos apenas pelo pensamento; porém, diversamente dos outros dois filósofos, não considerava a percepção ilusória, mas apenas um efeito da realidade sobre nós. O conhecimento sensorial ou sensível é tão verdadeiro quanto aquilo que o pensamento puro alcança, embora de uma verdade diferente e menos profunda ou menos relevante do que aquela alcançada pelo puro pensamento.

Esses três exemplos nos mostram que, desde os seus começos, a Filosofia preocupou-se com o problema do conhecimento, pois sempre esteve voltada para a questão do verdadeiro. Desde o início, os filósofos se deram conta de que nosso pensamento parece seguir certas leis ou regras para conhecer as coisas e que há uma diferença entre perceber e pensar. Pensamos a partir do que percebemos ou pensamos negando o que percebemos? O pensamento continua, nega ou corrige a percepção? O modo como os seres nos aparecem é o modo como os seres realmente são?

Sócrates e os sofistas

Preocupações como essas levaram, na Grécia clássica, a duas atitudes filosóficas: a dos sofistas e a de Sócrates – com eles, os problemas do conhecimento tornaram-se centrais.

Os sofistas, diante da pluralidade e do antagonismo das filosofias anteriores, ou dos conflitos entre as várias ontologias, concluíram que não podemos conhecer o Ser, mas só podemos ter opiniões subjetivas sobre a realidade.

Por isso, para se relacionarem com o mundo e com os outros humanos, os homens devem valer-se de um instrumento – a linguagem – para persuadir os outros de suas próprias ideias e opiniões. A verdade é uma questão de opinião e de persuasão, e a linguagem é mais importante do que a percepção e o pensamento.

Em contrapartida, Sócrates, distanciando-se dos primeiros filósofos (que se ocupavam em conhecer a Natureza) e opondo-se aos sofistas, afirmava que a verdade pode ser conhecida, mas que, para isso, precisamos começar pelo que diz o oráculo de Delfos – "conhece-te a ti mesmo" –, isto é, precisamos começar afastando as ilusões dos sentidos e das palavras ou das opiniões, compreender que possuímos uma alma racional e que, por isso, podemos alcançar a verdade apenas pelo pensamento. Como as ideias são inatas, conhecer-se a si mesmo é fazer o trabalho para o parto ou nascimento das ideias e auxiliar os demais a realizar esse parto.

Os sentidos nos dão as aparências das coisas; as palavras, meras opiniões sobre elas. A marca da aparência e da opinião é sua variabilidade: variam de pessoa para pessoa e variam em um mesmo indivíduo. Entretanto, não só variam: também se contradizem. Conhecer é examinar as contradições das aparências e das opiniões para poder abandoná-las e passar da aparência à essência, da opinião ao conceito. O exame das opiniões é aquele procedimento que Sócrates chamava de ironia, com o qual o filósofo conseguia que seus interlocutores reconhecessem que não sabiam o que imaginavam saber; o parto das ideias era a maiêutica (palavra grega que significa parto), com a qual, graças a perguntas adequadas, o interlocutor chegava a uma ideia verdadeira ou à essência da coisa procurada: seu pensamento fazia nascer um conhecimento verdadeiro.

Platão e Aristóteles

Sócrates fez a Filosofia preocupar-se com nossa possibilidade de conhecer e indagar quais as causas das ilusões, dos erros e da mentira. Platão e Aristóteles herdaram de Sócrates o procedimento filosófico de abordar uma questão começando pela discussão e pelo debate das opiniões contrárias sobre ela, mas passaram a definir as formas de conhecer e as diferenças entre o conhecimento verdadeiro e a ilusão, introduzindo na Filosofia a ideia de que existem diferentes maneiras de conhecer ou graus de conhecimento.

Platão distingue quatro formas ou graus de conhecimento, que vão do grau inferior ao superior: crença, opinião, raciocínio e intuição intelectual. Para ele, os dois primeiros graus são o conhecimento de imagens e devem ser afastados da Filosofia (são conhecimentos ilusórios ou das aparências, como os dos prisioneiros da caverna, que conhecem apenas as imagens ou as sombras das coisas reais) e somente os dois últimos devem ser considerados válidos. O raciocínio (que, para Platão, se realiza de maneira perfeita na matemática) treina e exercita nosso pensamento, purifica-o das sensações e opiniões e o prepara para a intuição intelectual, que conhece as ideias ou as essências. São estas a realidade verdadeira ou o Ser. Platão, portanto, diferencia e separa radicalmente duas formas de conhecimento: o conhecimento sensível (crença e opinião) e o conhecimento intelectual (raciocínio e intuição) afirmando que somente o segundo alcança o Ser e a verdade. O conhecimento sensível alcança a mera aparência das coisas, o conhecimento intelectual alcança a essência das coisas, as ideias.

A ironia e a maiêutica socráticas são transformadas por Platão em um procedimento denominado por ele de dialética, que consiste em trabalhar expondo e examinando teses contrárias sobre um mesmo assunto ou sobre uma mesma coisa, a fim de descobrir qual das teses é falsa e deve ser abandonada e qual é verdadeira e deve ser conservada. A finalidade do percurso dialético ou do exercício dialético é proporcionar, ao seu término, a intuição intelectual de uma essência ou ideia.

Aristóteles distingue sete formas ou graus de conhecimento: sensação, percepção, imaginação, memória, raciocínio e intuição. Enquanto Platão concebia o conhecimento como abandono de um grau inferior por um superior, para Aristóteles nosso conhecimento vai sendo formado e enriquecido por acumulação das informações trazidas por todos os graus, de modo que, em lugar de uma ruptura entre o conhecimento sensível e o intelectual, há continuidade entre eles. A separação se dá apenas entre os seis primeiros graus e o último, ou a intuição, que é puramente intelectual ou um ato do pensamento puro. Essa separação, porém, não significa que os outros graus oferecem conhecimentos ilusórios ou falsos, e sim que oferecem tipos de conhecimentos diferentes, que vão de um grau menor a um grau maior de verdade.

Em cada um dos graus temos acesso a um aspecto do Ser ou da realidade e, na intuição intelectual, temos o conhecimento dos princípios universais e necessários do pensamento (identidade, não contradição, terceiro excluído) e da realidade ou do Ser (substância, qualidade, quantidade, causalidade, finalidade, matéria, forma etc.). A diferença entre os seis primeiros graus e o último decorre da diferença do objeto do conhecimento, isto é, os seis primeiros graus conhecem objetos que se oferecem a nós na sensação, na imaginação, no raciocínio, enquanto o sétimo lida com princípios, isto é, com o que só pode ser alcançado pelo pensamento puro. Em outras palavras, nos outros graus, o conhecimento é obtido por indução ou por dedução, por demonstrações e provas, mas no último grau conhecemos o que é indemonstrável (princípios) e que é condição de todas as demonstrações e raciocínios.

Princípios gerais

Com os filósofos gregos, estabeleceram-se alguns princípios gerais do conhecimento verdadeiro, quais sejam:

- a determinação das fontes e formas do conhecimento: sensação, percepção, imaginação, memória, linguagem, raciocínio e intuição intelectual;
- a distinção entre o conhecimento sensível e o conhecimento intelectual;
- o papel da linguagem no conhecimento;
- a diferença entre opinião e saber ou conhecimento;
- a diferença entre aparência e essência;
- a definição dos princípios do pensamento verdadeiro (identidade, não contradição, terceiro excluído), da forma do conhecimento verdadeiro (ideias, conceitos e juízos) e dos procedimentos para alcançar o conhecimento verdadeiro (indução, dedução, intuição);
- o estabelecimento de procedimentos corretos que orientam a razão na busca do conhecimento e asseguram sua chegada a conhecimentos verdadeiros;

- a distinção dos campos do conhecimento verdadeiro, sistematizados por Aristóteles em três ramos: teorético (referente aos seres que apenas podemos contemplar ou observar, sem agir sobre eles ou neles interferir), prático (referente às ações humanas: ética, política e economia) e técnico (referente à fabricação e ao trabalho humano, que pode interferir no curso da Natureza – como a agricultura e a medicina –, criar instrumentos ou artefatos – como os artesanatos, a arquitetura, a escultura, a poesia, a retórica etc.).

Para os gregos, a realidade é a Natureza e dela fazem parte os humanos e as instituições humanas. Por sua participação na Natureza, os humanos podem conhecê-la, pois são feitos dos mesmos elementos que ela e participam da mesma inteligência que a habita e dirige.

O poeta alemão Goethe escreveu estes versos, que exprimem como os antigos concebiam o conhecimento:

> Se os olhos não fossem parentes do Sol
> Jamais o Sol nós veríamos;
> Se em nós não estivesse a própria força divina,
> Como o divino sentiríamos?

O intelecto humano conhece a inteligibilidade do mundo, a razão humana alcança a racionalidade do real, e podemos pensar a realidade porque nós e ela, os humanos e a Natureza, somos partes de um só e mesmo Ser, feitos da mesma maneira e com os mesmos elementos que a Natureza, e com a mesma inteligência que ela.

Os filósofos clássicos ou modernos e a teoria do conhecimento

Quando dissemos, em capítulos anteriores, que a teoria do conhecimento se tornou uma disciplina específica da Filosofia somente com os filósofos clássicos ou modernos (a partir do século XVII), não pretendíamos dizer que antes deles o problema do conhecimento não havia ocupado outros filósofos, e sim que, para os modernos, a questão do conhecimento foi considerada anterior à da ontologia e precondição ou pré-requisito para a filosofia e as ciências.

Por que essa mudança de perspectiva dos gregos para os modernos? Porque entre eles instala-se o cristianismo, trazendo problemas que os antigos filósofos desconheciam.

A perspectiva cristã introduziu algumas distinções que romperam com a ideia grega de uma participação direta e harmoniosa entre o nosso intelecto e a verdade, nosso ser e o mundo, pois os filósofos antigos consideravam que éramos entes participantes de todas as formas de realidade: por nosso corpo, participamos da Natureza; por nossa alma, participamos da Inteligência divina, como nos versos de Goethe.

O cristianismo instituiu uma distinção no interior da verdade, distinguindo entre verdades da fé ou reveladas e verdades da razão ou humanas; e afirmou que o erro e a ilusão são parte da natureza humana em decorrência do caráter pervertido de nossa vontade, após o pecado original. Criados com uma inteligência perfeita e uma vontade livre, o primeiro homem e a primeira mulher usaram a liberdade para transgredir a ordem de Deus, que lhes proibia o conhecimento do bem e do mal. Por orgulho, Adão e Eva infringiram a lei divina e, ao fazê-lo, foram punidos, perdendo a perfeição da inteligência e da vontade, caindo sempre no erro e na ilusão.

Em consequência dessa narração, a Filosofia precisou enfrentar problemas novos:

1. Como, sendo seres decaídos e pervertidos, podemos conhecer a verdade?
2. Ao introduzir a noção de pecado original, o cristianismo introduziu a separação radical entre os humanos (pervertidos e finitos) e a divindade (perfeita e infinita). Com isso, fez surgir a pergunta: como o finito (humano) pode conhecer a verdade (infinita e divina)?

Eis por que, durante a Patrística (século II a VII) e toda a Idade Média (século VIII a século XV), a fé tornou-se central para a Filosofia, pois era por meio dela que essas perguntas eram respondidas.

Misericordioso, Deus prometeu aos humanos a redenção e, para isso, enviou seu Filho para salvá-los. Crer no Filho é ter a suprema virtude, a fé, que ilumina nosso intelecto e guia nossa vontade, permitindo à nossa razão o conhecimento do que está ao seu alcance, ao mesmo tempo que nossa alma aceita as verdades superiores, reveladas por Deus e contidas nas Escrituras Sagradas. Isso significa, em primeiro lugar, que não pode haver contradição entre verdades da fé e da razão, pois a verdade não pode contradizer a verdade, e, em segundo, se houver alguma contradição, as verdades de razão devem ser abandonadas em proveito das verdades da fé. O conhecimento racional, mesmo que não dependa da fé, subordina-se a ela. O cristianismo, particularmente com Santo Agostinho, trouxe a ideia de que cada ser humano é uma pessoa. Essa ideia vem do Direito Romano, que define a pessoa como um sujeito de direitos e de deveres. Se somos pessoas, dizem os cristãos, somos responsáveis por nossos atos e pensamentos. Nossa pessoa é nossa consciência, que é nossa alma dotada de vontade, imaginação, memória e inteligência.

A vontade é livre e, aprisionada em um corpo passional e fraco, pode mergulhar nossa alma na ilusão e no erro. Estar no erro ou na verdade dependerá, portanto, de nós mesmos, por isso precisamos saber se podemos ou não conhecer a verdade e em que condições tal conhecimento é possível. Os primeiros filósofos cristãos e os medievais afirmaram que podemos conhecer a verdade, desde que a razão não contradiga a fé e se submeta a ela no tocante às verdades últimas e principais.

Os filósofos gregos se surpreendiam que pudesse haver erro, ilusão e mentira. Como a verdade – *alétheia* – era concebida como presença e manifestação do verdadeiro aos nossos sentidos ou ao nosso intelecto, isto é, como presença do Ser à nossa experiência sensível e/ou ao puro pensamento, a pergunta filosófica só podia ser: como é possível o erro ou a ilusão? Ou seja, se o verdadeiro é o próprio Ser fazendo-se ver em todas as coisas, presente em nossas percepções, em nossas palavras, em nossos pensamentos, como o falso é possível, pois o falso é dizer e pensar que existe o que não existe. Como é possível ver o que não é, dizer o que não é, pensar o que não é? Para os modernos, a situação é exatamente contrária. Perguntam: como o conhecimento da verdade é possível? De fato, se a verdade é o que está no intelecto infinito de Deus, então está escondida de nossa razão finita e não temos acesso a ela. A verdade, portanto, não é o que está manifesto na realidade, mas depende da revelação divina. Ora, a revelação só é conhecida pela fé, e, para esta, a verdade é *emunah*, a confiança que nos leva a dizer "assim seja" para o que nossa razão não pode entender. Por outro lado, visto que nosso intelecto limitado foi pervertido pela nossa vontade pecadora, como podemos conhecer até mesmo as verdades de razão, isto é, as que estariam ao nosso alcance sem o auxílio da revelação e da fé?

A primeira tarefa a que os modernos se deram foi a de recusar o poder de autoridades sobre a razão, seja a autoridade das igrejas, seja a das escolas e dos livros. Começam, por isso, separando fé de razão, considerando cada uma delas voltada para conhecimentos diferentes e sem que uma deva subordinar-se à outra. Prosseguem fazendo a crítica da autoridade atribuída à tradição, aos livros dos antigos e ao ensinamento das escolas.

A segunda tarefa a que se deram foi explicar como o espírito, imaterial, pode conhecer as coisas materiais (nosso corpo, os corpos exteriores e a Natureza). Consideraram que esse conhecimento é possível porque o espírito as representa intelectualmente por meio das ideias e estas são imateriais como ele próprio.

A terceira tarefa foi explicar como a razão e o pensamento podem tornar-se mais fortes do que a vontade e controlá-la para que evite o erro.

O problema do conhecimento torna-se, portanto, crucial e a Filosofia precisa começar pelo exame da capacidade humana de conhecer, pelo entendimento ou pelo sujeito do conhecimento. Os dois filósofos que iniciam esse trabalho são o inglês Francis Bacon e o francês René Descartes. O filósofo que propõe, pela primeira vez, uma teoria do conhecimento propriamente dita é o inglês John Locke. A partir do século XVII, portanto, a Teoria do Conhecimento torna-se uma disciplina crucial da Filosofia.

Francis Bacon e René Descartes

Como dissemos, os gregos indagavam: como o erro é possível? Os modernos perguntaram: como a verdade é possível? Para os gregos: a verdade era *alétheia*; para os modernos, *veritas*. Em outras palavras, para os modernos, trata-se de compreender e explicar como os relatos mentais - nossas ideias - correspondem ao que se passa verdadeiramente na realidade. Apesar dessas diferenças, os modernos retomaram o modo de trabalhar filosoficamente proposto por Sócrates, Platão e Aristóteles, qual seja, começar pelo exame das opiniões contrárias e ilusórias para ultrapassá-las em direção à verdade.

Antes de abordarem o conhecimento verdadeiro, Bacon e Descartes examinaram exaustivamente as causas e as formas do erro, inaugurando um estilo filosófico que permanecerá na Filosofia, isto é, a análise das causas e formas dos nossos preconceitos e a ideia de método. Como vimos, a palavra *método* vem do grego, *methodos*, composta de *meta*: através de, por meio de, e de *hodos*: via, caminho. Usar um método é seguir regular e ordenadamente um caminho através do qual certa finalidade ou certo objetivo é alcançado. No caso do conhecimento, é o caminho ordenado que o pensamento segue por meio de um conjunto de regras e procedimentos racionais.

Bacon elaborou um método que permitisse fazer a crítica dos falsos conhecimentos, ou do que denominou crítica dos ídolos (a palavra *ídolo* vem do grego *eidolon* e significa imagem). Por sua vez, Descartes, como já mencionamos, elaborou um método de análise conhecido como dúvida metódica.

De acordo com Bacon, existem quatro tipos de ídolos ou de imagens que formam opiniões cristalizadas e preconceitos, que impedem o conhecimento da verdade:

1. ídolos da caverna (a caverna de que fala Bacon é a do mito da caverna platônico): as opiniões que se formam em nós por erros e defeitos de nossos órgãos dos sentidos. São os mais fáceis de corrigir por nosso intelecto;
2. ídolos do fórum (o fórum era o lugar das discussões e dos debates públicos na antiga Roma): são as opiniões que se formam em nós como consequência da linguagem e de nossas relações com os outros. São difíceis de vencer, mas o intelecto tem poder sobre eles;
3. ídolos do teatro (o teatro é o lugar em que ficamos passivos, onde somos apenas espectadores e receptores de mensagens): são as opiniões formadas em nós em decorrência dos poderes das autoridades que nos impõem seus pontos de vista e os transformam em decretos e leis inquestionáveis. Só poderão ser desfeitos se houver uma mudança social e política;
4. ídolos da tribo (a tribo é um agrupamento humano em que todos possuem a mesma origem, o mesmo destino, as mesmas características e os mesmos comportamentos): são as opiniões que se formam em nós em decorrência da natureza humana. São próprios da espécie humana e só poderão ser vencidos se houver uma reforma da própria natureza humana.

A demolição dos ídolos é, portanto, uma reforma do intelecto, dos conhecimentos e da sociedade. Para as duas primeiras, Bacon propõe a instauração de um método com o qual seja possível: (1) organizar e controlar os dados recebidos da experiência sensível, graças a procedimentos adequados de observação e de experimentação; (2) organizar e controlar os resultados observacionais e experimentais para chegar a conhecimentos novos ou à formulação de teorias verdadeiras; e (3) desenvolver procedimentos adequados para a aplicação prática dos resultados teóricos, pois, para ele, o homem é "ministro da Natureza" e, se souber conhecê-la (obedecê-la, diz Bacon), poderá comandá-la. O método, diz Bacon, é o modo seguro e certo de, escreve ele, "aplicar a razão à experiência", isto é, de aplicar o pensamento verdadeiro aos dados oferecidos pelo conhecimento sensível.

Bacon acreditava que o avanço dos conhecimentos e das técnicas, as mudanças sociais e políticas e o desenvolvimento das ciências e da filosofia propiciariam uma grande reforma do conhecimento humano, que seria também uma grande reforma na vida humana. Tanto assim que, ao lado de suas obras filosóficas, escreveu uma obra filosófico-política, a Nova Atlântida, na qual descreve e narra uma sociedade ideal e perfeita, nascida do conhecimento verdadeiro e do desenvolvimento das técnicas.

Por sua vez, Descartes localizava a origem do erro em duas atitudes, que chamou de atitudes infantis, quais sejam:

1. a prevenção, que é a facilidade com que nosso espírito se deixa levar pelas opiniões e ideias alheias, sem se preocupar em verificar se são ou não verdadeiras. São as opiniões que se cristalizam em nós sob a forma de preconceitos (colocados em nós por pais, professores, livros, autoridades) e que escravizam nosso pensamento, impedindo-nos de pensar e de investigar;
2. a precipitação, que é a facilidade e a velocidade com que nossa vontade nos faz emitir juízos sobre as coisas antes de verificarmos se nossas ideias são ou não são verdadeiras. São opiniões que emitimos em consequência de nossa vontade ser mais forte e poderosa do que nosso intelecto. Originam-se no conhecimento sensível, na imaginação, na linguagem e na memória.

Essas duas atitudes indicam que, para Descartes, o conhecimento sensível (isto é, sensação, percepção, imaginação, memória e linguagem) é a causa do erro e deve ser afastado. O conhecimento verdadeiro é puramente intelectual e tem como ponto de partida ou as ideias inatas (não dependentes da variabilidade das sensações e das experiências) ou observações que foram inteiramente controladas pelo pensamento.

Como Bacon, Descartes também está convencido de que é possível vencer esses defeitos, graças a uma reforma do entendimento e das ciências (Descartes não pensa na necessidade de mudanças sociais e políticas, diferindo de Bacon nesse aspecto).

Essa reforma pode ser feita pelo sujeito do conhecimento, se este decidir e deliberar pela necessidade de encontrar fundamentos seguros para o saber e se, para tanto, instituir um método, caminho ordenado que o pensamento segue por meio de um conjunto de regras e procedimentos racionais. Qual a necessidade de um método?

Feitas as críticas à autoridade das escolas e dos livros, da tradição e dos preconceitos infantis, o sujeito do conhecimento descobre-se como uma consciência que parece não poder contar com o auxílio de nada no mundo para guiá-lo, desconfia dos conhecimentos sensíveis e dos conhecimentos herdados. Está só. Conta apenas com seu próprio pensamento. Sua solidão torna indispensável um método que possa guiar o pensamento em direção aos conhecimentos verdadeiros e distingui-los dos falsos. Eis por que Descartes escreve o *Discurso do método* e as *Regras para a direção do espírito*. Sobre o método, diz ele, na regra IV das *Regras*:

Por método, entendo regras certas e fáceis, graças às quais todos os que as observem exatamente jamais tomarão como verdadeiro aquilo que é falso e chegarão, sem se cansar com esforços inúteis e aumentando progressivamente sua ciência, ao conhecimento verdadeiro de tudo o que lhes é possível esperar.

Descartes enuncia, portanto, as três principais características das regras do método:

1. certas (o método dá segurança ao pensamento);
2. fáceis (o método economiza esforços inúteis);
3. permitem alcançar todos os conhecimentos possíveis para o entendimento humano.

Em outras palavras, os objetivos principais do método são:

1. assegurar a reforma do intelecto para que este siga o caminho seguro da verdade (portanto, afastar a prevenção e a precipitação);
2. oferecer procedimentos pelos quais a razão possa controlar-se a si mesma durante o processo de conhecimento, sabendo que caminho percorrer e sabendo reconhecer se um resultado obtido é verdadeiro ou não;
3. permitir a ampliação ou o aumento dos conhecimentos, graças a procedimentos seguros que permitam passar do já conhecido ao desconhecido;
4. oferecer os meios para que os novos conhecimentos possam ser aplicados, pois o saber deve, no dizer de Descartes, tornar o homem "mestre e senhor da Natureza".

O método oferece regras para o pensamento. São elas:

1. regra da evidência: só admitir como verdadeiro um conhecimento evidente, isto é, no qual e sobre o qual não caiba a menor dúvida. Para isso, Descartes criou um procedimento, a dúvida metódica (que, como já vimos no capítulo anterior), é a decisão de não aceitar nenhum pensamento ou nenhuma ideia em que possa haver a menor dúvida), pelo qual o sujeito do conhecimento, analisando cada um de seus conhecimentos, conhece e avalia as fontes e as causas de cada um, a forma e o conteúdo de cada um, a falsidade e a verdade de cada um e encontra meios para livrar-se de tudo quanto seja duvidoso perante o pensamento;
2. regra da divisão: para conhecermos realidades complexas, precisamos dividir as dificuldades e os problemas em suas parcelas mais simples, examinando cada uma delas em conformidade com a regra da evidência;
3. regra da ordem: os pensamentos devem ser ordenados em séries que vão dos mais simples aos mais complexos, dos mais fáceis aos mais difíceis, pois a ordem consiste em distribuir os conhecimentos de tal maneira que possamos passar do conhecido ao desconhecido;

4. regra da enumeração: a cada conhecimento novo obtido, fazer a revisão completa dos passos dados, dos resultados parciais e dos encadeamentos que permitiram chegar ao novo conhecimento.

O método cartesiano teve como ponto de partida a dúvida radical sobre a existência de todas as coisas, uma vez que os ensinamentos recebidos, as ideias preconcebidas ou os preconceitos, a precipitação e a precipitação levavam ao erro. Ora, tendo duvidado de tudo, o filósofo se deu conta de que o ato de duvidar era um ato de pensar e de que, assim, não poderia duvidar de que estava duvidando e, portanto, pensando, de maneira que existia o pensamento e que ele, ao pensar, existia. Logo, a dúvida metódica chegou a uma primeira verdade: "Penso, existo".

Locke

O inglês John Locke é o iniciador da Teoria do Conhecimento propriamente dita porque ele se propõe a analisar cada uma das formas de conhecimento que possuímos, a origem de nossas ideias e nossos discursos, a finalidade das teorias e as capacidades do sujeito cognoscente relacionadas com os objetos que ele pode conhecer. Seguindo a trilha que fora aberta por Aristóteles, Locke também distingue graus de conhecimento, começando pelas sensações até chegar ao pensamento.

Comparemos o que escreveu Aristóteles, no início da *Metafísica*, e o que afirmou Locke, no início de sua obra, o *Ensaio sobre o entendimento humano*.

Aristóteles escreveu: "Todos os homens têm, por natureza, o desejo de conhecer. O prazer causado pelas sensações é a prova disso, pois, mesmo fora de qualquer utilidade, as sensações nos agradam por si mesmas e, mais do que todas as outras, as sensações visuais".

Locke afirmou: Visto que o entendimento situa o homem acima dos outros seres sensíveis e dá-lhe toda vantagem e todo domínio que tem sobre eles, seu estudo consiste certamente num tópico que, por sua nobreza, é merecedor de nosso trabalho de investigá-lo. O entendimento, como o olho, que nos faz ver e perceber todas as outras coisas, não se observa a si mesmo; requer arte e esforço situá-lo à distância e fazê-lo seu próprio objeto.

Como Descartes e Bacon, Locke afirma a necessidade de o entendimento examinar a si mesmo. Como Bacon e Descartes, Locke igualmente considera que é necessário esforço, trabalho, decisão para fazer o entendimento tomar-se a si mesmo como objeto de investigação. Todavia, assim como Aristóteles diferia de Platão, Locke também difere de Descartes.

Platão e Descartes, inatistas, afastam a experiência sensível ou o conhecimento sensível do conhecimento verdadeiro, que é puramente intelectual. Aristóteles e Locke consideram que o conhecimento se realiza por graus contínuos, partindo da sensação até chegar às ideias. No entanto, Locke difere de Aristóteles porque, para este, os princípios do pensamento e da realidade não são conhecidos por experiência nem procedem da experiência, mas são conhecidos apenas pelo puro pensamento; ao contrário, como empirista, para Locke, todas as ideias e todos os princípios do conhecimento derivam da experiência sensível. Em outras palavras, o intelecto recebe da experiência todo o material do conhecimento.

Locke retoma a tese empirista da "tábula rasa", escrevendo:

> Suponhamos que o espírito seja, por assim dizer, uma folha em branco, sem nenhuma letra, sem nenhuma ideia. Como estas chegaram ali? (...) De onde procede todo o material da razão e do conhecimento? Respondo com uma só palavra: da experiência. Todo nosso conhecimento se baseia nela e dela provém em última instância.

Como se formam os conhecimentos? Pelas sensações, recebemos as impressões das coisas externas ou o que Locke chama de ideias simples. Essas impressões ou ideias simples se associam por semelhanças e diferenças nas percepções, formando ideias complexas ou compostas. Essas ideias se tornarão ideias mais complexas na razão, que forma ideias como as de substância, corpo, alma, Deus, Natureza etc., bem como ideias de relações entre essas ideias complexas, como as ideias de identidade, causalidade, finalidade etc. A formação das ideias na sensação, na percepção e na razão se faz por um processo de abstração pelo qual, a cada passo, eliminamos as diferenças para ficar com as semelhanças e os traços comuns, cujo conjunto forma uma ideia complexa geral ou universal.

Visto que a experiência nos mostra e nos dá apenas coisas particulares ou singulares, somente elas existem. As ideias gerais ou universais não correspondem a realidades ou a essências existentes, mas são nomes que instituímos por convenção para organizar nossos pensamentos e nossos discursos. Por isso se diz que Locke é nominalista.

A diferença de perspectiva entre Descartes e Locke institui as duas grandes orientações da teoria do conhecimento, conhecidas como racionalismo e empirismo.

Para o racionalismo, a fonte do conhecimento verdadeiro é a razão operando por si mesma, sem o auxílio da experiência sensível e controlando a própria experiência sensível.

Para o empirismo, a fonte de todo e qualquer conhecimento é a experiência sensível, responsável pelas ideias da razão e controlando o trabalho da própria razão.

Essas diferenças, porém, não impedem que haja um elemento comum a todos os filósofos a partir da Modernidade, qual seja, tomar o entendimento humano como objeto da investigação filosófica.

Tornar o entendimento objeto para si próprio, tornar o sujeito do conhecimento objeto de conhecimento para si mesmo, é a grande tarefa que a Modernidade filosófica inaugura ao desenvolver a teoria do conhecimento. Como se trata da volta do pensamento sobre si mesmo para conhecer-se, ou do sujeito do conhecimento colocando-se como objeto para si mesmo, a teoria do conhecimento é a reflexão filosófica.

A consciência

O sujeito, o eu, a pessoa, o cidadão/a cidadã

A teoria do conhecimento no seu todo realiza-se como reflexão do entendimento e baseia-se em um pressuposto fundamental: o de que somos seres racionais conscientes.

O que se entende por consciência?

A capacidade humana para conhecer, para saber que conhece e para saber que sabe que conhece. A consciência é um conhecimento (das coisas e de si) e um conhecimento desse conhecimento (reflexão).

Do ponto de vista da teoria do conhecimento, a consciência é uma atividade sensível (ou a percepção das coisas exteriores e do corpo próprio) e intelectual (ou a tarefa racional) dotada do poder de análise e síntese, de representação dos objetos por meio de ideias e de avaliação, compreensão e interpretação desses objetos mediante juízos. É o sujeito. Reconhece-se como diferente dos objetos, cria e/ou descobre significações, institui sentidos, elabora conceitos, ideias, juízos e teorias. É dotado da capacidade de conhecer-se a si mesmo no ato do conhecimento, ou seja, é capaz de reflexão, e, por isso, é o saber de si e o saber sobre o mundo, manifestando-se como sujeito percipiente, imaginante, memorioso, falante e pensante. É o entendimento propriamente dito. Do ponto de vista psicológico, a consciência é o sentimento de nossa própria identidade: é o eu. O eu é o centro ou a unidade de todos os nossos estados psíquicos e corporais, ou aquela percepção que permite a alguém dizer "meu corpo", "minha razão", "minhas lembranças".

A consciência psicológica do eu é formada por nossas vivências, isto é, pela maneira como sentimos e compreendemos o que se passa em nosso corpo e no mundo que nos rodeia, assim como o que se passa em nosso interior. É a maneira individual e própria com que cada um de nós percebe, imagina, lembra, opina, deseja, age, ama e odeia, sente prazer e dor, toma posição diante das coisas e dos outros, decide, age, sente-se feliz ou infeliz. O eu é o ponto de identidade e de permanência de um fluxo temporal interior que retém o passado na memória, percebe o presente pela atenção e espera o futuro pela imaginação e pelo pensamento.

Do ponto de vista ético e moral, a consciência é a capacidade racional para escolher, deliberar e agir conforme a liberdade de si própria, aos direitos alheios e ao dever. É a pessoa, dotada de vontade livre e de responsabilidade. É a capacidade para compreender e interpretar sua situação e sua condição (física, mental, social, cultural, histórica), viver na companhia de outros segundo as normas e os valores morais definidos por sua sociedade, agir tendo em vista fins escolhidos por deliberação e decisão, realizar as virtudes e, quando necessário, contrapor-se e opor-se aos valores estabelecidos, em nome de outros considerados mais adequados à liberdade e à responsabilidade.

Do ponto de vista político, a consciência é o cidadão e a cidadã, isto é, uma individualidade situada no tecido das relações sociais como portadora de direitos e deveres definidos na esfera pública, relacionando-se com o poder político e as leis; e o indivíduo como membro de uma classe social, definido por sua situação e posição nessa classe, portador e defensor de interesses específicos de seu grupo ou de sua classe na relação com a esfera pública do poder e das leis. Em outras palavras, o cidadão/a cidadã é a consciência de si definida pela esfera pública dos direitos e deveres civis e sociais, das leis e do poder político.

A consciência moral (a pessoa) e a consciência política (o cidadão/a cidadã) formam-se pelas relações entre as vivências do eu (posológico) e os valores e as instituições de sua sociedade ou de sua cultura. São as maneiras pelas quais nos relacionamos com os outros por meio de comportamentos e de práticas determinados pelos códigos morais (que definem deveres, obrigações, virtudes dos indivíduos em sua vida privada) e políticos (que definem direitos, deveres, obrigações de indivíduos, grupos e classes sociais na vida pública). Esses códigos éticos e políticos dependem do modo como uma cultura e uma sociedade determinadas definem o bem e o mal, o justo e o injusto, o legítimo e o ilegítimo, o legal e o ilegal, o privado e o público.

O eu é a consciência como uma vivência psíquica e uma experiência que se realiza sob a forma de comportamentos; a pessoa é a consciência como agente moral; e o cidadão é a consciência como agente político. A ação da pessoa e a do cidadão/da cidadã formam a *práxis*, palavra grega que significa a ação na qual o agente, o ato realizado por ele e a finalidade do ato são idênticos. Em outras palavras, aquela prática na qual o agente é a ação que ele realiza em vista de certo fim (como na dança, em que a ação de dançar e a dançarina são idênticas e não haveria dança sem a dançarina ou o dançarino dançando, ao mesmo tempo que a dançarina ou o dançarino, como dançarinos, nada mais são senão o ato de dançar ou a dança realizando-se).

Por seu turno, na consciência reflexiva, o sujeito do conhecimento forma-se como atividade de análise e síntese, de representação e de significação voltadas para a explicação, descrição e interpretação da realidade e das outras três esferas da vida consciente (vida psíquica, moral e política), isto é, da posição do mundo natural e cultural e de si mesma como objetos de conhecimento. Apoia-se em métodos de conhecer e busca a verdade ou o verdadeiro. É o aspecto intelectual e teórico da consciência.

Ao contrário do eu, o sujeito do conhecimento não é uma vivência individual, mas aspira à universalidade, ou seja, à capacidade de conhecimento que seja idêntica em todos os seres humanos e com validade para todos os seres humanos, em todos os tempos e lugares.

Podemos não saber que existe a física quântica e podemos, ao sermos informados sobre ela, não acreditar nela e não gostar da ideia de que nosso corpo seja apenas movimentos de partículas invisíveis. Isso, porém, não afeta a validade e o sentido da física quântica, descoberta e conhecida pelo sujeito do conhecimento. Alguém tem lembranças agradáveis quando vê rosas amarelas; outro, porém, tem péssimas lembranças quando as vê. No entanto, a percepção de cores, de seres espaciais e temporais se realiza em nós não apenas segundo nossas vivências psicológicas individuais, mas também segundo leis, normas, princípios de estruturação e organização que são os mesmos para todos os sujeitos percipientes. Sujeito, eu, pessoa e cidadão constituem a consciência como subjetividade ativa, sede da razão e do pensamento, capaz de identidade consigo mesma, de conhecimento verdadeiro, de decisões livres, de direitos e obrigações.

Subjetividade e graus de consciência

Embora a subjetividade se manifeste plenamente como uma atividade que sabe de si mesma, isso não significa que a consciência esteja sempre inteiramente alerta e atenta. Quando, por exemplo, recebemos uma anestesia geral, vamos perdendo gradualmente a consciência, deixamos de ter a consciência de ver, sentir, lembrar. Dependendo da intensidade da dose aplicada, podemos perder todas as formas de consciência, menos, por exemplo, a auditiva. No entanto, mesmo a consciência auditiva, nessa situação, é fluida, não parece estar referida a um eu. Quando despertamos à noite, de um sono profundo e em um local que não é nosso quarto, podemos levar certo tempo até sabermos quem somos e onde estamos.

Quando devaneamos ou divagamos, ou sonhamos de olhos abertos, perdemos a consciência de tudo quanto está à nossa volta e, muitas vezes, quando "voltamos a nós", temos um braço ou uma perna adormecidos, uma queimadura na mão, o rosto queimado de sol ou o corpo molhado de chuva sem que tivéssemos consciência do que se passava conosco. Situações como essas indicam que há graus de consciência.

De modo geral, distinguem-se os seguintes graus de consciência:

- consciência passiva: aquela na qual temos uma vaga e confusa percepção de nós mesmos e do que se passa à nossa volta, como no devaneio, no momento que precede o sono ou o despertar, na anestesia e, sobretudo, quando somos muito crianças ou muito idosos;
- consciência vivida, mas não reflexiva: é nossa consciência afetiva, que tem a peculiaridade de ser egocêntrica, isto é, de perceber os outros e as coisas apenas a partir de nossos sentimentos com relação a eles, por exemplo, a criança que esmurra uma mesa ao tropeçar nela, julgando que a mesa "fez de propósito" para machucá-la. Nesse grau de consciência, não conseguimos separar o eu e o outro, o eu e as coisas. É típico, por exemplo, das pessoas apaixonadas, para as quais o mundo só existe a partir dos seus sentimentos de amor, ódio, cólera, alegria, tristeza etc.;
- consciência ativa e reflexiva: aquela que reconhece a diferença entre o interior e o exterior, entre si e os outros, entre si e as coisas. Esse grau de consciência é o que permite a existência da consciência em suas quatro modalidades, isto é, eu, pessoa, cidadão/cidadã e sujeito.

Este último grau da consciência, nas suas quatro modalidades, é definido pela Fenomenologia como consciência intencional ou intencionalidade, isto é, como "consciência de". Toda a consciência, diz a Fenomenologia, é sempre consciência de alguma coisa, visa sempre a alguma coisa, de tal maneira que perceber é sempre perceber alguma coisa, imaginar é sempre imaginar alguma coisa, lembrar é sempre lembrar alguma coisa, dizer é sempre dizer alguma coisa, pensar é sempre pensar alguma coisa. A consciência realiza atos (perceber, lembrar, imaginar, falar, refletir, pensar) e visa a conteúdos ou significações (o percebido, o lembrado, o imaginado, o falado, o refletido, o pensado). O sujeito do conhecimento é aquele que reflete sobre as relações entre atos e significações e conhece a estrutura formada por eles (a percepção, a imaginação, a memória, a linguagem, o pensamento).

A consciência pode conhecer tudo?

Consciência e conhecimento

Como vimos ao iniciar este capítulo, a teoria do conhecimento distingue o eu, a pessoa, o cidadão e o sujeito, distingue também graus de consciência (passiva, vivida, reflexiva) e tem como centro a figura do sujeito do conhecimento, entendido como consciência de si reflexiva ou atividade racional que conhece a si mesma.

Que acontecerá, porém, se o sujeito do conhecimento descobrir que a consciência possui mais um grau, além dos três que mencionamos e, sobretudo, quando descobrir que não se trata exatamente de mais um grau da consciência, mas de algo que a consciência desconhece e sobre o qual nunca poderá refletir diretamente? Que esse algo, desconhecido ou só indiretamente conhecido, determina tudo quanto a consciência e o sujeito sentem, querem, fazem, dizem e pensam? Em outras palavras, que sucederá quando o sujeito do conhecimento descobrir um limite intransponível chamado o inconsciente?

O inconsciente

O criador da Psicanálise, Sigmund Freud, escreveu que, no transcorrer da Modernidade, os humanos foram feridos três vezes e que as feridas atingiram o nosso narcisismo, isto é, a bela imagem que possuíamos de nós mesmos como seres conscientes racionais e com a qual, durante séculos, estivemos encantados. Que feridas foram essas?

A primeira foi a que nos infligiu Copérnico, ao provar que a Terra não estava no centro do Universo e que os humanos não eram o centro do mundo. A segunda foi causada por Darwin, ao provar que os humanos descendem de um primata, que são apenas um elo na evolução das espécies e não seres especiais, criados por Deus para dominar a Natureza. A terceira foi causada pelo próprio Freud com a psicanálise, ao mostrar que a consciência é a menor parte e a mais fraca de nossa vida psíquica.

Na obra *Cinco ensaios sobre a psicanálise*, Freud escreve:

> A Psicanálise propõe mostrar que o Eu não somente não é senhor na sua própria casa, mas também está reduzido a contentar-se com informações raras e fragmentadas daquilo que se passa fora da consciência, no restante da vida psíquica (...). A divisão do psíquico num psíquico consciente e num psíquico inconsciente constitui a premissa fundamental da psicanálise, sem a qual ela seria incapaz de compreender os processos patológicos, tão frequentes quanto graves, da vida psíquica e fazê-los entrar no quadro da ciência (...). A psicanálise se recusa a considerar a consciência como constituindo a essência da vida psíquica, mas nela vê apenas uma qualidade desta, podendo coexistir com outras qualidades e até mesmo faltar.

A psicanálise

Freud era médico psiquiatra. Seguindo os médicos de sua época, usava a hipnose e a sugestão no tratamento dos doentes mentais, mas sentia-se insatisfeito com os resultados obtidos.

Certa vez, recebeu uma paciente, Anna O., que apresentava sintomas de histeria, isto é, apresentava distúrbios físicos (paralisias, enxaquecas, dores de estômago), sem que houvesse causas físicas para eles, pois eram manifestações corporais de problemas psíquicos. Em lugar de usar a hipnose e a sugestão, Freud usou um procedimento novo: fazia que Anna relaxasse em um divã e falasse. Dizia a ela palavras soltas e pedia-lhe que dissesse a primeira palavra que lhe viesse à cabeça ao ouvir a que ele dissera – posteriormente, Freud denominaria esse procedimento de "técnica de associação livre".

Freud percebeu que, em certos momentos, Anna reagia a certas palavras e não pronunciava aquela que lhe viera à cabeça, censurando-a por algum motivo ignorado por ela e por ele. Notou também que, em outras ocasiões, depois de fazer a associação livre de palavras, Anna ficava muito agitada e falava muito. Observou que, certas vezes, algumas palavras faziam-na chorar sem motivo aparente e, outras vezes, faziam-na lembrar-se de fatos da infância, narrar um sonho que tivera na noite anterior.

Pela conversa, pelas reações da paciente, pelos sonhos narrados e pelas lembranças infantis, Freud descobriu que a vida consciente de Anna era determinada por uma vida inconsciente, que (tanto ela como ele) desconheciam. Compreendeu também que, somente interpretando as palavras, os sonhos, as lembranças e os gestos de Anna, chegaria a essa vida inconsciente.

Freud descobriu, finalmente, que os sintomas histéricos tinham três finalidades: (1) contar indiretamente aos outros e a si mesma os sentimentos inconscientes; (2) punir-se por ter tais sentimentos; (3) realizar, pela doença e pelo sofrimento, um desejo inconsciente que sua consciência julgara intolerável.

Tratando de outros pacientes, Freud descobriu que, embora, conscientemente, quisessem a cura, algo neles criava uma barreira, uma resistência inconsciente à cura. Por quê? Porque os pacientes sentiam-se interiormente ameaçados por alguma coisa dolorosa e temida, algo que haviam penosamente esquecido e que não suportavam lembrar. Freud descobriu, assim, que o esquecimento consciente operava simultaneamente de duas maneiras: (1) como resistência à terapia; (2) sob a forma da doença psíquica, pois o inconsciente não esquece e obriga o esquecido a reaparecer sob a forma de sintomas que se manifestam com maior intensidade nas doenças psíquicas.

Desenvolvendo em outros pacientes e em si mesmo os estudos dos sintomas, dos esquecimentos, dos sonhos, das lembranças, aplicando nesses estudos a técnica da associação livre e procedimentos para interpretação desse acontecimentos psíquicos, Freud foi criando o que chamou de análise da vida psíquica ou psicanálise, cujo objeto central era o estudo do inconsciente e cuja finalidade era a cura das perturbações e doenças mentais, tendo como método a interpretação e como instrumento a linguagem (tanto a linguagem verbal como a linguagem corporal, falada pelos sintomas e pelos gestos).

A vida psíquica

Durante toda sua vida, Freud não cessou de reformular a teoria psicanalítica, abandonando alguns conceitos, criando outros, abandonando algumas técnicas terapêuticas e criando outras. Não vamos, aqui, acompanhar a história da formação da psicanálise, mas apresentar algumas de suas principais ideias e inovações.

A vida psíquica é constituída por três instâncias, duas delas inconscientes e apenas uma consciente. Para indicá-las, usou os termos: isso, eu e supereu, que costumam aparecer em termos vindos do latim – o id, o ego e o superego. O id é a instância inteiramente inconsciente; o ego, a instância consciente; o superego possui aspectos inconscientes e aspectos conscientes.

O id é formado por instintos, impulsos orgânicos e desejos inconscientes, ou seja, pelo que Freud designa como pulsões. Estas são regidas pelo princípio do prazer, que exige satisfação imediata. O id é a energia dos instintos e dos desejos em busca da realização desse princípio do prazer. Freud descobriu que instintos, impulsos e desejos inconscientes, em suma, as pulsões, são da natureza sexual e, por isso, empregou um termo também vindo do latim para referir-se a elas: libido (que, em latim, significa lascívia, luxúria, desejo sexual violento). O id é o reservatório primitivo da energia psíquica ou o reservatório da libido. Freud descobriu também que a sexualidade não se reduz ao ato sexual genital, mas envolve todos os desejos que pedem satisfação e que podem ser satisfeitos em qualquer parte de nosso corpo ou na totalidade dele.

Para demonstrá-lo e para escândalo da sociedade europeia do final do século XIX e início do século XX, Freud introduziu a ideia de sexualidade infantil e assinalou três fases dessa sexualidade, que se diferenciam pelos órgãos pelos quais sentem prazer e pelos objetos ou seres que dão prazer. Essas fases se desenvolvem entre os primeiros meses de vida e os 5 ou 6 anos, ligadas ao desenvolvimento do id: a fase oral, quando o desejo e o prazer localizam-se primordialmente na boca e na ingestão de alimentos e o seio materno é o objeto de prazer (ou seus substitutos, como a mamadeira, a chupeta, os dedos); a fase anal, quando o desejo e o prazer localizam-se primordialmente nas excreções e as fezes, e os objetos de prazer são brincar com massas e com tintas, amassar barro ou argila, comer coisas cremosas, sujar-se; e a fase fálica, quando o desejo e o prazer localizam-se primordialmente no órgão genital masculino, o falo (*phalus*) ou pênis, pois a criança, quer o menino, quer a menina, nessa fase só reconhece esse órgão sexual. Nessa fase, para os meninos, a mãe é o objeto do desejo e do prazer; para as meninas, o pai.

É nessa terceira fase que surge, no centro do id, determinando toda a vida psíquica, o que Freud denominou de complexo nuclear das neuroses, ou complexo de Édipo[1] ou o

---

[1] Esse mito narra que, ao nascer, um oráculo afirmou que Édipo, filho do rei Laio e da rainha Jocasta, iria matar o pai e casar-se com a mãe. Para evitar tamanho malefício, um servo de Laio recebeu a ordem de matar Édipo, porém, condoído com a pequena criança, entregou-a a um casal que o adotou. Tornando-se adulto, Édipo tornou-se um andarilho e, numa luta em uma estrada, matou um homem desconhecido (Laio). A seguir, realizou uma grande façanha: às portas de uma cidade, conseguiu decifrar um enigma proposto durante séculos por um ser divino, a Esfinge, que devorava os que não decifravam o enigma. Qual o enigma? Uma pergunta: "Quem é quatro pés, dois pés e três pés?". Édipo decifrou o enigma apontando para si mesmo: "O ser humano" (a criança que engatinha, o adulto que caminha com dois pés e o velho que precisa de uma bengala). Vitorioso, Édipo entrou festejado numa cidade na qual, até então, ninguém imaginara que o enigma pudesse ser decifrado. Ali, tronou-se rei e casou-se com a rainha viúva de Laio, sua mãe Jocasta. Cumpria-se

desejo incestuoso. O termo "complexo" é empregado por Freud para indicar que se trata de um conjunto de várias pulsões nas quais se exprime o mesmo desejo, isto é, o desejo incestuoso pela mãe ou pelo pai. É esse o desejo fundamental que organiza a totalidade da vida psíquica e determina o sentido de nossas vidas, pois tudo dependerá de como a criança conseguirá ou não superar esse complexo. É esse complexo que determina também o sentimento da ameaça da castração, ou o surgimento de outro complexo, conhecido como complexo de castração, no qual a criança teme perder o falo (pois as meninas também imaginam que o possuem) como punição de seu desejo incestuoso.

O superego é a censura das pulsões, que a sociedade e a cultura impõem ao id, impedindo-o de satisfazer plenamente seus instintos e desejos. É a repressão, particularmente a repressão sexual. Manifesta-se à consciência indiretamente, sob a forma da moral, como um conjunto de interdições e de deveres, e por meio da educação, pela produção da imagem do "eu ideal", isto é, da pessoa moral, boa e virtuosa. Como consciência moral, o superego apresenta aspectos conscientes; como atividade de repressão, suas operações são inconscientes. Ele se desenvolve em um período que Freud designa como período de latência, situado entre os 6 ou 7 anos e o início da puberdade ou adolescência. Nesse período, forma-se nossa personalidade moral e social, de maneira que, quando a sexualidade genital propriamente dita surgir, estará obrigada a seguir o caminho traçado pelo superego.

O ego ou o eu é a consciência, pequena parte da vida psíquica, submetida aos desejos do id e à observação, à censura e à repressão do superego. Enquanto o id é movido pelo princípio do prazer, o superego obedece ao princípio da realidade, ou seja, à necessidade de encontrar objetos que possam satisfazer o id sem transgredir as exigências do superego contra o desejo incestuoso.

Em um ensaio intitulado *O ego e o id*, Freud escreve que o ego é "um pobre coitado", espremido entre três escravidões ou por três senhores: os desejos insaciáveis do id, a severidade repressiva do superego e os perigos do mundo exterior. Por esse motivo, a forma fundamental da existência para o ego é a angústia. Se se submeter ao id, tornar-se-á imoral e destrutivo; se se submeter ao superego, enlouquecerá de desespero, pois viverá em uma insatisfação insuportável; se não se submeter à realidade do mundo, será destruído por ele. Cabe ao ego encontrar caminhos para a angústia existencial. Estamos divididos entre o princípio do prazer (que não conhece limites) e o princípio de realidade (que nos impõe limites externos e internos).

Ao ego-eu, ou seja, à consciência, é dada uma função dupla: ao mesmo tempo recalcar o id, satisfazendo o superego, e satisfazer o id, limitando o poderio do superego. A vida consciente normal é o equilíbrio encontrado pela consciência para realizar sua dupla função. As neuroses indicam as dificuldades da realização desse equilíbrio, enquanto as psicoses

---

o oráculo. A cidade começou a ser dizimada por uma peste incurável. Desesperado, Édipo procurou um vidente que lhe dissesse a causa do mal e como vencê-lo. O vidente explicou-lhe que era ele, Édipo, a causa desse mal porque matara seu pai e se casara com sua mãe. Diante disso, Jocasta se suicidou e Édipo furou os olhos. Esse mito foi transformado pelo poeta Sófocles em uma das mais importantes tragédias do teatro universal, *Édipo Rei*.

(ou a loucura) exprimem a incapacidade do ego para realizar sua dupla função, seja porque o id ou o superego são excessivamente fortes, seja porque o ego é excessivamente fraco.

O inconsciente está impedido de manifestar-se diretamente à consciência, mas consegue fazê-lo indiretamente. A maneira mais eficaz para a manifestação é a substituição, isto é, o inconsciente oferece à consciência um substituto aceitável por ela e por meio do qual ela pode satisfazer o id ou o superego. Os substitutos são imagens (isto é, representações analógicas dos objetos do desejo) e formam o imaginário psíquico, que, ao ocultar e dissimular o verdadeiro desejo, o satisfaz indiretamente por meio de objetos substitutos (a chupeta e o dedo, para o seio materno; tintas e pintura ou argila e escultura para as fezes; uma pessoa amada no lugar do pai ou da mãe). Além dos substitutos reais (chupeta, argila, pessoa amada), o imaginário inconsciente também oferece outros substitutos, os mais frequentes sendo os sonhos, os lapsos de linguagem e os atos falhos. Neles, realizamos desejos inconscientes, de natureza sexual. São a satisfação imaginária do desejo.

Alguém sonha, por exemplo, que sobe uma escada, ou que está mergulhado n'água num naufrágio, ou que está no meio do fogo num incêndio. Na realidade, sonhou com uma relação sexual proibida, expressa por meio de imagens substitutivas, no caso, a escada (a ereção do pênis ou do clitóris), a água (o esperma ou os líquidos vaginais) ou o fogo (a ardência do orgasmo). Alguém quer dizer uma palavra, esquece-a ou se engana, comete um lapso e diz outra palavra que nos surpreende, pois nada tem a ver com aquela que se queria dizer. Realizou um desejo proibido. Alguém vai andando por uma rua e, sem querer, torce o pé e quebra o objeto que estava carregando. Com esse ato falho, realizou um desejo proibido. Em outras palavras, tanto o sonho como o lapso de linguagem ou de memória e o ato falho indicam que nossa existência não transcorre ao acaso, nem desejamos, pensamos, sentimos ou fazemos coisas ao acaso, mas estamos determinados pelas operações necessárias da libido.

A vida psíquica dá sentido e coloração afetivo-sexual a todos os objetos e a todas as pessoas que nos rodeiam e entre os quais vivemos. Por isso, sem que saibamos por quê, desejamos e amamos certas coisas e pessoas, odiamos e tememos outras. As coisas e os outros são investidos por nossa libido com cargas afetivas inconscientes.

É por esse motivo que certas coisas, certos sons, certas cores, certos animais, certas situações nos enchem de pavor, enquanto outros nos enchem de bem-estar, sem que o possamos explicar. A origem das simpatias e antipatias, amores e ódios, medos e prazeres está em nossa mais tenra infância, em geral nos primeiros meses e anos de nossa vida, quando se formam as relações afetivas fundamentais e o complexo de Édipo.

Essa dimensão imaginária de nossa vida psíquica – substituições de coisas e pessoas, sonhos, lapsos de linguagem e de memória, atos falhos, prazer e desprazer com objetos e pessoas, medo ou bem-estar com objetos ou pessoas – indica que os recursos inconscientes para surgir indiretamente à consciência possuem dois níveis: o nível do conteúdo manifesto (escada, mar e incêndio, no sonho; a palavra esquecida e a pronunciada, no lapso; pé torcido ou objeto partido, no ato falho; afetos contrários por coisas e pessoas) e o nível do conteúdo latente, que é o conteúdo inconsciente real e oculto (os desejos sexuais).

Nossa vida normal se passa no plano dos conteúdos manifestos e, portanto, no imaginário. Somente uma análise psíquica e psicológica desses conteúdos, por meio de técnicas especiais (trazidas pela psicanálise), nos permite decifrar o conteúdo latente que se dissimula sob o conteúdo manifesto.

Além dos recursos individuais cotidianos que nosso inconsciente usa para manifestar-se, e além dos recursos usados nas neuroses e psicoses (esses recursos são os sintomas, como os de Anna O., por exemplo), existe outro recurso, de enorme importância para a vida cultural e social, isto é, para a existência coletiva. Trata-se do que Freud designa com o nome de sublimação.

Na sublimação, os desejos inconscientes são satisfeitos indiretamente porque são transformados em outra coisa, exprimem-se pela criação de alguma coisa estimada, valorizada positivamente: as obras de arte, as ciências, a religião, a Filosofia, as técnicas, as ações éticas e políticas. Artistas, pensadores, escritores, cientistas, místicos, líderes políticos satisfazem seus desejos pela sublimação e, portanto, pela realização de obras e pela criação de instituições religiosas, sociais, políticas etc.

Não devemos confundir o inconsciente descoberto pela psicanálise com a noção, existente na psicologia, de subconsciente. Este é aquele grau da consciência como consciência passiva e consciência vivida não reflexiva, podendo tornar-se plenamente consciente. O inconsciente de que fala a psicanálise, ao contrário, jamais será consciente diretamente, podendo ser captado apenas indiretamente e por meio de técnicas especiais de interpretação, desenvolvidas pela psicanálise.

A psicanálise descobriu, assim, uma poderosa limitação às pretensões da consciência para dominar e controlar a realidade e o conhecimento. Paradoxalmente, porém, nos revelou a capacidade fantástica da razão e do pensamento para ousar atravessar proibições e repressões e buscar a verdade, mesmo que, para isso, seja preciso desmontar a bela imagem que os seres humanos têm de si mesmos.

Longe de desvalorizar a teoria do conhecimento, a psicanálise exige do pensamento que não faça concessões às ideias estabelecidas, à moral vigente, aos preconceitos e às opiniões de nossa sociedade, mas que os enfrente em nome da própria razão e do pensamento. A consciência é frágil, mas é ela que decide e aceita correr o risco da angústia e o risco de desvendar e decifrar o inconsciente. Aceita e decide enfrentar a angústia para chegar ao conhecimento de que somos um caniço pensante.

A alienação social

Às três feridas narcísicas mencionadas por Freud precisamos acrescentar mais uma: a que nos foi infligida por Marx com a noção de ideologia. Para compreendê-la, precisamos primeiro compreender o fenômeno da alienação social.

Filósofo, advogado e historiador, Marx interessou-se por um estudo feito por outro filósofo, seu grande amigo, Feuerbach. Este investigara o modo como se formam as religiões, isto é, o modo como os seres humanos sentem necessidade de oferecer uma explicação para a origem e a finalidade do mundo e para suas próprias vidas.

Ao buscar essa explicação, explica Feuerbach, os humanos projetam fora de si um ser superior dotado das qualidades que julgam as melhores: inteligência, vontade livre, bondade, justiça, beleza, mas as fazem existir nesse ser supremo como superlativas, isto é, ele é onisciente e onipotente, sabe tudo, faz tudo, pode tudo. Pouco a pouco, os humanos se esquecem de que foram os criadores desse ser e passam a acreditar no inverso, ou seja, que esse ser foi quem os criou e os governa. Passam a adorá-lo, prestar-lhe culto, temê-lo. Não se reconhecem nesse Outro que criaram. Em latim, "outro" se diz: *alienus*. Quando os humanos não se reconhecem em outro que eles mesmos criaram, eles se alienam. Feuerbach designou esse fato com o nome de alienação.

A alienação é o fenômeno pelo qual os humanos criam ou produzem alguma coisa ou algum ser, dão independência a essa criatura como se ela existisse por si mesma e em si mesma, deixam-se governar por ela como se ela tivesse poder em si e por si mesma, não se reconhecem na obra que criaram, fazendo-a um ser-outro, separado dos humanos, superior a eles e com poder sobre eles.

Marx não se interessou apenas pela alienação religiosa, mas investigou sobretudo a alienação social. Interessou-se em compreender as causas pelas quais os humanos ignoram que são os criadores da sociedade, da política, da cultura e agentes da História. Interessou-se em compreender por que os humanos acreditam que a sociedade não foi instituída por eles, mas por vontade e obra dos deuses ou pela força cega das leis da Natureza, em vez de perceberem que são eles próprios que, em condições históricas determinadas, criam as instituições sociais – família, relações de produção e de trabalho, relações de troca, linguagem oral, linguagem escrita, religião, artes, ciências, filosofia – e as instituições políticas – leis, direitos, deveres, tribunais, Estado, exército, polícia, impostos, prisões. A ação sociopolítica e histórica chama-se práxis. O desconhecimento da origem e das causas da práxis leva os humanos a atribuir a outro ou a outros (divindades, forças da Natureza) aquilo que, na realidade, foi produzido por sua própria ação – por sua práxis. Marx denominou esse desconhecimento da práxis com a expressão alienação social.

Por que há alienação social? Por que os seres humanos não se reconhecem como sujeitos sociais, políticos, históricos, como agentes e criadores da realidade na qual vivem? Por que, além de não se perceberem como sujeitos e agentes, os humanos se submetem às condições sociais, políticas, culturais, como se elas tivessem vida própria, poder próprio, vontade própria e os governassem, em lugar de serem controladas e governadas por eles? Para compreender o fenômeno da alienação social, Marx estudou o modo como as sociedades são produzidas historicamente pela práxis dos seres humanos.

Verificou que, historicamente, uma sociedade (pequena, grande, tribal, imperial, não importa) sempre começa por uma divisão e que essa divisão organiza todas as relações sociais que serão instituídas a seguir. Trata-se da divisão social do trabalho determinada pela forma da propriedade.

Na luta pela sobrevivência, os seres humanos se agrupam para explorar os recursos da Natureza e dividem as tarefas: tarefas dos homens adultos, tarefas das mulheres adultas, tarefa dos homens jovens, tarefa das mulheres jovens, tarefa das crianças e das pessoas idosas. A partir dessa divisão, organizam a primeira instituição social: a família, na qual o homem adulto, na qualidade de pai, torna-se chefe e domina a mulher adulta, sua esposa e mãe de seus filhos, os quais também são dominados pelo pai.

As famílias trabalham e trocam entre si os produtos do trabalho. Surge uma segunda instituição social: a troca, isto é, o comércio. Algumas famílias, usando a força e a astúcia, conquistam terras melhores do que outras e conseguem colheitas ou gado em maior quantidade que outras, trocando seus produtos por uma quantidade maior que a de outras. Ficam mais ricas. As muito pobres, não tendo conseguido produzir nada ou muito pouco, veem-se obrigadas a trabalhar para as mais ricas em troca de produtos para a sobrevivência. Começa a surgir uma terceira instituição social: o trabalho servil, que desembocará na escravidão.

Os mais ricos e poderosos, proprietários das terras e dos instrumentos de trabalho (entre os quais estão os próprios seres humanos como servos ou escravos) reúnem-se e decidem controlar o conjunto de famílias, distribuindo entre si os poderes e excluindo algumas famílias de todo poder. Começa a surgir uma quarta instituição social: o poder dirigente, de onde virá o Estado.

Nessa altura, os seres humanos já começaram a explicar a origem e a finalidade do mundo, já elaboraram mitos e ritos. As famílias ricas e poderosas dão a alguns de seus membros autoridade exclusiva para narrar mitos e celebrar ritos. Criam outra instituição social: a religião, dominada por sacerdotes saídos das famílias poderosas e que, por terem a autoridade para se relacionarem com o sagrado, tornam-se temidos e venerados pelo restante da sociedade. São um novo poder social.

Os vários grupos de famílias dirigentes disputam entre si terras, animais e servos e dão início a uma nova instituição social: a guerra, com a qual os vencidos se tornam escravos dos vencedores, e o poder econômico, social, militar, religioso e dirigente se concentra ainda mais em poucas mãos.

Com essas descrições, Marx observou que a sociedade nasce pela estruturação de um conjunto de divisões: divisão sexual do trabalho, divisão social do trabalho, divisão social das trocas, divisão social das riquezas, divisão social do poder econômico, divisão social do poder militar, divisão social do poder religioso e divisão social do poder político. Por que divisão? Porque em todas as instituições sociais (família, trabalho, comércio, guerra, religião, política) uma parte detém poder, riqueza, bens, armas, ideias e saberes, terras, trabalhadores, poder político, enquanto outra parte não possui nenhum desses poderes, estando subjugada à outra, rica, poderosa e instruída.

Esse conjunto estruturado de divisões torna-se cada vez mais complexo, intricado, numeroso, multiplicando-se em muitas outras divisões, sob a forma de numerosas instituições sociais que acabam por revelar a estrutura fundamental das sociedades como divisão social das classes sociais. A esse conjunto (tanto simples quanto complexo) de instituições nascidas da divisão social Marx deu o nome de condições materiais da vida social e política. Por que materiais? Porque se referem ao conjunto de práticas sociais pelas quais os homens garantem sua sobrevivência por meio do trabalho e da troca dos produtos do trabalho, e que constituem a economia.

A variação das condições materiais (portanto, econômicas) de uma sociedade constitui a História dessa sociedade e Marx as designou como modos de produção, definidos por ele a partir de três fatores principais: a forma da propriedade ou os meios de produção, a divisão social das classes e as relações sociais de produção (ou a realização social do trabalho). A História é a mudança, passagem ou transformação de um modo de produção para outro. Tal mudança não se realiza por acaso nem por vontade livre dos seres humanos, mas acontece de acordo com condições econômicas, sociais e culturais já estabelecidas, que podem ser alteradas de maneira também determinada, graças à práxis humana diante de tais condições dadas.

O fato de que a mudança de uma sociedade ou a mudança histórica se faça em condições determinadas levou Marx a afirmar que: "Os homens fazem a História, mas o fazem em condições determinadas", isto é, que não foram escolhidas por eles. Por isso também, ele disse: "Os homens fazem a História, mas não sabem que a fazem".

Estamos, aqui, diante de uma situação coletiva muito parecida com a que encontramos no caso de nossa vida psíquica individual. Assim como julgamos que nossa consciência sabe tudo, pode tudo, faz o que pensa e quer, mas, na realidade, está determinada pelo inconsciente e ignora tal determinação, assim também, na existência social, os seres humanos julgam que sabem o que é a sociedade, dizendo que Deus ou a Natureza criaram-na, instituíram a política e a História, e que os humanos são seus instrumentos; ou, então, acreditam que fazem o que fazem e pensam o que pensam porque são indivíduos livres, autônomos e com poder para mudar o curso das coisas como e quando quiserem.

Por exemplo, quando alguém diz que uma pessoa é pobre porque quer, porque é preguiçosa, ou perdulária, ou ignorante, está imaginando que somos o que somos somente por nossa vontade, como se a organização e a estrutura da sociedade, da economia e da política não tivessem qualquer peso sobre nossas vidas. A mesma coisa acontece quando alguém diz ser pobre "pela vontade de Deus" e não por causas das condições concretas em que vive, ou quando faz uma afirmação racista, segundo a qual "a Natureza fez alguns superiores e outros inferiores".

A alienação social é o desconhecimento das condições histórico-sociais concretas em que vivemos, produzidas pela própria ação humana também sob o peso de outras condições históricas anteriores e determinadas. Há uma dupla alienação: por um lado, os humanos não se reconhecem como agentes e autores da vida social com suas instituições, mas, por outro lado e ao mesmo tempo, julgam-se indivíduos plenamente livres, capazes de mudar suas vidas individuais como e quando quiserem, apesar das instituições sociais e das condições históricas. No primeiro caso, não percebem que instituem a sociedade; no segundo caso, ignoram que a sociedade instituída determina seus pensamentos e ações.

As três formas da alienação

Podemos falar em três grandes formas de alienação existentes nas sociedades modernas ou capitalistas:

1. A alienação social, na qual os humanos não se reconhecem como produtores das instituições sociopolíticas e oscilam entre duas atitudes. Em uma delas, aceitam passivamente tudo o que existe, por ser tido como natural ou de origem divina; a sociedade é o outro (*alienus*), algo externo a nós, separado de nós, diferente de nós e com poder total sobre nós ou nenhum poder sobre nós. Na outra, os humanos se rebelam individualmente contra esse outro social, julgando que, por sua própria vontade e inteligência, podem mais do que a realidade que os condiciona e que ela não tem poder nenhum sobre nós.
2. A alienação econômica, na qual os produtores não se reconhecem como produtores, nem se reconhecem nos objetos produzidos por seu trabalho. Em nossas sociedades modernas ou capitalistas, a alienação econômica decorre da transformação de seres humanos em coisas, isto é, da transformação de uma classe social – os trabalhadores produtivos – em mercadoria.

   De fato, os trabalhadores, como classe social, estão despojados dos meios de produção, isto é, a propriedade dos meios de produção pertence privadamente a uma classe social que é a proprietária do capital (donos das terras, das indústrias, do comércio, dos bancos, das escolas, dos hospitais, das frotas de automóveis, de ônibus ou de aviões etc.), à qual os trabalhadores vendem sua força de trabalho. Vendendo sua força de trabalho no mercado da compra e venda de trabalho, os trabalhadores são mercadorias e, como toda mercadoria, recebem um preço, isto é, o salário. Entretanto, os trabalhadores não percebem que foram reduzidos à condição de coisas que produzem coisas; não percebem que foram desumanizados e coisificados. Os trabalhos produzem alimentos (pelo cultivo da terra e dos animais), objetos de consumo (pela indústria), instrumentos para a produção de outros trabalhos (máquinas), condições para a realização de outros trabalhos (transporte de matérias-primas, de produtos e de trabalhadores). A mercadoria-trabalhador produz mercadorias. Estas, ao deixarem as fazendas, as usinas, as fábricas, os escritórios e entrarem nas lojas, nas feiras, nos supermercados, nos shopping centers, parecem ali estar porque lá foram colocadas (não pensamos no trabalho humano que nelas está cristalizado e não pensamos no trabalho humano realizado para que chegassem até nós) e, como o trabalhador, elas também recebem um preço.

   O trabalhador vai às compras. Olha os preços e sabe que não poderá adquirir quase nada do que está exposto no comércio, mas não lhe passa pela cabeça que foi ele, não como indivíduo, e sim como classe social, quem produziu tudo aquilo com seu trabalho e que não pode ter os produtos porque o preço deles é muito mais alto do que o preço dele, isto é, que o seu salário.

Apesar disso, o trabalhador pode, cheio de orgulho, mostrar aos outros as coisas que ele fabrica, ou, se comerciário, que ele vende, aceitando não possuí-las, como se isso fosse muito justo e natural. As mercadorias deixam de ser percebidas como produtos do trabalho e passam a ser vistas como bens em si e por si mesmas (como a propaganda as mostra e oferece).

O trabalhador não se reconhece como produtor das mercadorias, não pode vê-las como cristalização de seu trabalho, de sua ação. Elas lhe aparecem separadas dele, exteriores a ele e podem mais do que ele: são outro (*alienus*), e não uma expressão da atividade do trabalhador.

3. A alienação intelectual, resultante da separação social entre trabalho material (que produz mercadorias) e trabalho intelectual (que produz ideias). A divisão social entre as duas modalidades de trabalho leva a crer que o trabalho material é uma tarefa que não exige conhecimentos, mas apenas habilidades manuais, enquanto o trabalho intelectual é responsável exclusivo pelos conhecimentos. Vivendo em uma sociedade alienada, os intelectuais também se alienam.

   Por um lado, esquecem ou ignoram que suas ideias estão ligadas às opiniões e aos pontos de vista da classe a que pertencem, isto é, a classe dominante, e imaginam, ao contrário, que são ideias universais, válidas para todos, em todos tempos e lugares. Por outro lado, esquecendo ou ignorando a origem social das ideias e seu próprio trabalho para criá-las, acreditam que as ideias existem em si e por si mesmas, independentemente do sujeito do conhecimento, criam a realidade e a controlam, dirigem e dominam. Pouco a pouco, passam a acreditar que as ideias se produzem umas às outras, são causas e efeitos umas das outras, e que somos apenas receptáculos delas ou instrumentos delas. As ideias se tornam separadas de seus autores, externas a eles, transcendentes a eles: tornam-se outro.

   As três grandes formas da alienação (social, econômica e intelectual) têm como causa a propriedade privada dos meios de produção, a divisão social das classes, a exploração econômica e a dominação política de uma classe social por outra (que é a classe dominante da sociedade). A partir do fenômeno da alienação, podemos compreender o que Marx denomina com a palavra *ideologia*.

A ideologia

A alienação social se exprime em uma “teoria” do conhecimento espontânea, formando o senso comum da sociedade. Por seu intermédio, são imaginadas explicações e justificativas para a realidade tal como é diretamente percebida e vivida.

Um exemplo desse senso comum aparece no caso da “explicação” da pobreza, em que o pobre é pobre por sua própria culpa (preguiça, ignorância) ou por vontade divina ou por inferioridade natural. Esse senso comum social, na verdade, é o resultado de uma elaboração intelectual sobre a realidade, feita pelos pensadores ou intelectuais da sociedade – sacerdotes, filósofos, cientistas, professores, escritores, jornalistas, artistas –, que descrevem e explicam o mundo a partir do ponto de vista da classe dominante de sua sociedade. Essa elaboração intelectual incorporada pelo senso comum social é a ideologia. Por meio dela, o ponto de vista, as opiniões e as ideias de uma das classes sociais – a dominante e dirigente – tornam-se o ponto de vista e a opinião de todas as classes e de toda a sociedade.

A função principal da ideologia é ocultar e dissimular as divisões sociais e políticas, dando-lhes a aparência de indivisão social e de diferenças naturais entre os seres humanos. Indivisão: apesar da divisão social das classes, somos levados a crer que somos todos iguais porque participamos da ideia de "humanidade", ou da ideia de "nação" e "pátria", ou da ideia de "raça" etc. Diferenças naturais: somos levados a crer que as desigualdades sociais, econômicas e políticas não são produzidas pela divisão social das classes, mas por diferenças individuais dos talentos e das capacidades, da inteligência, da força de vontade maior ou menor etc.

A produção ideológica da ilusão social tem como finalidade fazer que todas as classes sociais aceitem as condições em que vivem, julgando-as naturais, normais, corretas, justas, sem pretender transformá-las ou conhecê-las realmente, sem levar em conta que há uma contradição profunda entre as condições reais em que vivemos e as ideias.

Por exemplo, a ideologia afirma que somos todos cidadãos e, portanto, temos todos os mesmos direitos sociais, econômicos, políticos e culturais. No entanto, sabemos que isso não acontece de fato: as crianças sem infância não têm direitos; as pessoas idosas não têm direitos; os direitos culturais das crianças nas escolas públicas são inferiores aos das crianças que estão em escolas particulares, pois o ensino não é de mesma qualidade em ambas; os afrodescendentes, os indígenas e os migrantes são discriminados como inferiores; os LGBTQIAPN+ são perseguidos como pervertidos; etc.

A maioria, porém, acredita que o fato de ser eleitor, pagar as dívidas e contribuir com os impostos já nos faz cidadãos, sem considerar as condições concretas que fazem alguns serem mais cidadãos do que outros. A função da ideologia é impedir-nos de pensar nessas coisas.

Os procedimentos da ideologia

Como procede a ideologia para obter esse fantástico resultado? Em primeiro lugar, opera por inversão, isto é, coloca os efeitos no lugar das causas e transforma estas últimas em efeitos. Ela opera como o inconsciente: este fabrica imagens e sintomas; aquela fabrica ideias e falsas causalidades.

Por exemplo, afirma-se que existem realmente indivíduos e que, como tais, somos todos livres e iguais. Como, então, explicar a existência de classes sociais? Afirmando-se que estas dependem da escolaridade, das formas do consumo, dos hábitos cotidianos, e não que escolaridade, consumo e hábitos têm como causa a existência da divisão social das classes sociais. Essa inversão, em que o efeito aparece como causa e a causa como efeito, garante que fiquemos convencidos de nossa individualidade, da qual nossa classe social é um efeito e não a causa das diferenças, oposições, exclusões e desigualdades.

Outro exemplo: o senso comum social afirma que a mulher é um ser frágil, sensitivo, intuitivo, feito para as doçuras do lar e da maternidade e que, por isso, foi destinada, por natureza, para a vida doméstica, o cuidado do marido e da família. Assim, o "ser feminino" é colocado como causa da "função social feminina".

Ora, historicamente, o que ocorreu foi exatamente o contrário: na divisão sexual-social do trabalho e na divisão dos poderes no interior da família, atribuiu-se à mulher um lugar levando-se em conta o lugar masculino; como este era o lugar do domínio, da autoridade e do poder, deu-se à mulher o lugar subordinado e auxiliar, a função complementar, e, visto que o número de braços para o trabalho e para a guerra aumentava o poderio do chefe da família e chefe militar, a função reprodutora da mulher tornou-se imprescindível, trazendo como consequência sua designação prioritária para a maternidade.

Estabelecidas essas condições sociais, era preciso persuadir as mulheres de que seu lugar e sua função não provinham do modo de organização social, mas da Natureza, e eram excelentes e desejáveis. Para isso, montou-se a ideologia do "ser feminino" e da "função feminina" como naturais, e não como históricos e sociais. Como se observa, uma vez implantada uma ideologia, passamos a tomar os efeitos pelas causas.

A segunda maneira de operar da ideologia é a produção do imaginário social, por meio da imaginação reprodutora. Recolhendo as imagens diretas e imediatas da experiência social (isto é, do modo como vivemos as relações sociais), a ideologia as reproduz, mas transformando-as em um conjunto coerente, lógico e sistemático de ideias que funcionam em dois registros: como representações da realidade (sistema explicativo ou teórico) e como normas e regras de conduta e comportamento (sistema prescritivo de normas e valores). Representações, normas e valores formam um tecido de imagens que explicam toda a realidade e prescrevem para toda a sociedade o que ela deve e como deve pensar, falar, sentir e agir. A ideologia assegura, a todos, modos de entender a realidade e de se comportar nela ou diante dela, eliminando dúvidas, ansiedades, angústias, admirações, ocultando as contradições da vida social, bem como as contradições entre esta e as ideias que supostamente a explicam e controlam.

Enfim, uma terceira maneira de operação da ideologia é o uso do silêncio. Um imaginário social se parece com uma frase onde nem tudo é dito, nem pode ser dito, porque, se tudo fosse dito, a frase perderia a coerência, tornar-se-ia incoerente e contraditória e ninguém acreditaria nela. A coerência e a unidade do imaginário social ou ideologia vêm, portanto, do que é silenciado.

Por exemplo: suponhamos (de maneira extremamente simplificada) que o preço de um metro de tecido de algodão seja vendido no mercado por 10 reais e que um trabalhador levou 5 horas para produzi-lo, mas, em lugar de receber os 10 reais, recebe 3 reais como salário. Onde estão os 7 reais restantes? Nas mãos do proprietário da fábrica. Portanto, o que está sendo silenciado? Em primeiro lugar, que proprietário enriquece com a parte não paga do trabalho; e, em segundo, que a afirmação de que o salário é o preço justo do trabalho é falsa.

Tomemos outro exemplo: a ideologia afirma que o adultério feminino é crime (tanto assim que homens que matam suas esposas e os amantes delas são considerados inocentes porque praticaram um ato em nome da honra), que a virgindade feminina é preciosa e que a homossexualidade é uma perversão e uma doença grave (tão grave que, para alguns, Deus resolveu punir os homossexuais enviando a peste, isto é, a Aids). O que está sendo silenciado pela ideologia? Os motivos pelos quais, em nossa sociedade, o vínculo entre sexo e procriação é tão importante (coisa que não acontece em todas as sociedades, mas apenas em algumas, como a nossa). Nossa sociedade exige a procriação legítima e legal – a que se realiza pelos laços do casamento –, porque ela garante, para a classe dominante, a transmissão do capital aos herdeiros. Assim sendo, o adultério feminino e a perda da virgindade são perigosos para o capital e para a transmissão legal da riqueza; por isso, o primeiro se torna crime e a segunda é valorizada como virtude suprema das mulheres jovens.

Como são justificados a perseguição e os preconceitos contra os LGBTQIAPN+? Dizendo-se que isso decorre do fato de que nossa sociedade não tolera "desvios sexuais". Ora, o que está sendo silenciado, além da violência em si do preconceito e da perseguição? Que, na sociedade capitalista, a reprodução da força de trabalho se faz pelo aumento do número de trabalhadores e, portanto, a procriação é considerada fundamental para o aumento do capital que precisa da mão de obra. Por esse motivo, toda sexualidade que não se realizar com finalidade reprodutiva será considerada anormal, perversa e doentia, donde a condenação da homossexualidade.

A ideologia perderia sua força e coerência se dissesse essas coisas, por isso as silencia.

Ideologia e inconsciente

A ideologia se assemelha a alguns aspectos do inconsciente psicanalítico. Há, pelo menos, três semelhanças principais entre eles, quais sejam:

1. o fato de que adotamos crenças, opiniões, ideias sem saber de onde vieram, sem pensar em suas causas e motivos, sem avaliar se são ou não coerentes e verdadeiras;
2. ideologia e inconsciente operam por meio do imaginário (as representações e regras saídas da experiência imediata) e do silêncio, realizando-se indiretamente perante a consciência. Falamos, agimos, pensamos, temos comportamentos e práticas que nos parecem perfeitamente naturais e racionais porque a sociedade os repete, os aceita, os incute em nós pela família, pela escola, pelos livros, pelos meios de comunicação, pelas relações de trabalho, pelas práticas políticas. Um véu de imagens estabelecidas interpõe-se entre a nossa consciência e a realidade;
3. inconsciente e ideologia não são deliberações voluntárias. O inconsciente precisa de imagens, substitutos, sonhos, lapsos, atos falhos, sintomas, sublimação para manifestar-se e, ao mesmo tempo, esconder-se da consciência. A ideologia

precisa das ideias-imagens, da inversão de causas e efeitos, do silêncio para manifestar os interesses da classe dominante e escondê-los como interesse de uma única classe social.

Erguendo o véu, tirando a máscara

Diante do poder do inconsciente e da ideologia, poderíamos ser levados a "entregar os pontos", dizendo: Para que tanto esforço na teoria do conhecimento, se, afinal, tudo é ilusão, véu e máscara? Para que compreender a atividade da consciência, se ela é a "pobre coitada", espremida entre o id e o superego, esmagada entre a classe dominante e os ideólogos?

Todavia, outra pergunta também é possível: como, sendo a consciência tão frágil, o inconsciente e a ideologia tão poderosos, Freud e Marx chegaram a conhecê-los, explicar seus modos de funcionamento e suas finalidades?

No caso de Freud, foram a prática médica e a busca de uma técnica terapêutica para indivíduos, que permitiram a descoberta do inconsciente e o trabalho teórico de onde nasceu a psicanálise. No caso de Marx, foi a decisão de compreender a realidade a partir da prática política de uma classe social (os trabalhadores), que permitiu a percepção dos mecanismos de dominação e exploração sociais, de onde surgiu a formulação teórica da ideologia.

A busca da cura dos sofrimentos psíquicos, em Freud, e a luta pela emancipação dos explorados, em Marx, criaram condições para uma tomada de consciência pela qual o sujeito do conhecimento pôde recomeçar a crítica das ilusões e dos preconceitos que iniciara desde a Grécia, mas, agora, como crítica de suas próprias ilusões e preconceitos.

Em lugar de invalidar a razão, a reflexão, o pensamento e a busca da verdade, as descobertas do inconsciente e da ideologia fizeram o sujeito do conhecimento conhecer as condições – psíquicas, sociais, históricas – nas quais o conhecimento e o pensamento se realizam.

CAPÍTULO 6

A Lógica

O nascimento da Lógica

É lógico!

"É lógico que vou!", "Lógico que ela disse isso!". Quando dizemos frases como essas, a expressão "É lógico que" indica, para nós e para a pessoa com quem estamos falando, que se trata de alguma coisa evidente. A expressão aparece como se fosse a conclusão de um raciocínio implícito, compartilhado pelos interlocutores do discurso. Ao dizer "É lógico que vou!", estou supondo que quem me ouve sabe, sem que isso seja dito explicitamente, que também estou afirmando: "Você me conhece, sabe o que penso, gosto ou quero, sabe o que vai acontecer no lugar *x* e na hora *y* e, *portanto*, não há dúvida de que irei até lá".

Ao dizer "É lógico que ela disse isso!", a situação é semelhante. A expressão seria a conclusão de algo que eu e a outra pessoa sabemos, como se eu estivesse dizendo: "Sabendo quem ela é, o que pensa, gosta, quer, o que costuma dizer e fazer, e vendo o que está acontecendo agora, *concluo* que é evidente que ela disse isso, pois era de se esperar que ela o dissesse".

Nesses casos, estamos tirando uma conclusão que nos parece óbvia, e dizer "é lógico que" seria o mesmo que dizer: "é claro que" ou "não há dúvida de que".

Em certas ocasiões, ouvimos, lemos, vemos alguma coisa e nossa reação é dizer: "Não. Não pode ser assim. Isso não tem lógica!"; ou, então: "Isso não é lógico!". Essas duas expressões indicam uma situação oposta às anteriores, ou seja, agora uma conclusão foi tirada por alguém, mas o que já sabemos (de uma pessoa, de um fato, de uma ideia, de um livro) nos faz julgar que a conclusão é indevida, está errada, deveria ser outra. É possível também que as duas expressões estejam indicando que o conhecimento que possuímos sobre alguma coisa, sobre alguém ou sobre um fato não é suficiente para compreendermos o que estamos ouvindo, vendo, lendo, e, por isso, nos parece "não ter lógica".

Nesses vários exemplos, podemos perceber que as palavras *lógica* e *lógico* são usadas por nós para significar:

1. ou uma inferência: visto que conheço *x*, disso posso concluir *y* como consequência;
2. ou a exigência de coerência: visto que *x* é assim, então é preciso que *y* seja assim;
3. ou a exigência de não haja contradição entre o que sabemos de *x* e a conclusão *y* a que chegamos;
4. ou a exigência de que, para entendermos a conclusão *y*, precisamos saber o suficiente sobre *x* para conhecermos por que chegamos a *y*.

Inferência, coerência, conclusão sem contradições, conclusão a partir de conhecimentos suficientes são algumas noções implicitamente pressupostas por nós toda vez que afirmamos que algo é lógico ou ilógico.

Ao usarmos as palavras *lógica* e *lógico*, estamos participando de uma tradição de pensamento que se origina da Filosofia grega, quando a palavra *lógos* – significando linguagem-discurso e pensamento-conhecimento – conduziu os filósofos a indagar se o *lógos* obedecia ou não a regras, possuía ou não normas, princípios e critérios para seu uso e funcionamento. A disciplina filosófica que se ocupa com essas questões chama-se *Lógica*.

O nascimento da Lógica como disciplina filosófica

Lembremos a riqueza semântica da palavra grega *lógos*: palavra, discurso articulado, pensamento verdadeiro, razão. Diríamos em português: linguagem pensante; pensamento falante.

Quando estudamos o nascimento da Filosofia, vimos que os primeiros filósofos se preocupavam com a origem, a transformação e o desaparecimento de todas as coisas, isto é, preocupavam-se com o vir a ser das coisas ou o *devir*. Vimos também a oposição entre dois dos maiores pré-socráticos: Heráclito e Parmênides.

Para Heráclito, nossos órgãos dos sentidos percebem as coisas como se fossem estáveis, idênticas a si mesmas, porém, pelo pensamento, compreendemos que a natureza ou o mundo é um fluxo contínuo no qual nada permanece idêntico a si mesmo, tudo sempre se transforma no seu contrário e a luta dos contrários é a harmonia do cosmo. O *lógos* é a mudança eterna, por isso dizia Heráclito que a guerra dos contrários é "o pai de todas as coisas".

Em contrapartida, para Parmênides, nossos órgãos dos sentidos nos dão a ilusão do devir contínuo, da mudança das coisas em seus contrários, porém, pelo pensamento compreendemos que o Ser é sempre idêntico a si mesmo, imutável, imperecível e que o devir é aparência e ilusão, o Não Ser. A mudança é impossível do ponto de vista do pensamento verdadeiro porque significa que a contradição é real e a identidade irreal. O Ser é o *lógos*, e concluía Parmênides: "O Ser é. O Não Ser não é".

O que subjaz à diferença entre Heráclito e Parmênides é a afirmação da mudança, pelo primeiro, e a recusa da mudança, pelo segundo. Contudo, o que ambos têm em comum é a afirmação de que o conhecimento sensorial é ilusório e somente o conhecimento intelectual é verdadeiro. Por isso, podemos dizer que a história da filosofia grega é um esforço gigantesco para resolver o impasse trazido pelos dois pré-socráticos e encontrar uma maneira pela qual tanto a mudança quanto a permanência pudessem ser verdadeiramente conhecidas. Essa busca terá como uma de suas consequências o nascimento da Lógica.

A dialética platônica

Platão partiu da distinção entre aparência e realidade, ilusão e verdade, opinião e ideia verdadeira.

Podemos passar do mundo sensível das aparências e opiniões ao mundo inteligível da verdade? Sim, responde Platão. Como? Por meio de um método chamado *dialética* (palavra composta do prefixo *día*, que quer dizer dois, dividido, e da terminação *lética*, derivada de *lógos*).

Como a própria palavra indica, *dialética* é um diálogo, um discurso compartilhado por dois interlocutores, ou uma conversa em que cada um possui opiniões opostas sobre alguma coisa e devem discutir ou argumentar para ultrapassar essas opiniões contrárias e chegar à unidade de uma ideia que é a mesma para ambos e para todos os que buscam a verdade. Devem passar de *imagens* contraditórias a *conceitos* idênticos para todos os pensantes

A dialética platônica é um procedimento que parte de alguma coisa que deve ser separada ou dividida em dois ou em duas partes contrárias ou opostas, de modo que se conheça sua contradição e se possa determinar qual dos contrários é verdadeiro e qual é falso. Por exemplo: "o Ser é uno" – "o Ser é múltiplo"; "o Ser é imutável" – "o Ser é mutável". Em cada divisão surge um par de contrários que devem ser novamente divididos até que não seja possível continuar a dividir e se chegue a um termo indivisível, isto é, não formado por nenhuma oposição ou contradição. Este último termo, indivisível, sem contradições, perfeitamente idêntico a si mesmo é a *ideia verdadeira* ou a *essência* da coisa investigada. Superar os contraditórios e chegar ao que é sempre idêntico a si mesmo é a tarefa da discussão dialética.

A Analítica ou Lógica aristotélica

Aristóteles segue uma via diferente da escolhida por Platão.

Em primeiro lugar, considera desnecessário separar realidade e aparência em dois mundos diferentes – há um único mundo no qual existem aparências e essências – e não aceita que a mudança ou o devir seja mera aparência ilusória. Há seres cuja essência é mudar e há seres cuja essência é imutável. A mudança ou transformação não é uma contradição impensável, e sim a maneira pela qual as coisas naturais realizam todas as potencialidades contidas em seu ser cuja identidade o pensamento pode conhecer. Assim, por exemplo, quando a criança se torna adulta ou quando a semente se torna árvore, nenhuma delas tornou-se contrária a si mesma, mas desenvolveu uma potencialidade definida pela identidade própria de sua essência ou de seu ser. Cabe à Filosofia conhecer como e por que as coisas, sem mudarem de essência, transformam-se, assim como cabe à Filosofia conhecer como e por que também há seres imutáveis.

Em segundo lugar, Aristóteles considera que a dialética não é um procedimento seguro para o pensamento e a linguagem da Filosofia e da ciência, pois tem como ponto de partida as meras opiniões contrárias dos debatedores, e a escolha de uma opinião contra outra não garante que se possa chegar à essência da coisa investigada. A dialética, diz Aristóteles, é boa para as disputas oratórias da política e do teatro, para a *retórica*, pois esta tem como finalidade persuadir alguém, oferecendo argumentos fortes que convençam o oponente e os ouvintes. É adequada para os assuntos sobre os quais só existem opiniões e nos quais só cabe a persuasão, mas não para a Filosofia e a ciência, porque, nestas, interessa a demonstração ou a prova de uma verdade.

Substituindo a dialética por um conjunto de procedimentos de demonstração e prova, Aristóteles criou a *Lógica* propriamente dita, que ele chamava de *Analítica* (a palavra *lógica* só será empregada séculos mais tarde).

Aristóteles e os elementos da Lógica

Principais características da Lógica

Vimos que Aristóteles propôs a primeira classificação geral dos conhecimentos ou das ciências, mas nela não encontramos a Lógica porque, para ele, a Lógica não era uma ciência teorética, nem prática ou produtiva, mas um *instrumento* para a elaboração correta de todas as formas de saber. Eis por que o conjunto das obras lógicas aristotélicas recebeu o nome de *Órganon*, palavra grega que significa instrumento.

Um estudioso do *Órganon* verá que a lógica aristotélica possui as seguintes características:

- *instrumental*: é o instrumento do pensamento e da linguagem para pensar e dizer corretamente e verificar a correção do que está sendo pensado e dito;
- *formal*: não se ocupa com os conteúdos pensados ou com os objetos referidos pelo pensamento, mas apenas com a forma geral dos pensamentos, expressa por meio da linguagem;
- *propedêutica*, isto é, preliminar: é o que devemos conhecer antes de iniciar uma investigação científica ou filosófica, pois somente ela pode indicar os procedimentos (métodos, raciocínios, demonstrações) que devemos empregar para cada modalidade de conhecimento;

- *normativa*: fornece princípios, leis, regras e normas que todo pensamento deve seguir se quiser ser verdadeiro;
- *doutrina da prova*: estabelece as condições e os fundamentos necessários de todas as demonstrações. Dada uma hipótese, permite verificar as consequências necessárias que dela decorrem; dada uma conclusão, permite verificar se é verdadeira ou falsa;
- *geral e atemporal*: as formas do pensamento, seus princípios e suas leis não dependem do tempo e do lugar, nem das pessoas e circunstâncias, mas são universais, necessárias e imutáveis.

O objeto da Lógica é a *proposição*, que, por meio da linguagem, exprime os *juízos* formulados pelo pensamento. A proposição é a atribuição de um predicado a um sujeito: *S* é *P*. E também a negação de um predicado a um sujeito: *S* não é *P*.

O encadeamento dos juízos constitui o *raciocínio* e este se exprime logicamente por meio da conexão de proposições; essa conexão chama-se *silogismo*.

A Lógica estuda os elementos que constituem uma proposição, os tipos de proposições e de silogismos e os princípios necessários a que toda proposição e todo silogismo devem obedecer para serem verdadeiros.

A proposição

Uma proposição é constituída por elementos que são seus *termos*.

Aristóteles define os termos ou *categorias* como "aquilo que serve para designar uma coisa". São palavras não combinadas com outras e que aparecem em tudo quanto pensamos e dizemos. Há dez categorias ou termos:

1. substância (por exemplo, homem, Sócrates, animal);
2. quantidade (por exemplo, grande, pequeno, dois metros de comprimento);
3. qualidade (por exemplo, branco, grego, agradável, doce, amargo);
4. relação (por exemplo, o dobro, a metade, maior do que, menor do que);
5. lugar (por exemplo, em casa, na rua, no alto, embaixo, acima, dentro, fora);
6. tempo (por exemplo, ontem, hoje, amanhã, agora, antes, depois);
7. posição (por exemplo, sentado, deitado, de pé);
8. posse (por exemplo, armado, isto é, tendo armas; poderoso, isto é, tendo poder);
9. ação (por exemplo, corta, fere, derrama – de modo geral, a voz ativa de todos os verbos);
10. paixão ou passividade (por exemplo, está cortado, está ferido – de modo geral, a voz passiva de todos os verbos).

As categorias ou termos indicam o que uma coisa é ou faz, ou como está. São aquilo que nossa percepção e nosso pensamento captam imediata e diretamente em uma coisa, não precisando de qualquer demonstração, pois nos dão a apreensão direta de uma entidade simples. Possuem duas propriedades lógicas: a *extensão* e a *compreensão*.

Extensão é o conjunto de objetos designados por um termo ou uma categoria. *Compreensão* é o conjunto de propriedades que esse mesmo termo ou essa categoria designa.

Por exemplo: uso a palavra *homem* para designar Pedro, Paulo, Sócrates, e uso a palavra *metal* para designar ouro, ferro, prata e cobre. A *extensão* do termo *homem* será o conjunto de todos os seres que podem ser designados por ele e que podem ser chamados de homens; a *extensão* do termo *metal* será o conjunto de todos os seres que podem ser designados como metais. Se, porém, tomarmos o termo *homem* e dissermos que é um animal, vertebrado, mamífero, bípede, mortal e racional, essas qualidades formarão sua *compreensão*. Se tomarmos o termo *metal* e dissermos que é um bom condutor de calor, reflete a luz etc., teremos a *compreensão* desse termo.

Quanto maior a extensão de um termo, menor sua compreensão, e quanto maior a compreensão, menor a extensão. Se, por exemplo, tomarmos o termo *Sócrates*, veremos que sua extensão é a menor possível, pois se refere a um único ser; no entanto, sua compreensão é a maior possível, pois possui todas as propriedades do termo *homem* e mais suas próprias propriedades como uma pessoa determinada. Essa distinção permite classificar os termos ou as categorias em três tipos:

1. *gênero*: extensão maior, compreensão menor. Exemplo: animal;
2. *espécie*: extensão média e compreensão média. Exemplo: homem;
3. *indivíduo*: extensão menor, compreensão maior. Exemplo: Sócrates.

Na proposição, a categoria da substância é o *sujeito* (*S*) e as demais categorias são os *predicados* (*P*) atribuídos a um sujeito. A atribuição ou predicação se faz por meio do verbo de ligação *ser*. Exemplo: Pedro *é* alto.

A proposição é um *discurso declarativo* que enuncia ou declara verbalmente o que foi pensado e relacionado pelo juízo. A proposição reúne ou separa verbalmente o que o juízo reuniu ou separou mentalmente.

A reunião de termos se faz pela *afirmação*: *S* é *P*. A separação se faz pela *negação*: *S* não é *P*.

A reunião ou separação dos termos é considerada verdadeira ou recebe a denominação de *verdade* quando o que foi reunido ou separado em pensamento e na linguagem está efetivamente reunido ou separado na realidade. Em contrapartida, a reunião ou separação dos termos é considerada falsa ou recebe a denominação de *falsidade* quando o que foi reunido ou separado em pensamento e na linguagem não está efetivamente reunido ou separado na realidade.

Do ponto de vista do *sujeito* (*S*), há dois tipos de proposições:

1. proposição *existencial*: declara a existência, posição, ação ou paixão do sujeito. Por exemplo: "Um homem é (existe)", "Um homem anda", "Um homem está ferido". E suas negativas: "Um homem não é (não existe)", "Um homem não anda", "Um homem não está ferido";
2. proposição *predicativa*: declara a atribuição de alguma coisa a um sujeito por meio da cópula *é*. Por exemplo: "Um homem é justo", "Um homem não é justo".

As proposições se classificam segundo a qualidade e a quantidade.

Do ponto de vista da qualidade, as proposições se dividem em:

- *afirmativas*: as que atribuem alguma coisa a um sujeito: *S* é *P*;
- *negativas*: as que separam o sujeito de alguma coisa: *S* não é *P*.

Do ponto de vista da quantidade, as proposições se dividem em:

- *universais*: quando o predicado se refere à extensão total do sujeito, afirmativamente (*Todos* os S são P) ou negativamente (*Nenhum* S é P);
- *particulares*: quando o predicado é atribuído a uma parte da extensão do sujeito, afirmativamente (*Alguns S* são *P*) ou negativamente (*Alguns S* não são *P*);
- *singulares*: quando o predicado é atribuído a um único indivíduo, afirmativamente (*Este S* é *P*) ou negativamente (*Este S* não é *P*).

Além da distinção pela qualidade e pela quantidade, as proposições se distinguem pela *modalidade*, sendo classificadas como:

- *necessárias*: quando o predicado está incluído necessariamente na essência do sujeito, fazendo parte dessa essência. Por exemplo: "Todo triângulo é uma figura de três lados", "Todo homem é mortal";
- *não necessárias ou impossíveis*: quando o predicado não pode, de modo algum, ser atribuído ao sujeito. Por exemplo: "Nenhum triângulo é figura de quatro lados", "Nenhum planeta é um astro com luz própria";
- *possíveis*: quando o predicado pode ser ou deixar de ser atribuído ao sujeito. Por exemplo: "Alguns homens são justos".

Como todo pensamento e todo juízo, a proposição está submetida aos três *princípios lógicos* fundamentais, condições de toda verdade, isto é, os princípios de identidade, de não contradição e de terceiro excluído, que vimos ao estudar a razão. Graças a esses princípios, obtemos a última maneira pela qual as proposições se distinguem. Trata-se da classificação das proposições segundo a *relação*:

- *contraditórias*: quando temos o mesmo sujeito e o mesmo predicado, uma das proposições é universal afirmativa (Todos os *S* são *P*) e a outra é particular negativa (Alguns *S* não são *P*); ou quando temos uma universal negativa (Nenhum *S* é *P*) e uma particular afirmativa (Alguns *S* são *P*). Por exemplo: "Todos os homens são mortais" e "Alguns homens não são mortais". Ou então: "Nenhum homem é imortal" e "Alguns homens são imortais";
- *contrárias*: quando, tendo o mesmo sujeito e o mesmo predicado, uma das proposições é universal afirmativa (Todo *S* é *P*) e a outra é universal negativa (Nenhum *S* é *P*); ou quando uma das proposições é particular afirmativa (Alguns *S* são *P*) e a outra é particular negativa (Alguns *S* não são *P*). Por exemplo: "Todas as estrelas são astros com luz própria" e "Nenhuma estrela é um astro com luz própria". Ou então: "Alguns homens são justos" e "Alguns homens não são justos";
- *subalternas*: quando uma universal afirmativa subordina uma particular afirmativa de mesmo sujeito e predicado, ou quando uma universal negativa subordina uma particular negativa de mesmo sujeito e predicado. Por exemplo: "Todos os metais são pesados", "O ferro é pesado".

Quando a proposição é universal e necessária (seja afirmativa, seja negativa), diz-se que ela declara um *juízo apodítico*. Quando a proposição é universal possível ou particular possível (afirmativa ou negativa), diz-se que ela declara um *juízo hipotético*, cuja formulação é: Se... então... Quando a proposição é universal ou particular (afirmativa ou negativa) e comporta uma alternativa que depende dos acontecimentos ou das circunstâncias, diz-se que ela declara um *juízo disjuntivo*, cuja formulação é: Ou... ou...

Assim, a proposição "Todos os homens são mortais" e a proposição "Nenhum triângulo é uma figura de quatro lados" são apodíticas. A proposição "Se a educação for boa, ele será virtuoso" é hipotética. A proposição "Ou choverá amanhã ou não choverá amanhã" é disjuntiva.

O silogismo

Aristóteles elaborou uma teoria do raciocínio como *inferência*. Inferir é obter uma proposição como conclusão de uma outra ou de várias outras proposições que a antecedem e são sua explicação ou sua causa. O raciocínio realiza inferências.

O raciocínio é uma operação do pensamento realizada por meio de juízos e enunciada por meio de proposições encadeadas, formando um *silogismo*.

Raciocínio e silogismo são operações *mediatas* de conhecimento, pois inferência significa que só conhecemos alguma coisa (a conclusão) por meio ou pela mediação de outras coisas. Em outras palavras, o raciocínio e o silogismo diferem da intuição, que, como vimos, é um conhecimento direto ou imediato de alguma coisa ou de alguma verdade.

A teoria aristotélica do silogismo é o coração da Lógica, pois é a teoria das demonstrações ou das provas, da qual depende o pensamento científico e filosófico.

O silogismo possui três características principais:

1. é *mediato*: exige um percurso de pensamento e de linguagem para que se possa chegar a uma conclusão;
2. é *demonstrativo (dedutivo ou indutivo)*: é um movimento de pensamento e de linguagem que parte de certas afirmações verdadeiras para chegar a outras também verdadeiras e que dependem necessariamente das primeiras;
3. é *necessário*: porque é demonstrativo (as consequências a que se chega na conclusão resultam necessariamente da verdade do ponto de partida). Por isso, Aristóteles considera o silogismo que parte de proposições apodíticas superior ao que parte de proposições hipotéticas ou possíveis, designando-o com o nome de *ostensivo*, pois ostenta ou mostra claramente a relação necessária e verdadeira entre o ponto de partida e a conclusão. O exemplo mais famoso do silogismo ostensivo é: Todos os homens são mortais. Sócrates é homem. Logo, Sócrates é mortal.

Um silogismo é constituído por três proposições.

A primeira é chamada de *premissa maior* (no nosso exemplo, *Todos os homens são mortais*); a segunda, de *premissa menor* (no nosso exemplo, *Sócrates é homem*); e a terceira, de *conclusão* (no nosso exemplo, *Sócrates é mortal*).

A conclusão é inferida das premissas pela mediação de um termo chamado *termo médio* (no nosso exemplo, o termo médio é *homem*). As premissas possuem termos chamados *extremos*, havendo um *extremo maior* (no nosso exemplo, *mortais*) e um *extremo menor* (no nosso exemplo, *Sócrates*), e a função do termo médio é ligar os extremos. Essa ligação é a inferência e sem ela não há raciocínio nem demonstração. Por isso, a arte do silogismo consiste em saber encontrar o termo médio que ligará os extremos e permitirá chegar à conclusão. Aristóteles dizia que em toda ciência, afora o conhecimento intuitivo de seus princípios necessários, o ponto mais importante era o conhecimento dos termos médios que permitiam encadear as premissas à conclusão, isto é, articular uma afirmação ou negação particular às suas condições universais.

O silogismo, para permitir a chegada a uma conclusão verdadeira ou a realização de uma inferência correta, deve obedecer a um conjunto complexo de regras. Dessas regras, apresentaremos as mais importantes, tomando como referência o silogismo clássico que oferecemos *supra*:

- a *premissa maior* deve conter o termo extremo maior (no caso, “mortais”) e o termo médio (no caso, “homens”);
- a *premissa menor* deve conter o termo extremo menor (no caso, “Sócrates”) e o termo médio (no caso, “homem”);
- a *conclusão* deve conter o maior e o menor e *jamais* deve conter o termo médio (no caso, deve conter “Sócrates” e “mortal” e jamais deve conter “homem”).

> Sendo função do médio ligar os extremos, deve estar nas premissas, mas nunca na conclusão.

A ideia geral da inferência silogística é:

A é verdade de B.

B é verdade de C.

Logo, A é verdade de C.

A inferência silogística também é feita com negativas:

Nenhum anjo é mortal. (A é verdade de B.)

Miguel é anjo. (B é verdade de C.)

Logo, Miguel não é mortal. (A é verdade de C.)

A proposição é uma predicação ou atribuição. As premissas fazem a atribuição afirmativa ou negativa do predicado ao sujeito, estabelecendo a inclusão ou exclusão do médio no maior e a inclusão ou exclusão do menor no médio. Graças a essa dupla inclusão ou exclusão, o menor estará incluído ou excluído do maior.

Por ser um sistema de inclusões (ou exclusões) entre sujeitos e predicados, o silogismo é a declaração da *inerência* do predicado ao sujeito (inerência afirmativa, quando o predicado está incluído no sujeito; inerência negativa, quando o predicado está excluído do sujeito). A ciência é a investigação dessas inerências, por meio das quais se alcança a essência do objeto investigado.

O silogismo científico

Aristóteles distingue dois grandes tipos de silogismos: os *dialéticos* e os *científicos*.

Os primeiros são aqueles cujas premissas se referem ao que é apenas possível ou provável, ao que pode ser de uma maneira ou de uma maneira contrária e oposta, ao que pode acontecer ou deixar de acontecer. Suas premissas são hipotéticas e, por isso, sua conclusão também é hipotética.

O silogismo dialético é o que comporta argumentações contrárias, porque suas premissas são meras opiniões sobre coisas ou fatos possíveis ou prováveis. As opiniões não são objetos de ciência, mas de persuasão. A dialética é uma discussão entre opiniões contrárias que oferecem argumentos contrários, vencendo aquele argumento cuja conclusão for mais persuasiva do que a do adversário. O silogismo dialético é próprio da *Retórica*, ou arte da persuasão, na qual aquele que fala procura tocar as emoções e paixões dos ouvintes, e não o raciocínio ou a inteligência deles.

O silogismo científico é aquele que se refere ao que é universal e necessário, ao que é de uma maneira e não pode deixar de ser tal como é, ao que acontece sempre e sempre acontece da mesma maneira. Suas premissas são apodíticas e sua conclusão também é apodítica. É o silogismo da Filosofia. Assim, de acordo com a classificação aristotélica do saber, é o silogismo próprio a todas as ciências (teoréticas, práticas e produtivas), cujo conjunto é a Filosofia.

O silogismo científico não admite premissas contraditórias. Suas premissas são universais necessárias e sua conclusão não admite discussão ou refutação, mas exige demonstração. Por esse motivo, o silogismo científico deve obedecer a quatro regras, sem as quais sua demonstração não terá valor:

1. as premissas devem ser verdadeiras (não podem ser possíveis ou prováveis, nem falsas);
2. as premissas devem ser primárias ou primeiras, isto é, indemonstráveis, pois, se tivermos que demonstrar as premissas, teremos que ir de regressão em regressão, indefinidamente, e nada demonstraremos;
3. as premissas devem ser mais inteligíveis do que a conclusão, pois a verdade desta última depende inteiramente da absoluta clareza e compreensão que tenhamos das suas condições, isto é, das premissas;
4. as premissas devem ser causa da conclusão, isto é, devem estabelecer as coisas ou os fatos que causam a conclusão e que a explicam, de tal maneira que, ao conhecê-las, estamos obedecendo as causas da conclusão. Esta regra é da maior importância porque, para Aristóteles, conhecer é conhecer as causas ou pelas causas.

O que são as premissas de um silogismo científico? São verdades indemonstráveis, evidentes e causais. São de três tipos:

1. *axiomas*, isto é, verdades indemonstráveis que servem de base para todas as demonstrações de uma ciência. Por exemplo, os três princípios lógicos; afirmações do tipo "O todo é maior do que as partes";
2. *postulados*, isto é, os pressupostos de que se vale uma ciência para iniciar o estudo de seus objetos. Por exemplo, o espaço plano, na geometria; o movimento e o repouso, na física;
3. *definições* do objeto da ciência investigada ou do *gênero* de objetos que ela investiga. A definição deve dizer o que a coisa estudada é, como é, por que é, sob quais condições ela é (a definição deve dar o *que*, o *como*, o *porquê* e o *se* da coisa investigada, que é o sujeito da proposição). Eis por que, para Aristóteles, *as definições são as premissas mais importantes de uma ciência.*

A definição está referida ao termo médio, pois é ele que pode preencher as quatro exigências (que, como, por que, se) e é por seu intermédio que o silogismo alcança o *conceito* da coisa investigada. Mediante o termo médio, a definição oferece o conceito da coisa por meio das categorias (substância, quantidade, qualidade, lugar, tempo, relação, posse, ação, paixão, posição) e da inclusão necessária do indivíduo na espécie e no gênero.

O conceito nos oferece a *essência* da coisa investigada (suas propriedades necessárias ou essenciais) e o termo médio é o *atributo essencial* para chegar à definição. Por isso, a definição consiste em encontrar para um sujeito (uma substância) seus atributos essenciais (seus predicados). Um atributo é essencial quando faz uma coisa ser o que ela é, ou cuja ausência impediria a coisa de ser tal como é ("mortal" é um atributo essencial de Sócrates). Um atributo é acidental quando sua presença ou sua ausência não afetam a essência da coisa ("gordo" é um atributo acidental de Sócrates). O silogismo científico não lida com os predicados ou atributos acidentais.

A ciência é um conhecimento que vai de seu gênero mais alto às suas espécies mais singulares. A passagem do gênero à espécie singular se faz por uma cadeia dedutiva ou cadeia silogística, na qual cada espécie funciona como gênero para suas subordinadas e cada uma delas se distingue das outras por uma *diferença específica. Definir é encontrar a diferença específica entre seres do mesmo gênero.*

O legado aristotélico

Quem estuda a filosofia e a ciência até os meados do século XVII, verá que Aristóteles permaneceu a referência fundamental das elaborações dos pensadores e, mesmo quando sua *Analítica* foi, pouco a pouco, superada ou modificada, suas ideias sobre a necessidade de construção normativa do conhecimento verdadeiro permaneceram como exigência filosófico-científica.

A Lógica depois de Aristóteles

Até meados do século XVII, a Lógica era considerada uma *arte de pensar*. Arte porque não era em si mesma um conhecimento, mas uma técnica para o conhecimento verdadeiro. Lembremos que *ars*, em latim, é a tradução para o grego *techné*, portanto não se refere ao que hoje entendemos por belas-artes, mas incluía tudo aquilo que Aristóteles colocara como saber produtivo, tais como medicina - produz saúde -, agricultura - que produz alimentos -, retórica - que produz persuasão, enfim, todos os ofícios, incluindo o que viríamos a chamar de belas-artes, que produzem beleza. No caso da Lógica, produção de proposições, juízos e inferências verdadeiros.

A ruptura com a Analítica aristotélica se deu a partir do momento em que se inicia a busca de uma lógica perfeita inspirada na linguagem matemática. Essa busca surgiu com a Filosofia Moderna do século XVII, particularmente com o filósofo e matemático alemão Leibniz, criador do cálculo infinitesimal. Assim como a matemática constrói seus próprios objetos e seus princípios e regras universais de operação (axiomas, postulados, teoremas, figuras, números, equações, cálculos etc.) e, para isso, inventa símbolos próprios, inconfundíveis, universais para todos os matemáticos, também a Lógica, diz Leibniz, deve ser uma *linguagem simbólica perfeita*, totalmente purificada das ambiguidades e dos contrassensos da linguagem cotidiana. Leibniz propôs uma *linguagem simbólica artificial*, isto é, distante da linguagem cotidiana e construída especialmente para garantir ao pensamento plena clareza nas demonstrações e nas provas e na qual o conteúdo das afirmações e das negações não comprometesse a validade dos raciocínios, validade decorrente não do conteúdo, mas do rigor da *forma* do raciocínio.

Esse ideal de uma lógica inteiramente formal veio concretizar-se apenas nos meados do século XIX, com a publicação de duas obras: *Análise matemática da lógica*, de Boole (em 1847), e *Lógica formal*, de Morgan (também em 1847). Caberia mais tarde ao filósofo alemão Frege e aos filósofos ingleses Bertrand Russell e Alfred Whitehead completar e consolidar a grande transformação da Lógica, abandonando as teorias aristotélicas da inferência por uma nova concepção da proposição lógica.

A lógica matemática

Distinção entre lógica e psicologia

Durante muitos séculos, psicologia e teoria do conhecimento estiveram confundidas, constituindo uma só disciplina filosófica, encarregada de estudar os modos como conhecemos as coisas, distinguindo o que é puramente pessoal e individual (a vida psíquica ou mental de cada um de nós) do que é universal e necessário (válido em todos os tempos e lugares, para todos os sujeitos do conhecimento).

No século XIX, a Psicologia se tornou uma ciência independente com seus objetos e métodos próprios (descrição dos fatos psíquicos e suas leis) e separou-se da Filosofia, enquanto a Teoria do Conhecimento permaneceu filosófica (por não ser apenas uma descrição da vida mental, mas um estudo das diferenças no conteúdo e na forma dos conhecimentos), surgiu dela a pergunta: "Onde fica a Lógica?". Alguns responderam: "Na Psicologia". Alegavam que os progressos da ciência psicológica iriam definir as regras universais a que todo e qualquer pensamento se submete, e a Lógica seria apenas um ramo da Psicologia, aquele que estuda como funciona o pensamento científico.

Essa corrente lógica recebeu o nome de *psicologismo lógico*, mas foi logo refutada pela maioria dos lógicos e particularmente pelo alemão Edmund Husserl, o criador da Fenomenologia. À pergunta: "Onde fica a Lógica?" Husserl e os lógicos responderam: "Consigo mesma". Em outras palavras, a lógica não é parte da Psicologia nem da Teoria do Conhecimento, mas uma disciplina filosófica independente. Essa independência decorre da complexidade do pensamento, pois, quando pensamos, há quatro fatores que nos permitem pensar: (1) o sujeito que pensa (o sujeito do conhecimento estudado pela Teoria do Conhecimento); (2) o ato de pensar (as operações mentais estudadas pela Psicologia); (3) o objeto pensado (estudado pelas ciências); e (4) o pensamento decorrente do ato de pensar (é esse o objeto da Lógica).

A Lógica não se confunde com a Psicologia, nem com a Teoria do Conhecimento, porque seu objeto é o pensamento enquanto operação demonstrativa, que segue regras orientadas para determinar se a demonstração é verdadeira ou falsa do ponto de vista do próprio pensamento, isto é, se a demonstração obedeceu ou não aos princípios lógicos.

Distinguindo-se da Psicologia e da Teoria do Conhecimento, a Lógica passou a dedicar-se menos ao pensamento e muito mais à linguagem, seja como tradução, representação ou expressão do pensamento, seja como discurso independente dos conteúdos trazidos pelo pensamento. Seu objeto passou a ser o estudo de um tipo determinado de discurso: *a proposição e as relações entre proposições*. Sua finalidade tornou-se o projeto de oferecer *normas e critérios para uma linguagem perfeita*, capaz de avaliar as demais linguagens (científicas, filosóficas, artísticas, cotidianas etc.).

A Matemática como modelo

A Lógica antiga e moderna não era plenamente formal, pois não era indiferente aos conteúdos das proposições nem às operações intelectuais do sujeito do conhecimento. A *forma lógica* recebia o valor de verdade ou falsidade a partir da verdade ou falsidade dos atos de conhecimento do sujeito e da realidade ou irrealidade dos objetos conhecidos.

Ao contrário, a Lógica contemporânea, procurando tornar-se um puro simbolismo do tipo matemático e um cálculo simbólico, preocupa-se cada vez menos com o conteúdo material das proposições (a realidade dos objetos referidos pela proposição) e com as operações intelectuais do sujeito do conhecimento (a estrutura do pensamento). Tornou-se *plenamente formal*.

Assim como o matemático lida com objetos que foram construídos pelas próprias operações matemáticas, de acordo com princípios e regras prefixados e aceitos por todos, também o lógico elabora os símbolos e as operações que constituem o objeto lógico por excelência, a proposição. O lógico indaga que forma deve possuir uma proposição para que:

- seja-lhe atribuído o valor de verdade ou falsidade;
- represente a forma do pensamento;
- represente a relação entre pensamento, linguagem e realidade.

A Lógica descreve as formas, as propriedades e as relações das proposições, graças à construção de um simbolismo regulado e ordenado que permite diferenciar linguagem cotidiana e linguagem lógica formalizada.

A Lógica tornou-se cada vez mais uma ciência formal da linguagem, mas de uma linguagem muito especial, que nada tem a ver com a linguagem cotidiana, pois trata-se de uma linguagem inteiramente construída por ela mesma, partindo do modelo da Matemática.

A Matemática é uma ciência de formas e cálculos puros organizados em uma linguagem simbólica perfeita, na qual cada signo é um *algoritmo*, isto é, um símbolo com *um único sentido*. É elaborada pelo espírito humano, e não um pensamento intuitivo que contemplaria entidades perfeitas e eternas, existentes em si e por si mesmas. Os objetos matemáticos não são realidades existentes no mundo nem são essências existentes em si mesmas em um mundo inteligível ou das ideias: são construções intelectuais.

Ao manter a proximidade e a relação com a Matemática, a Lógica passou a ser entendida como avaliadora da verdade ou falsidade do pensamento, concebido, agora, como uma construção intelectual. Ora, se o pensamento constrói seus próprios objetos, em vez de descobri-los ou contemplá-los, essa construção, segundo os próprios matemáticos, faz que a matemática deva ser entendida como um *discurso* ou como uma *linguagem* que obedece a certos critérios e padrões de funcionamento. Assim sendo, a Lógica adotou para si o modelo de um discurso ou de uma linguagem que lida com puras formas sem conteúdo, e tais formas são símbolos de tipo matemático (algoritmos).

CAPÍTULO 7

A Metafísica

O surgimento da Metafísica

A pergunta pelo que é

Desde seu surgimento na Grécia, a Filosofia é uma investigação que se dedica a responder à pergunta "O que é?". Este "é" possui dois sentidos:

1. significa "existe", de modo que a pergunta se refere à *existência* da realidade e pode ser transcrita como: "O que existe?";
2. significa "natureza própria de alguma coisa", de modo que a pergunta se refere à *essência* da realidade, podendo ser transcrita como: "Qual é a essência daquilo que existe?".

Existência e essência da realidade em seus múltiplos aspectos são, assim, os temas principais da metafísica, que investiga os fundamentos, os princípios e as causas de todas as coisas, e o ser íntimo de todas as coisas, indagando por que existem e por que são o que são.

Essa investigação começa sob a forma de uma cosmologia e depois se transforma na ontologia ou metafísica.

Breve histórico da palavra *metafísica*[1]

A palavra *metafísica* não foi empregada pelos filósofos gregos, mas por Andrônico de Rodes, por volta do ano 50 a.C., quando recolheu e classificou as obras de Aristóteles que, durante muitos séculos, haviam ficado dispersas e perdidas. Com

[1] Para compreender a posição platônica, recomendamos que se releia a exposição do Mito da Caverna, feita no início deste livro.

essa palavra – *tà meta tà phýsika* –, o organizador dos textos aristotélicos indicava um conjunto de escritos que, em sua classificação, localizavam-se após os tratados sobre a física ou sobre a Natureza, pois a palavra grega *meta* quer dizer: depois de, após, acima de. *Tà*: aqueles; *meta*: após, depois; *tá phýsika*: aqueles da física. Assim, a expressão *tà meta tà phýsika* significa literalmente: aqueles [escritos] que estão [catalogados] após os [escritos] da física.

Ora, os escritos que Andrônico de Rodes colocou depois dos de física haviam recebido uma designação por parte do próprio Aristóteles, quando este definira o assunto de que tratavam: são os escritos da *filosofia primeira*, cujo tema é o estudo do "ser enquanto ser". Desse modo, o que Aristóteles chamou de filosofia primeira passou a ser designado como *metafísica*.

No século XVII, o filósofo alemão Jacobus Thomasius considerou que a palavra correta para designar os estudos da metafísica ou filosofia primeira seria *ontologia*, o estudo ou o conhecimento do Ser.

A palavra *ser*, em português, traduz a palavra latina *esse* e a expressão grega *tà ónta*. A palavra latina *esse* é o infinitivo de um verbo, o verbo *ser*. A expressão grega *tà ónta* quer dizer: as coisas existentes, os entes, os seres. No singular, *tà ónta* se diz *tò ón*, que é traduzida por: *o ser*. Os primeiros filósofos ocupavam-se com a origem e a ordem do mundo, o *kósmos*, e a filosofia nascente era uma *cosmologia*. Pouco a pouco, passou-se a indagar o que era o próprio *kósmos*, qual era o princípio eterno que ordenava todas as coisas e que permanecia imutável sob a multiplicidade e transformação delas. Esse princípio era concebido como o fundo imperecível presente em todas as coisas fazendo-as existir tais como são. Esse fundo presente sob todas as coisas é o Ser. Assim, passou-se a perguntar qual era e o que era *o Ser* subjacente a todos os seres.

A palavra *ontologia* é composta de duas outras: *onto* e *logia*. *Onto* deriva-se de *ta onta* (os bens e as coisas realmente possuídos por alguém; e as coisas realmente existentes) e *tò ón* (o Ser). O Ser é o que é realmente e se opõe ao que parece ser, à aparência. Assim, ontologia significa: estudo ou conhecimento do Ser, dos entes ou das coisas tais como são em si mesmas, real e verdadeiramente, correspondendo ao que Aristóteles chamara de filosofia primeira, isto é, *o estudo do ser enquanto ser*.

Thomasius julgou a palavra *ontologia* mais adequada do que a palavra *metafísica* porque, ao definir a filosofia primeira, Aristóteles afirmou que ela estuda o ser das coisas, a *ousía*. A palavra *ousía* é o feminino do particípio presente do verbo *ser*, que, em grego, se diz *einai*. Os pensadores e escritores latinos, ao traduzirem as obras dos filósofos gregos, procuraram um correspondente em latim para o grego *ousía* e inventaram a palavra *essentia*, pois, em latim, o verbo *ser* se diz *esse*. Em português, *ousía* se traduz por *essência*, porque é traduzida da palavra latina *essentia*. Assim, a filosofia primeira é o estudo ou o conhecimento da essência das coisas ou do ser real e verdadeiro das coisas, daquilo que elas são em si mesmas, apesar das aparências que possam ter e das mudanças que possam sofrer.

A filosofia primeira de Aristóteles

Diferentemente de seus dois predecessores, Aristóteles não julga o mundo das coisas sensíveis, ou a Natureza, um mundo aparente e ilusório. Pelo contrário, é um mundo real e verdadeiro cuja essência é, justamente, a multiplicidade de seres e a mudança incessante.

Em lugar de afastar a multiplicidade e o devir como ilusões ou sombras do verdadeiro Ser, Aristóteles afirma que o ser da Natureza existe, é real, que seu modo próprio de existir é a mudança e que esta não é uma contradição impensável. É possível uma ciência teorética verdadeira sobre a Natureza e a mudança: a física. Entretanto, é preciso, primeiro, demonstrar que o objeto da física é um ser real e verdadeiro, e isso é tarefa da *filosofia primeira.*

Diferentemente de seus predecessores, Aristóteles considera que a essência verdadeira das coisas naturais e dos seres humanos e de suas ações não está no mundo inteligível, separado do mundo sensível, no qual as coisas físicas ou naturais existem e onde vivemos. As essências, diz Aristóteles, estão nas próprias coisas, nos próprios homens, nas próprias ações e é tarefa da Filosofia conhecê-las ali mesmo, onde existem e acontecem. A Filosofia não precisa abandonar este mundo, mas, ao contrário, é o conhecimento da essência do que existe em nosso mundo.

Ao se dedicar à *filosofia primeira* ou à metafísica ou à ontologia, a Filosofia descobre que há diferentes tipos de seres ou entes que se diferenciam justamente por suas essências. Em outras palavras, para Parmênides, havia apenas o Ser único, uno e imutável; para Platão, havia as coisas materiais ou sensíveis, sujeitas à mudança, e que eram cópias imperfeitas ou sombras do ser verdadeiro ou da realidade verdade, as Ideias. Podemos perceber que o critério de Parmênides e de Platão para distinguir realidade verdadeira e aparência é a ausência ou a presença de mudança. Aristóteles também usará a mudança como critério de diferenciação dos seres, porém o fará de maneira completamente nova.

Mudança, em grego, se diz movimento. A palavra grega para movimento é *kínesis* (de onde vem as palavras cinético, cinema, cinemática, em português). Movimento não significa, porém, simplesmente mudança de lugar ou locomoção. Significa toda e qualquer mudança que um ser sofra ou realize: ao mudar de qualidade ou de quantidade, um ser se move ou está em movimento. Ao passar da ação ou atividade à paixão ou à passividade, ou vice-versa, um ser se move ou está em movimento. Nascer, viver e morrer são movimentos. Em uma palavra: o devir, em todas os seus aspectos, é o movimento, mudança.

Parmênides e Platão excluíram o movimento da essência do Ser.

Que faz Aristóteles? Nega que movimento e Não Ser (ou irrealidade) sejam o mesmo e diferencia os seres conforme estejam ou não em movimento.

Existe a essência dos seres que são e estão em movimento, isto é, os seres físicos ou naturais (minerais, vegetais, animais, humanos), cujo modo de ser se caracteriza por nascer, viver, mudar, reproduzir-se e desaparecer. São seres em devir e que existem no devir.

Existe a essência dos seres matemáticos, que não existem em si mesmos, mas existem como formas das coisas naturais, podendo, porém, ser separados delas pelo pensamento e ter suas essências conhecidas; são seres que, por essência, são imóveis, isto é, não nascem, não mudam, não se transformam nem perecem, não estando em devir nem no devir.

Existe a essência de seres cuja essência é imutável ou imóvel – não nascem, não se transformam e não perecem –, mas que realizam um movimento local perfeito, eterno, sem começo e sem fim: os astros, que realizam o movimento circular.

Finalmente, existe a essência de um ser eterno, imutável, imperecível, sempre idêntico a si mesmo, perfeito, imaterial, do qual o movimento está inteiramente excluído, conhecido apenas pelo intelecto, que o conhece como separado de nosso mundo, superior a tudo que existe, e que é o ser por excelência: o ser divino.

Para cada um desses tipos de ser e suas essências existe uma ciência teorética própria (física, biologia, psicologia, matemática, astronomia, teologia). Contudo, também deve haver uma ciência geral, mais ampla, mais universal, anterior a todas essas, cujo objeto não seja esse ou aquele tipo de ser, essa ou aquela modalidade de essência, mas o ser em geral, a essência em geral. Trata-se de uma ciência teorética que investiga o que *é* a essência e aquilo que faz que haja essências particulares e diferenciadas. Em outras palavras, deve haver uma ciência que estude *o ser enquanto ser*, sem considerar as diferenciações dos seres. Essa ciência mais alta, mais ampla, mais universal é a *filosofia primeira.*

A filosofia primeira

Aristóteles afirma que a filosofia primeira estuda os primeiros princípios e as causas primeiras de todas as coisas e investiga o Ser enquanto Ser, *Ón*.

Ao definir a ontologia ou metafísica como estudo do Ser enquanto Ser, Aristóteles está dizendo que a filosofia primeira estuda as essências sem diferenciá-las em essências físicas, matemáticas, astronômicas, humanas etc., pois cabe às diferentes ciências estudá-las enquanto diferentes entre si. À metafísica cabem três estudos:

1. o do ser divino, a realidade primeira e suprema da qual todo o restante procura aproximar-se, imitando sua perfeição imutável. As coisas se movem, isto é, transformam-se, diz Aristóteles, porque desejam encontrar sua própria essência total e perfeita, imutável como a essência divina. É pela mudança incessante que esperam encontrar sua perfeição e nunca mais mudar. Assim, buscam imitar o que não muda nunca. Por isso, o ser divino é o Primeiro Motor Imóvel do mundo, isto é, aquilo que, sem agir diretamente sobre as coisas, ficando à distância delas, as atrai, é desejado por elas. O desejo de não mais mudar as faz mudar para, um dia, se imobilizar porque se tornaram perfeitas. Esse desejo, diz Aristóteles, explica por que há o devir e por que o *devir é eterno*, pois as coisas naturais e os humanos nunca poderão alcançar o que desejam, isto é, a perfeição imutável, a total imutabilidade. O ser divino chama-se *Primeiro Motor* porque é o princípio que faz que toda a realidade se mova, e chama-se Primeiro Motor *Imóvel* porque não se move e não é movido por nenhum outro ente, pois, como já vimos, mover

significa mudar, sofrer alterações qualitativas e quantitativas, nascer e perecer, e o ser divino, perfeito, não muda nunca – é isso a eternidade divina;

2. o dos primeiros princípios e causas primeiras de todos os seres ou essências existentes:
    - *primeiros princípios*: são os três princípios que estudamos na lógica, isto é, identidade, não contradição e terceiro excluído. Os princípios lógicos são ontológicos porque definem as condições sem as quais um ser não pode existir nem ser pensado; os primeiros princípios garantem, simultaneamente, a realidade e a racionalidade das coisas;
    - *causas primeiras*: são aquelas que explicam o que uma essência é e também a origem e o motivo de sua existência. Causa (para os gregos) significa não só o *porquê* de alguma coisa, mas também o *que* e *como* uma coisa é o que ela é. As causas primeiras nos dizem o que é uma coisa, como ela é, por que ela é (existe) e para que ela é;
3. o das *propriedades ou atributos gerais* de todos os seres, sejam eles quais forem, graças aos quais podemos determinar a essência particular de um ser singular existente. A essência ou *ousía* é a realidade primeira e última de um ser, aquilo sem o qual um ser não poderá existir ou deixará de ser o que é. À essência, entendida sob essa perspectiva universal, Aristóteles dá o nome de *substância* e a metafísica estuda a substância em geral, enquanto as outras partes da Filosofia estudam substâncias determinadas.

No estudo da substância, é preciso considerar os seguintes conceitos:

- *matéria*: é o elemento de que as coisas da Natureza, os animais, os humanos, os artefatos são feitos; sua principal característica é possuir virtualidades ou conter em si mesma possibilidades de transformação, isto é, de mudança;
- *forma*: é o que individualiza e determina uma matéria, fazendo existir os seres particulares; sua principal característica é ser aquilo que uma essência é;
- *potência*: é a virtualidade que está contida em uma matéria e pode vir a existir, se for atualizada por alguma causa; por exemplo, a criança é um adulto em potência ou um adulto em potencial; a semente é a árvore em potência ou em potencial;
- *ato*: é a atualização de uma matéria por uma forma e numa forma; o ato é a forma que atualizou uma potência contida na matéria. Por exemplo, a árvore é o ato da semente, o adulto é o ato da criança, a mesa é o ato da madeira etc.

Potência e matéria são idênticas, assim como forma e ato são idênticos. A matéria ou potência é uma realidade passiva que precisa do ato e da forma, isto é, da atividade que cria os seres determinados. Graças aos conceitos de potência e ato, a metafísica aristotélica pode explicar a causa e a racionalidade de todos os movimentos (mudanças) naturais ou dos seres físicos, isto é, de todos os seres dotados de matéria e forma. O devir não é aparência nem ilusão, ele é o movimento pelo qual uma potência se atualiza, uma matéria recebe a forma e muda de forma. Com a relação entre potência e ato podemos compreender a ideia de *formação*. É nesse sentido que dizemos, por exemplo, que a educação é uma formação, pois nela é atualizada a potência humana de pensar.

- *Essência*: é a unidade interna e indissolúvel entre uma matéria e uma forma, unidade que lhe dá um conjunto de propriedades ou atributos que a fazem ser necessariamente aquilo que ela é. Assim, por exemplo, um ser humano é por essência ou essencialmente um animal mortal racional dotado de vontade, gerado por outros semelhantes a ele e capaz de gerar outros semelhantes a ele etc.
- *Acidente*: é uma propriedade ou atributo que uma essência pode ter ou deixar de ter sem perder seu ser próprio. Por exemplo, um ser humano é racional ou mortal por essência, mas é baixo ou alto, gordo ou magro, negro ou branco, por acidente, isto é, pelas circunstâncias variadas em que existem. A humanidade é a essência (um humano é um animal, mortal, racional, voluntário), enquanto o acidente é o que, existindo ou não existindo, nunca altera o ser da essência (um humano pode ser magro, gordo, alto, baixo, negro, branco, amarelo, pardo). A essência é o universal; o acidente, o particular.
- A *substância* é aquilo em que se encontram a matéria-potência e a forma-ato. Na substância estão os atributos essenciais e acidentais de um ser, sobre o qual agem as causas primeiras, de acordo com os primeiros princípios. É o Ser propriamente dito.

A distinção entre matéria e forma, ato e potência, devir e imobilidade permite afirmar que há quatro causas primeiras: aquela que faz que algo exista tal como existe é a *causa material* e a *causa formal*; aquela que faz que uma matéria receba uma forma, a *causa eficiente*; aquela que que faz que um ser se transforme, a *causa motriz*; e aquela que determina o motivo pelo qual um ser se move ou age, a *causa final*.

Esse quadro conceitual será herdado pelos filósofos posteriores, que problematizarão alguns de seus aspectos, estabelecerão novos conceitos, suprimirão alguns outros, desenvolvendo o que conhecemos como *metafísica ocidental*.

As aventuras da Metafísica

O cristianismo e a tarefa da evangelização

Ao surgir, o cristianismo era mais uma dentre as várias religiões orientais; suas raízes encontravam-se na religião judaica, isto é, em uma religião que, como todas as religiões antigas, era nacional ou de um povo particular. No entanto, havia no cristianismo algo inexistente no judaísmo e nas outras religiões antigas: a ideia de que Jesus Cristo viera salvar toda a humanidade e a necessidade da evangelização, isto é, de espalhar a "boa mensagem" para o mundo inteiro, a fim de converter os não cristãos e tornar-se uma religião universal (*evangelho* é uma palavra grega que significa boa notícia, boa-nova, boa mensagem).

Ora, como converter a essa religião pessoas de outras religiões, que possuíam um passado e um sentido próprios para elas? Os evangelizadores usaram muitos expedientes para isso, levando em conta as condições e a mentalidade dos que deveriam ser convertidos. Para o nosso assunto, interessa apenas um tipo de evangelização e conversão: o dos intelectuais gregos e romanos, isto é, daqueles que haviam sido formados não só em religiões diferentes da judaica, como também haviam sido educados na tradição racionalista da Filosofia. Para convertê-los e mostrarem a superioridade da verdade cristã sobre a tradição filosófica, os primeiros Padres da Igreja ou intelectuais cristãos adaptaram as ideias filosóficas à religião cristã e fizeram surgir uma *filosofia cristã*. Para isso, o cristianismo incorporou à doutrina religiosa ideias vindas da filosofia grega, particularmente as platônicas, aristotélicas, neoplatônicas, estoicas e gnósticas.

A Metafísica dos cristãos

Mencionemos as verdades cristãs que deveriam receber uma explicação racional. Tais verdades se encontram no chamado *Credo* (primeira pessoa do singular de um verbo latino que significa crer, portanto: Eu creio...) e cuja versão mais conhecida é:

> Creio em Deus Pai, todo poderoso, criador do céu e da terra. E em Jesus Cristo, um só seu Filho, nosso Senhor, o qual foi concebido de Maria Virgem, padeceu sob Pôncio Pilatos, foi crucificado, morto e sepultado; desceu aos infernos; ao terceiro dia ressurgiu dos mortos; subiu aos céus onde está sentado à direita de Deus Pai de onde há de vir a julgar os vivos e os mortos. E no Espírito Santo. Creio na ressureição da carne, na remissão dos pecados e na vida eterna. Amém.

De modo bastante resumido, podemos dizer, tomando o *Credo* como referência, que os aspectos que passaram a constituir o centro da nova metafísica foram os seguintes:

- Provar a existência de Deus e os atributos ou predicados de sua essência. Para a metafísica grega, distante dos mitos, a divindade era uma força imaterial, racional e impessoal conhecida por nossa razão. Para a metafísica cristã, nascida de uma religião, Deus é uma *pessoa* e tal pessoa é *uma* e *três* (Pai, Filho e Espírito Santo), uma Trindade Una, pessoa misteriosa, que se revela ao espírito dos que têm fé. Como conciliar a concepção racionalista dos gregos com a concepção religiosa dos cristãos? Provando racionalmente que Deus existe, mesmo que a causa de sua existência seja um mistério da fé, e provando racionalmente que ele possui, por essência, os seguintes predicados: unidade-trindade simultânea, eternidade, infinitude, onisciência, onipotência, bondade, justiça e misericórdia, mesmo que tais atributos sejam um mistério da fé, uma vez que a razão os considera atributos dos humanos, e não da divindade.
- Provar que o mundo existe e não é eterno, como afirmava a filosofia grega, mas foi criado do nada por Deus e retornará ao nada, no dia do Juízo Final; provar que o mundo resulta da vontade divina e é governado pela Providência divina, a qual age tanto por meios naturais (as leis da Natureza) quanto por meios sobrenaturais

(os milagres). Por que era necessária essa prova? Porque, do ponto de vista da razão, Deus, sendo perfeito, completo, pleno e eterno, não carecia de nada, não precisava de nada e, portanto, não tinha por que nem para que criar o mundo.

- Provar que, embora Deus seja imaterial e infinito, sua ação pode ter efeitos materiais e finitos, como o mundo e o ser humano; portanto, provar que Deus é causa de todas as coisas e que uma causa imaterial e infinita pode produzir um efeito material e finito, mesmo que isso seja um mistério da fé que a razão é obrigada a aceitar, pois, para a razão, uma causa e um efeito são de mesma essência ou de mesma natureza.

De fato, a Filosofia grega, em nome dos princípios da identidade e da não contradição, sempre demonstrou que uma causa precisa ser de mesma natureza que seu efeito e, por esse motivo, as Ideias (em Platão) e o Primeiro Motor Imóvel (em Aristóteles) eram causas finais e jamais causas materiais, formais ou eficientes das coisas sensíveis ou naturais. Por quê? Porque uma causa final age a distância, sem se identificar com aqueles seres que a desejam, a procuram. Ao contrário, as outras três causas (material, formal, eficiente) agem diretamente sobre as coisas semelhantes a elas, da mesma natureza que elas. Uma planta é causa formal, material e eficiente de outra planta, um animal é causa formal, material e eficiente de outro animal semelhante, um humano é causa formal, material e eficiente do nascimento de outro ser humano, e assim por diante.

Ora, a criação do mundo por Deus seria, para a metafísica grega, um absurdo, uma irracionalidade e uma contradição, pois nela um ser infinito, eterno e imaterial realiza uma ação causal que produz um efeito oposto à natureza da causa, isto é, o efeito – o mundo – é finito, temporal e material. Inexplicável pela razão, a criação será considerada pelos metafísicos cristãos um mistério da fé.

- Provar que a alma humana existe e que é imortal, estando destinada à salvação ou à condenação eternas, segundo a vontade da Providência divina e que os mortos (a carne) ressuscitarão para o Juízo Final.
- Provar que não há contradição entre a liberdade humana e a onisciência e a onipotência de Deus. A contradição existe para a razão, mas não existe para a fé.

Qual seria a contradição racional entre a liberdade humana para fazer o bem ou o mal e a onisciência-onipotência divina? A contradição seria o fato de que, se Deus fez cada um dos humanos e, desde a eternidade, determinou o que a vontade de cada um deles escolherá, então o homem não é livre, mas já foi predeterminado pela vontade de Deus. No entanto, sem a ideia de vontade livre não é possível, para um cristão, a existência do pecado, isto é, de uma vontade que livremente escolhe o mal. Para a fé, não há contradição alguma nisso, embora haja mistério.

- Provar que não era possível manter a diferença platônica entre o Ser e o Não Ser, pois este mundo e tudo o que nele existe é obra de Deus, é criatura de Deus, e não mera aparência. No entanto, também não era possível manter a ideia aristotélica de que a diferença entre os seres estaria apenas na presença ou ausência do devir ou da mudança, pois, para os cristãos, o ser de Deus é de natureza diferente do ser das coisas, uma vez que ele é criador e elas são criaturas, e não há nada em comum entre eles.

A metafísica clássica ou moderna (o século XVII)

A partir do final do século XVI e, com maior intensidade, no início do século XVII, o pensamento ocidental começa a sofrer uma mudança considerável, que irá manifestar-se também na metafísica.

Os filósofos do século XVII julgavam-se modernos por terem rompido com a tradição do pensamento platônico, aristotélico e neoplatônico e, por conseguinte, por não mais aceitarem a tradição que havia sido elaborada pelos medievais. Por rejeitarem a autoridade religiosa e a autoridade dos antigos em assunto filosófico, vimos que o ponto de partida da filosofia é a teoria do conhecimento, isto é, a investigação sobre a capacidade humana para conhecer a verdade, de modo que uma coisa ou um ente só será considerado real se a razão humana puder conhecê-lo, isto é, se puder ser objeto de uma ideia verdadeira estabelecida rigorosa e metodicamente pelo intelecto humano. Essa exigência conduz a uma reelaboração completa da metafísica. Podemos, de modo resumido, apontar os seguintes traços característicos da nova metafísica:

- Afirmação da *incompatibilidade entre fé e razão*, acarretando a separação de ambas, de sorte que a religião e a Filosofia possam seguir caminhos próprios, mesmo que a segunda não esteja publicamente autorizada a expor ideias que contradigam as verdades ou dogmas da fé (a Inquisição e o Santo Ofício, criados pela Igreja Católica para controlar os pensamentos dos cristãos, eram atuantes e não foram poucos os pensadores submetidos a tais tribunais, como foi o caso de Galileu).
- *Redefinição do conceito de ser ou substância.* Os modernos conservam a definição tradicional da substância como o ser que existe em si e por si mesmo, que subsiste em si e por si mesmo. Todavia, em lugar de considerar que a substância se define por gênero e espécie, havendo tantos tipos de substâncias quantos gêneros espécies houver, passa-se a definir a substância levando em consideração seus predicados essenciais ou seus atributos essenciais, isto é, aquelas propriedades ou atributos sem os quais uma substância não é o que ela é.

Por esse critério, Descartes e os cartesianos dirão que há somente três substâncias: a substância pensante (a alma), definida pelo atributo do pensamento; a substância extensa (a matéria dos corpos), definida pelo atributo da extensão, e a substância infinita (Deus), definida pelo atributo da infinitude.

Filósofos empiristas, como o inglês Thomas Hobbes, divergindo de Descartes e dos cartesianos, consideram que não temos como conhecer a substância divina nem a substância anímica porque não são dadas à experiência sensorial, por isso é mais adequado falar apenas em substância corpórea. Como consequência, só conhecemos corpos e, por isso, Hobbes nega que possamos elaborar uma metafísica: podemos elaborar uma geometria e uma física, que são conhecimentos de coisas corporais, mas não uma teoria dos seres incorporais (que sequer sabemos se existem).

Por sua vez, o filósofo judeu holandês Baruch Espinosa considera que é preciso levar em conta a definição geral de substância, aceita por todos os filósofos, desde os tempos de Aristóteles. Essa definição é: substância é aquilo que existe em si e por si e não depende de outros para existir. Se essa é a definição de substância, então todas as coisas que foram e são produzidas por Deus não podem ser chamadas de substância, pois não existem por si mesmas e dependem da ação divina para existir. Consequentemente, diz Espinosa, no universo há uma única substância, Deus ou a Natureza, único ser que existe em si, por si e é causa de si. Todos os demais seres são manifestações ou expressões finitas da ação causal ou produtora, própria da substância, isto é, de Deus.

- *Redefinição do conceito de causa ou causalidade.* A metafísica aristotélica, como vimos, propunha quatro tipos de causas – causa material, causa formal, causa eficiente e causa final –, pois a causa era entendida como aquilo que é responsável pela matéria, pela forma, pela ação e pela finalidade de alguma coisa. Os modernos consideram que causa é aquilo que produz um efeito determinado e admitem apenas dois tipos de causas: a eficiente e a final. O efeito pode ser produzido por um antecedente (o fogo é a causa ou o antecedente do aquecimento e da dilatação de um corpo) ou em vista de um fim (nossas ações nascem de escolhas que fazemos dos meios para alcançar determinado fim). *Causa eficiente* é aquela na qual uma ação anterior determina como consequência necessária a produção de um efeito. *Causa final*, por sua vez, é aquela que determina, para os seres pensantes, a escolha da realização ou não realização de uma ação. A causa eficiente tem alcance universal na Natureza, isto é, a totalidade da Natureza opera por relações de causa e efeito ou por causalidade eficiente necessária. Já a causa final só tem validade para a ação de seres dotados de razão e vontade; portanto, só opera na ação de Deus e nas ações dos homens. Não há causa final nas operações da Natureza.
- A metafísica *não se divide em teologia, psicologia racional e cosmologia racional.* A teologia é um conhecimento diferente da metafísica, embora, como esta, estude a substância infinita; a psicologia racional é um conhecimento diferente da metafísica, embora, como esta, estude a substância pensante; a cosmologia é diferente da metafísica, embora, como esta, estude a substância extensa.

O que estuda a metafísica? A essência do ser infinito, a essência do ser pensante ou do pensamento, a essência do ser extenso ou da extensão e a essência de um ser composto de pensamento e extensão, isto é, o ser humano. Como são estudados? Como conceitos ou ideias rigorosamente racionais e de acordo com métodos rigorosos de investigação e demonstração.

A substância infinita é conhecida pela ideia racional de um fundamento ou princípio absoluto que produz a essência e a existência de tudo o que existe – é Deus. A substância pensante é conhecida pela ideia racional de uma faculdade intelectual e volitiva que produz pensamentos e ações segundo normas, regras e métodos estabelecidos por ela mesma como poder de conhecimento – é a *consciência* como faculdade de reflexão e de representação da realidade por meio de ideias verdadeiras e como vontade que escolhe as ações. A substância extensa é conhecida pela ideia racional de uma *realidade físico-geométrica* que produz os corpos como figuras e formas dotadas de comprimento, largura, profundidade, volume e movimento cujas operações seguem leis fixas e determinadas – é a Natureza como sistema de leis necessárias definidas pela física e pela matemática.

Três ideias – e apenas três – operam na metafísica: a ideia do ser infinito como causa eficiente da Natureza e do ser humano; a ideia do ser pensante finito como causa eficiente dos pensamentos, dos conceitos e das ações humanas; a ideia do ser extenso ou da Natureza como causa eficiente que, pelas relações de movimento e repouso, produz todos os corpos. Deus, homem e Natureza são os objetos da metafísica. Infinito, finito, causa eficiente e causa final são os primeiros princípios de que se ocupa a metafísica. Ideias verdadeiras produzidas pelo intelecto humano, com as quais o sujeito do conhecimento representa e conhece a realidade, são os fundamentos da metafísica como ciência verdadeira ou como filosofia primeira.

A grande crise da metafísica no século XVIII: David Hume

Se a realidade investigada pela metafísica é aquela que pode e deve ser racionalmente estabelecida pelas ideias verdadeiras produzidas pelo pensamento ou pela razão humana, o que acontecerá se se provar que tais ideias são hábitos mentais do sujeito do conhecimento e não correspondem à realidade alguma?

A metafísica antiga e medieval baseava-se na afirmação de que a realidade ou o Ser existe em si mesmo e que ele se oferece tal como é ao pensamento.

A metafísica clássica ou moderna baseava-se na afirmação de que o intelecto humano ou o pensamento possui o poder para conhecer a realidade tal como é em si mesma e que, graças às operações intelectuais ou aos conceitos que representam as coisas e transformam-nas em objetos de conhecimento, o sujeito do conhecimento tem acesso ao Ser.

Tanto num caso como noutro, a metafísica baseava-se em dois pressupostos: (1) a realidade em si existe e pode ser conhecida; (2) ideias ou conceitos são um conhecimento verdadeiro da realidade, porque a verdade é a correspondência entre as coisas e os pensamentos, ou entre o intelecto e a realidade.

Esses dois pressupostos se assentavam em um único fundamento: a existência de um Ser Infinito (Deus), que garantia a realidade e a inteligibilidade de todas as coisas, dotando os humanos de um intelecto capaz de conhecê-las tais como são em si mesmas.

No século XVIII, o empirista escocês David Hume dirá que os dois pressupostos da metafísica não têm fundamento, não possuem validade alguma.

A metafísica – antiga, medieval e clássica ou moderna – era sustentada por três princípios que já estudamos quando tratamos da ideia ocidental da razão: o princípio da identidade, o de não contradição e o da razão suficiente ou da causalidade. Os dois primeiros serviam de garantia para a ideia de substância ou essência; o terceiro servia de garantia para explicar a origem e a finalidade das coisas, bem como as relações entre os seres.

Hume, partindo da teoria do conhecimento, considerou que o sujeito do conhecimento opera associando sensações, percepções e impressões recebidas pelos órgãos dos sentidos e retidas na memória. As ideias nada mais são do que hábitos mentais de associação de impressões semelhantes ou de impressões sucessivas.

O que é a ideia de substância ou de essência? Nada mais do que um nome geral dado para indicar um conjunto de imagens e de ideias que nossa consciência tem o hábito de associar por causa das semelhanças entre elas. O princípio da identidade e o da não contradição são simplesmente o resultado de percebermos repetida e regularmente certas coisas semelhantes e sempre da mesma maneira, levando-nos a supor que, porque as percebemos como semelhantes e sempre da mesma maneira, isso lhes daria uma identidade própria, independente de nós.

O que é a ideia de causalidade? O mero hábito que nossa mente adquire de estabelecer relações de causa e efeito entre percepções e impressões sucessivas, chamando as anteriores de causas e as posteriores de efeitos. A repetição constante e regular de imagens ou impressões sucessivas nos leva à crença de que há uma causalidade real, externa, própria das coisas e independente de nós.

Substância, essência, causa, efeito, matéria, forma e todos os outros conceitos da metafísica (Deus, mundo, alma, infinito, finito etc.) não correspondem a seres, a entidades reais e externas, independentes do sujeito do conhecimento, mas são nomes gerais com que o sujeito nomeia e indica seus próprios hábitos associativos. Eis por que a metafísica foi sempre alimentada por controvérsias infindáveis, pois não se referia a nenhuma realidade externa existente em si e por si, mas a hábitos mentais dos sujeitos, hábitos que são muito variáveis e dão origem a inúmeras doutrinas filosóficas sem qualquer fundamento real.

Kant e o fim da metafísica clássica

O primeiro a reagir aos problemas postos por Hume foi Kant, ao declarar que, graças ao filósofo escocês, pôde "despertar do sono dogmático".

O que é o sono dogmático? É tomar como ponto de partida da metafísica a ideia de que existe uma realidade em si (Deus, alma, mundo, infinito, finito, matéria, forma, substância, causalidade), que pode ser conhecida por nossa razão ou, o que dá no mesmo, tomar como ponto de partida da metafísica a afirmação de que as ideias produzidas por nossa razão correspondem exatamente a uma realidade externa, que existe em si e por si mesma.

Dogmático é aquele que aceita, sem exame e sem crítica, afirmações sobre as coisas e sobre as ideias. Hume despertou a metafísica do sono dogmático, porque a forçou a indagar sobre sua própria validade e sua pretensão ao conhecimento verdadeiro.

O que é *despertar* do sono dogmático? É indagar, antes de tudo, se a metafísica é possível e, se for, em que condições é possível. Despertar do dogmatismo é elaborar uma *crítica da razão teórica*, isto é, um estudo sobre a estrutura e o poder da razão para determinar o que ela pode e o que ela não pode conhecer verdadeiramente.

Quando, em capítulos anteriores, examinamos os conceitos de razão e verdade, vimos que Kant realizou uma "revolução copernicana" em filosofia, isto é, exigiu que, antes de qualquer afirmação sobre as ideias, houvesse o estudo da própria capacidade de conhecer, isto é, da razão e que era preciso mostrar que a razão não depende das coisas nem é regulada por elas, e sim as coisas dependem da razão e são reguladas por ela. Essa revolução foi denominada "copernicana" porque Kant dizia que, na metafísica, prevalecia uma concepção como aquela que Copérnico encontrara na astronomia, isto é, o geocentrismo (a Terra imóvel no centro do Universo) e provara a verdade do heliocentrismo (todos os planetas giram em torno do Sol). Na metafísica tradicional, pré-copernicana, o pensamento operava como alguém que, para assar um frango, girasse o fogão em torno dele. Em outras palavras, começava pondo-se diante da realidade a ser conhecida em vez de se voltar, primeiro, para a capacidade de conhecimento humano como condição de compreensão da realidade.

A ontologia contemporânea

A contribuição de Husserl

Kant afirmou que a realidade conhecível e conhecida é a fenomênica, isto é, aquela posta pela objetividade estabelecida pelas operações do entendimento do Sujeito Transcendental sobre os dados da experiência sensorial ou da sensibilidade.

Na perspectiva kantiana, o que é a objetividade? O que é fenômeno? O que é a realidade como objeto ou fenômeno? É a realidade estruturada pelas *ideias* produzidas pelo sujeito do conhecimento. Trata-se, portanto, de uma posição filosófica *idealista ou idealismo*: o conhecimento não vem das coisas para o sujeito, mas vai das ideias produzidas pelo sujeito para as coisas.

Conservando-se fiel à tradição moderna e kantiana, Husserl privilegia ou dá prioridade ao sujeito do conhecimento, isto é, afirma que as essências descritas pela Filosofia são produzidas ou constituídas pela consciência como um poder para dar significação à realidade.

A consciência de que fala o filósofo não é, evidentemente, aquela de que fala o psicólogo. Para este, a consciência é o nome dado a um conjunto de fatos externos e internos observáveis e explicados causalmente. A consciência a que se refere o filósofo é o sujeito do conhecimento como estrutura e atividade universal e necessária do saber. É a Consciência Transcendental ou o Sujeito Transcendental.

Qual é o poder da Consciência Transcendental? O de constituir ou criar as essências, pois estas nada mais são do que as *significações* produzidas pela consciência como poder universal de *doação de sentido* ao mundo.

A consciência não é uma coisa entre as coisas, não é um fato observável, nem é, como imaginava a metafísica antiga e a moderna (ou clássica), uma substância pensante ou uma alma, um ente espiritual. A consciência é uma pura atividade, o ato de constituir essências ou significações, dando sentido ao mundo das coisas. Estas – ou o mundo como significação – são o *correlato da consciência*, aquilo que é visado por ela e dela recebe sentido. Por ser uma ação que visa aos objetos como significações, a consciência é sempre *consciência de*. A isso (ser consciência de) Husserl dá o nome de *intencionalidade*.

A consciência é um ato intencional e sua essência é a intencionalidade, ou o ato de visar às coisas como significações. O mundo ou a realidade como significação é o correlato intencional da consciência, isto é, o que é visado por ela. Assim, por exemplo, perceber é um ato intencional da consciência, o percebido é o seu correlato intencional e a percepção é a unidade interna e necessária entre o ato e o correlato, entre o ato de perceber e o percebido; da mesma maneira imaginar, lembrar, pensar, querer são atos intencionais da consciência cujos correlatos são o imaginado, o lembrado, o pensado, o querido, e a unidade desses atos e correlatos chama-se imaginação, memória, pensamento, vontade.

Conhecer a estrutura intencional da Consciência Transcendental é conhecer a essência da consciência (é dizer o que ela *é*) e conhecer a essência de suas atividades (é dizer *o que é* a percepção, a imaginação, a memória, o pensamento, a vontade etc.).

Ampliação/renovação do conceito de fenômeno

Desde Kant, fenômeno indicava aquilo que, do mundo externo, se oferece ao sujeito do conhecimento, sob as estruturas cognitivas *a priori* da razão (isto é, sob as formas *a priori* do espaço e do tempo e sob os conceitos *a priori* do entendimento). Hegel ampliou o conceito de fenômeno, afirmando que tudo o que aparece só pode aparecer para uma consciência e que a própria consciência mostra-se a si mesma no conhecimento de si, sendo ela própria um fenômeno. Por isso, foi Hegel o primeiro a usar a palavra *fenomenologia*, para com ela indicar o conhecimento que a consciência tem de si mesma como um fenômeno, graças aos demais fenômenos que lhe aparecem.

Husserl mantém o conceito de fenômeno como o que aparece para a consciência, mas recusa a separação kantiana entre noúmeno e fenômeno, pois tal separação indica que ainda se aceita a suposição (da metafísica antiga e moderna) de que há uma realidade em si, mesmo que não possa ser conhecida por nossa razão. Não há noúmeno, não há a "coisa em si" incognoscível. Tudo o que existe é fenômeno e só existem fenômenos. *Fenômeno é a presença real de coisas reais diante da consciência*; é aquilo que se apresenta diretamente, "em pessoa", "em carne e osso", à consciência.

O que é o fenômeno? É a *significação* ou o *sentido* de um ser, sua ideia, seu *eidos*. A significação ou o sentido é a *essência*. Esta, portanto, não é (como pensava a metafísica) uma *substância* existente em si e independente da consciência: a essência é o sentido que a consciência dá aos fenômenos. A Filosofia é a descrição da essência da consciência (de seus atos e correlatos) e das essências das coisas. Como a essência é o fenômeno dotado de sentido, a Filosofia é uma *fenomenologia*.

A fenomenologia é a descrição de todos os fenômenos ou essências, entendidas como significações de todas estas realidades: materiais, naturais, ideais, culturais. Cada uma dessas significações é um tipo de ser e Husserl propôs que a Filosofia distinguisse diferentes tipos de essências ou fenômenos, considerando cada um deles à maneira como a Consciência Transcendental constitui as diferentes realidades ou os diferentes tipos de ser. Para indicar que são tipos diferentes de realidade ou de ser, usou a expressão *regiões do ser*. A diferença das essências ou significações permite, então, distinguir a região Consciência, a região Natureza, a região Matemática, a região Arte, a região História, a região Religião, a região Política, a região Ética etc. Propôs que a Filosofia investigasse as essências próprias desses seres ou desses entes, criando *ontologias regionais*.

Ôntico e ontológico

A partir da distinção entre *ente* e *ser*, o filósofo alemão Martin Heidegger propõe distinguir duas palavras: *ôntico* e *ontológico*. Ôntico se refere à estrutura e à essência própria de um ente, aquilo que ele é em si mesmo, sua identidade, sua diferença em face de outros entes, suas relações com outros entes. Ontológico, por seu turno, se refere ao estudo filosófico dos entes, à investigação dos conceitos que nos permitam conhecer e determinar pelo pensamento em que consistem as modalidades ônticas, quais os métodos adequados para o estudo de cada uma delas, quais as categorias que se aplicam a cada uma delas. Em resumo: ôntico diz respeito aos entes em sua existência própria; ontológico diz respeito aos entes tomados como objetos de conhecimento. Como existem diferentes esferas ou regiões ônticas, existirão ontologias regionais que se ocupam com cada uma delas.

Em nossa experiência cotidiana, distinguimos espontaneamente cinco grandes estruturas ônticas:

1. os entes materiais ou naturais que chamamos de *coisas reais* (frutas, árvores, pedras, rios, estrelas, areia, o sol, a lua, metais etc.);
2. os entes materiais artificiais a que também chamamos de *coisas reais* (nossa casa, mesas, cadeiras, automóveis, telefone, computador, celular, lâmpadas, chuveiro, roupas, calçados, pratos, talheres etc.);
3. os entes ideais, isto é, aqueles que não são coisas materiais, mas ideias gerais, concebidas pelo pensamento lógico, matemático, científico, filosófico, e aos quais damos o nome de *idealidades* (igualdade, diferença, número, raiz quadrada, círculo, conjunto, classe, função, variável, frequência, animal, vegetal, mineral, físico, psíquico, matéria, energia etc.);
4. os entes que podem ser valorizados positiva ou negativamente e aos quais damos o nome de *valores* (beleza, feiura, vício, virtude, raro, comum, bom, mal, justo, injusto, difícil, fácil, possível, impossível, verdadeiro, falso, desejável, indesejável etc.);
5. os entes que pertencem a uma realidade diferente daquela a que pertencem as coisas, as idealidades e os valores e aos quais damos o nome de *metafísicos* (a

divindade ou o absoluto; o infinito e o nada; a morte e a imortalidade; a identidade e a alteridade; o mundo como unidade, a relação e diferenciação de todos os entes ou de todas as estruturas ônticas; etc.).

Como passamos da experiência ôntica à investigação ontológica? Quando aquilo que faz parte de nossa vida cotidiana se torna problemático, estranho, confuso; quando somos surpreendidos pelas coisas e pelas pessoas, porque acontece algo inesperado ou imprevisível; quando desejamos usar certas coisas e não sabemos como lidar com elas; enfim, quando o significado costumeiro das coisas, das ações, dos valores ou das pessoas perde sentido ou se mostra obscuro e confuso, ou quando o que nos foi dito, ensinado e transmitido sobre eles já não nos satisfaz e queremos saber mais e melhor.

Podemos, então, perguntar: o que é isso que chamamos de coisa real (coisas naturais e coisas artificiais ou culturais)? Diremos que uma coisa é chamada real porque pertence a um conjunto de entes que possuem em comum a mesma estrutura ontológica: são entes que existem fora de nós, estão no mundo diante de nós, isto é, são um *ser*; são entes que existem quer nós os percebamos ou não, quer nós os usemos ou não; estão presentes no mundo, mesmo que não estejam presentes para nós, pois podem estar presentes para todos ou ficar presentes para nós em algum momento, isto é, são uma *realidade*; são entes que começam a existir e podem desaparecer, mesmo que seu desaparecimento seja muito mais lento do que o nosso, são entes que duram e possuem duração, isto é, são *temporais*; são entes que se transformam no tempo, são produzidos pela ação de outros e produzem outros, obedecendo a certos princípios, isto é, são causas e efeitos, são *causalidades*. Ser, realidade, temporalidade e causalidade são conceitos ontológicos, que descrevem a essência dos entes chamados "coisas".

No caso dos entes ideais, os conceitos ontológicos são bastante diferentes. Em primeiro lugar, tais entes não são coisas reais – *este* cavalo é uma coisa real, mas a *ideia* do cavalo não é uma coisa, é um conceito e existe apenas como conceito. Em segundo lugar, não causam uns aos outros, mas são entes que possuem uma definição própria, podendo relacionar-se com outros – a ideia de homem não causa a de cavalo, mas podem relacionar-se quando o historiador, por exemplo, mostra a diferença entre sociedades cujo exército só possui a infantaria e aquelas que inventaram a cavalaria; um círculo não causa um triângulo, mas podemos inscrever triângulos num círculo para demonstrar um teorema ou resolver um problema. São, portanto, entes *relacionais*, mas não são regidos pelo conceito de causalidade. Em terceiro lugar, não existem do mesmo modo que as coisas, isto é, não começam a existir, transformam-se e desaparecem – um triângulo, uma inferência, a ideia de vegetal não nascem nem morrem, são *atemporais*. Idealidade, relação e atemporalidade são os conceitos ontológicos para os entes ideais.

No caso dos entes que são valores, os conceitos ontológicos principais que os descrevem essencialmente são a *qualidade* (um valor pode ser negativo ou afirmativo) e a *polaridade* ou *oposição* (os valores sempre se apresentam como pares de opostos: bom-mau, belo-feio, justo-injusto, verdadeiro-falso etc.).

Observemos que o sentido das coisas naturais muda com a mudança dos conhecimentos científicos, assim como muda o sentido dos entes ideais (o que os gregos entendiam por número não é o que a matemática moderna entende por número, por exemplo). No caso dos entes reais artificiais, isto é, das coisas produzidas pelo homem com as técnicas e as artes, a mudança não é apenas de sentido, mas das próprias coisas – entes técnicos ficam obsoletos e caem em desuso quando outros, mais sofisticados, são produzidos. O sentido dos valores também muda nas diferentes sociedades e épocas: o que era inaceitável numa sociedade ou numa época pode tornar-se aceitável e desejável noutra ou vice-versa.

Se considerarmos os entes na perspectiva dos seres humanos, diremos que todos os entes – naturais, artificiais, ideais, valores, metafísicos – são entes culturais e históricos, submetidos ao tempo, à mudança, pois seu sentido – sua essência – muda com a Cultura. No entanto, podemos observar também que as categorias ontológicas (ser, realidade, causalidade, temporalidade, idealidade, atemporalidade, relação, diferença, qualidade, quantidade, polaridade, oposição etc.) permanecem, ainda que mudem seus objetos. Assim, por exemplo, a ciência física pode oferecer uma explicação inteiramente nova para o fenômeno da percepção das cores. Contudo, a existência da luz, da cor, da percepção das coisas coloridas permanece, e é a essa *permanência* que se refere a ontologia. Uma sociedade pode considerar a homossexualidade um valor positivo (como foi o caso na sociedade grega antiga) ou um valor negativo (como na sociedade inglesa vitoriana, do século XIX e XX), mas *o* ato de valorar positiva ou negativamente alguma ação permanece, e é essa *permanência* que interessa à ontologia.

A nova ontologia

Afastando-se do realismo da metafísica antiga e moderna e do idealismo kantiano e husserliano, a nova ontologia, desenvolvida não só por Heidegger, como também pelo filósofo francês Merleau-Ponty, parte da afirmação de que *estamos no mundo* e de que *o mundo é mais velho do que nós* (isto é, não esperou o sujeito do conhecimento para existir), mas, simultaneamente, afirma que somos capazes de dar sentido ao mundo, conhecê-lo e transformá-lo.

Não somos uma consciência pura, uma consciência transcendental que tira de si mesma as essências ou significações e com elas constitui o mundo. Somos *uma consciência encarnada num corpo*. Nosso corpo não é apenas uma coisa natural, tal como a física, a biologia e a psicologia estudam-no, mas é um corpo *humano*, isto é, habitado e animado por uma consciência. Não somos pensamento puro, pois somos um corpo. Não somos uma coisa, pois somos uma consciência.

O mundo não é um conjunto de ideias ou significações postas pela consciência transcendental, nem um conjunto de coisas e fatos estudados pelas ciências segundo relações de causa e efeito e leis naturais. Antes que a Filosofia elabore ideias e a Ciência elabore leis, há o mundo como lugar onde vivemos com os outros e rodeados pelas coisas, um mundo qualitativo de cores, sons, odores, figuras, fisionomias, obstáculos, um mundo afetivo de pessoas, lugares, lembranças, promessas, esperanças, conflitos, lutas.

Somos seres temporais – nascemos e temos consciência da morte. Somos seres intersubjetivos – vivemos na companhia dos outros. Somos seres culturais – criamos a linguagem, o trabalho, a sociedade, a religião, a política, a ética, as artes e as técnicas, a filosofia e as ciências.

O que é, pois, a realidade? É justamente a existência do mundo material, natural, ideal, cultural e a nossa existência nele. A realidade é o campo formado por seres ou entes diferenciados e relacionados entre si, que possuem sentido em si mesmos e que também recebem de nós outros e novos sentidos.

O que estuda a ontologia? Os entes ou seres *antes* que sejam coisas ou fatos investigados pelas ciências, e *depois* que se tornaram enigmáticos para nossa vida cotidiana, isto é, *depois* que nossa experiência cotidiana sofreu o espanto, a admiração e o estranhamento de que eles sejam como nos parecem ser, ou não sejam o que nos parecem ser.

Digo, por exemplo, "Vejo esta casa vermelha, próxima da azul". A ontologia indaga: O que é ver, qual a essência da visão? O que é uma casa ou qual a essência da habitação? O que é vermelho ou azul ou qual é a essência da cor ou o que é cor? O que é ver cores? Pergunto, por exemplo, "Que horas são?". A ontologia indaga: O que é o tempo? Qual a essência da temporalidade?

Pedro fala: "A cidade já está perto". A ontologia indaga: O que é o espaço? Qual é a essência da espacialidade? O que é perto e longe? O que é distância?

Antônio diz a Paulo: "Aquelas duas árvores são idênticas, mas a terceira é diferente". A ontologia indaga: O que é identidade? E a diferença? O que é "duas" e "terceira? Ou seja, o que é o número?

Alguém me diz: "Ouvi uma música belíssima, não essa coisa feia que você está escutando". A ontologia indaga: O que é a beleza e o que é a feiura? Existem o belo em si e o feio em si, ou beleza e feiura são avaliações e valores que atribuímos às coisas? O que é um valor?

Alguém conta a outro: "Pedro realizou um ato generoso, protegendo a criança, mas Eugênia foi egoísta ao não ajudá-lo". A ontologia indaga: O que é a generosidade? O que é o egoísmo? Existem em si e por si mesmos ou são avaliações que fazemos das ações humanas? O que é um valor?

Como se observa, a ontologia investiga a essência ou o sentido do ente físico ou natural, do ente psíquico, lógico, matemático, estético, ético, temporal, espacial etc. Investiga as diferenças e as relações entre eles, seu modo próprio de existir, sua origem, sua finalidade. O que é o mundo? O que é o eu ou a consciência? O que é o corpo? O que é o outro? O que é o espaço-tempo? O que é a linguagem? O que é o trabalho? A religião? A arte? A sociedade? A história? A morte? O infinito? Eis as questões da ontologia.

Tomemos um exemplo que nos ajude a compreender o modo de pensar da ontologia. Acompanhemos, brevemente, o estudo de Merleau-Ponty sobre a essência ou o ser do nosso corpo.

O que é nosso corpo? Qual sua essência?

A física dirá que é um agregado de átomos, certa massa e energia, que funciona de acordo com as leis gerais da Natureza. A química dirá que é feito de moléculas de água, oxigênio, carbono, de enzimas e proteínas, funcionando como qualquer outro corpo químico. A biologia dirá que é um organismo vivo, um indivíduo membro de uma espécie (animal, mamífero, vertebrado, bípede), capaz de adaptar-se ao meio ambiente por operações e funções internas, dotado de um código genético hereditário, que se reproduz sexualmente. A psicologia dirá que é um feixe de carne, músculos, ossos, que formam aparelhos receptores de estímulos externos e internos e aparelhos emissores de respostas internas e externas a tais estímulos, capazes de comportamentos observáveis.

Todas essas respostas dizem que nosso corpo é uma coisa entre as coisas, uma máquina receptiva e ativa que pode ser explicada por relações de causa e efeito, suas operações são observáveis direta ou indiretamente – podendo ser examinado em seus mínimos detalhes nos laboratórios, classificado e conhecido. Nosso corpo, como qualquer coisa, é um objeto de conhecimento.

Contudo, será isso o corpo que é *nosso*?

Meu corpo é um ser visível no meio dos outros seres visíveis, mas que tem a peculiaridade de ser um visível vidente: vejo, além de ser vista. Não só isso. Posso me ver, sou visível para mim mesma. E posso me ver vendo.

Meu corpo é um ser táctil como os outros corpos, podendo ser tocado. Entretanto, também tem o poder de tocar, é tocante; e é capaz de tocar-se, como quando minha mão direita toca a esquerda e já não sabemos quem toca e quem é tocado.

Meu corpo é sonoro como outros corpos, como os cristais e os metais; pode ser ouvido, mas tem o poder de ouvir. Mais do que isso, pode fazer-se ouvir e pode ouvir-se quando emite sons. Do fundo da garganta, passando pela língua e pelos dentes, com os movimentos de meus lábios transformo a sonoridade em sentido, dizendo palavras. Ouço-me falando e ouço quem me fala. Sou sonora para mim mesma.

Meu corpo estende a mão e toca outra mão em outro corpo, vê um olhar, percebe uma fisionomia, escuta outra voz: sei que diante de mim está um corpo que é meu outro, outro humano habitado por consciência e eu o sei porque me fala e, como eu, seu corpo produz palavras, sentido.

Visível-vidente, táctil-tocante, sonoro-ouvinte/falante, meu corpo se vê vendo, se toca tocando, se escuta escutando e falando. Meu corpo não é coisa, não é máquina, não é feixe de ossos, músculos e sangue, não é uma rede de causas e efeitos, não é um receptáculo para uma alma ou para uma consciência: é meu modo fundamental de ser e de estar no mundo, de me relacionar com ele e de ele se relacionar comigo. Meu corpo é um sensível que sente e se sente, que se sabe sentir e se sentindo. É uma interioridade exteriorizada e uma exterioridade interiorizada. É esse o ser ou a essência do meu corpo. Meu corpo tem, como todos os entes, uma *dimensão metafísica ou ontológica*.

CAPÍTULO 8

A Ciência

A atitude científica

O senso comum ou nossas opiniões cotidianas

O Sol é menor do que a Terra. Quem duvidará disso, se, diariamente, vemos um pequeno círculo avermelhado percorrer o céu, indo de leste para oeste?

O Sol se move em torno da Terra, que permanece imóvel. Quem duvidará disso, se diariamente vemos o Sol nascer, percorrer o céu e se pôr? A aurora não é o seu começo e o crepúsculo, seu fim?

As cores existem em si mesmas. Quem duvidaria disso, se passamos a vida vendo rosas vermelhas, amarelas e brancas, o azul do céu, o verde das árvores, o alaranjado da laranja e da tangerina?

Cada gênero e espécie de animal já surgiram tais como os conhecemos. Alguém poderia imaginar um peixe tornar-se réptil ou um pássaro? Em religiões, como a judaica, a cristã e a islâmico, os livros sagrados não ensinam que a divindade criou de uma só vez todos os animais, em um só dia?

A família é uma realidade natural criada pela Natureza para garantir a sobrevivência humana e para atender à afetividade natural dos humanos, que sentem a necessidade de viver juntos. Quem duvidará disso, se vemos, no mundo inteiro, no passado e no presente, a família existindo naturalmente e sendo a célula primeira da sociedade?

A raça é uma realidade natural ou biológica produzida pela diferença dos climas, da alimentação, da geografia e da reprodução sexual. Quem duvidará disso, se vemos que os africanos são negros, os asiáticos são amarelos de olhos puxados, os índios são avermelhados e os europeus, brancos?

Certezas como essas formam nossa vida e o senso comum de nossa sociedade, que é transmitido de geração em geração e, muitas vezes, ao se transformar em crença religiosa, torna-se uma doutrina inquestionável.

Retomemos nossos exemplos.

A astronomia demonstra que o Sol é muitas vezes maior do que a Terra e, desde Copérnico, que é a Terra que se move em torno dele.

A Óptica demonstra que as cores são ondas luminosas, obtidas pela refração e reflexão ou decomposição da luz branca.

A biologia demonstra que os gêneros e as espécies de animais se formaram lentamente, no curso de milhões de anos, a partir de modificações de microrganismos extremamente simples.

Historiadores e antropólogos mostram que o que entendemos por família (pai, mãe, filhos; esposa, marido, irmãos) é uma instituição social recentíssima - data do século XV -, própria da Europa ocidental, não existindo na Antiguidade, nem nas sociedades africanas, asiáticas e americanas pré-colombianas. Mostram também que não é um fato natural, mas uma criação humana, exigida por condições históricas determinadas.

Sociólogos e antropólogos mostram que a ideia de raça também é recente - data do século XVIII -, sendo usada por pensadores que procuravam uma explicação para as diferenças físicas e culturais entre os europeus e os povos que se tornaram conhecidos dos europeus, a partir do século XIV, com as viagens de Marco Polo, e do século XV, com as grandes navegações e as descobertas de continentes ultramarinos.

Ao que parece, há uma grande diferença entre nossas certezas cotidianas e o conhecimento científico. Como e por que ela existe?

Características do senso comum

Um breve exame de nossos saberes cotidianos e do senso comum de nossa sociedade revela que possuem algumas características que lhes são próprias:

- são subjetivos, isto é, exprimem sentimentos e opiniões individuais e de grupos, variando de uma pessoa para outra, ou de um grupo para outro, dependendo das condições em que vivemos. Assim, por exemplo, se eu for artista, verei a beleza da árvore; se eu for marceneira, a qualidade da madeira; se estiver passeando sob o sol, a sombra para descansar; se for boia-fria, os frutos que devo colher para ganhar o meu dia. Se eu for hindu, uma vaca será sagrada para mim; se for dona de um frigorífico, estarei interessada na qualidade e na quantidade de carne que poderei vender;
- por serem subjetivos, levam a uma avaliação qualitativa das coisas conforme os efeitos que produzem em nossos órgãos dos sentidos ou conforme os desejos que despertam em nós e o tipo de finalidade ou de uso que lhes atribuímos, isto é, as coisas são julgadas por nós como grandes ou pequenas, doces ou azedas, pesadas ou leves, novas ou velhas, belas ou feias, quentes ou frias, úteis ou inúteis, desejáveis ou indesejáveis, coloridas ou sem cor, com sabor, odor, próximas ou distantes etc.;

- agrupam-se ou se distinguem conforme as coisas e os fatos nos pareçam semelhantes ou diferentes. É assim, por exemplo que julgamos serem fatos diferentes um corpo que cai e uma pena que flutua no ar;
- são individualizadores, isto é, cada coisa ou cada fato nos aparece como um indivíduo distinto de outros por possuir qualidades que nos afetam de maneira diferente: a seda é macia, a pedra é rugosa, o algodão é áspero, o mel é doce, o fogo é quente, o mármore é frio, a madeira é dura etc.;
- mas também são generalizadores, pois tendem a reunir numa só opinião ou numa só ideia coisas e fatos julgados semelhantes: falamos dos animais, das plantas, dos seres humanos, dos astros, dos gatos, das mulheres, das crianças, das esculturas, das pinturas, das bebidas, dos remédios etc.;
- em decorrência das generalizações, tendem a estabelecer relações de causa e efeito entre as coisas ou entre os fatos: "onde há fumaça, há fogo"; "quem tudo quer tudo perde"; "dize-me com quem andas e te direi quem és"; a posição dos astros determina o destino das pessoas; mulher menstruada não deve tomar banho frio; ingerir sal quando se tem tontura é bom para a pressão; mulher assanhada quer ser estuprada; menino de rua é delinquente etc.;
- não se surpreendem e nem se admiram com a regularidade, constância, repetição e diferença das coisas, mas, ao contrário, a admiração e o espanto se dirigem para o que é imaginado como único, extraordinário, maravilhoso ou miraculoso. Justamente por isso, em nossa sociedade, a propaganda e a moda estão sempre inventando o "extraordinário", o "nunca visto";
- pelo mesmo motivo e não por compreenderem o que seja investigação científica, tendem a vê-la quase como magia, considerando que ambas lidam com o misterioso, o oculto, o incompreensível. Essa imagem da ciência como magia aparece, por exemplo, no cinema, quando os filmes mostram os laboratórios científicos repletos de objetos incompreensíveis, com luzes que acendem e apagam, tubos de onde saem fumaças coloridas, exatamente como são mostradas as cavernas ocultas dos magos. Essa mesma identificação entre ciência e magia aparece num antigo programa da televisão brasileira, o *Fantástico*, que, como o nome indica, mostrava aos telespectadores resultados científicos como se fossem espantosa obra de magia, assim como exibiam magos ocultistas como se fossem cientistas;
- costumam projetar nas coisas ou no mundo sentimentos de angústia e de medo diante do desconhecido. Assim, por exemplo, durante a Idade Média, as pessoas viam o demônio em toda parte e, hoje, enxergam discos voadores no espaço;
- por serem subjetivos, generalizadores, expressões de sentimentos de medo e angústia, e de incompreensão quanto ao trabalho científico, nossas certezas cotidianas e o senso comum de nossa sociedade ou de nosso grupo social cristalizam-se em preconceitos com os quais passamos a interpretar toda a realidade que nos cerca e todos os acontecimentos.

Características gerais da atitude científica

O que distingue a atitude científica da atitude costumeira ou do senso comum? Antes de mais nada, a ciência *desconfia* da veracidade de nossas certezas, de nossa adesão imediata às coisas, da ausência de crítica e da falta de curiosidade. Por isso, ali onde vemos coisas, fatos e acontecimentos, a atitude científica vê *problemas* e *obstáculos*, aparências que precisam ser explicadas e, em certos casos, afastadas.

Sob quase todos os aspectos, podemos dizer que o conhecimento científico opõe-se ponto por ponto às características do senso comum:

- é objetivo, isto é, procura as estruturas universais e necessárias das coisas investigadas;
- é quantitativo, isto é, busca medidas, padrões, critérios de comparação e de avaliação para coisas que parecem ser diferentes. Assim, por exemplo, as diferenças de cor são explicadas por diferenças de um mesmo padrão ou critério de medida, o comprimento de onda luminosa; as diferenças de intensidade dos sons, pelo comprimento de onda sonora;
- é homogêneo, isto é, busca as leis gerais de funcionamento dos fenômenos, que são as mesmas para fatos que nos parecem diferentes. Por exemplo, a lei universal da gravitação demonstra que a queda de uma pedra e a flutuação de uma pluma são movimentos que obedecem à mesma lei no interior do campo gravitacional;
- é generalizador, pois reúne individualidades sob as mesmas leis, os mesmos padrões ou critérios de medida, mostrando que possuem a mesma estrutura, embora sejam sensorialmente percebidas como diferentes. Assim, por exemplo, a química mostra que a enorme variedade de corpos decorre das inúmeras combinações de um pequeno número limitado de elementos que compõem os corpos complexos;
- é diferenciador, pois não reúne nem generaliza por semelhanças aparentes, mas distingue entre os que parecem iguais, desde que obedeçam a estruturas diferentes. Lembremos aqui um exemplo que usamos no capítulo sobre a linguagem, quando mostramos que a palavra *queijo* parece ser a mesma coisa que a palavra inglesa *cheese* e a palavra francesa *fromage*, quando, na realidade, são muito diferentes, porque se referem a estruturas alimentares diferentes;
- estabelece apenas relações causais depois de investigar a natureza ou estrutura do fato estudado e suas relações com outros semelhantes ou diferentes. Assim, por exemplo, um corpo não cai porque é pesado, mas o peso de um corpo depende do campo gravitacional onde se encontra – é por isso que, nas naves espaciais, onde a gravidade é igual a zero, todos os corpos flutuam, independentemente do peso ou do tamanho; um corpo tem certa cor não porque é colorido, mas porque, dependendo de sua composição química e física, reflete a luz de determinada maneira etc.;
- surpreende-se com a regularidade, a constância, a frequência, a repetição e a diferença das coisas e procura mostrar que o maravilhoso, o extraordinário ou

o "milagroso" é um caso particular do que é regular, normal, frequente. Um eclipse, um terremoto, um furacão, a erupção de um vulcão, embora excepcionais, obedecem às leis da física. Procura, assim, apresentar explicações racionais, claras, simples e verdadeiras para os fatos, opondo-se ao espetacular, ao mágico e ao fantástico;

- distingue-se da magia. A magia admite uma participação ou simpatia secreta entre coisas diferentes, que agem umas sobre outras por meio de qualidades ocultas e considera o psiquismo humano uma força capaz de ligar-se a psiquismos superiores (planetários, astrais, angélicos, demoníacos) para provocar efeitos inesperados nas coisas e nas pessoas. A atitude científica, ao contrário, opera um desencantamento ou desenfeitiçamento do mundo, mostrando que nele não agem forças secretas, mas causas e relações racionais que podem ser conhecidas, e que tais conhecimentos podem ser transmitidos a todos;
- afirma que, pelo conhecimento, o homem pode libertar-se do medo e das superstições, deixando de projetá-los no mundo e nos outros;
- procura renovar-se e modificar-se continuamente, evitando a transformação das teorias em doutrinas e destas em preconceitos sociais. O fato científico resulta de um *trabalho* paciente e lento de investigação e de pesquisa racional, aberto a mudanças, não sendo nem um mistério incompreensível nem uma doutrina geral sobre o mundo.

O trabalho científico é metódico e sistemático

Os fatos ou objetos científicos não são dados empíricos espontâneos de nossa experiência cotidiana, mas são *construídos* pelo trabalho da investigação científica. Esta é um conjunto de atividades intelectuais, experimentais e técnicas, realizadas com base em *métodos* que permitem e garantem que a principal marca da ciência seja o *rigor*:

- separar os elementos subjetivos e objetivos de um fenômeno;
- construir o fenômeno como um objeto do conhecimento, controlável, verificável, interpretável e capaz de ser retificado ou corrigido por novas elaborações;
- demonstrar e provar os resultados obtidos durante a investigação, graças ao rigor das relações definidas entre os fatos estudados; a demonstração deve ser feita não só para verificar a validade dos resultados obtidos, mas também para prever racionalmente novos fatos como efeitos dos já estudados;
- relacionar com outros fatos um fato isolado, integrando-o numa explicação racional unificada, pois somente essa integração transforma o fenômeno em objeto científico, isto é, em fato explicado por uma teoria;
- formular uma teoria geral sobre o conjunto dos fenômenos observados e dos fatos investigados, isto é, formular um conjunto sistemático de conceitos que expliquem e interpretem as causas e os efeitos, as relações de dependência, identidade e diferença entre todos os objetos que constituem o campo investigado.

Delimitar ou definir os fatos a investigar, separando-os de outros semelhantes ou diferentes; estabelecer os procedimentos metodológicos para observação, experimentação e verificação dos fatos; construir instrumentos técnicos e condições de laboratório específicas para a pesquisa; elaborar um conjunto sistemático de conceitos que formem a teoria geral dos fenômenos estudados, que controlem e guiem o andamento da pesquisa, além de ampliá-la com novas investigações, e permitam a previsão de fatos novos a partir dos já conhecidos: esses são os pré-requisitos para a constituição de uma ciência e as exigências da própria ciência.

A ciência distingue-se do senso comum porque este é uma opinião baseada em hábitos, preconceitos, tradições cristalizadas, enquanto a primeira baseia-se em pesquisas, investigações metódicas e sistemáticas e na exigência de que as teorias sejam internamente coerentes e digam a verdade sobre a realidade. A ciência é *conhecimento* que resulta de um trabalho racional.

Que tipo de conhecimento é esse?

Vem de Aristóteles a primeira grande definição do conhecimento científico: a ciência é um conhecimento das causas e pelas causas, isto é, um conhecimento demonstrativo.

Ademais, vem do final do Renascimento e do início da Filosofia Moderna, com Francis Bacon, Galileu e Descartes, a ideia de que, além de conhecimento demonstrativo, a ciência é um conhecimento eficaz, isto é, capaz de permitir aos humanos não só conhecer o mundo, mas também dominá-lo e transformá-lo.

O trabalho científico é sistemático, por isso uma teoria científica é um sistema ordenado e coerente de proposições ou enunciados baseados em um pequeno número de princípios, cuja finalidade é descrever, explicar e prever do modo mais completo possível um conjunto de fenômenos, oferecendo suas leis necessárias. A teoria científica permite que uma multiplicidade empírica de fatos aparentemente muito diferentes sejam compreendidos como semelhantes e submetidos às mesmas leis; e vice-versa, permite compreender por que fatos aparentemente semelhantes são diferentes e submetidos a leis diferentes.

A ciência na História

As três principais concepções de ciência

Historicamente, três têm sido as principais concepções de ciência ou de ideais de cientificidade: o racionalista, cujo modelo de objetividade é a matemática; o empirista, que toma o modelo de objetividade da medicina grega e da história natural do século XVII; e o construtivista, cujo modelo de objetividade advém da ideia de razão como conhecimento aproximativo.

A *concepção racionalista* – que se estende desde os gregos até o final do século XVII – afirma que a ciência é um conhecimento racional dedutivo e demonstrativo como a matemática, portanto capaz de provar a verdade necessária e universal de seus enunciados e resultados, sem deixar qualquer dúvida possível. Uma ciência é a unidade sistemática de axiomas, postulados e definições, que determinam a natureza e as propriedades de seu objeto, e de demonstrações, que provam as relações de causalidade que regem o objeto investigado.

O objeto científico é uma representação intelectual universal, necessária e verdadeira das coisas representadas e corresponde à própria realidade, porque esta é racional e inteligível em si mesma. As experiências científicas são realizadas apenas para verificar e confirmar as demonstrações teóricas, e não para produzir o conhecimento do objeto, pois este é conhecido exclusivamente pelo pensamento. O objeto científico é matemático, porque a realidade possui uma estrutura matemática, ou, como disse Galileu, "o grande livro da Natureza está escrito em caracteres matemáticos".

A *concepção empirista* – que vai desde a medicina grega e Aristóteles até o final do século XIX – afirma que a ciência é uma interpretação dos fatos baseada em observações e experimentos que permitem estabelecer induções e que, ao serem completadas, oferecem a definição do objeto, suas propriedades e suas leis de funcionamento. A teoria científica resulta das observações e dos experimentos, de modo que a experiência não tem simplesmente o papel de verificar e confirmar conceitos, mas tem a função de produzi-los. Eis por que, nesta concepção, sempre houve grande cuidado para estabelecer métodos experimentais rigorosos, pois deles dependia a formulação da teoria e a definição da objetividade investigada.

Essas duas concepções de cientificidade possuíam o mesmo pressuposto, embora o realizassem de maneiras diferentes. Ambas consideravam que a teoria científica era uma explicação e uma representação verdadeira da própria realidade, tal como esta é em si mesma. A ciência era uma espécie de raio X da realidade. A concepção racionalista era *hipotético-dedutiva*, isto é, definia o objeto e suas leis e disso deduzia propriedades, efeitos posteriores, previsões. A concepção empirista era *hipotético-indutiva*, isto é, apresentava suposições sobre o objeto, realizava observações e experimentos e chegava à definição dos fatos, a suas leis, suas propriedades, seus efeitos posteriores e a previsões.

A *concepção construtivista* – iniciada no século XX – considera a ciência uma construção de modelos explicativos para a realidade, e não uma representação da própria realidade. O cientista combina dois procedimentos – um vindo do racionalismo e outro vindo do empirismo – e a eles acrescenta um terceiro, vindo da ideia de conhecimento aproximativo e corrigível.

Como o racionalista, o cientista construtivista exige que o método lhe permita e lhe garanta estabelecer axiomas, postulados, definições e deduções sobre o objeto científico. Como o empirista, o construtivista exige que a experimentação guie e modifique axiomas, postulados, definições e demonstrações. No entanto, porque considera o objeto uma construção lógico-intelectual e uma construção experimental feita em laboratório, o cientista não espera que seu trabalho apresente a realidade em si mesma, mas ofereça estruturas e modelos de funcionamento da realidade, explicando os fenômenos observados. Não espera, portanto, apresentar uma verdade absoluta, e sim uma verdade aproximada que pode ser corrigida, modificada, abandonada por outra mais adequada aos fenômenos. São três as exigências de seu ideal de cientificidade:

1. que haja coerência (isto é, que não haja contradições) entre os princípios que orientam a teoria;
2. que os modelos dos objetos (ou estruturas dos fenômenos) sejam construídos com base na observação e na experimentação;
3. que os resultados obtidos possam não só alterar os modelos construídos, mas também alterar os próprios princípios da teoria, corrigindo-a.

Diferenças entre a ciência antiga e a clássica ou moderna

Quando apresentamos os ideais de cientificidade, dissemos que tanto o ideal racionalista como o empirista se iniciaram com os gregos. Isso, porém, não significa que a concepção antiga e a clássica ou moderna (século XVII) de ciência sejam idênticas.

Entre as várias diferenças, devemos mencionar uma, talvez a mais profunda: a ciência antiga era uma ciência teorética, isto é, apenas contemplava os seres naturais, sem jamais imaginar intervir neles ou sobre eles por meios técnicos; a ciência clássica é uma ciência que visa não só ao conhecimento teórico, mas sobretudo à aplicação prática ou técnica. Francis Bacon dizia que "saber é poder", e Descartes escreveu que "a ciência deve tornar-nos senhores da Natureza". A ciência clássica ou moderna nasce vinculada à ideia de intervir na Natureza, de conhecê-la para apropriar-se dela, para controlá-la e dominá-la. A ciência não é apenas contemplação da verdade, mas é sobretudo o exercício do poderio humano sobre a Natureza. Numa sociedade em que o capitalismo está surgindo e, para acumular o capital, deve ampliar a capacidade do trabalho humano para modificar e explorar a Natureza, a nova ciência será inseparável da técnica.

Na verdade, é mais correto falar em *tecnologia* do que em *técnica*. De fato, a técnica é um conhecimento empírico, que, graças à observação, elabora um conjunto de receitas e práticas para agir sobre as coisas. A tecnologia, porém, é um saber teórico que se aplica praticamente.

Por exemplo, um relógio de sol é um objeto técnico que serve para marcar horas seguindo o movimento solar no céu. Um cronômetro, porém, é um objeto tecnológico: por um lado, sua construção pressupõe conhecimentos teóricos sobre as leis do movimento (as leis do pêndulo) e, por outro lado, seu uso altera a percepção empírica e comum dos objetos, pois serve para medir aquilo que nossa percepção não consegue perceber. Uma lente de aumento é um objeto técnico, mas o telescópio e o microscópio são objetos tecnológicos, pois sua construção pressupõe o conhecimento das leis científicas definidas pela óptica. Em outras palavras, um objeto é tecnológico quando sua construção pressupõe um saber científico e quando seu uso interfere nos resultados das pesquisas científicas. A ciência moderna tornou-se inseparável da tecnologia.

As mudanças científicas

Vimos até aqui duas grandes mudanças na ciência. A primeira delas se refere à passagem do racionalismo e empirismo ao construtivismo, isto é, de um ideal de cientificidade baseado na ideia de que a ciência é uma representação da realidade tal como ela é em si mesma, a um ideal de cientificidade baseado na ideia de que o objeto científico é um modelo construído, e não uma representação do real, uma aproximação sobre o modo de funcionamento da realidade, mas não o conhecimento absoluto dela. A segunda mudança refere-se à passagem da ciência antiga – teorética, qualitativa – à ciência clássica ou moderna – tecnológica, quantitativa. Por que houve tais mudanças no pensamento científico?

Durante certo tempo, julgou-se que a ciência (como a sociedade) evolui e progride. Evolução e progresso são duas ideias muito recentes – datam dos séculos XVIII e XIX –, mas muito aceitas pelas pessoas.

As noções de evolução e de progresso partem da suposição de que o tempo é uma linha contínua e homogênea, uma sucessão contínua de instantes, momentos, fases, períodos, épocas, que iriam se somando uns aos outros, acumulando-se de tal modo que o que acontece depois é o resultado melhorado do que aconteceu antes. Contínuo e cumulativo, o tempo seria um aperfeiçoamento de todos os seres (naturais e humanos).

Evolução e progresso são a crença na superioridade do presente em relação ao passado e do futuro em relação ao presente. Assim, os europeus civilizados seriam superiores aos africanos e aos índios, a física galilaico-newtoniana seria superior à aristotélica, a física quântica seria superior à de Galileu e de Newton.

Evoluir significa: tornar-se superior e melhor do que se era antes. Progredir significa: ir em um rumo cada vez melhor na direção de uma finalidade superior.

Evolução e progresso também supõem o tempo como uma série linear de momentos ligados por relações de causa e efeito, em que o passado é causa e o presente, efeito, vindo a tornar-se causa do futuro. Vemos essa ideia aparecer quando, por exemplo, os manuais de História apresentam as "influências" que um acontecimento anterior teria tido sobre outro, posterior.

Evoluir e progredir pressupõem uma concepção de História semelhante à que a biologia apresenta quando fala em germe, semente ou larva. O germe, a semente ou a larva são entes que contêm neles mesmos tudo o que lhes acontecerá, isto é, o futuro já está contido no ponto inicial de um ser, cuja história ou cujo tempo nada mais é do que o desdobrar ou o desenvolver pleno daquilo que ele já era potencialmente.

Essa ideia encontra-se presente, por exemplo, na distinção entre países desenvolvidos e subdesenvolvidos. Quando digo que um país é ou está desenvolvido, digo que sei que alcançou a finalidade à qual estava destinado desde que surgiu. Quando digo que um país é ou está subdesenvolvido, estou dizendo que a finalidade – que é a mesma para ele e para o desenvolvido – ainda não foi, mas deverá ser alcançada em algum momento do tempo. Não por acaso, as expressões *desenvolvido* e *subdesenvolvido* foram usadas para substituir duas outras, tidas como ofensivas e agressivas: países adiantados e países atrasados, isto é, países evoluídos e não evoluídos, países com progresso e sem progresso.

Em resumo, evolução e progresso pressupõem: continuidade temporal, acumulação causal dos acontecimentos, superioridade do futuro e do presente com relação ao passado, existência de uma finalidade a ser alcançada.

Supunha-se que as mudanças científicas indicavam evolução ou progresso dos conhecimentos humanos.

Desmentindo a evolução e o progresso científicos

A Filosofia das Ciências, estudando as mudanças científicas, impôs um desmentido às ideias de evolução e progresso. Isso não quer dizer que a Filosofia das Ciências viesse a falar em atraso e regressão científica, pois essas duas noções são idênticas às de evolução e progresso, apenas com o sinal trocado (em vez de caminhar causal e continuamente para frente, caminhar-se-ia causal e continuamente para trás). O que a Filosofia das Ciências compreendeu foi que as elaborações científicas e os ideais de cientificidade são *diferentes* e *descontínuos.*

Verificou-se uma descontinuidade e uma diferença temporal entre as teorias científicas como consequência não de uma forma mais evoluída, mais progressiva ou melhor de fazer ciência, e sim como resultado de diferentes maneiras de conhecer e construir os objetos científicos, de elaborar os métodos e inventar tecnologias. O filósofo Gaston Bachelard criou a expressão *ruptura epistemológica* para explicar essa descontinuidade no conhecimento científico.

Rupturas epistemológicas

Um cientista ou um grupo de cientistas começam a estudar um fenômeno empregando teorias, métodos e tecnologias disponíveis em seu campo de trabalho. Pouco a pouco, descobrem que os conceitos, os procedimentos, os instrumentos existentes não explicam o que estão observando nem levam aos resultados que estão buscando. Encontram, diz Bachelard, um "obstáculo epistemológico".

Para superarem o obstáculo epistemológico, o cientista ou grupo de cientistas precisam ter a coragem de dizer: *Não.*[1] Bachelard formulou uma *Filosofia do Não* para explicar a atitude dos cientistas quando seus conceitos e instrumentos de pesquisa são incapazes de dar conta de um problema inesperado e que força a recusar os modelos explicativos existentes, dizer Não a eles, e buscar outros, novos.

Precisam dizer não à teoria existente e aos métodos e às tecnologias existentes, realizando a ruptura epistemológica. Esta conduz à elaboração de novas teorias, novos métodos e tecnologias, que afetam todo o campo de conhecimentos existentes. Assim, uma nova concepção científica emerge, levando tanto a incorporar nela os conhecimentos anteriores quanto a afastá-los inteiramente. Isso significa que, para Bachelard, a história das mudanças científicas é feita de descontinuidades (novas teorias, novos modelos, novas tecnologias que rompem com os antigos), mas também comporta continuidades, quando se considera que o novo foi suscitado pelo antigo e que parte deste é incorporada por aquele.

---

[1] Bachelard formulou uma *Filosofia do Não* para explicar a atitude dos cientistas quando seus conceitos e instrumentos de pesquisa são incapazes de dar conta de um problema inesperado e que força a recusar os modelos explicativos existentes, dizer Não a eles, e buscar outros, novos.

Da mesma maneira, o filósofo da ciência Gilles Granger propõe que distingamos entre dois tipos de descontinuidades científicas: uma externa e outra interna.

A descontinuidade é externa quando há um hiato radical entre uma situação científica caótica, em que os conhecimentos estão dispersos e são inverificáveis, e o surgimento de uma disciplina científica cujos conceitos, métodos e técnicas conseguem "pôr ordem no caos". Essa disciplina ordenadora, rigorosa e sistemática não muda a ciência anterior, mas apenas a reorganiza.

A descontinuidade é interna quando, mantida uma mesma visão objetiva de um campo de fatos, teorias diferentes se sucedem no interior desse campo. Quando há descontinuidade interna, não há, porém, ruptura total, pois, diz Granger, como é mantida mesma visão objetiva de um campo de fatos, a teoria anterior é incorporada como um caso particular (às vezes até diminuto) da nova teoria, mas universal. Há descontinuidade, mas não há destruição da teoria anterior.

Falsificação × revolução

Vimos que a ciência contemporânea é construtivista, julgando que fatos e fenômenos novos podem exigir a elaboração de novos métodos, novas tecnologias e novas teorias.

Alguns filósofos da ciência, entre os quais Karl Popper, afirmaram que a reelaboração científica decorre do fato de ter havido uma mudança no conceito filosófico-científico da verdade. Esta, como já vimos, foi considerada durante muitos séculos como a correspondência exata entre uma ideia ou um conceito e a realidade. Vimos também que, em nosso século, foi proposta uma teoria da verdade como coerência interna entre conceitos. Na concepção anterior, o falso acontecia quando uma ideia não correspondia à coisa que deveria representar. Na nova concepção, o falso é a perda da coerência de uma teoria, a existência de contradições entre seus princípios ou entre estes e alguns de seus conceitos.

Popper afirma que as mudanças científicas são uma consequência da concepção da verdade como coerência teórica e propõe que uma teoria científica seja avaliada pela possibilidade de ser falsa ou falsificada. A falsificação se apoia na ideia anterior da verdade como correspondência entre as ideias e as coisas. Em outras palavras, Popper considera que a antiga noção de verdade não serve para *confirmar* uma teoria – uma teoria se mantém confirmada graças à sua coerência interna –, mas serve para *refutar* uma teoria.

Para explicar essa diferença entre confirmação (ou verificação) e refutação (ou falsificação), Popper usa o seguinte exemplo: uma teoria científica que disser que "todos os cisnes são brancos" não poderá ser verificada ou confirmada porque nenhum ser humano jamais viu ou verá todos os cisnes; todavia, basta que alguém veja um único cisne negro para refutar (ou falsificar) essa teoria.

Uma ciência formula hipóteses para resolver problemas e as conserva até que sejam refutadas ou falsificadas por algum fato. Essas hipóteses são verdades provisórias mantidas até que sejam contestadas ou não consigam explicar novos problemas.

Uma teoria científica é boa, diz Popper, quanto mais estiver aberta a fatos novos que possam tornar falsos os princípios e os conceitos em que se baseava. Assim, o valor de uma teoria não se mede por sua verdade, mas pela possibilidade de ser falsa. A *falseabilidade* seria o critério de avaliação das teorias científicas e garantiria a ideia de progresso científico, pois é a *mesma* teoria que vai sendo corrigida por fatos novos que a falsificam.

A maioria dos filósofos da ciência, entre os quais Kuhn, demonstrou o absurdo da posição de Popper. De fato, dizem eles, jamais houve um único caso em que uma teoria pudesse ser falsificada por fatos científicos. Jamais houve um único caso em que um fato novo garantisse a coerência de uma teoria, bastando impor a ela mudanças totais.

Cada vez que fatos provocaram verdadeiras e grandes mudanças teóricas, essas mudanças não foram feitas no sentido de "melhorar" ou "aprimorar" uma teoria existente, mas no sentido de abandoná-la por outra. O papel do fato científico não é o de falsear ou falsificar uma teoria, mas de provocar o surgimento de uma nova teoria verdadeira. É o verdadeiro, e não o falso, que guia o cientista, seja a verdade entendida como correspondência entre ideia e coisa, seja entendida como coerência interna das ideias.

O ideal científico e a razão instrumental

O ideal científico

O percurso que fizemos no estudo das ciências evidencia a existência de um *ideal científico*: embora continuidades e rupturas marquem os conhecimentos científicos, a ciência é a confiança que a cultura ocidental deposita na razão como capacidade para conhecer a realidade, mesmo que esta, afinal, tenha que ser inteiramente construída pela própria atividade racional.

A lógica que rege o pensamento científico contemporâneo está centrada na ideia de demonstração e prova, a partir da definição ou construção do objeto do conhecimento por suas propriedades e funções e da posição do sujeito do conhecimento, por meio das operações de análise, síntese e interpretação. A ciência contemporânea funda-se:

- na distinção entre sujeito e objeto do conhecimento, que permite estabelecer a ideia de objetividade, isto é, de independência dos fenômenos em relação ao sujeito que conhece e age;
- na ideia de método como um conjunto de regras, normas e procedimentos gerais, que servem para definir ou construir o objeto e para o autocontrole do pensamento durante a investigação e, após esta, para a confirmação ou falsificação dos resultados obtidos. A ideia de método tem como pressuposto que o pensamento obedece universalmente a certos princípios internos – identidade, não contradição, terceiro excluído, razão suficiente – dos quais dependem o conhecimento da verdade e a exclusão do falso. A verdade pode ser compreendida seja como

correspondência necessária entre os conceitos e a realidade, seja como coerência interna dos próprios conceitos;

- nas operações de análise e síntese, isto é, de passagem do todo complexo às suas partes constituintes ou de passagem das partes ao todo que as explica e determina. O objeto científico é um fenômeno submetido à análise e à síntese, que descrevem os fatos observados ou constroem a própria entidade objetiva como um campo de relações internas necessárias, isto é, uma estrutura que pode ser conhecida em seus elementos, suas propriedades, suas funções e seus modos de permanência ou de transformação;
- na ideia de lei do fenômeno, isto é, de regularidades e constâncias universais e necessárias, que definem o modo de ser e de comportar-se do objeto, seja este tomado como um campo separado dos demais, seja tomado em suas relações com outros objetos ou campos de realidade. A lei científica define o que é o fato-fenômeno ou o objeto construído pelas operações científicas. Em outras palavras, a lei científica diz como o objeto se constitui, como se comporta, por que e como permanece, por que e como se transforma, sobre quais fenômenos atua e de quais sofre ação. A lei define o objeto segundo um sistema complexo de relações necessárias de causalidade, complementariedade, inclusão e exclusão. A ideia de lei visa marcar o caráter necessário do objeto e afastar as ideias de acaso, contingência, indeterminação, oferecendo o objeto como completamente determinado pelo pensamento ou completamente conhecido ou cognoscível;
- no uso de instrumentos tecnológicos e não simplesmente técnicos. Os instrumentos técnicos são prolongamentos de capacidades do corpo humano e destinam-se a aumentá-las na relação do nosso corpo com o mundo. Os instrumentos tecnológicos são ciência cristalizada em objetos materiais, nada possuem em comum com as capacidades e aptidões do corpo humano; visam intervir nos fenômenos estudados e mesmo construir o próprio objeto científico; destinam-se a dominar e transformar o mundo, e não simplesmente a facilitar a relação do homem com o mundo. A tecnologia confere à ciência precisão e controle dos resultados, aplicação prática e interdisciplinaridade;
- na criação de uma linguagem específica e própria, distante da linguagem cotidiana e da linguagem literária. A ciência procura afastar os dados qualitativos e perceptivo-emotivos dos objetos ou dos fenômenos, para guardar ou construir apenas seus aspectos quantitativos e relacionais.

A linguagem cotidiana e a literária são conotativas e polissêmicas, isto é, nelas as palavras possuem múltiplos significados simultâneos, subentendidos, ambiguidades, e exprimem tanto o sujeito quanto as coisas, ou seja, exprimem as relações vividas entre o sujeito e o mundo qualitativo de sons, cores, formas, odores, valores, sentimentos etc.

Nas ciências, porém, sons e cores são explicados como variação no comprimento das ondas sonoras e luminosas, observadas e medidas no laboratório. Valores e sentimentos são explicados pelas análises do corpo vivido e da consciência, feitas pela psicologia; pelas análises da estrutura e organização da sociedade, feitas pela sociologia e pela antropologia.

A linguagem científica destaca o objeto das relações com o sujeito, separa-o da experiência vivida cotidiana e constrói uma linguagem puramente denotativa para exprimir sem ambiguidades as leis do objeto. O simbolismo científico rompe com o simbolismo da linguagem cotidiana construindo uma linguagem própria, com símbolos unívocos e denotativos, de significado único e universal. A ciência constrói o algoritmo e fala por meio dos algoritmos ou de uma combinatória de estilo matemático.

Justamente por serem estes os principais traços do ideal científico, podemos compreender por que existem os problemas epistemológicos examinados nos capítulos precedentes. Em outras palavras, o ideal de cientificidade impõe às ciências critérios e finalidades que, quando impedidos de se concretizarem, forçam rupturas e mudanças teóricas profundas, fazendo desaparecer campos e disciplinas científicos ou levando ao surgimento de objetos, métodos, disciplinas e campos de investigação novos.

Ciência desinteressada × utilitarismo

Desde a Renascença – isto é, desde o humanismo, que colocava o homem no centro do Universo e afirmava seu poder para conhecer e dominar a realidade – duas concepções sobre o valor da ciência estiveram sempre em confronto.

A primeira delas, que chamaremos de ideal do conhecimento desinteressado, afirma que o valor de uma ciência se encontra na qualidade, no rigor e na exatidão, na coerência e na verdade de uma teoria, independentemente de sua aplicação prática. A teoria científica vale por trazer conhecimentos novos sobre fatos desconhecidos, por ampliar o saber humano sobre a realidade, e não por ser aplicável praticamente. Em outras palavras, é por ser verdadeira que a ciência pode ser aplicada na prática, mas o uso da ciência é consequência, e não causa, do conhecimento científico.

A segunda concepção, conhecida como utilitarismo, afirma, ao contrário, que o valor de uma ciência encontra-se na quantidade de aplicações práticas que possa permitir. É o uso ou a utilidade imediata dos conhecimentos que prova a verdade de uma teoria científica e lhe confere valor. Os conhecimentos são procurados para resolver problemas práticos e estes determinam não só o aparecimento de uma ciência, mas também suas transformações no decorrer do tempo.

As duas concepções são verdadeiras, mas parciais. Se uma teoria científica fosse elaborada apenas por suas finalidades práticas imediatas, inúmeras pesquisas jamais teriam sido feitas e inúmeros fenômenos jamais teriam sido conhecidos, pois, com frequência, os conhecimentos teóricos estão mais avançados do que as capacidades técnicas de uma época e, em geral, sua aplicação só é percebida e só é possível muito tempo depois de haver sido elaborada.

No entanto, se uma teoria científica não for capaz de suscitar aplicações, se não for capaz de permitir o surgimento de objetos técnicos e tecnológicos, instrumentos, utensílios, máquinas, medicamentos, de resolver problemas importantes para os seres humanos, então seremos obrigados a dizer que a técnica e a tecnologia são cegas, incertas, arriscadas e perigosas, porque são práticas sem bases teóricas seguras. Na realidade, teoria e prática científicas estão relacionadas na concepção moderna e contemporânea de ciência, mesmo que uma possa estar mais avançada do que a outra.

A distinção e a relação entre ciência pura e ciência aplicada pode solucionar o impasse ou o confronto entre as duas concepções sobre o valor das teorias científicas, garantindo, por um lado, que uma teoria possa e deva ser elaborada sem a preocupação com fins práticos imediatos, embora possa, mais tarde, contribuir para eles; e, por outro lado, garantindo o caráter científico de teorias construídas diretamente com finalidades práticas, as quais podem, por sua vez, suscitar investigações puramente teóricas.

Pode-se dizer que são problemas e dificuldades técnicas e práticas que suscitam o desenvolvimento de conhecimentos teóricos. Sabemos, por exemplo, que o químico Lavoisier decidiu estudar o fenômeno da combustão para resolver problemas econômicos da iluminação da cidade de Paris, que Galileu e Torricelli investigaram o movimento dos corpos no vácuo para resolver problemas de carregamento de grandes pesos nos portos e para responder a uma pergunta dos construtores de fontes dos jardins da cidade de Florença.

No entanto, o que sempre se verifica é que a explicação científica e a teoria acabam conhecendo muito mais fatos e relações do que o que era necessário para solucionar o problema prático, de tal modo que as pesquisas teóricas vão avançando já sem a preocupação prática, embora comecem a surgir e a suscitar, tempos depois, soluções práticas para problemas novos. Assim, por exemplo, passou-se muito tempo até que a teoria eletromagnética de Hertz levasse às técnicas de radiodifusão.

A ideologia cientificista

O senso comum, ignorando as complexas relações entre as teorias científicas e as técnicas, entre ciência pura e ciência aplicada, entre teoria e prática e entre verdade e utilidade, tende a identificar as ciências com os resultados de suas aplicações. Essa identificação desemboca em uma atitude conhecida como *cientificismo*, isto é, a *fusão entre ciência e técnica* e a *ilusão da neutralidade científica*.

Examinemos brevemente cada um desses aspectos que constituem a ideologia da ciência na sociedade contemporânea.

O cientificismo

O cientificismo é a crença infundada de que a ciência pode e deve conhecer tudo, que, de fato, conhece tudo e é a explicação causal das leis da realidade tal como esta é em si mesma.

Ao contrário dos cientistas, que não cessam de enfrentar obstáculos epistemológicos, problemas e enigmas, o senso comum cientificista desemboca numa ideologia e numa mitologia da ciência.

Ideologia da ciência: crença no progresso e na evolução dos conhecimentos científicos que, um dia, explicarão totalmente a realidade e permitirão manipulá-la tecnicamente, sem limites para a ação humana.

Mitologia da ciência: crença na ciência como se fosse magia e poderio ilimitado sobre as coisas e os homens, dando-lhe o lugar que muitos costumam dar às religiões, isto é, um conjunto doutrinário de verdades intemporais, absolutas e inquestionáveis.

A ideologia e a mitologia cientificistas encaram a ciência não pelo prisma do trabalho do conhecimento, mas pelo prisma dos resultados (apresentados como espetaculares e miraculosos) e sobretudo como uma forma de poder social e de controle do pensamento humano. Por esse motivo, aceitam a *ideologia da competência*, isto é, a ideia de que há, na sociedade, os que sabem e os que não sabem, que os primeiros são competentes e têm o direito de mandar e de exercer poderes, enquanto os demais são incompetentes, devendo obedecer e ser mandados. Em resumo, a sociedade deve ser dirigida e comandada pelos que "sabem" e os demais devem executar as tarefas que lhes são ordenadas.

A ilusão da neutralidade da ciência

Como a ciência se caracteriza pela separação e pela distinção entre o sujeito do conhecimento e o objeto e por retirar dos objetos do conhecimento os elementos subjetivos; como os procedimentos científicos de observação, experimentação e interpretação procuram alcançar o objeto real ou o objeto construído como modelo aproximado do real; e, enfim, como os resultados obtidos por uma ciência não dependem da boa ou má vontade do cientista nem de suas paixões, estamos convencidos de que a ciência é neutra ou imparcial. Diz à razão o que as coisas são em si mesmas. Desinteressadamente.

O desinteresse como imagem ilusória

Essa imagem da neutralidade científica é ilusória.

Quando o cientista escolhe certa definição de seu objeto, decide usar determinado método e espera obter certos resultados, sua atividade não é neutra nem imparcial, mas feita por escolhas precisas. Vamos tomar três exemplos que nos ajudarão a esclarecer esse ponto.

1. O racismo não é apenas uma ideologia social e política. É também uma teoria que se pretende científica, apoiada em observações, dados e leis conseguidos com a biologia, a psicologia, a sociologia. É uma maneira de construir tais dados, a fim de transformar diferenças étnicas e culturais em diferenças biológicas naturais imutáveis e separar os seres humanos em superiores e inferiores, dando aos primeiros justificativas para explorar, dominar e mesmo exterminar os segundos.
2. Por que Copérnico teve que esconder os resultados de suas pesquisas e Galileu foi forçado a comparecer perante a Inquisição e negar que a Terra se movia em redor do Sol? Porque a concepção astronômica geocêntrica (elaborada, na Antiguidade) permitia que a Igreja Romana mantivesse a ideia de que a realidade é

constituída por uma hierarquia de seres, que vão dos mais perfeitos – os celestes – aos mais imperfeitos – os infernais –, tendo a Terra como ponto intermediário entre o celeste e o infernal. Essa posição da Terra como intermediário servia de suporte para a afirmação de que a mesma função pertencia à Igreja e que esta, portanto, estava mais próxima de Deus do que as outras religiões e que, no mundo cristão, ela ocupava um lugar mais alto do que os reis e os imperadores. Estes, por sua vez, na hierarquia de perfeição dos seres, estavam acima dos barões e estes acima dos camponeses e servos. Se a astronomia demonstrasse que a Terra não é o centro do Universo e se a mecânica galilaica demonstrasse que todos os seres estão submetidos às mesmas leis do movimento, então as hierarquias celestes, naturais e humanas perderiam legitimidade e fundamento, não precisando ser respeitadas. Uma sociedade e uma concepção do poder viram-se ameaçadas por uma nova concepção científica.

3. Nosso terceiro exemplo pode ser dado com a antropologia. Durante muito tempo, os antropólogos afirmaram que havia duas formas de pensamento cientificamente observáveis e com leis diferentes: o pensamento lógico-racional dos civilizados (homens europeus brancos adultos) e o pensamento pré-lógico e pré-racional dos selvagens ou primitivos (africanos, indígenas, tribos australianas). O primeiro era considerado superior, verdadeiro e evoluído; o segundo, inferior, falso, supersticioso e atrasado, cabendo aos brancos europeus "auxiliar" os selvagens "primitivos" a abandonar sua cultura e adquirir a cultura "evoluída" dos colonizadores. Em outras palavras, uma ciência como a antropologia simplesmente exprimia com conceitos e teorias o poder dos dominantes e legitimava a dominação colonial.

As condições atuais da pesquisa e os grandes interesses em jogo

O melhor caminho para perceber a impossibilidade de uma ciência neutra é levar em consideração o modo como a pesquisa científica se realiza em nosso tempo.

Durante séculos, os cientistas trabalharam individualmente (mesmo que possuíssem auxiliares e discípulos) em seus pequenos laboratórios. Suas pesquisas eram custeadas ou por eles mesmos ou por reis, nobres e burgueses ricos, que desejavam a glória de patrocinar descobertas e as vantagens práticas que delas poderiam advir. Por sua vez, o senso comum social olhava o cientista como *inventor e gênio*.

Hoje, os cientistas trabalham coletivamente, em equipes, nos grandes laboratórios universitários, nos dos institutos de pesquisa e nos das grandes empresas transnacionais que participam de um sistema conhecido como *complexo industrial-militar*. As pesquisas são financiadas pelo Estado (nas universidades e nos institutos), pelas empresas privadas (em seus laboratórios) e por ambos (nos centros de investigação do complexo industrial-militar, como é o caso do chamado Vale do Silício, na Califórnia, responsável pela revolução da microeletrônica e da informática). São pesquisas que exigem altos investimentos econômicos e das quais se esperam resultados que a opinião pública nem sempre conhece. Além disso, os cientistas de uma mesma área de investigação lutam entre si porque competem por recursos e financiamentos, tendem a fazer segredo de suas descobertas, pois dependem delas para conseguir fundos e vencer a competição com outros.

Sabemos, hoje, que a maioria dos resultados científicos que usamos em nossa vida cotidiana – máquinas, remédios, fertilizantes, produtos de limpeza e de higiene, materiais sintéticos, computadores – teve como origem investigações militares e estratégicas, competições econômicas entre grandes empresas transnacionais e competições políticas entre grandes Estados. Muito do que usamos em nosso cotidiano provém de pesquisas nucleares, bacteriológicas e espaciais.

O senso comum social, agora, vê o cientista como *engenheiro e mago*, em roupas brancas no interior de grandes laboratórios repletos de objetos incompreensíveis, rodeado de outros cientistas, fazendo cálculos misteriosos diante de dezenas de computadores.

Tanto na visão anterior – o cientista como inventor e gênio solitário – quanto na atual – o cientista como membro de uma equipe de engenheiros e magos –, o senso comum vê a ciência desligada do contexto das condições de sua realização e de suas finalidades. Eis por que tende a acreditar na neutralidade científica, na ideia de que o único compromisso da ciência é o conhecimento verdadeiro e desinteressado e a solução correta de nossos problemas.

A ideologia cientificista usa essa imagem idealizada para consolidar a da neutralidade científica, dissimulando, com isso, a origem e a finalidade da maioria das pesquisas, destinadas a controlar a Natureza e a sociedade segundo os interesses dos grupos que controlam os financiamentos dos laboratórios.

A razão instrumental

Por que há uma ideologia e uma mitologia da ciência?

Quando estudamos a teoria do conhecimento, examinamos a noção de ideologia como lógica social imaginária de ocultamento da realidade histórica. Ao estudarmos o nascimento da Filosofia, examinamos a diferença entre *mythos* e *logos*, isto é, entre a explicação antropomórfica e mágica do mundo e a explicação racional. Quando estudamos a razão, vimos que alguns filósofos alemães, reunidos na Escola de Frankfurt, descreveram a racionalidade ocidental como instrumentalização da razão. Se reunirmos esses vários estudos que fizemos até aqui, poderemos responder à pergunta sobre a ideologização e a mitologização da ciência.

A *razão instrumental* – que os filósofos da Escola de Frankfurt, como Adorno, Marcuse e Horkheimer, também designaram com a expressão *razão iluminista* – nasce quando o sujeito do conhecimento toma a decisão de que conhecer é *dominar* e *controlar* a Natureza e os seres humanos. Assim, por exemplo, o filósofo Francis Bacon, no início do século XVII, criou uma expressão para referir-se ao objeto do conhecimento científico: "a Natureza atormentada".

Atormentar a Natureza é fazê-la reagir a condições artificiais, criadas pelo homem. O laboratório científico é a maneira paradigmática de efetuar esse tormento, pois, nele, plantas, animais, metais, líquidos, gases etc. são submetidos a condições de investigação totalmente diversas das naturais, a fim de fazer que a experimentação supere a experiência, descobrindo formas, causas, efeitos que não poderiam ser conhecidos se contássemos apenas com a atividade espontânea da Natureza. Atormentar a Natureza é conhecer seus segredos para dominá-la e transformá-la.

O tormento da realidade aumenta com a ciência contemporânea, uma vez que esta não se contenta em conhecer as coisas e os seres humanos, mas os constrói artificialmente e aplica os resultados dessa construção ao mundo físico, biológico e humano (psíquico, social, político, histórico). Assim, por exemplo, a organização do processo de trabalho nas indústrias apresenta-se como científica porque é baseada em conceitos da psicologia, da sociologia, da economia, que permitem dominar e controlar o trabalho humano sob todos os aspectos (controle sobre o corpo e o espírito dos trabalhadores), a fim de que a produtividade seja a maior possível para render lucros ao capital.

À medida que a razão se torna instrumental, a ciência vai deixando de ser uma forma de acesso aos conhecimentos verdadeiros para tornar-se um instrumento de dominação, poder e exploração. Para que não seja percebida como tal, passa a ser sustentada pela ideologia cientificista, que, por meio da escola e dos meios de comunicação de massa, desemboca na mitologia cientificista.

Elaboração científica × mitologia científica

Todavia, devemos distinguir entre o momento da investigação científica propriamente dita e o da ideologização-mitologização de uma ciência. Um exemplo poderá auxiliar-nos a perceber essa diferença.

Quando Darwin elabora a teoria biológica da evolução das espécies, o modelo de explicação usado por ele permitia-lhe supor que o processo evolutivo ocorria por seleção natural dos mais aptos à sobrevivência.

Ora, na mesma época, a sociedade capitalista estava convencida de que o progresso social e histórico provinha da competição e da concorrência dos indivíduos, segundo a lei econômica da oferta e da procura. Um filósofo, Spencer, aplicou, então, a teoria darwiniana à sociedade: nesta, os mais "aptos" (isto é, os mais capazes de competir e concorrer) tornam-se *naturalmente* superiores aos outros, vencendo-os em riqueza, privilégios e poder.

Ao transpor uma teoria biológica para uma explicação filosófica sobre a essência da sociedade, Spencer transformou a teoria *científica* da evolução em *ideologia* evolucionista. Por quê? Em primeiro lugar, porque generalizou para toda a realidade resultados obtidos em um campo particular de conhecimentos específicos. Em segundo lugar, porque tomou conceitos referentes a fatos naturais e os converteu em fatos sociais, como se não houvesse diferença entre Natureza e sociedade. Uma vez criada a ideologia evolucionista, o evolucionismo tornou-se teoria da História e, a seguir, mitologia científica do progresso humano.

Os efeitos da razão instrumental

O emprego da noção de razão instrumental nos permite compreender:

- a transformação de uma ciência em ideologia e mito social, isto é, em senso comum cientificista;
- que a ideologia da ciência não se reduz à transformação de uma teoria científica em ideologia, mas encontra-se na própria ciência, quando esta é concebida como instrumento de dominação, controle e poder sobre a Natureza e a sociedade;
- que as ideias de progresso técnico e neutralidade científica pertencem ao campo da ideologia cientificista.

Confusão entre ciência e técnica

Vimos que a ciência moderna e contemporânea transforma a técnica em tecnologia, isto é, passa da máquina-utensílio à máquina como instrumento de precisão, que permite conhecimentos mais exatos e novos conhecimentos.

Essa transformação traz duas consequências principais: a primeira se refere ao conhecimento científico; e a segunda, ao estatuto dos objetos técnicos:

1. O conhecimento científico é concebido como *lógica da invenção* (para solução de problemas teóricos e práticos) e como *lógica da construção* (de objetos teóricos), graças à possibilidade de estudar os fenômenos sem depender apenas dos recursos de nossa percepção e de nossa inteligência. É assim que, por exemplo, Galileu se refere ao telescópio como um instrumento cuja função não é a de simplesmente aproximar objetos distantes, mas de corrigir as distorções de nossos olhos e garantir-nos a imagem correta das coisas. O mesmo foi dito sobre o microscópio, sobre a balança de precisão, sobre o cronômetro.

   Em nosso tempo, os instrumentos técnico-tecnológicos vão além da correção de nossa percepção, pois corrigem falhas de nosso pensamento, uma vez que são inteligências artificiais (o computador foi chamado de "cérebro eletrônico") mais acuradas do que nossa inteligência individual. Evidentemente, são conhecimentos científicos que permitem a construção desses instrumentos, mas dando-lhes capacidades que cada um de nós, como indivíduo, não possui. Ora, os objetos técnico-tecnológicos ampliam a ideia da ciência como invenção e construção dos próprios fenômenos.

2. Os objetos tecnológicos são criados pela ciência como instrumentos de auxílio ao trabalho humano, máquinas para dominar a Natureza e a sociedade, instrumentos de precisão para o conhecimento científico e, sobretudo, em sua forma contemporânea, como *autômatos*. Estes são o objeto tecnológico por excelência, porque possuem as seguintes características, marcas do novo estatuto desse objeto:

- são conhecimento científico objetivado, isto é, depositado e concretizado em um objeto. São resultado e corporificação de conhecimentos científicos;
- são objetos que possuem em si mesmos o princípio de sua regulação, manutenção e transformação. As máquinas antigas dependiam de forças externas para realizar suas funções (alavancas, polias, manivelas, força muscular de seres humanos ou de animais, força hidráulica etc.). As máquinas modernas são autômatos porque, dado o impulso elétrico-eletrônico inicial, realizam por si mesmas todas as operações para as quais foram programadas, incluindo a correção de sua própria ação, a realimentação de energia, a transformação. São autorreguladas e autoconservadas, porque possuem em si mesmas as informações necessárias ao seu funcionamento;
- como consequência, não são propriamente um objeto singular ou individual, mas um *sistema de objetos* interligados por comandos recíprocos;
- são sistemas que, uma vez programados, realizam operações teóricas complexas, que modificam o conteúdo dos próprios conhecimentos científicos, isto é, os objetos técnico-tecnológicos fazem parte do trabalho teórico.

Essas características do automatismo e suas consequências tornam-se evidentes com a chamada revolução científica da *Internet das coisas*, isto é, que os autômatos se comunicam entre si, enviam mensagens uns aos outros, tomam decisões e reproduzem-se, tornando supérflua a presença humana.

Ora, o senso comum social ignora essas transformações da ciência e da técnica e conhece apenas seus resultados mais imediatos: os objetos que podem ser usados por nós (máquina de lavar, videogame, televisão a cabo, computador, celular, robô industrial, robô espacial etc.).

Como, para usá-los, precisamos receber um conjunto de informações detalhadas e sofisticadas, tendemos a identificar o conhecimento científico com seus efeitos tecnológicos. Com isso, deixamos de perceber o essencial, isto é, que as ciências passaram a fazer parte das forças econômicas produtivas da sociedade e trouxeram mudanças sociais de grande porte na divisão social do trabalho, na produção e na distribuição dos objetos, na forma de consumi-los. Não percebemos que as pesquisas científicas são financiadas por empresas e governos, demandando grandes somas de recursos que retornam, graças aos resultados obtidos, na forma de lucro e poder para os agentes financiadores.

Por não percebermos o poderio econômico das ciências, lutamos para ter acesso, para possuir e consumir os objetos tecnológicos, mas não lutamos pelo direito de acesso tanto aos conhecimentos como às pesquisas científicas, nem lutamos pelo direito de decidir seu modo de inserção na vida econômica e política de uma sociedade.

Eis por que, entre outros efeitos de nossa confusão entre ciência e tecnologia, aceitamos, no Brasil, políticas educacionais que profissionalizam os jovens no segundo grau – portanto, antes que tenham podido ter acesso às ciências propriamente ditas – e que destinam poucos recursos públicos às áreas de pesquisa nas universidades – portanto, mantendo os cientistas na mera condição de reprodutores de ciências produzidas em outros países e sociedades.

O problema do uso das ciências

Além do problema anterior, isto é, de teorias científicas serem formuladas a partir de certas decisões e escolhas do cientista ou do laboratório onde trabalham os cientistas, com consequências sérias para os seres humanos, outro problema também é trazido pelas ciências: o de seu uso.

Vimos que uma teoria científica pode nascer para dar resposta a um problema prático ou técnico. Vimos também que a investigação científica pode ir avançando para descobertas de fenômenos e relações que já não possuem relação direta com os problemas práticos iniciais e, como consequência, é frequente uma teoria estar muito mais avançada do que as técnicas e tecnologias que poderão aplicá-la. Muitas vezes, aliás, o cientista sequer imagina que a teoria terá aplicação prática.

É exatamente isso que torna o uso da ciência algo delicado, que, em geral, escapa das mãos dos próprios pesquisadores. É assim, por exemplo, que a microfísica ou física quântica desemboca na fabricação das armas nucleares; a bioquímica e a genética, na de armas bacteriológicas. Teorias sobre a luz e o som permitem a construção de satélites artificiais, que, se são conectáveis instantaneamente em todo o globo terrestre para a comunicação e informação, também são responsáveis por espionagem militar e por guerras com armas teleguiadas, e, agora, com os drones, institui-se uma sociedade global de controle e vigilância de todos os indivíduos e das instituições públicas e privadas.

Quando estudarmos a Ética, veremos os graves problemas morais trazidos pelas técnicas desenvolvidas pela genética contemporânea.

Uma das características mais novas da ciência está em que as pesquisas científicas passaram a fazer parte das forças produtivas da sociedade, isto é, da economia. A automação, a informatização, a telecomunicação determinam formas de poder econômico, modos de organizar o trabalho industrial e os serviços, criam profissões e ocupações novas, destroem profissões e ocupações antigas, introduzem a velocidade na produção de mercadorias e em sua distribuição e consumo, modificando padrões industriais, comerciais e estilos de vida. A ciência tornou-se parte integrante e indispensável da atividade econômica. *Tornou-se agente econômico e político.*

Além de fazer parte essencial da atividade econômica, a ciência passou a fazer parte do poder político. Não é por acaso, por exemplo, que governos criem ministérios e secretarias de ciência e tecnologia e que destinem verbas para financiar pesquisas civis e militares. Do mesmo modo que as grandes empresas financiam pesquisas e até criam centros e laboratórios de investigação científica, também os governos determinam quais as ciências que irão ser desenvolvidas e, nelas, quais as pesquisas que serão financiadas.

Essa nova posição das ciências na sociedade contemporânea, além de indicar que é mínimo ou quase inexistente o grau de neutralidade e de liberdade dos cientistas, indica que o *uso* das ciências define os recursos financeiros que nelas serão investidos.

A sociedade, porém, não luta pelo direito de interferir nas decisões de empresas e governos quando estes decidem financiar um tipo de pesquisa em vez de outra. Dessa maneira, o campo científico torna-se cada vez mais distante da sociedade sem que esta encontre meios para orientar o uso das ciências, pois este é definido *antes* do início das próprias pesquisas e *fora* do controle que a sociedade poderia exercer sobre ele.

Um exemplo de luta social para interferir nas decisões sobre as pesquisas e seus usos encontra-se nos movimentos ecológicos, no novo movimento da genética e em muitos movimentos sociais ligados a reivindicações de direitos. De modo geral, porém, a ideologia cientificista tende a ser muito mais forte do que eles e, em decorrência dos poderes econômicos, políticos e militares envolvidos, a limitar os resultados que desejariam obter.

CAPÍTULO 9

A Religião

A experiência do sagrado e a instituição da religião

O sagrado

O sagrado é a experiência da presença de uma potência ou de uma força sobrenatural que habita algum ser – planta, animal, humano, coisas, ventos, águas, fogo. Essa potência é tanto um poder que pertence própria e definitivamente a determinado ser quanto algo que ele pode possuir e perder, não ter e adquirir. O sagrado é a experiência simbólica da diferença entre os seres, da superioridade de alguns sobre outros, do poderio de alguns sobre outros, superioridade e poder sentidos como espantosos, misteriosos, desejados e temidos.

A sacralidade introduz uma ruptura entre natural e sobrenatural, mesmo que os seres sagrados sejam naturais (como a água, o fogo, o vulcão): é sobrenatural a força ou potência para realizar aquilo que os humanos julgam impossível efetuar contando apenas com as forças e capacidades humanas. Assim, por exemplo, em quase todas as culturas, um guerreiro, cuja força, destreza e invencibilidade são espantosas, é considerado habitado por uma potência sagrada. Um animal feroz, astuto, veloz e invencível também é assim considerado. Por sua forma e ação misteriosas, benévolas e malévolas, o fogo é um dos principais entes sagrados. Em regiões desérticas, a sacralização concentra-se nas águas, raras e necessárias.

O sagrado opera o encantamento do mundo, habitado por forças maravilhosas e poderes admiráveis que agem magicamente, criando vínculos de simpatia-atração e de antipatia-repulsão entre todos os seres, agindo à distância, enlaçando entes diferentes com laços secretos e eficazes.

Todas as culturas possuem vocábulos para exprimir o sagrado como força sobrenatural que habita o mundo. Assim, nas culturas da Polinésia e da Melanésia, a palavra que designa o sagrado é *mana* (e suas variantes). Nas culturas das tribos norte-americanas, fala-se em *orenda* (e suas variantes), referindo-se ao poder mágico possuído por todas as coisas, dando-lhes vida, vontade e ação, força que se pode roubar de outras coisas para si, que se pode perder quando roubada por outros seres, que se pode impor a outros mais fracos. Entre as culturas dos indígenas sul-americanos, o sagrado é designado por palavras como *tunpa* e *aigres*. Nas africanas, há centenas de termos, dependendo da língua e da relação mantida com o sobrenatural, mas o termo fundamental, embora com variantes de pronúncia, é *ntu*, "força universal em que coincidem aquilo que é e aquilo que existe".

Na cultura hebraica, dois termos designavam o sagrado: *qados* e *herem*, significando aqueles seres ou coisas que são separados por Deus para seu culto, serviço, sacrifício, e também as que são separadas de todas as outras para receber uma punição. Por serem coisas separadas por Deus, não podem ser tocadas pelo homem para seu uso e só podem ser tocadas ritualmente por aqueles que Deus autoriza ou autorizou. Assim, a Arca da Aliança, onde estavam guardados os textos sagrados, era *qados* e, portanto, intocável. Também os prisioneiros de uma guerra santa pertenciam a Deus, sendo declarados *herem*. Na cultura grega, *agnos* (puro) e *agios* (intocável) e ,na romana, sacer (dedicado à divindade) e *sanctus* (inviolável) constituem a esfera do sagrado.

Sagrado é, pois, a qualidade excepcional – boa ou má, benéfica ou maléfica, protetora ou ameaçadora – que um ser possui e que o separa e distingue de todos os outros, embora, em muitas culturas, todos os seres possuam algo sagrado, pelo que se diferenciam uns dos outros.

O sagrado pode suscitar devoção e amor, repulsa e ódio. Esses sentimentos suscitam outro: o respeito feito de temor. Nasce, aqui, o sentimento religioso e a experiência da religião.

A religião pressupõe que, além do sentimento da diferença entre natural e sobrenatural, haja o sentimento da separação entre os humanos e o sagrado, mesmo que este habite os humanos e a Natureza.

A religião

A palavra *religião* vem do latim: *religio*, formada pelo prefixo *re* (novamente) e pelo verbo *ligare* (ligar, unir, vincular). A religião é um vínculo entre partes que estavam unidas e se separaram, cabendo à *re-ligio* religar novamente ou revincular essas partes. Quais as partes vinculadas? O mundo profano e o mundo sagrado, isto é, a Natureza (água, fogo, ar, animais, plantas, astros, pedras, metais, terra, humanos) e as divindades que habitam a Natureza ou um lugar separado da Natureza.

Nas várias culturas, essa ligação é simbolizada no momento de fundação de uma aldeia, vila ou cidade: o guia religioso traça figuras no chão (círculo, quadrado, triângulo) e repete o mesmo gesto no ar (na direção do céu, ou do mar, ou da floresta, ou do deserto). Esses dois gestos delimitam um espaço novo, sagrado (no ar) e consagrado (no solo). Nesse novo espaço, erguem-se o santuário (em latim, *templum*, templo) e, à sua volta, os edifícios da nova comunidade.

Essa mesma cerimônia da ligação fundadora aparece na religião judaica, quando Jeová indica ao povo o lugar onde deve habitar – a Terra Prometida – e o espaço onde o templo deverá ser edificado, para nele ser colocada a Arca da Aliança, símbolo do vínculo que une o povo e seu Deus, recordando a primeira ligação: o arco-íris, anunciado por Deus a Noé como prova de seu laço com ele e sua descendência.

Também no cristianismo a *religio* é explicitada por um gesto de união. No Novo Testamento, Jesus disse ao apóstolo Pedro: "Tu és Pedro e sobre esta pedra edificarei a minha igreja e as portas do inferno não prevalecerão contra ela. Eu te darei as Chaves do Reino: o que ligares na Terra será ligado no Céu; o que desligares na Terra será desligado no Céu".

Por meio da sacralização e consagração, a religião cria a ideia de espaço sagrado. Os céus, o monte Olimpo (na Grécia), as montanhas do deserto (em Israel), templos e igrejas são santuários, morada dos deuses ou lugares onde o deus se manifesta. O espaço da vida comum separa-se do espaço sagrado: neste, vivem os deuses, são feitas as cerimônias de culto, são trazidas oferendas e feitas preces com pedidos às divindades (colheita, paz, vitória na guerra, bom parto, fim de uma peste); no primeiro transcorre a vida profana dos humanos. A religião organiza o espaço dando-lhe qualidades humanas ou qualidades culturais, diversas das simples características naturais.

A religião como narrativa da origem

A religião não transmuta apenas o espaço. Também qualifica o tempo, dando-lhe a marca do sagrado.

O tempo sagrado é uma narrativa. Narra a origem dos deuses e, pela ação das divindades, a origem das coisas, das plantas, dos animais e dos seres humanos. Por isso, a narrativa religiosa sempre começa com alguma expressão do tipo: "no princípio", "no começo", "quando o deus x estava na Terra", "quando a deusa viu pela primeira vez" etc.

A narrativa sagrada é a história sagrada, que os gregos chamavam de mito. Este não é uma fabulação ilusória, uma fantasia sem consciência, mas a maneira pela qual uma sociedade narra para si mesma seu começo e o de toda a realidade, inclusive o começo ou nascimento dos próprios deuses. Só tardiamente, quando surgir a Filosofia e, depois dela, a teologia, a razão exigirá que os deuses não sejam apenas imortais, mas também eternos, sem começo e sem fim. Antes, porém, da Filosofia e da teologia, a religião narrava teogonias (do grego: *theos*, deus; *gonia*, geração), isto é, a geração ou o nascimento dos deuses, semideuses e heróis.

O contraste entre dia e noite – luz e treva –, entre as estações do ano – frio, quente, ameno, com flores, com frutos, com chuvas, com secas –, entre o nascimento e a desaparição – vida e morte –, entre tipos de animais – terrestres, aquáticos, voadores, ferozes e dóceis –, entre tipos de humanos – brancos, negros, amarelos, vermelhos, altos, baixos, peludos, glabros –, entre as técnicas obtidas pelo controle sobre alguma força natural – fogo, água, ventos, pedras, areia, ervas – evidencia um mundo ordenado e regular, no qual os humanos nascem, vivem e morrem. A história sagrada ou mito narra como e por que a ordem do mundo existe e como e por que foi doada aos humanos pelos deuses. Desse modo, além de ser uma teogonia, a história sagrada é uma cosmogonia (do grego: *Kósmos*, mundo; *gonia*, geração): narra o nascimento, a finalidade e o perecimento de todos os seres sob a ação dos deuses.

Assim como há dois espaços, há dois tempos: o anterior à criação ou à gênese dos deuses e das coisas – tempo do vazio e do caos – e o tempo originário da gênese de tudo quanto existe – tempo do pleno e da ordem. Nesse tempo sagrado da ordem, há, novamente, uma divisão: o tempo primitivo, inteiramente divino, quando tudo foi criado, e o tempo do agora, profano, em que vivem os seres naturais, incluindo os humanos.

Embora a narrativa sagrada seja uma explicação para a ordem natural e humana, ela não se dirige ao intelecto dos crentes (não é Filosofia nem Ciência), mas se endereça ao coração deles. Desperta emoções e sentimentos – admiração, espanto, medo, esperança, amor, ódio.

Porque se dirige às paixões do crente, a religião lhe pede uma só coisa: fé, ou seja, a confiança, adesão plena ao que lhe é manifestado como ação da divindade. A atitude fundamental da fé é a piedade: respeito pelos deuses e pelos antepassados. A religião é crença, não é saber. A tentativa para transformar a religião em saber racional chama-se teologia.

Ritos

Porque a religião liga humanos a divindade, porque organiza o espaço e o tempo, os seres humanos precisam garantir que a ligação e a organização se mantenham e sejam sempre propícias. Para isso são criados os ritos.

O rito é uma cerimônia em que gestos determinados, palavras determinadas, objetos determinados, pessoas determinadas e emoções determinadas adquirem o poder misterioso de presentificar o laço entre os humanos e a divindade. Para agradecer dons e benefícios, para suplicar novos dons e benefícios, para lembrar a bondade dos deuses ou para exorcizar sua cólera, caso os humanos tenham transgredido as leis sagradas, as cerimônias ritualísticas são de grande variedade.

No entanto, uma vez fixada a simbologia de um ritual, sua eficácia dependerá da repetição minuciosa e perfeita do rito, tal como foi praticado na primeira vez, porque nela os próprios deuses orientaram gestos e palavras dos humanos. Um rito religioso é repetitivo em dois sentidos principais: a cerimônia deve repetir um acontecimento essencial da história sagrada (por exemplo, no cristianismo, a eucaristia e a comunhão, que repetem a Santa Ceia); e, em segundo lugar, atos, gestos, palavras, objetos devem ser sempre os mesmos, porque foram, na primeira vez, consagrados pelo próprio deus. O rito é a rememoração perene do que aconteceu em uma primeira vez e que volta a acontecer, graças ao ritual que abole a distância entre o passado e o presente. Um exemplo dessa repetição é o rito cristão da Eucaristia, isto é, da transformação do vinho e do pão no sangue e no corpo de Jesus, tal como teria acontecido na primeira vez, ou seja, na Santa Ceia, última refeição que Cristo compartilhou com seus discípulos, assegurando-lhes que, depois de sua morte, sempre estaria com eles porque lhes oferecia seu sangue e seu corpo e eles deviam repetir essa cerimônia.

A lei divina

O modo como a vontade divina se manifesta em leis permite distinguir dois grandes tipos de religião. Há religiões em que a divindade usa intermediários para revelar a lei. É o caso da religião judaica, em que Jeová se vale, por exemplo, de Noé, Moisés, Samuel, Daniel, Isaias para dar a conhecer a lei. Também nessa religião, a divindade não cessa de lembrar ao povo as leis, sobretudo quando estão sendo transgredidas. Essa rememoração da lei e das promessas de castigo e redenção nelas contidas é a tarefa do profeta, arauto de Deus. Também na religião grega, os deuses se valem de intermediários para manifestar sua vontade. Esta, por ser misteriosa e incompreensível, exige um tipo especial de intermediário, de videntes, que interpretam os enigmas divinos, veem o passado e o futuro e os expõem aos humanos sob a forma de oráculos, como a sibila do templo de Apolo, em Delfos, consultada por Sócrates.

Há religiões, porém, em que os deuses manifestam sua lei diretamente, sem recorrer a intermediários, isto é, sem precisar de intérpretes. São religiões da iluminação individual e do êxtase místico, como é o caso da maioria das religiões orientais, que exigem, para a iluminação e o êxtase, uma educação especial do intelecto e da vontade dos adeptos.

Frequentemente, profetas e videntes entram em transe para receber a revelação, mas a recebem não porque tenham sido educados para isso, e sim porque a divindade os escolheu para manifestar-se. O transe dos profetas e dos adivinhos difere do êxtase místico dos iluminados, porque, no primeiro, o indivíduo tem acesso a um conhecimento que pode compreender (mesmo com grande dificuldade) e, por isso, pode transmiti-lo aos outros, enquanto, no segundo, não há conhecimento, não há atividade intelectual que depois seja transmissível a outros, mas há mergulho e fusão do indivíduo na divindade, numa experiência intraduzível e intransmissível.

As religiões reveladas – diferentes, portanto, das religiões extáticas – realizam a revelação de duas maneiras: em uma delas, como é o caso da judaica, da cristã e da islâmica, aquele que recebe a revelação deve escrevê-la, para que integre os textos da história sagrada e seja transmissível. Por esse motivo, judeus, cristãos e muçulmanos costumam ser chamados de Povos do Livro e suas religiões, Religiões do Livro (a palavra "bíblia" é grega e quer dizer livro). Na outra, como é o caso da grega, da romana, das africanas, das indígenas, o vidente é levado perante os deuses e vê a totalidade do tempo e dos acontecimentos, devendo, após a visão, dizê-la, para integrá-la à memória religiosa oral. Nos dois casos, porém, para que fique indiscutível a origem divina da revelação, a exposição escrita ou oral só pode ser feita por parábolas, metáforas, imagens e histórias, cujo sentido precisará ser decifrado pelos leitores ou ouvintes. Deus, profetas e videntes falam por meio de enigmas. Dessa maneira, o caráter transcendente e misterioso da lei divina é preservado.

A vida após a morte

Toda religião explica não só a origem da ordem do mundo natural, mas também a do mundo humano. No caso dos humanos, a religião precisa explicar por que são mortais. O mistério da morte é sempre explicado como expiação de uma culpa original, cometida contra os deuses. No princípio, os homens eram imortais e viviam na companhia dos deuses; a seguir, uma transgressão imperdoável tem lugar e, com ela, a grande punição: a mortalidade.

No entanto, a imortalidade não está totalmente perdida. Algumas religiões afirmam que o corpo humano possui um duplo, feito de outra matéria, que permanecerá após a morte, usando outros seres para relacionar-se com os vivos. Certas religiões acreditam que o corpo é habitado por uma entidade – espírito, alma, sombra imaterial, sopro –, que será imortal se os decretos divinos e os rituais tiverem sido respeitados pelo fiel. Por acreditarem firmemente em outra vida – que pode ser imediata, após a morte do corpo, ou pode exigir reencarnações purificadoras até alçar-se à imortalidade –, as religiões possuem ritos funerários, encarregados de preparar e garantir a entrada do morto na outra vida.

Em algumas religiões, como na egípcia e na grega, a perfeita preservação do corpo morto, isto é, de sua imagem, era essencial para que fosse reconhecido pelos deuses no reino dos mortos e recebesse a imortalidade. Por isso, além dos ritos funerários, os cemitérios, na maioria das religiões e particularmente nas africanas, indígenas e antigas ocidentais, eram lugares sagrados, campos santos, nos quais somente alguns, e sob certas condições, podiam penetrar.

Nas religiões do encantamento, como a grega, as africanas e as indígenas, a morte é concebida de diversas maneiras, mas em todas elas o morto fica encantado, isto é, torna-se algo mágico. Em uma delas, o morto deixa seu corpo para entrar em outro e permanecer no mundo, sob formas variadas; ou deixa seu corpo e seu espírito permanecer no mundo, agitando os ventos, as águas, o fogo, ensinando canto aos pássaros, protegendo as crianças, ensinando os mais velhos, escondendo e achando coisas. Na outra, o morto tem sua imagem ou seu espírito levado ao mundo divino, ali desfrutando das delícias de uma vida perenemente perfeita e bela; se, porém, suas faltas terrenas foram tantas e tais que não pôde ser perdoado, sua imagem ou espírito vagará eternamente pelas trevas, sem repouso e sem descanso. O mesmo lhe acontecerá se os rituais fúnebres não puderem ser realizados ou se tiverem sido realizados com falhas. Esse perambular pelas trevas não existe nas religiões de reencarnação, porque, em lugar dessa punição, o espírito deverá ter tantas vidas e sob tantas formas quantas necessárias à sua purificação, até que possa participar da felicidade perene.

Nas religiões da salvação, como é o caso do judaísmo, do cristianismo e do islamismo, a felicidade perene não é apenas individual, mas também coletiva. São religiões em que a divindade promete perdoar a falta originária, enviando um salvador, que, sacrificando-se pelos humanos, garante-lhes a imortalidade e a reconciliação com Deus.

Como a falta ou queda originária atingiu a todos os humanos, o perdão divino e a redenção decorrem de uma decisão divina, que deverá atingir a todos os humanos, se acreditarem e respeitarem a lei divina escrita nos textos sagrados e se guardarem a esperança na promessa de salvação que lhes foi feita por Deus. Nesse tipo de religião, a obra de salvação é realizada por um enviado de Deus – messias, em hebraico; cristo, em grego. As religiões da salvação são messiânicas e coletivas. Um povo – povo de Deus – será salvo pela lei e pelo enviado divino.

Milenarismo

O milenarismo é próprio das religiões da salvação. É a esperança da felicidade perene no mundo, quando, após sofrimentos profundos, os seres forem regenerados, purificados e libertados pela divindade.

O termo *milenarismo* provém de uma crença popular cristã, embora não seja exclusivo da religião cristã. Baseados em profecias dos profetas Daniel e Isaías, no Apocalipse de João de Patmos, e nas predições de magos e sibilas, grupos populares cristãos, durante a Idade Média, esperavam que Cristo voltasse pela segunda vez, combatesse os males – a peste, a fome, a guerra e a morte –, vencesse o demônio, encarnado em um governante perverso, o Anticristo, e instituísse o reino de Deus na Terra, com a duração de mil anos de abundância, justiça e felicidade. Ao fim de mil anos, haveria a ressurreição dos mortos, o Juízo Final e o fim do mundo terreno.

O milenarismo é, portanto, a crença em um Reino de Mil Anos que antecede e prepara o fim do mundo, ao cabo do qual se inicia a vida eterna dos eleitos por Deus. No entanto, o termo *milenarismo* costuma ser usado no sentido mais amplo e mais geral de esperança em um tempo futuro de felicidade, justiça, harmonia, paz e abundância e que é o fim dos tempos.

É assim que outras religiões podem ser chamadas de milenaristas e que outros grupos culturais humanos possuem religiões milenaristas, isto é, a esperança de um fim dos tempos, quando a dor, a miséria, a injustiça e a maldade terminarão e a plena felicidade existirá para todos. Os índios guaranis, do Paraguai e do Brasil, acreditam na Terra sem Males, que surgirá além dos mares, depois que a terra, cansada e infeliz, for atravessada por eles e o deus, benévolo e clemente, lhes der a terra nova, onde as flechas voarão sozinhas para trazer a caça e a pesca, sozinhos os frutos encherão as cestas, não haverá frio nem chuva, nem guerra nem morte.

O milenarismo, em outra forma, está presente em uma concepção religiosa católica do século XX, a Teologia da Libertação, desenvolvida nos anos 1970, na América Latina, que propunha o retorno da Igreja à pureza igualitária, livre e justa dos primeiros cristãos, criando o reino de Deus na Terra, conforme prometido por Jesus.

Todas as religiões são experiências de fé, mas as religiões da salvação (messiânicas) são religiões da fé e da esperança. O milenarismo exprime, no grau mais alto, a esperança religiosa das religiões da salvação. No caso do milenarismo cristão, a esperança volta-se para a existência futura de uma sociedade não hierarquizada, igualitária e justa; por esse motivo, foi condenado pela ortodoxia cristã como uma heresia, isto é, um pecado contra a fé estabelecida pela doutrina cristã, segundo a qual o reino de Deus já existe na Terra, desde a ressurreição de Cristo: é a Igreja.

A esperança milenarista é própria das classes populares, em sociedades onde prevalecem a desigualdade, a injustiça, a exclusão e a miséria.

O bem e o mal

As religiões ordenam a realidade segundo dois princípios fundamentais: o bem e o mal (ou a luz e a treva, o puro e o impuro).

Sob esse aspecto, há três tipos de religiões: as politeístas, em que há inúmeros deuses, alguns bons, outros maus, ou até mesmo cada deus podendo ser ora bom, ora mau; as dualistas, nas quais a dualidade do bem e do mal está encarnada e figurada em duas divindades antagônicas que não cessam de combater-se; e as monoteístas, em que o mesmo deus é tanto bom quanto mau, ou, como no caso do judaísmo, do cristianismo e do islamismo, a divindade é o bem e o mal provém de entidades demoníacas, inferiores à divindade e em luta contra ela.

No caso do politeísmo e do dualismo, a divisão bem-mal não é problemática, assim como não o é nas religiões monoteístas que não exigem da divindade comportamentos sempre bons, uniformes e homogêneos, pois a ação do deus é insondável e incompreensível. O problema, porém, existe no monoteísmo judaico-cristão e islâmico.

Com efeito, a divindade judaico-cristã e islâmica é definida teologicamente como um ser positivo ou afirmativo: Deus é bom, justo, misericordioso, clemente, criador único de todas as coisas, onipotente e onisciente, mas, sobretudo, eterno e infinito. Deus é o ser perfeito por excelência, é o próprio bem, e este é eterno como Ele. Se o bem é eterno e infinito, como surgiu sua negação, o mal? Que positividade poderia ter o mal, se, no princípio, havia somente Deus, eterna e infinitamente bom? Admitir um princípio eterno e infinito para o mal seria admitir dois deuses, incorrendo no primeiro e mais grave dos pecados, pois tanto os Dez Mandamentos quanto o Credo cristão afirmam haver um só e único Deus.

Além disso, Deus criou todas as coisas do nada; tudo o que existe é, portanto, obra de Deus. Se o mal existe, seria obra de Deus? Todavia, Deus sendo o próprio bem, poderia criar o mal? Como o perfeito criaria o imperfeito? Qual é, pois, a origem do mal? A criatura.

Deus criou inteligências imateriais perfeitas, os anjos. Entre eles, surgem alguns que aspiram a ter o mesmo poder e o mesmo saber que a divindade, lutando contra ela. Menos poderosos e menos sábios, são vencidos e expulsos da presença divina. Não reconhecem, porém, a derrota. Formam um reino separado, de caos e trevas, prosseguem na luta contra o Criador. Que vitória maior teriam senão corromper a mais alta das criaturas após os anjos, isto é, o homem? Valendo-se da liberdade dada ao homem, os anjos do mal corrompem a criatura humana e, com esta, o mal entra no mundo.

O mal é o pecado (palavra vinda do latim que significa queda), isto é, a transgressão da lei divina que o primeiro homem e a primeira mulher praticaram. Sua punição foi o surgimento dos outros males: morte, doença, dor, fome, sede, frio, tristeza, ódio, ambição, luxúria, gula, preguiça, avareza. Pelo mal, a criatura afasta-se de Deus, perde a presença divina e a bondade original que possuía.

O mal, portanto, não é uma força positiva de mesma realidade que o bem, mas é pura ausência do bem, pura privação do bem, negatividade, fraqueza. Assim como a treva não é algo positivo, mas simples ausência da luz, também o mal é pura ausência do bem. Há um só Deus e o mal é estar longe e privado dele, pois Ele é o bem e o único bem.

A falta

Há religiões da exterioridade e da interioridade. As religiões da exterioridade são aquelas em que os deuses se dirigem às ações externas e visíveis dos seres humanos, em que as ordens e os mandamentos se referem a comportamentos externos e visíveis. As religiões da interioridade são aquelas em que a divindade se dirige ao coração, ao espírito, à alma do crente, fala à sua consciência e julga os atos a partir das intenções interiores do agente.

Nas religiões da exterioridade, a falta ou o pecado é uma ação externa visível, cometida voluntária ou involuntariamente contra a divindade. A falta é irreverência, sentida sob a forma da vergonha, trazendo como consequência uma impureza que contamina o faltoso e o grupo, exigindo rituais de purificação.

Nas religiões da interioridade, como é o caso do cristianismo, a falta ou o pecado é uma ação interna invisível (mesmo que resulte em um ato externo visível), causada ou por uma vontade má – nesse caso, a falta é um crime – ou por um entendimento equivocado – nesse caso, a falta é um erro. É uma transgressão experimentada na forma de culpa, exigindo expiação.

Nas religiões da exterioridade, o perdão depende exclusivamente de uma graça divina, isto é, a divindade pode ou não perdoar, independentemente dos rituais de purificação realizados pelo indivíduo ou pelo grupo. Nas religiões da interioridade, o perdão – que virá na forma de uma graça divina – exige uma experiência interior precisa, o arrependimento.

Nas religiões da exterioridade – como a grega, a romana, as africanas e as indígenas americanas –, a falta é causada por uma fatalidade. O *fatum* (destino, em latim; fado, em português) ou a *moira* (destino fatal, em grego) determinou desde sempre que essa falta seria cometida por alguém, para desgraça sua e de seu grupo. A falta não depende da vontade do agente, mas de uma decisão divina. É assim, por exemplo, que Édipo cumprirá seu destino.

Nas religiões da interioridade – como é o caso do judaísmo e do cristianismo – a falta nasce da liberdade do agente, que, conhecendo o bem e o mal (a lei divina), transgride consciente e voluntariamente o decreto de Deus. Sem dúvida, para o cristianismo, a falta é um problema teológico insolúvel, pois o Deus cristão é onipotente e onisciente, sabendo tudo desde a eternidade e, portanto, conhecendo previamente o pecador. Se pune o pecado, mas sabia que seria cometido, não seria injusto por não impedir que seja cometido? Se conhece eternamente quem pecará e quem não pecará, não será Deus como o *fatum* e a *moira*? E como falar na liberdade e no livre-arbítrio do pecador, se, desde a eternidade, Deus sabia que ele cometerá o pecado?

Imanência e transcendência

Quando estudamos o sagrado, vimos que, em inúmeras culturas, os seres e objetos sacros habitam o nosso mundo, são imanentes a ele. As primeiras experiências religiosas são, por isso, panteístas (*theos*, em grego, significa deus; *pan*, em grego, significa todos, tudo), ou seja, nelas os deuses estão em toda parte, espalhados pela Natureza. Os seres tomam parte na divindade, motivo pelo qual possuem *mana*, *orenda* e *tunpa*. O *ntu* africano exprime a concepção da imanência panteísta.

Ao contrário das religiões panteístas ou da imanência dos deuses no mundo, as religiões teístas são transcendentes, isto é, os deuses estão separados do mundo natural e humano, vivem noutro mundo e agem sobre o nosso. É assim, por exemplo, que os deuses gregos, embora tenham forma humana, vivem no monte Olimpo, e Jeová, que possui atributos humanos (como a voz), se manifesta, por exemplo, no monte Sinai. Eis por que, nas religiões da transcendência, fala-se na visitação dos deuses para referir-se aos momentos em que se comunicam com os seres humanos.

Nas várias religiões da transcendência, a visitação divina não é problemática porque os deuses possuem formas materiais – animais, como na religião egípcia, humanas, como nas religiões grega e romana. A visitação é um problema na religião cristã, porque o Deus cristão é duas vezes misterioso e totalmente diferente das formas existentes no mundo: em primeiro lugar, é constituído por três pessoas que são uma só; em segundo lugar, é eterno, incorpóreo, infinito, pleno e perfeito. Para superar as dificuldades, o cristianismo fala na visitação de Deus por meio dos anjos e santos, e na inspiração do Espírito Santo, enviado pelo Pai. No entanto, a ideia de um Deus uno-trino, torna completamente incompreensível e terrível a encarnação de Jesus Cristo, pois como explicar que uma das pessoas da Trindade se separe das outras para vir habitar entre os homens e que um ente eterno, imaterial e infinito tome a forma material, mortal, finita, carente e imperfeita do humano? Fala-se, por isso, em mistério da fé.

Transcendência, hierarquia e poder

Vimos que, pela lei divina, é instituída a ordem do mundo natural e humano. Vimos também que o conhecimento dessa lei tende a tornar-se um conhecimento especial, seja porque somente alguns são escolhidos para conhecê-la, seja porque o texto da lei é incompreensível e exige pessoas capazes de fazer a interpretação (profetas e videntes), seja ainda porque a própria interpretação é obscura e exige novos intérpretes.

Constatamos que o conhecimento da lei e da vontade divinas são essenciais para a narrativa da história sagrada e para a realização correta e eficaz dos ritos. Como consequência, as religiões tendem a instituir um grupo de indivíduos, separados do restante da comunidade, encarregados de transmitir a história sagrada, interpretar a lei e os sinais divinos, realizar os ritos e marcar o espaço-tempo sagrado. Eis por que magos, astrólogos, videntes, profetas, xamãs, sacerdotes e pajés possuem saberes e poderes especiais. São capazes de curar, de prever o futuro, de aplacar a cólera dos deuses, de anunciar a vontade divina, de destruir a distância (por meio de palavras e gestos). Inicialmente, sua função é trazer o sagrado para o grupo e aí conservá-lo. Pouco a pouco, porém, formam um grupo separado, uma classe social, com exigências e poderes próprios, privam a comunidade da presença direta do sagrado e distorcem a função originária que possuíam, transformando-a em domínio e poder sobre a comunidade. Tornam-se os portadores simbólicos do sagrado e mediadores indispensáveis entre o divino e o humano.

A religião, como já observamos, realiza o encantamento do mundo, explicando-o pelo maravilhoso e misterioso. O grupo que detém o saber religioso, ao tornar-se detentor do poder, possui o poder mais alto: o de encantar, desencantar e reencantar o mundo. Por isso, em um primeiro momento, o poder religioso concentra-se nas mãos de um só, que possui também a autoridade militar e o domínio econômico sobre toda a comunidade.

À medida que as relações sociais se tornam mais complexas, com divisões sociais do trabalho e da propriedade, o poder passa por uma divisão: um grupo detém a autoridade religiosa; e outro, a militar e econômica. No entanto, todo o saber da comunidade – história sagrada, interpretação da lei divina, rituais – encontra-se nas mãos da autoridade religiosa, que passa, dessa maneira, a ser o braço intelectual e jurídico indispensável das autoridades econômica e militar.

Nas religiões da transcendência, três são as consequências principais desse desenvolvimento histórico:

1. A formação de uma autoridade que detém o privilégio do saber, porque conhece a vontade divina e suas leis. Com ela, surge a instituição sacerdotal e eclesiástica. Os sacerdotes são intelectuais. O grupo sacerdotal detém vários saberes: o da história sagrada, o dos rituais, o das leis divinas, pelas quais é imposta a moralidade ao grupo. Como esses saberes se referem ao divino, constituem a teologia. Os sacerdotes, ou uma parte deles, são teólogos.
2. A formulação de uma doutrina religiosa baseada na ideia de hierarquia, isto é, de uma realidade organizada sob a forma de graus superiores e inferiores onde se situam todos os seres, por vontade divina. Os entes se distinguem por sua proximidade ou distância dos deuses, segundo o lugar hierárquico, fixo e imutável, que lhes foi destinado. Assim, por exemplo, algumas religiões podem considerar certos animais mais próximos dos deuses, sendo, por isso, mais poderosos, mais sábios e melhores do que todos os outros entes. Outras podem considerar as entidades imateriais superiores e as materiais ou corporais inferiores. Outras podem considerar os humanos o grau mais alto da hierarquia, todos os outros seres estando subordinados a eles e devendo-lhes obediência.

3. O privilégio do uso da violência sagrada para punir os faltosos ou pecadores. Inicialmente, exigia-se que todos os membros da comunidade fossem piedosos, isto é, respeitassem deuses, tabus, rituais e a memória dos antepassados. Com o surgimento da classe sacerdotal, passou-se a exigir que esses membros da comunidade – os sacerdotes – sejam castos, isto é, possuam integridade corporal e espiritual para oficiar os ritos e interpretar as leis. Na qualidade de castos, são os mais puros e, por isso, após educação e iniciação, são investidos do poder de purificação dos demais. Detêm o Poder Judiciário.

Críticas à religião

As primeiras críticas à religião feitas no pensamento ocidental vieram dos filósofos pré-socráticos, que criticaram o politeísmo e o antropomorfismo dos deuses. Em outras palavras, afirmaram que, do ponto de vista da razão, a pluralidade dos deuses é absurda, pois a essência da divindade é a plenitude infinita, não podendo haver senão uma única potência divina. Declararam também absurdo o antropomorfismo, uma vez que este reduz os deuses à condição de seres super-humanos, quando, segundo a razão, devem ser supra-humanos, isto é, as qualidades da essência divina não podem confundir-se com as da natureza humana. Essas críticas foram retomadas e sistematizadas por Platão, Aristóteles e pelos estoicos.

Outra crítica à religião foi feita pelo grego Epicuro e retomada pelo latino Lucrécio. A religião, dizem eles, é fabulação ilusória, nascida do medo da morte e da Natureza. É superstição. No século XVII, o filósofo Espinosa retoma essa crítica, mas, em lugar de começar pela religião, começa pela superstição. Os humanos, diz ele, têm medo de males e esperança de bens. Movidos pelas paixões (medo e esperança), não confiam em si mesmos nem nos conhecimentos racionais para evitar males e conseguir bens. Passional ou irracionalmente, depositam males e bens em forças caprichosas, como a sorte ou fortuna, e transformam-nas em poderes que os governam arbitrariamente, instaurando a superstição. Para alimentá-la, criam a religião, e esta, para conservar seu domínio sobre eles, institui o poder teológico-político. Nascida do medo supersticioso, a religião está a serviço da tirania, tanto mais forte quanto mais os humanos forem deixados na ignorância da verdadeira natureza de Deus e das causas de todas as coisas.

Essa diferença entre religião e verdadeiro conhecimento de Deus levou, nos séculos XVII e XVIII, à ideia de religião natural ou deísmo. Voltando-se contra a religião institucionalizada como poder eclesiástico e poder teológico-político, os filósofos afirmaram a existência de um Deus que é força e energia inteligente, imanente à Natureza, conhecido pela razão e contrário à superstição.

Observamos, portanto, que as críticas à religião voltam-se contra dois de seus aspectos: o encantamento do mundo, considerado superstição; e o poder teológico-político institucional, considerado tirânico.

No século XIX, o filósofo alemão Feuerbach criticou a religião como alienação. Os seres humanos vivem, desde sempre, em uma relação com a Natureza e, desde muito cedo, sentem necessidade de explicá-la, e o fazem analisando a origem das coisas, a regularidade dos acontecimentos naturais, a origem da vida, a causa da dor e da morte, a conservação do tempo passado na memória e a esperança de um tempo futuro. Para isso, criam os deuses. Dão-lhes forças e poderes que exprimem desejos humanos. Fazem-nos criadores da realidade. Pouco a pouco, passam a concebê-los como governantes da realidade, dotados de forças e poderes maiores do que os humanos.

Nesse movimento, gradualmente, de geração a geração, os seres humanos se esquecem de que foram os criadores da divindade, invertem as posições e julgam-se criaturas dos deuses. Estes, cada vez mais, tornam-se seres onipotentes, oniscientes e distantes dos humanos, exigindo destes cultos, rito e obediência. Tornam-se transcendentes e passam a dominar a imaginação e a vida dos seres humanos. A alienação religiosa é esse longo processo pelo qual os homens não se reconhecem no produto de sua própria criação, transformando-o em outro (*alienus*), estranho, distante, poderoso e dominador. O domínio da criatura (deuses) sobre seus criadores (homens) é a alienação.

A análise de Feuerbach foi retomada por Marx, de quem conhecemos a célebre expressão: "A religião é o ópio do povo". Com essa afirmação, Marx pretende mostrar que a religião – referindo-se ao judaísmo, ao cristianismo e ao islamismo, isto é, às religiões da salvação – amortece a combatividade dos oprimidos e explorados, porque lhes promete uma vida futura feliz. Na esperança de felicidade e justiça no outro mundo, os despossuídos, explorados e humilhados deixam de combater as causas de suas misérias neste mundo.

Todavia, Marx fez outra afirmação que, em geral, não é lembrada. Disse ele que "a religião é lógica e enciclopédia popular, espírito de um mundo sem espírito". Que significam essas palavras?

Com elas, Marx procurou mostrar que a religião é uma forma de conhecimento e de explicação da realidade, usada pelas classes populares – lógica e enciclopédia – para dar sentido às coisas, às relações sociais e políticas, encontrando sua significação e seu sentido – o espírito em um mundo sem espírito –, que lhes permitem, periodicamente, lutar contra os poderes tirânicos. Marx tinha na lembrança as revoltas camponesas e populares durante a Reforma Protestante, bem como na Revolução Inglesa de 1644, na Revolução Francesa de 1789, na Comuna de Paris, no século XIX, e nos movimentos milenaristas que exprimiram, na Idade Média e no início dos movimentos socialistas, a luta popular contra a injustiça social e política.

Se, por um lado, na religião há a face opiática do conformismo, há, por outro lado, a face combativa dos que usam o saber religioso contra as instituições legitimadas pelo poder teológico-político.

Eis por que na *Crítica da Filosofia do Direito de Hegel*, Marx escreve:

> A miséria da religião é, ao mesmo tempo, expressão e protesto contra a miséria real. E o lamento da criatura oprimida, coração de um mundo sem coração, alma de uma condição desalmada (...). Assim, a crítica do Paraíso transforma-se em crítica da Terra, a crítica da religião em crítica da lei, a crítica da teologia em crítica política (...). A religião é visão invertida do mundo, mas porque esta sociedade, este Estado, são o mundo invertido.

Mythos e *lógos*

Na maioria das culturas, a religião se apresenta como sistema explicativo geral, oferecendo causas e efeitos, relações entre seres, valores morais e também sustentação ao poder político. Nela se efetiva uma visão de mundo única, válida para toda a sociedade e fornecendo a seus membros uma comunidade de ação e de destino.

No caso da cultura ocidental, porém, a religião tornou-se apenas mais um sistema explicativo da realidade, entre outros. A ruptura com o *mythos*, efetuada pelo surgimento e desenvolvimento do *lógos*, isto é, do pensamento racional, desfez o privilégio da religião como visão de mundo única. Filosofia e ciência elaboraram explicações cujos princípios são completamente diferentes dos da religião.

Sabemos que o mito é uma tentativa não só para explicar a origem dos humanos e do mundo, mas também para encontrar uma explicação para contradições reais que não podem ser resolvidas e que ele resolve no plano imaginário. Além disso, o mito exprime uma estrutura inconsciente da sociedade, de tal modo que é possível distinguir uma estrutura inconsciente universal (isto é, a mesma em todas as culturas) e as mensagens particulares que cada sociedade inventa para resolver as tensões e os conflitos ou as contradições. O mito conta uma história dramática, na qual a ordem do mundo (o reino vegetal, mineral, animal e humano) foi criada e constituída.

Os acontecimentos narrados exprimem, simultaneamente, uma estrutura geral do pensamento humano e uma solução parcial que uma sociedade determinada encontrou para o problema. Assim, a diferença homem-vegetal, homem-animal, homem-mulher, vida-morte, treva-luz é uma diferença que atormenta universalmente todas as culturas, mas cada uma delas possui uma narrativa mítica específica para responder a esse tormento.

Como também vimos anteriormente, comparado ao discurso filosófico e científico, o mito se mostra uma operação linguística oposta ao logos. Este purifica a linguagem dos elementos qualitativos e emotivos, busca retirar tanto quanto possível a ambiguidade dos termos que emprega, utilizando provas, demonstrações e argumentos racionais. O mito, ao contrário, opera por metaforização contínua, isto é, um mesmo significante (palavra ou conjunto de palavras) tenderá a possuir um número imenso de significações ou de sentidos.

O mito opera com a saturação do sentido, ou seja, um mesmo fato pode ser narrado de inúmeras maneiras diferentes, dependendo do que se queira enfatizar, e as coisas do mundo (animais, vegetais, minerais, humanos) podem receber inúmeros sentidos, conforme o lugar que ocupem na narrativa. Assim, as oposições vida-morte, homem-mulher, humano-animal, luz-treva, quente-frio, seco-úmido, bom-mau, justo-injusto, certo-errado, grande-pequeno, cru-cozido, pai-mãe, irmã-irmão, pai-filho, pai-filha, mãe-filho, mãe-filha etc. serão oposições constantes e regulares em todos os mitos, mas os conteúdos que as exprimem são inumeráveis.

O conflito entre fé e razão

Ao instaurar a ruptura entre *mythos* e *logos*, a cultura ocidental provocou um acontecimento desconhecido em outras culturas: o conflito entre a fé e a razão, que se manifestou desde muito cedo. Já na Grécia antiga, as críticas de Heráclito, Pitágoras e Xenófanes à religião assinalavam a ruptura com ela. Mais tarde, Atenas forçou o filósofo Anaxágoras a fugir para evitar a condenação pública, acusado pelo tribunal ateniense de "inventar um novo deus"; Sócrates, julgado culpado de impiedade e de corrupção da juventude, foi condenado à morte.

Na Renascença, Giordano Bruno, que afirmara a imanência da Inteligência infinita ao mundo ("o Uno é forma e matéria, figura da Natureza inteira, operando de seu interior", dizia ele), foi condenado à fogueira. Galileu, na época moderna, foi forçado a abjurar suas teses sobre o movimento solar, as manchas lunares e solares e o princípio da inércia, fundamento da mecânica clássica.

Nem sempre a Filosofia abandonou os temas da religião. Todavia, ocupou-se deles do ponto de vista do *logos*, e não do *mythos*. Assim procedendo, despojou-os de sua condição de mistérios para transformá-los em conceitos e teorias. Vejamos algumas diferenças entre a maneira como o crente religioso e o filósofo concebem os temas religiosos.

Para a alma religiosa, há um Deus; para a Filosofia, é preciso provar a existência da divindade. Para a alma piedosa, Deus é um ente perfeito, bom e misericordioso, mas justo, punindo os maus e recompensando os bons. Para a Filosofia, Deus é uma substância infinita, mas é preciso provar que sua essência é constituída por um intelecto onisciente e uma vontade onipotente.

Para o crente, a espiritualidade divina não é incompatível com a esperança de poder ver Deus atuar materialmente sobre o mundo, realizando milagres; para a Filosofia, é preciso provar racionalmente que é possível uma ação do espírito sobre a matéria e por que, sendo Deus onisciente, ao fazer milagres, Ele suspenderia a ordenação necessária do mundo, que Ele próprio estabeleceu.

Mais do que isso. Sendo Deus um espírito perfeito e infinito, que necessidade teria de criar um mundo material, finito e imperfeito? Além disso, é preciso explicar como uma causa espiritual infinita produz um efeito material finito, pois o princípio de causalidade exige que a causa e o efeito sejam homogêneos ou de mesma natureza – um ser infinito é causa de efeitos infinitos, e não finitos. Mais ainda. Deus é eterno, portanto alheio ao tempo; mas o mundo não é eterno, pois foi criado por Deus; nesse caso, como um ser eterno realiza uma ação temporal? Como falar em Deus antes do mundo e depois do mundo, se "antes" e "depois" são qualidades do tempo, e não da eternidade?

Para o fiel, a alma é imortal e destinada a uma vida futura; para a Filosofia, cabe oferecer provas que demonstrem a imortalidade.

Os místicos experimentam a fusão plena no seio de Deus, sentem estar nele e nele viver. Para a Filosofia, não sentimos Deus, mas o conhecemos pela razão.

Essa peculiaridade racionalista da cultura ocidental afetou a própria religião. De fato, como vimos ao explicar o surgimento da Patrística e de uma Filosofia Cristã, a religião, para competir com a Filosofia e suplantá-la, o cristianismo precisou oferecer-se sob a forma de provas racionais, conceitos, teses, teorias. Tornou-se teologia, ciência sobre Deus. Transformou os textos da história sagrada em doutrina, coisa que nenhuma outra religião fez.

No entanto, apesar da teologia e das doutrinas, certas crenças religiosas jamais poderão ser transformadas em teses e demonstrações racionais sem serem destruídas. Não há como provar racionalmente que Jeová falou a Moisés, no monte Sinai. Não há como provar racionalmente a virgindade de Maria, a encarnação do Filho de Deus, a Santíssima Trindade, a Eucaristia. São verdades da fé e, como tais, mistérios. Estes são verdades inquestionáveis, isto é, dogmas. Eis por que o apóstolo Paulo declarou que "a fé um escândalo para a razão" (é misteriosa e incompreensível) e que "a razão é um escândalo para a fé" (soberba e orgulhosa, querendo entender o incompreensível).

Tomemos um exemplo do Antigo Testamento. Ali é narrado que, durante uma batalha, Josué fez o Sol parar, a fim de que, com o prolongamento do dia, pudesse vencer a guerra. Essa história sagrada pressupõe que o Sol se movimenta em torno da Terra e que esta permanece imóvel. Estando narrada no texto revelado pelo próprio Deus, a história de Josué não pode ser contestada.

A mesma teoria da mobilidade do Sol e imobilidade da Terra existia como tese filosófico-científica no pensamento de Aristóteles e, como tal, foi refutada pela ciência de Copérnico, Galileu e Kepler. No entanto, se a estes era permitido refutar uma teoria filosófico-científica por meio de outra, não lhes era permitido negar a história de Josué. Eis por que, durante séculos, a Igreja considerou o heliocentrismo uma heresia, condenou-o e submeteu sábios, como Galileu, aos tribunais da Inquisição.

Outro exemplo, agora vindo da biologia, vai na mesma direção: a teoria da evolução, de Darwin, que demonstra a origem do homem a partir de primatas. A Bíblia afirma que o homem foi criado diretamente por Deus, a sua imagem e semelhança, no sexto dia da criação. Sob essa perspectiva, a teoria darwiniana foi considerada heresia, condenada e, durante anos, não pôde ser ensinada nas escolas cristãs, tendo mesmo havido um caso, nos Estados Unidos, de um professor do Ensino Fundamental processado por um tribunal por ensiná-la.

Um exemplo, agora vindo do Novo Testamento, apresenta o mesmo problema. Historiadores, linguistas e antropólogos fizeram estudos sobre as culturas de toda a região do Oriente Médio e do norte da África, nelas encontrando uma referência constante ao pão, ao vinho, ao cordeiro imolado e ao deus morto e ressuscitado. Eram culturas de uma sociedade agrária, com ritos de fertilidade da Terra e dos animais, realizando cerimônias muito semelhantes às que seriam realizadas, depois, pela missa cristã. Desse ponto de vista, o ritual da missa pertence a uma tradição religiosa agrária, oriental e africana, muito anterior ao cristianismo. Essa descoberta científica, porém, contraria as verdades cristãs, visto que a missa é considerada liturgia que repete e rememora um conjunto único e novo de eventos relativos à vida, à paixão e à morte de Jesus.

Poderíamos prosseguir com os exemplos, mas não é necessário. O que queremos destacar aqui é a peculiaridade da relação que, na cultura ocidental, criadora da Filosofia e da Ciência, se estabeleceu entre a razão e a fé. As dificuldades dessa relação ocuparam os medievais e os modernos, e ocupam nossos contemporâneos, parecendo insolúveis.

A religião acusa a Filosofia e a Ciência de heresia e ateísmo, enquanto ambas acusam a religião de dogmatismo, superstição, atraso e intolerância.

Conciliação entre Filosofia e religião

Vários filósofos procuraram conciliar Filosofia e religião. Das inúmeras tentativas feitas, mencionaremos uma recente, baseada na Fenomenologia, desenvolvida por alguns filósofos a partir das ideias de Husserl.

A Fenomenologia, como vimos, descreve essências constituídas pela intencionalidade da consciência, que é doadora de sentido à realidade. Os atos da consciência constituem as significações, mas esses atos podem ser atitudes diferentes, cada qual com seu campo específico, sua estrutura e finalidades próprias. Assim como há a atitude natural (a crença realista ingênua na existência das coisas), a atitude filosófica (a reflexão) e a atitude científica (experimentação e demonstração), há também a atitude religiosa, como uma das possibilidades da vida da consciência. Quando esta se relaciona com o mundo por meio das noções e das práticas ligadas ao sagrado, constitui a atitude religiosa.

Assim, a consciência pode relacionar-se com o mundo de maneiras variadas - senso comum, ciência, filosofia, artes, religião –, de sorte que não há oposição nem exclusão entre elas, mas diferença. Isso significa que a oposição só surgirá quando a consciência, estando em uma atitude, pretender relacionar-se com o mundo utilizando significações e práticas de outra atitude. Foi isso que engendrou a oposição e o conflito entre Filosofia e religião, pois, sendo atitudes diferentes da consciência, cada uma delas não pode usurpar os modos de conhecer e agir, nem as significações da outra. Isso, porém, significa que um filósofo ou um cientista religiosos terão que dividir seus pensamentos e sentimentos conforme a atitude assumida por sua consciência, não podendo explicar religiosamente questões filosóficas ou científicas, e vice-versa.

CAPÍTULO 10

A Arte

O universo das artes

O ponto de vista do espectador

Se perguntarmos a alguém o que é um *artista*, é quase certo que responderá que é o ator (de teatro, cinema e televisão), o compositor musical e o cantor e, em alguns casos, incluirá os bailarinos. Essa resposta é interessante tanto pelo que afirma como pelo que silencia.

De fato, o silêncio consiste em não incluir na categoria "artista", por exemplo, os poetas e romancistas, isto é, a literatura – "são escritores, e não artistas", diria esse alguém. Também estão excluídos os diretores de peças teatrais, filmes e novelas de televisão – "dirigem os artistas, mas não são artistas", diria essa mesma pessoa. Ao silenciar-se sobre os escritores e diretores e ao escolher alguns artistas como definidores do ser artista, essa pessoa está afirmando, mesmo que não o saiba, que um artista é aquele que realiza uma performance em um espetáculo.

Curiosamente, porém, se pedirmos a essa mesma pessoa que nos dê exemplos de *obras de arte*, é praticamente certo que nos falará dos quadros de Leonardo da Vinci, das esculturas de Michelangelo, de Rodin ou do Aleijadinho, das sonatas de Beethoven ou dos prelúdios Chopin, das óperas de Verdi e Puccini, dos *Lusíadas*, de Camões, de algum balé, como o "Quebra Nozes". De modo geral, essa pessoa identifica a obra de arte com objetos criados no passado, conservados respeitosamente em museus ou apresentados em importantes teatros para um público restrito.

A resposta é interessante por dois motivos principais: em primeiro lugar, porque a enumeração das obras de arte não coincide exatamente com o que a pessoa entende por artista, pois agora também aparecem pintores, escultores, poetas; em segundo, porque essa pessoa tende a considerar a obra de arte como algo a que poucos têm acesso, seja porque são poucos os que a compreendem, seja porque são poucos os que dispõem de recursos financeiros para fruí-la e, neste caso, a obra de arte é diferente do que se supõe ser o artista, uma vez que este é perfeitamente acessível para quem assiste a um filme, uma novela ou um show.

Na verdade, essa curiosa discrepância entre o que se entende por artista e por obra de arte indica que, ao dizer quem é um artista, a pessoa está exprimindo o ponto de vista da chamada *cultura de massa* ou *cultura do espetáculo*; e que, ao explicar o que entende por obra de arte, essa pessoa está exprimindo o ponto de vista da chamada *cultura erudita* ou *cultura de elite*, portanto, de um espectador que vive em uma sociedade dividida em classes sociais, na qual somente alguns podem entender e fruir a arte.

Aqui, trataremos apenas da obra de arte em seu sentido mais amplo. Neste capítulo, estudaremos a cultura de massa ou a indústria cultural, a fim de compreendermos como e por que, em nossa sociedade, as pessoas tendem a separar artista de obra de arte, a identificar o primeiro com o desempenho em um espetáculo e a segunda com objetos distantes e misteriosos que somente alguns podem fruir e compreender.

Se perguntarmos a essa mesma pessoa o que ela experimenta diante de uma obra de arte, é quase certo que nos dirá que sente respeito, que se sente emocionada com a beleza da obra e que tem admiração pelo artista que a criou. Essa pessoa, agora, está exprimindo o ponto de vista de um espectador que vive em uma sociedade industrial ou pós-industrial, isto é, numa sociedade em que os objetos de uso e de consumo são produzidos em série, são anônimos (pois a marca registrada do fabricante não indica uma pessoa real ou concreta que tenha feito o produto), descartáveis, efêmeros. Em outras palavras, os objetos de uso e consumo diários não provocam respeito, não causam emoções por sua beleza nem provocam admiração por seus produtores.

Se, por fim, perguntarmos a essa pessoa se ela possui obras de arte, ela poderá nos dizer ou que sim (sua família é rica e pode comprar objetos de arte), ou nos dirá que não, mas poderá completar a resposta dizendo que possui objetos de artesanato, algumas antiguidades, algum livro de arte e algum disco de um compositor célebre. Essa resposta é muito interessante porque nela percebemos: (1) a aproximação e a distinção entre arte e artesanato; (2) a proximidade entre arte e antiguidade; (3) a existência de suportes físicos (livro, disco) para obras de arte que, em si mesmas, são consideradas inacessíveis, mas às quais se pode ter algum acesso, graças a um objeto industrial que as reproduz.

Examinemos esses três aspectos presentes no ponto de vista do espectador.

1. Ao aproximar arte de artesanato, o espectador tem em mente o fato de que tanto a obra de arte como o objeto artesanal são trabalhos feitos por uma única pessoa – diferentemente de um operário, que trabalha com centenas de outros numa linha de montagem, o artista e o artesão realizam sozinhos um trabalho completo, são autores de suas produções. Além disso, enquanto o produto industrial, feito em série, é impessoal, a obra de arte e a de artesanato são individualizadas ou pessoais, exprimindo a intenção, a habilidade e o talento de quem as realiza. Por outro lado, ao distinguir entre arte e artesanato, o espectador tem em mente a maior complexidade e variedade de procedimentos e materiais empregados pelo artista quando comparado com artesão. Ademais, a distinção também leva em conta o fato de que o artesão costuma fabricar vários exemplares do mesmo objeto enquanto o artista tende a produzir apenas um, ou seja, a obra de arte

tende a ser percebida como única e como raridade, enquanto o objeto artesanal não possui essa característica.

2. Ao aproximar obra de arte de antiguidade, o espectador simplesmente está mantendo a ideia de que as grandes obras de arte foram realizadas no passado e conservadas pela humanidade como um bem coletivo (mesmo que poucos tenham acesso direto a elas). Mas não só isso. O mercado de antiguidades consiste em apanhar um objeto de uso e de consumo para retirá-lo do circuito do uso e do consumo, fazendo-o valer como uma peça decorativa ou um enfeite, ou como uma peça de estimação ("está há muitos anos na família"; "foi de meu bisavô"; "minha avó usou no dia de seu casamento"). Ora, é exatamente o mesmo que acontece com a obra de arte quando é conservada no museu ou na biblioteca, ou seja, ela também é retirada do circuito do uso e do consumo, passando a valer em si e por si mesma como uma peça única. Eis por que, espontaneamente, o espectador aproxima obra de arte de antiguidade.
3. A pessoa com quem estamos conversando, talvez nunca possa ir a Atenas ver o Parthenon, ou a Roma ver a Capela Sistina pintada por Michelangelo durante a Renascença, ou à Alemanha para o festival de Bayreuth, quando as obras de Richard Wagner são executadas, ou a Paris para ver, no Museu do Louvre, a Mona Lisa pintada por Leonardo da Vinci, ou ao Masp, em São Paulo, para ver obras de Portinari, Di Cavalcanti e Tarsila, a Gramado para assistir ao Festival Nacional de Cinema, ou a Campos do Jordão para o Festival Nacional de Música Erudita, a várias cidades brasileiras em que se realizam festivais de cinema, música e dança. Contudo, essa pessoa sabe que a imprensa, o rádio, o cinema, o disco, a televisão, o vídeo podem reproduzir ou transmitir essas obras, colocando a transmissão ou a reprodução no mercado de consumo e permitindo um acesso indireto a elas. Em outras palavras, a sociedade industrial desenvolveu recursos técnicos para multiplicar aquilo que é considerado o traço mais marcante da obra de arte: ser única. O que talvez o espectador não saiba é que a transmissão e a reprodução das obras de arte possuem duas faces: em uma delas, democratiza o acesso à arte; na outra, submete as artes a um mercado novo, criado pela chamada *indústria cultural.*

O ponto de vista do artista

Alberto Caeiro, um dos heterônimos do poeta Fernando Pessoa, leva-nos ao âmago da arte quando escreve:

> O meu olhar é nítido como um girassol.
> Tenho o costume de andar pelas estradas
> Olhando para a direita e para a esquerda,
> E de vez em quando olhando para trás...
> E o que vejo a cada momento
> É aquilo que nunca antes eu tinha visto,
> E eu sei dar por isso muito bem...
> Sei ter o pasmo essencial

Que tem uma criança se, ao nascer,
Reparasse que nascera deveras...
Sinto-me nascido a cada momento
Para a eterna novidade do Mundo

A *eterna novidade* do mundo. O poeta une duas palavras que, normalmente, estão separadas e mesmo em oposição – *eterna* e *novidade* –, pois o eterno é ausência de tempo, aquilo que, fora do tempo, permanece sempre idêntico a si mesmo, enquanto o novo é pura temporalidade, puro movimento temporal em que surge o que não havia antes. Como se realiza essa unidade do eterno e do novo, aparentemente impossível? Ela se realiza pelos e para os humanos: chama-se *arte*.

Merleau-Ponty diz que a arte é *advento* – um vir a ser do que nunca antes existiu –, como promessa infinita de *acontecimentos* – as obras dos artistas. No ensaio *A linguagem indireta e as vozes do silêncio*, ele escreve:

> O primeiro desenho nas paredes das cavernas fundava uma tradição porque recolhia uma outra: a da percepção. A quase eternidade da arte confunde-se com a quase eternidade da existência humana encarnada e por isso temos, no exercício de nosso corpo e de nossos sentidos, com que compreender nossa gesticulação cultural, que nos insere no tempo.

O que dizem os desenhos nas paredes da caverna? Que os seres humanos são dotados de olhos e mãos, que, por isso, para os humanos, o mundo é visível e para ser visto, e que os olhos e as mãos do artista dão a ver o mundo. O artista é aquele que recolhe de maneira nova e inusitada aquilo que está na percepção de todos e que, no entanto, ninguém parece perceber. Ao fazê-lo, dá-nos o sentimento da quase eternidade da obra de arte, pois ela é a expressão perene da capacidade perceptiva de nosso corpo.

Que mundo é trazido pelo artista? Aquele eternamente novo. Eternamente, porque tão antigo e perene quanto a percepção humana. Novo, porque o artista o percebe como nunca fora percebido antes pelos demais homens. É assim, por exemplo, que o pintor Monet pintou várias vezes a *mesma* catedral medieval que existia e perdura há muitos séculos, mas, em cada tela, nasceu uma *nova* catedral. Referindo-se a essas telas de Monet, o filósofo Gaston Bachelard escreve, em um ensaio denominado *O pintor solicitado pelos elementos*:

> Um dia, Claude Monet quis que a catedral fosse verdadeiramente aérea – aérea em sua substância, aérea no próprio coração das pedras. E a catedral tomou da bruma azulada toda a matéria azul que a própria bruma tomara do céu azul... Num outro dia, outro sonho elementar se apodera da vontade de pintar. Claude Monet quer que a catedral se torne uma esponja de luz, que absorva em todas as suas fileiras de pedras e em todos os seus ornamentos o ocre de um sol poente. Então, nessa nova tela, a catedral é um astro doce, um astro ruivo, um ser adormecido no calor do dia. As torres brincavam mais alto no céu, quando recebiam o elemento aéreo. Ei-las agora mais perto da Terra, mais terrestre, ardendo apenas um pouco, como fogo guardado nas pedras de uma lareira.

Os elementos, como vimos ao estudar a cosmologia grega, são o ar, o fogo, a terra e a água. Bachelard nos diz que Monet pintou as pedras da catedral como se fossem de ar (bruma azulada como o céu) e depois as pintou como se fossem de fogo (o ocre do sol poente, um astro ruivo). A seguir, ele pintou uma catedral aquática, esverdeada e submarina; e finalmente, a pintou terrestre, marrom e cinza, fincada poderosamente no chão. Tomando a eternidade dos elementos e a perenidade da catedral medieval, Monet criou a catedral como obra de arte, como se a cada vez ela estivesse sendo vista pela primeira vez, cada tela fazendo-a inteiramente nova.

Podemos dizer o mesmo das bandeirinhas juninas pintadas por Volpi e que exprimem, a cada vez, o mesmo (as bandeirinhas) e o inteiramente novo (pela posição, coloração, movimento ou imobilidade, quantidade).

O que procura o artista? Responde o poeta Caeiro/Pessoa: "o pasmo essencial/ que tem uma criança se, ao nascer, / reparasse que nascera deveras". O artista busca o espanto profundo de quem soubesse que está vendo o mundo pela primeira vez, de uma criança que soubesse de verdade ("deveras") que nasceu para o mundo e que ele nasceu para ela. O artista busca o mundo em estado nascente, imaginando-o não só tal como seria ao ser visto por nós pela primeira vez, mas também tal como teria sido em si mesmo no momento originário de seu surgimento, antes que nós existíssemos para percebê-lo. É esse mundo originário, anterior à nossa presença nele, o que procura o pintor Cézanne, cujo trabalho é assim comentado por Merleau-Ponty no ensaio *A dúvida de Cézanne*:

> Vivemos em meio aos objetos construídos pelos homens, entre utensílios, casas, ruas, cidades e na maior parte do tempo só os vemos através das ações humanas de que podem ser os pontos de aplicação (...). A pintura de Cézanne suspende estes hábitos e revela o fundo de Natureza inhumana sobre o qual se instala o homem (...) a paisagem aparece sem vento, a água do lago sem movimento, os objetos transidos hesitando como na origem da Terra. Um mundo sem familiaridade (...). Só um humano, contudo, é justamente capaz dessa visão que vai até as raízes, aquém da humanidade constituída (...). O artista é aquele que fixa e torna acessível aos demais humanos o espetáculo de que participam sem perceber.

A obra de arte "fixa e torna acessível" o mundo em que vivemos e que percebemos sem nos darmos conta dele e de nós mesmos nele. A obra de arte nos dá a ver o que sempre vimos sem ver, a ouvir o que sempre ouvimos sem ouvir, a sentir o que sempre sentimos sem sentir, a pensar o que sempre pensamos sem pensar, a dizer o que sempre dissemos sem dizer. Por isso, nela e por ela, a realidade se revela como se jamais a tivéssemos visto, ouvido, dito, sentido ou pensado. Eis por que o artista é o que passa pela experiência de nascer todo dia para a "eterna novidade do mundo".

A experiência do artista

O que é essa experiência? A invenção de mundos ou a recriação do mundo. Como escreve o poeta Ferreira Gullar em um livro intitulado *Sobre arte*:

> A arte é muitas coisas. Uma das coisas que a arte é, parece, é uma transformação simbólica do mundo. Quer dizer: o artista cria um mundo outro – mais bonito ou mais intenso ou mais significativo, ou mais ordenado – por cima da realidade imediata (...). Naturalmente, esse

> mundo outro que o artista cria ou inventa nasce de sua cultura, de sua experiência de vida, das ideias que ele tem na cabeça, enfim de sua visão de mundo (...).

Podemos ver essa recriação do mundo ou sua transformação simbólica, se acompanharmos o poema de Jorge de Lima, "Poema do nadador":

> A água é falsa, a água é boa.
> Nada, nadador!
> A água é mansa, a água é doida,
> aqui é fria, ali é morna,
> a água é fêmea.
> Nada, nadador!
> A água sobe, a água desce,
> a água é mansa, a água é doida.
> Nada, nadador!
> A água te lambe, a água te abraça,
> a água te leva, a água te mata.
> Nada, nadador!
> Se não, que restará de ti, nadador?
> Nada, nadador.

Rigorosamente, não há *nada* nesse poema que desconheçamos. Nenhuma das palavras empregadas pelo poeta nos é desconhecida. No entanto, tudo aí é inteiramente novo. O poema diz o que, antes dele, jamais havia sido dito e que, sem ele, nunca seria dito.

O poema se constrói pelo jogo de sentidos da palavra "nada". O *nada* é o imperativo do verbo "nadar" (o poeta ordena ao nadador que nade: "Nada, nadador!"), mas é também o pronome indefinido negativo (se não nadar, diz o poeta, nada restará ao nadador: "Nada, nadador"). O ponto de exclamação "!" em "Nada, nadador!" indica o uso verbal de *nada*; a ausência do ponto de exclamação em "Nada, nadador" indica o uso pronominal de *nada*. O mesmo jogo é feito com a palavra *nadador*: ela se refere àquele que realiza a ação de nadar, mas também indica onde ou no que essa ação se realiza, na dor.

A água é descrita por meio de oposições: ela é boa e falsa, mansa e doida, fria e morna, sobe e desce, abraça e mata. O que ela é? É instável, mudando sem cessar, opondo-se a si mesma, contraditória. Por isso, é uma força que arrasta tudo para o vazio. A água simboliza a fugacidade e a instabilidade do mundo, sua acolhida ("te lambe, (...) te abraça") e sua violência ("te leva, (...) te mata"). O que sente aquele que nada? Dor. Entretanto, por que ele precisa nadar e continuar nadando? Porque somente assim enfrentará a força e o vazio das coisas, não se deixará seduzir pela acolhida delas nem se deixará destruir pela violência delas. A dor de quem nada é o que resta ao *nada-dor*, impedindo-o de transformar-se, ele também, em puro nada.

O poeta nos faz ver, sob a aparência calma e costumeira das coisas de todo dia, a verdade profunda de um mundo contraditório que será tudo, se puder reduzir o homem a nada, mas que será um nada diante daquele que possui a força para suportar e enfrentar a dor de estar no mundo.

Ao jogar com a duplicidade de sentido de *nada*, e com a composição da palavra *nadador,* o poeta transfigura a linguagem cotidiana para fazê-la dizer algo novo. Esse algo, isto é, o sentido novo, não existe antes nem depois, não existe aquém nem além do poema, mas *é* o próprio poema como reinvenção ou recriação da linguagem.

A linguagem que falamos cotidianamente é a *linguagem instituída*, uma "fala falada", em que reproduzimos as significações das palavras sem pensar nelas. A linguagem do poeta, do romancista, do contista é uma *linguagem instituinte*, criadora, inventora de significações novas, uma "fala falante".

O que é escrever? Para o poeta e o romancista, diz o filósofo e escritor francês Jean-Paul Sartre, é distanciar-se da linguagem-instrumento e entrar na *atitude poética*, tratando as palavras como entes reais, e não como meros signos ou sinais estabelecidos. É apanhar a linguagem em *estado selvagem* (como Jorge de Lima faz com a palavra "nada"), como se as palavras fossem seres como a terra, a relva, a montanha ou a água (exatamente como no poema de Jorge de Lima a palavra "nada" e a palavra "água" são o mundo e a ação do homem). O poeta quer que as palavras signifiquem, em si e por si, alguma coisa que são elas próprias sob a forma de poema. O prosador deseja, além disso, que elas designem o mundo, ainda que para tanto ele tenha que inventar novamente o mundo por meio das palavras. O que é a literatura? É a criação de um mundo que existe como palavra e somente pela e na palavra.

Criação

O que há de espantoso nas artes é que elas desvendam ou descobrem o mundo recriando o mundo doutra maneira e noutra dimensão. Justamente porque recriam o mundo com palavras, sons, traços, cores, gestos, movimentos, formas, massas, volumes, a realidade criada não está *aquém* e nem *além* da obra, assim como não *está* na obra, mas *é* a própria obra de arte.

Talvez a melhor comprovação disso esteja na música e na dança.

Feita de sons, a música será destruída se tentarmos ouvir cada um deles separadamente ou reproduzi-los como no toque de um corpo de cristal ou de metal. Pela harmonia, pela proporção, pela combinação de sons, pelo ritmo e pela percussão, a música cria um *mundo sonoro* que só existe por ela, nela e que *é* ela própria. Ela recolhe a sonoridade do mundo e de nossa percepção auditiva, mas reinventa o som e a audição como se estes jamais houvessem existido.

Feita de movimentos, gestos e ritmos, a dança será destruída se tentarmos isolá-los ou reuni-los mecanicamente como em bonecos. Ela só existe na movimentação e gesticulação ritmadas do dançarino e da dançarina que recriam o corpo humano assim como recriam o movimento e o ritmo do próprio mundo cujo sentido e cuja realidade não é senão o ato de dançar.

A literatura, como a pintura, a música, a escultura e qualquer das artes, é a passagem do *instituído* ao *instituinte*, ou seja, uma transfiguração do existente em outra realidade que o faz renascer e ser de maneira inteiramente nova. A transformação ou transfiguração da realidade em outra, nova e existente apenas no trabalho realizado pelo artista, chama-se *obra*.

Arte e religião

No capítulo sobre a Cultura, vimos que, a partir da capacidade para relacionar-se com o ausente, os homens criaram a linguagem, instituíram o trabalho e a religião. Essas primeiras manifestações culturais deram origem às primeiras formas da sociabilidade – a vida comunitária – e da autoridade – o poder religioso. Linguagem, trabalho e religião instituíram os símbolos da organização humana do espaço e do tempo, do corpo e do espírito. O trabalho deu origem às técnicas, que nasceram inseparáveis dessa humanização do mundo natural. Essa humanização, como vimos, conduziu à sacralização do mundo natural.

De fato, ao estudarmos a religião, vimos que a relação com o sagrado, ao organizar o espaço e o tempo e o sentimento da comunhão ou separação entre os humanos e a Natureza e deles com o divino, sacralizou o todo da realidade. A sacralização implicou que todas as atividades humanas assumissem a forma de rituais: a guerra, a semeadura e a colheita, a culinária, as trocas, o nascimento e a morte, a doença e a cura eram realizados ritualisticamente; a mudança das estações, a passagem do dia à noite e da noite ao dia, a presença ou ausência de ventos e chuvas, o movimento dos astros, em suma, todos os acontecimentos naturais eram cercados humanamente por cultos religiosos, dedicados às forças divinas que os causam.

A sacralização e a ritualização da vida fizeram que as técnicas, como medicina, agricultura, culinária, edificações, produção de utensílios, música, dança, se realizassem como ritos ou seguindo rituais, e que certos utensílios (facas, punhais, adagas, cálices, taças, piras etc.) e instrumentos (sobretudo os musicais), assim como certos vestuários (mantos, túnicas, coifas etc.) e adornos (tiaras, coroas, colares, pulseiras, anéis, pinturas faciais e corporais), se tornassem elementos dos cultos. Semear e colher, caçar e pescar, cozer alimentos, fiar e tecer, assim como pintar, esculpir, dançar, cantar e tocar instrumentos sonoros, são atividades técnico-religiosas.

Os primeiros objetos artísticos – estatuetas, pinturas nas paredes de cavernas, sons obtidos por percussão – eram objetos *mágicos*. Em outras palavras, não eram uma representação nem uma invocação aos deuses, mas a encarnação deles, pois se acreditava que as forças divinas *estavam neles*. Esses primeiros objetos eram os *fetiches* e os artistas ou artesãos eram os *feiticeiros*.

Pouco a pouco, à medida que as religiões se organizam no interior das sociedades, embora vários fetiches sejam conservados, passa-se à ideia de lugares e coisas escolhidos pelos deuses e separados de todo o resto, devendo ser reservados exclusivamente para honrá-los e adorá-los de maneira fixada pelos próprios deuses, isto é, em cultos. Os objetos fabricados com essa finalidade pelos artistas-artesãos passam a ter *valor de culto*. As futuras *belas-artes* nasceram há milênios no interior dos cultos e para servi-los.

Ao surgir, nas primeiras sociedades e culturas, o artista era um mago – como o médico e o astrólogo –, um artesão – como o oleiro, o marceneiro, o arquiteto, o pintor e o escultor –, e um iniciado em um ofício sagrado – como o músico e o dançarino. Era um mago porque conhecia os mistérios sagrados; era um artesão ou artífice porque fabricava os objetos e instrumentos dos cultos; era um oficiante porque realizava o ritual por meio de palavras, gestos, sons e danças fixados pela tradição e pela autoridade religiosa. Era, na qualidade de mago, um artífice e detentor de um ofício que realizava sua arte – ou seja, não era o que hoje chamamos de "artista", e sim um servidor religioso. Sua arte, por ser parte inseparável do culto e do ritual, não se efetuava segundo a liberdade criadora do técnico-artesão, mas exigia a repetição ritualística e sacralizada das mesmas regras e normas e dos mesmos procedimentos para a fabricação dos objetos dos cultos e para a realização dos gestos e linguagens nos rituais.

O artífice iniciava-se nos segredos das artes ou técnicas recebendo uma educação especial, tornando-se um *iniciado em mistérios*. Aprendia a conhecer a matéria-prima preestabelecida para o exercício de sua arte, a usar utensílios e instrumentos preestabelecidos para sua ação, a realizar gestos, pronunciar palavras, utilizar cores, manipular ervas segundo um receituário fixo e secreto, conhecido apenas pelos iniciados. O artista era, portanto, oficiante de cultos e fabricador dos objetos e gestos dos cultos. Seu trabalho nascia de um dom *dos* deuses (que deram aos humanos o conhecimento do fogo, dos metais, das sementes, dos animais, das águas e dos ventos etc.) e era um dom humano *para* os deuses.

Mesmo quando, historicamente, várias sociedades (como a grega, a romana, a cristã) operam uma divisão social em que os detentores da autoridade religiosa realizam os cultos, mas já não fabricam os instrumentos, os objetos e os locais dos cultos, é mantida a relação entre a atividade dos artistas ou artesãos e a religião. É na qualidade de servidores da autoridade religiosa que são encarregados de tecer os vestuários, fabricar as joias, produzir os objetos e os instrumentos, construir os lugares dos cultos, erguer altares, esculpir ou pintar as figuras dos deuses e de seus representantes, produzir as músicas, os cantos e os instrumentos musicais, realizar as danças. As grandes obras de arte das sociedades antigas e da sociedade cristã medieval, assim como da cultura judaica e da cultura islâmica, são religiosas – templos, catedrais, palácios, cálices, taças, mantos, túnicas, chapéus, colares, pulseiras, anéis, estátuas, quadros, músicas e instrumentos musicais, gravuras e ilustrações de manuscritos etc., tudo isso era encomendado pela autoridade religiosa e pelos oficiantes dos cultos, que estabeleciam as regras de fabricação, determinavam os materiais e as formas, as cores, os ritmos, os movimentos, os sons etc. O mesmo se passou nas religiões indígenas, africanas e orientais.

Essa relação profunda com a religião, que determinava toda a atividade artístico-artesanal, indica a ausência de algo que se tornará decisivo séculos mais tarde: a *autonomia das artes*.

Sem dúvida, na sociedade grega e na romana antigas, uma parte da produção artístico-artesanal escapava do poder da autoridade religiosa, mas para ficar sob o poder da autoridade política, que encomendava dos artífices edifícios, objetos, vestuários, mobiliários, joias, adornos, estátuas e pinturas, impondo aos artistas a escolha que fizera dos materiais, das formas, das dimensões etc.

Para que a *autonomia das artes* viesse a acontecer, foi preciso que o modo de produção capitalista dessacralizasse o mundo e laicizasse toda a cultura, lançando todas as atividades humanas no mercado. Isso significou, porém, que, livres do poder religioso e do poder político, os artistas se viram a braços com o poder econômico. Ao se livrarem do *valor de culto*, as obras de arte foram aprisionadas pelo *valor de mercado*.

Arte e técnica

Vimos, no início deste capítulo, que a maioria das pessoas aproxima espontaneamente arte de artesanato. Essa aproximação, como dissemos, decorre do fato de que o artista e o artesão produzem sozinhos e por inteiro uma obra e que esta exprime seus talentos e habilidades. Contudo, há ainda outro motivo para essa aproximação: o fato de que, historicamente, arte e artesanato eram a mesma coisa, e, portanto, o artesão e o artista eram o mesmo.

A palavra *arte* vem do latim *ars* e corresponde ao termo grego *tékhne***,** técnica, significando: toda atividade humana submetida a regras em vista da fabricação de alguma coisa. Em latim, artesão, artífice ou artista se diz *artifex*, aquele que faz com arte, e também *opficis*, aquele que exerce um ofício; e o resultado de sua ação se diz *opus* (no singular) e *opera* (no plural), isto é, em português, obra. A arte ou técnica era, portanto, uma atividade regrada em vista da produção de uma obra.

Em sentido amplo, *ars* ou *tékhne* significava habilidade e agilidade para inventar meios para vencer uma dificuldade ou um obstáculo posto pela Natureza. Em sentido estrito, significava o aprendizado e a prática de um ofício que possui regras, procedimentos e instrumentos próprios. *Ars* ou *tékhne* era um saber prático.

Por ser uma habilidade dirigida por regras e procedimentos com vista à produção de um artefato ou com a finalidade de vencer uma dificuldade imposta pela Natureza, a arte ou técnica se definia por oposição ao que acontece por *acaso*, bem como ao que é simplesmente *espontâneo* ou não deliberado, e ao que é *natural*, isto é, que existe ou acontece sem a intervenção humana. Por isso, em seu sentido mais geral, arte era um conjunto de regras e procedimentos com a função de bem dirigir uma atividade humana qualquer para que esta realizasse o fim a que se propôs.

Nessa perspectiva, falava-se em arte médica, arte política, arte militar, arte retórica, arte poética, arte dietética, arte da navegação, arte da caça, arte de pintar, esculpir, dançar etc. Platão não distinguia entre a arte e as ciências nem a distinguia da Filosofia, uma vez que todas elas são atividades humanas ordenadas e regradas. A distinção platônica era feita entre dois tipos de artes ou técnicas: as judicativas, isto é, dedicadas apenas ao conhecimento, e as dispositivas ou imperativas, voltadas para uma ação prática.

As distinções aristotélicas

Aristóteles, porém, estabeleceu duas distinções que perduraram por séculos na cultura ocidental. A primeira distingue ciência de arte ou técnica: a ciência é um saber teórico que se refere ao *necessário* (isto é, ao que não pode ser diferente do que é por ser efeito de causas naturais necessárias), enquanto a arte ou técnica é um saber prático que opera no campo do *contingente* ou do *possível* (isto é, do que pode ser diferente do que é por ser efeito de uma deliberação ou decisão humana). A segunda distinção é estabelecida no campo da própria prática com a diferença entre *ação* e *fabricação*. A ação – em grego, *práxis* – é aquela atividade humana em que o agente, o ato que ele realiza e a finalidade buscada por ele são idênticos – a *práxis* define a ação ética e a ação política (assim, por exemplo, o homem que age virtuosamente é virtuoso e a virtude é a ação que ele realiza, de maneira que não se pode separar o agente virtuoso, o ato virtuoso e a virtude ou finalidade da ação). A fabricação – em grego, *poiésis* – é aquela atividade humana na qual o agente (o artesão ou artista), a ação que ele realiza (as regras e os procedimentos seguidos por ele) e a finalidade buscada (a obra) são diferentes e distintas – a *poiésis* define as artes ou técnicas como atividades de fabricação (assim, por exemplo, o médico, a ação de curar e a saúde reconquistada não são idênticos; da mesma maneira, o escultor, o cinzel e o mármore, as regras da escultura e a estátua não são idênticos).

Posteriormente, os filósofos neoplatônicos completaram as distinções aristotélicas distinguindo as técnicas ou artes cuja finalidade é auxiliar a Natureza – como a medicina, a agricultura – daquelas cujas finalidades é fabricar um objeto com os materiais oferecidos pela Natureza – o artesanato propriamente dito. Distinguiram também outro conjunto de artes e técnicas que não se relacionam com a Natureza, mas apenas com o próprio ser humano, para torná-lo melhor ou pior: música, dança, poesia e retórica.

A classificação ocidental das artes: artes liberais e artes mecânicas

A classificação ocidental das artes ou técnicas seguiu um padrão que foi determinado pela estrutura da sociedade antiga e, portanto, pela organização social fundada na escravatura. A divisão social entre homens livres e escravos, impondo a estes todas as ocupações e todos os trabalhos manuais e reservando àqueles as atividades não manuais, levava a uma cultura que desprezava o trabalho manual. Uma obra, *As núpcias de Mercúrio e Filologia*, escrita pelo historiador romano Varrão, oferece a classificação que perdurará do século II d.C. ao século XV, dividindo as artes em *artes liberais* (ou dignas do homem livre) e *artes servis ou mecânicas* (próprias do trabalhador manual).

Eram *artes liberais*: gramática, retórica, lógica, aritmética, geometria, astronomia e música, compondo o currículo escolar dos homens livres. Eram *artes mecânicas* todas as outras atividades técnicas: agricultura, caça, pesca, medicina, engenharia, arquitetura, navegação, pintura, escultura, olaria, carpintaria, marcenaria, fiação e tecelagem etc.

Essa classificação será justificada por Santo Tomás de Aquino durante a Idade Média como diferença entre as artes que dirigem o trabalho da razão (ou as artes liberais) e as que dirigem o trabalho das mãos (ou as artes mecânicas). Visto que, em uma perspectiva religiosa cristã, somente a alma é livre e o corpo é para ela uma prisão, conclui-se que as artes liberais são superiores às artes mecânicas.

Por que as artes manuais são chamadas de artes "mecânicas"? As palavras gregas *mecháne* (mecânica) e *máchena* (máquina) significam: invenção engenhosa, estratagema astucioso. Inicialmente empregadas para se referir a estratagemas de guerra e na montagem de cenários de teatro, pouco a pouco passaram a significar também todo expediente habilidoso para resolver uma dificuldade corporal ou para superar um obstáculo à ação do corpo humano. Qual é o estratagema astucioso ou a invenção habilidosa? Fazer que alguém fraco (no caso, um humano) realize uma tarefa acima de suas forças, graças a um instrumento que amplia suas forças. É assim, por exemplo, que uma alavanca e um martelo são máquinas ou objetos mecânicos, pois a alavanca permite deslocar um peso que uma pessoa, sozinha, jamais deslocaria e o martelo permite quebrar ou unir objetos que as mãos, sozinhas, não conseguiriam quebrar ou unir. A técnica ou arte inventa instrumentos engenhosos e astutos para auxiliar o corpo a realizar uma atividade penosa, dura, difícil, que, nas sociedades antigas, era realizada por escravos ou servos e por homens livres pobres.

A batalha pela dignidade das artes mecânicas

A partir da Renascença, porém, trava-se uma luta pela valorização das artes mecânicas, por duas razões principais: em primeiro lugar, porque começa a surgir o ideal da *vida ativa*, que valoriza a aplicação prática dos conhecimentos teóricos (como se vê em Leonardo da Vinci com suas invenções de máquinas de todo tipo e como se vê também com a importância dos objetos técnicos que permitiram a realização das grandes navegações e os descobrimentos marítimos); em segundo, porque o humanismo renascentista dignifica o corpo humano, e essa dignidade se traduz na chamada "batalha pela *dignidade das artes mecânicas*" para lhes dar a mesma condição das artes liberais. Além disso, estamos agora no início do capitalismo e, à medida que este se desenvolve, o trabalho passa a ser considerado fonte e causa das riquezas, sendo, por isso, valorizado. A valorização do trabalho acarreta a das artes mecânicas.

A primeira dignidade obtida pelas artes mecânicas foi sua elevação à condição de conhecimento, como as artes liberais. Em outras palavras, nelas não havia apenas a aplicação rotineira de regras de fabricação manual de objetos, mas conhecimentos teóricos para a invenção e construção de instrumentos e para a realização de atividades como a medicina, a engenharia, a arquitetura, a balística, a pintura e a escultura, ou seja, o nascimento da tecnologia.

A segunda dignidade foi alcançada no final do século XVII e a partir do século XVIII, quando se distinguiram as finalidades das várias artes mecânicas, isto é, as que têm como fim o que é *útil* aos humanos – medicina, agricultura, engenharia, arquitetura, culinária, e os artesanatos (olaria, marcenaria, fiação, tecelagem, tapeçaria, joalheria, vidraria, jardinagem, etc.) – e aquelas cujo fim é produzir o *belo* e provocar o sentimento da beleza – pintura, escultura, poesia (ou literatura), música, teatro e dança.

Com a ideia de utilidade, uma parte das artes mecânicas tornou-se efetivamente liberal e, com isso, surgiram as chamadas *profissões liberais* (como o médico, o engenheiro, o advogado, o arquiteto, o professor etc.).

Com a ideia de beleza, uma parte das artes mecânicas transformou-se nas chamadas *belas-artes*, modo pelo qual nós fomos acostumados a entender a arte.

As belas-artes e o surgimento da estética

A distinção entre artes da utilidade e artes da beleza acarretou uma separação entre técnica (o útil) e arte (o belo), levando à imagem da arte como ação individual espontânea, vinda da sensibilidade e da fantasia do artista como *gênio criador*. Enquanto o técnico é visto como aplicador de regras e procedimentos vindos da tradição ou da ciência, o artista é visto como dotado de *inspiração*, entendida como uma espécie de iluminação interior e espiritual misteriosa, que leva o gênio a criar a obra.

Além disso, como a obra de arte é pensada a partir de sua finalidade – a criação do belo –, torna-se inseparável da figura do público (espectador, ouvinte, leitor), que julga e avalia o objeto artístico conforme tenha ou não realizado a beleza. A beleza vem articulada à noção de *bom gosto* e o julgamento da obra de arte pelo critério do bom gosto dá origem ao conceito de *juízo de gosto*, que será amplamente estudado na filosofia de Kant e do Idealismo Alemão.

Gênio criador e inspiração, do lado do artista (fala-se nele como "animal incomparável"), beleza, do lado da obra, e juízo de gosto, do lado do público, constituem os pilares sobre os quais se erguerá, como veremos adiante, uma disciplina filosófica: a *estética*.

Arte e Filosofia

Do ponto de vista da Filosofia, podemos falar em dois grandes momentos de teorização da arte. No primeiro, inaugurado por Platão e Aristóteles, a Filosofia trata as artes sob a forma da *poética*; no segundo, a partir do século XVIII, sob a forma da *estética*.

A poética

Arte poética é o nome de uma obra aristotélica sobre as artes da palavra falada e escrita, do canto e da dança, da poesia e do teatro (tragédia e comédia). O vocábulo "poética" é a tradução para *poiésis* – portanto, para fabricação. A arte poética estuda as obras de arte como fabricação de seres, ações e gestos *artificiais*, isto é, produzidos pelos artífices ou artistas. Em outros termos, a física estuda os seres e as ações produzidos pela natureza; a poética, os fabricados pelos seres humanos.

A obra de arte é pensada a partir de sua conformidade com normas, regras e procedimentos de construção, como um fazer regrado e ordenado; por isso, os tratados sobre as artes poéticas, escritos desde a Antiguidade até a Modernidade, possuem um caráter prescritivo ou normativo, isto é, oferecem as normas corretas e adequadas que cada uma das artes deve seguir para bem realizar seu fim, bem como as normas ou regras que o espectador deve seguir para avaliar a qualidade das obras. Sob esse aspecto, a arte poética é uma *preceptiva*, isto é, a apresentação de preceitos para o fazer e o julgar as obras.

Além disso, como a obra de arte é pensada em sua dependência com a ética, a política e a metafísica, isto é, com as ideias de bem (individual e coletivo) e de verdade, seu valor também é determinado pela qualidade ou dignidade do objeto ou do tema abordado por ela. Em outras palavras, os tratados sobre as artes poéticas distinguem objetos e assuntos nobres (voltados para o divino, para o bem e para o verdadeiro) e objetos ou assuntos vis, baixos e mesquinhos (voltados para as pequenezas e mesquinharias de nossa vida cotidiana) e julgam as obras de arte com esses critérios.

A estética

Estética é a tradução da palavra grega *aesthesis*, que significa conhecimento sensorial, experiência sensível, sensibilidade. Foi empregada pela primeira vez para referir-se às artes pelo alemão Baumgarten, por volta de 1750, portanto em plena Modernidade (ou, como vimos nos capítulos sobre os períodos da Filosofia e sobre a razão, na época do racionalismo e da afirmação da autonomia do sujeito do conhecimento).

Em seu uso filosófico inicial, a estética se referia ao estudo das obras de arte como criações da sensibilidade (isto é, das experiências dos cinco sentidos e dos sentimentos causados por elas),[1] tendo como finalidade o belo. Pouco a pouco, substituiu a noção de arte poética e passou a designar toda investigação filosófica que tenha por objeto as artes ou uma arte. Do lado do artista e da obra, a estética busca compreender como se dá a realização da beleza; do lado do espectador e receptor, busca interpretar a reação à obra de arte sob a forma do juízo de gosto ou do bom gosto.

Como seu nome indica, a estética se ocupa preferencialmente com a expressão da sensibilidade e da fantasia do artista e com o sentimento produzido pela obra sobre o espectador ou receptor.[2]

Comentando o surgimento da estética na Modernidade, o filósofo francês Luc Ferry, no livro Homo aestheticus*: a invenção do gosto na era democrática*, escreve:

> O nascimento da estética como disciplina filosófica está indissoluvelmente ligado à mutação radical que intervém na representação do belo quando este é pensado em termos de gosto,

---

[1] Como já explicamos, neste livro, sempre que usarmos a palavra *sensibilidade*, ela não dignificará sentimentos psicológicos (por exemplo, quando dizemos que "fulano é muito sensível"), mas com o sentido de *conhecimento* por meio dos órgãos dos sentidos. A noção de *sentimento* na relação com artes surgirá nos séculos XVIII e XIX, quando for introduzida a ideia de *juízo de gosto*, que se refere à experiência sensorial acompanhada de sentimentos.

[2] Eis por que algo espantoso viria a ocorrer no século XX: a denominação de "estética" para cuidados corporais para se tornarem corpos belos e a palavra "esteticista" para os que propiciam essa beleza, definida pelos padrões do mercado da moda! Em suma, a banalização do conceito de estética.

> portanto, a partir do que no homem irá logo aparecer como a essência mesma da subjetividade, como o mais subjetivo do sujeito. Com o conceito de gosto, efetivamente, o belo é ligado tão intimamente à subjetividade humana que se define, no limite, pelo prazer que proporciona, pelas sensações ou pelos sentimentos que suscita em nós (...). Com o nascimento do gosto, a antiga filosofia da arte deve, portanto, ceder lugar a uma teoria da sensibilidade.

A *estética*, como disciplina filosófica, quando formulada e desenvolvida nos séculos XVIII e XIX, concebia as artes como belas-artes e pressupunha que:

1. a arte é uma atividade humana autônoma, isto é, não está a serviço da religião nem da política, mas possui finalidade própria;
2. a arte é produto da experiência sensorial ou perceptiva (sensibilidade), da imaginação e da inspiração do artista como criador autônomo ou livre. Em outros termos, a subjetividade do artista ou sua inspiração é mais importante do que preceitos, normas e regras de construção de uma obra;
3. a finalidade da arte é desinteressada (não utilitária) ou contemplativa. Em outras palavras, a obra de arte não está a serviço do culto, nem da política, nem da prática moral das virtudes, assim como não está destinada a produzir objetos de uso e de consumo, e sim a propiciar a contemplação da beleza;
4. a contemplação, do lado do artista, é a busca do belo (e não do útil, nem do agradável) e, do lado do público, é a avaliação ou o julgamento do valor de beleza atingido pela obra, por meio do juízo de gosto;
5. o belo é diferente do bom e do verdadeiro. O bem é objeto da ética; a verdade, objeto da ciência e da metafísica; e a beleza, o objeto próprio da estética. Em outras palavras, contra a tradição aristotélica (que dava uma finalidade moral às obras de arte, articulando-as à ideia do bem e da virtude) e contra a tradição platônica (que dava uma finalidade cognitiva às artes, articulando-as à ideia da verdade), a estética afirma a autonomia das artes pela distinção entre beleza, bondade e verdade;
6. como a obra de arte nasce da sensibilidade inspirada do artista como subjetividade criadora e livre, seu valor encontra-se não só na força de sua beleza, mas também em sua *originalidade*. Em outras palavras, o artista verdadeiro não é aquele que segue regras ou preceitos fixados pela tradição de seu ofício, nem aquele que traduz em palavras, cores, formas, gestos, movimentos, volumes, massas, traços algo já existente na Natureza ou em sua sociedade, mas aquele que é capaz de uma criação inédita ou original.

O juízo estético ou juízo de gosto

Ao surgir, vimos que a estética afirmou a diferença entre o belo e o verdadeiro, isso significa que o juízo estético e o juízo lógico, científico e metafísico são diferentes. De fato, o verdadeiro é o que é conhecido pelo intelecto por meio de demonstrações e provas, as quais permitem, por meio de conceitos do entendimento e leis lógicas, inferir um particular de um universal (dedução) ou inferir um universal de vários particulares (indução). O belo, ao contrário, tem a peculiaridade de possuir imediatamente (sem dedução e sem indução) um valor universal, embora a obra de arte seja essencialmente particular.

Em outras palavras, a obra de arte, em sua particularidade e singularidade única, oferece algo universal – a beleza – sem necessidade de demonstrações, provas, inferências e conceitos. Quando leio um poema, escuto uma sonata ou observo um quadro, posso dizer, sem precisar de conceitos e de provas lógicas, que são belos ou que ali está *a beleza*, e não simplesmente coisas belas. A beleza, em seu sentido universal e eterno, encontra-se por inteiro numa obra singular que, em si mesma, é algo único e incomparável.

A peculiaridade do juízo de gosto está em proferir um julgamento de valor universal tendo como objeto algo singular e particular.

O tratamento mais importante do juízo de gosto foi feito por Kant em uma obra intitulada *Crítica da faculdade de julgar*. Ali, o filósofo começa discutindo o problema posto pelo gosto, isto é, como "cada um tem seu gosto" e "gosto não se discute", a total subjetividade do gosto não poderia servir de critério para o julgamento das obras de arte, pois tanto o gosto do artista é individual e incomparável quanto os gostos do público são individuais e incomparáveis. Como, portanto, falar no juízo de gosto como avaliador das obras de arte? Em outras palavras, como dar universalidade a esse juízo? E mais: como dar-lhe universalidade sem recorrer aos procedimentos lógicos e científicos de demonstrações e provas?

Kant introduz uma máxima: "é possível discutir o gosto". Uma discussão é diferente de uma disputa. Filosoficamente, uma disputa é uma batalha de argumentos que exigem provas, demonstrações e evidências, a fim de que uma opinião ou uma ideia prevaleça sobre as que lhe são contrárias. Uma discussão é um processo de afinamento das opiniões cuja finalidade é chegar a um acordo entre as partes. Assim, não se disputa sobre o belo, mas pode-se discuti-lo. Essa discussão é uma *reflexão com a finalidade de chegar a um juízo estético compartilhado por todos.*

Por que essa reflexão é possível? Porque a obra de arte é algo comunicável – aliás, só existe para comunicar-se, oferecendo-se à sensibilidade dos receptores. Se o artista parte, espontaneamente, da comunicabilidade da obra, é porque, em seu íntimo, reconhece que ideias, opiniões e sentimentos são compartilháveis. A experiência estética – tanto do lado do artista como do lado do público – é comunicável e compartilhável.

Kant poderá, então, mostrar que a experiência estética, é, ao mesmo tempo, uma experiência individual ou particular, mas que, por ser despertada em cada um de nós pela beleza, também está referida a ideias universais da razão (que é a mesma em todos nós). Assim como espaço e tempo são as formas universais da sensibilidade e as categorias e os conceitos são os universais do entendimento, a beleza é uma ideia universal da razão. Seu conteúdo e sua forma podem variar segundo as circunstâncias históricas e segundo a inspiração e sensibilidade subjetivas do artista, mas o *sentimento do belo*, fundamento do juízo de gosto, é universal porque a beleza é uma ideia da razão.

A arte como trabalho criador

À medida que se desenvolve a sociedade industrial (ou a sociedade do trabalho) e sobretudo à medida que o pensamento de esquerda sublinha a determinação histórica (econômica, social e política) de todas as atividades humanas, desde o trabalho até as artes, a Filosofia vai deixando de lado a imagem do artista como gênio criador inspirado e original e a da obra de arte como realização do sentimento do belo cuja avaliação é feita pelo juízo de gosto (ainda que essas duas imagens tenham permanecido na sociedade como a maneira pela qual, comumente, as pessoas concebem a arte).

De fato, as artes deixaram de ser pensadas pela Filosofia e pela Crítica de Arte exclusivamente do ponto de vista da produção e contemplação desinteressadas da beleza para serem vistas sob outras perspectivas, tais como expressão de emoções e desejos, interpretação e crítica da realidade social, atividade inventora de procedimentos inéditos para a construção de objetos artísticos etc. Essa mudança fez que as ideias de bom gosto e de beleza perdessem o privilégio estético e que a estética se aproximasse cada vez mais da ideia de poética – portanto, da arte como *trabalho*, e não como contemplação e sensibilidade, fantasia e ilusão. Evidentemente, a nova estética não retoma a poética como preceptiva ou como apresentação de preceitos, regras e normas do fazer artístico, e sim a ideia da obra de arte como um *fazer*.

A filosofia da arte

Três são os temas principais investigados pela filosofia da arte: a relação entre arte e Natureza; entre arte e saber; e as finalidades da arte.

Relação entre arte e Natureza

Uma obra de arte é um artefato e um artifício. Artefato, porque não é feita pela ação da Natureza, e sim pela ação deliberada de um ser humano; artifício, seja porque a obra emprega recursos com os quais nos dá a impressão de ser algo natural, embora tenha sido fabricada, seja porque, ao contrário, nos leva para longe da Natureza, para um mundo inteiramente produzido pelos humanos.

Talvez um dos melhores exemplos para compreendermos que a obra de arte é um artefato e um artifício encontre-se em um quadro do pintor Magritte, intitulado *Isto não é um cachimbo*. O quadro oferece outro quadro dentro dele, isto é, uma tela pintada no interior da tela materialmente dada. Há, assim, uma tela material, que é o suporte de outra tela, a pintada. Nesta segunda tela, há a representação minuciosa, exata e detalhada de um cachimbo, sob o qual está escrito: *Isto não é um cachimbo*. O que o pintor pretende ao negar que "isto" (o cachimbo) seja um cachimbo? Pretende afirmar que "isto", ou seja, a pintura, não é a "coisa" existente no mundo. "Isto" *não é um* cachimbo porque é a *pintura de um cachimbo*.

Em outras palavras: um cachimbo pintado ou um cachimbo em pintura não é a coisa material chamada cachimbo, e sim, justamente, a pintura de um cachimbo. Por mais que o cachimbo pintado se pareça com um cachimbo material, ambos diferem porque o primeiro só existe em pintura ou pintado. "Isto não é um cachimbo" significa: olhe a pintura, olhe o trabalho do pintor, veja um mundo pintado.

A *mímesis* grega

A primeira e mais antiga relação entre arte e Natureza proposta pela Filosofia foi a da *mímesis*, palavra grega que é traduzida em português para *imitação*: "a arte imita a Natureza", escreve Aristóteles. A obra de arte resulta da atividade do artista para imitar seres reais (naturais ou sobrenaturais) e suas ações por meio de palavras, movimentos, gestos, sentimentos, sons, cores, formas, volumes etc., e o valor da obra decorre da habilidade do artista para encontrar materiais e formas adequados para obter o efeito imitativo.

O que é a *mímesis*? Para Aristóteles, imitar não significa (como significava para Platão) copiar, mas representar a realidade por meio da fantasia e da obediência a regras e preceitos para que a obra *figure* algum ser (natural ou sobrenatural), algum sentimento ou emoção, algum fato (acontecido ou inventado). Harmonia e proporção das formas, dos ritmos, das cores, das palavras ou dos sons oferecem os meios necessários para que a finalidade seja alcançada, desde que o artista siga as normas, as regras, os procedimentos e preceitos de seu ofício.

Explica Aristóteles, nas artes, imitar é *simular*. Assim como o caçador simula ser um arbusto ou uma rocha para apanhar a presa, também o ator simula gestos e ações da personagem para narrar fatos, expor sentimentos que podem ser compreendidos e experimentados pelo público, e o pintor e o escultor simulam uma cena ou um objeto por meio de traços e cores. Todavia, a simulação só será artística se for sentida e percebida como representando algo real.

O melhor exemplo para compreendermos o que era a *mímesis* encontra-se na história do concurso que a cidade de Atenas promoveu para a escolha da estátua da deusa Atena, a ser instalada no Parthenon. Dois escultores apresentaram suas obras. Uma delas era uma mulher perfeita e foi admirada por todos. A outra era uma figura grotesca: sua cabeça era enorme, seus braços muito longos e suas mãos maiores do que seus pés. Foi ridicularizada por todos. No entanto, quando as duas estátuas foram colocadas nos altos pedestais do Parthenon, onde eram vistas de baixo para cima, verificou-se algo espantoso: ao ser vista de baixo para cima, a estátua perfeita tornara-se ridícula, a cabeça e as mãos de Atena minúsculas e desproporcionais para seu corpo; em contrapartida, a estátua grotesca ou deformada tornara-se perfeita, pois a cabeça, os braços e as mãos se tornaram proporcionais ao corpo. A estátua, aparentemente grotesca, foi considerada a *mímesis* perfeita, a boa imitação, e venceu o concurso. O artista não copiou nem reproduziu uma mulher, e sim a simulou, calculando matematicamente as proporções entre as partes de seu corpo, entre estas e o local onde seria instalada e a maneira como seria vista.

Inspiração criadora

A definição aristotélica da arte como ação de imitar a Natureza foi conservada durante 23 séculos, ou seja, até o surgimento do Romantismo, no final do século XVIII e início do século XIX. A partir do Romantismo e da tradição cartesiana e kantiana da importância do sujeito do conhecimento, a Filosofia passa a definir a obra de arte também como ação de um sujeito e, por isso, como *criação subjetiva*. Enquanto na concepção anterior, ou concepção poética (no sentido de *poiésis*, isto é, do fazer ou do fabricar), o valor da obra encontrava-se, como já vimos, na correção do artista em seguir os preceitos e na qualidade ou dignidade do objeto produzido, agora, ou seja, com o surgimento da *estética*, o valor, como também já vimos, é colocado na figura do artista como gênio e imaginação criadora. Em lugar de imitação, passa-se a falar em *inspiração*.

O artista é visto como um "eu", isto é, como interioridade e subjetividade especial que nasce com a disposição extraordinária para receber uma espécie de sopro sobrenatural que o impele a criar a obra. Inspiração é inspirar o ar ou o sopro sobrenatural que é inspirado pelo espírito do artista, orienta sua fantasia e sua percepção (ou sensibilidade) e o faz expirar esse sopro sob a forma de uma obra de arte. Esta, portanto, deve exprimir sentimentos e emoções, muito mais do que figurar ou representar a realidade. A obra de arte é a exteriorização dos sentimentos interiores do gênio excepcional.

Agora, a arte não imita nem reproduz a Natureza, mas *liberta-se dela*, criando uma realidade puramente humana e espiritual: pela atividade livre do artista, isto é, sua fantasia criadora, os humanos se igualam à ação criadora de Deus.

Essa concepção da arte como inspiração e como criação espiritual que libera o ser humano do peso da Natureza é contemporânea, na Filosofia, ao momento em que se dá a diferenciação entre Homem e Natureza com o nascimento da ideia de Cultura. É, portanto, contemporânea à ideia kantiana de diferença entre o reino natural da causalidade necessária e o reino humano da liberdade e dos fins, e à ideia hegeliana do Espírito como Cultura e História, como interioridade livre em oposição à exterioridade e à causalidade necessária da Natureza.

Também Nietzsche sublinha o caráter subjetivo, excepcional, do artista como gênio criador e afirma o *caráter lúdico das artes*. Para esse filósofo, a arte é jogo, liberdade criadora, embriaguez e delírio, força afirmativa da vida: é "um estado de vigor animal", "uma exaltação do sentimento da vida e um estimulante da vida".

O trabalho expressivo

A terceira maneira de conceber a relação entre arte e Natureza é nossa contemporânea: concebe a arte como *trabalho da expressão* e *construção*. A obra de arte não é pura criatividade espiritual espontânea e livre, mas um *trabalho* para exprimir um sentido novo, escondido no mundo, e um processo de construção do objeto artístico, em que o artista colabora com a Natureza ou luta com ela e contra ela, separa-se dela ou volta a ela, vence a resistência dela ou dobra-se às exigências dela. A arte é trabalho da expressão que constrói um sentido novo (a obra) e o institui como parte da Cultura.

O artista não é um gênio solitário e excepcional, mas um ser social que busca exprimir seu modo de estar no mundo na companhia dos outros seres humanos, em um embate contínuo com a Natureza, com a sociedade e consigo mesmo. É alguém que, além de voltar-se para si mesmo para compreender-se por meio da obra que exprime seu trabalho de compreensão, também reflete sobre a sociedade, e por meio da obra volta-se para o social, seja para criticá-lo, seja para afirmá-lo, seja para superá-lo. Mesmo quando o próprio artista se vê como um ser solitário e isolado, que, no dizer do pintor Kandinsky, precisa "isolar-se em si mesmo", sua obra não exprime o isolamento, e sim a maneira como, voltando-se para si mesmo, encontra os outros seres.

Nessa concepção, sublinha-se o caráter da obra de arte como *ficção*. Esta palavra vem de um verbo latino, *fingere*, que significa: esculpir, pintar, compor uma obra, representar, arrumar ou arranjar as coisas, imaginar, maquinar, forjar; e, por extensão, disfarçar, dissimular, encobrir e fingir. Como se observa, o sentido primeiro dessa palavra está diretamente referido às artes: estas são um *fingimento*, não no sentido de uma mentira ou de uma ilusão, e sim no sentido de oferecer outra realidade, inexistente no mundo dado, como uma estátua, um quadro, uma sinfonia ou um poema. É com esse sentido da ficção que o pintor Magritte escreve em seu quadro: "Isto não é um cachimbo". É também com esse sentido que o poeta Fernando Pessoa escreve os famosos versos em que define o que é um poeta:

> O poeta é um fingidor
> Finge tão completamente
> Que chega a fingir que é dor
> A dor que deveras sente.

O que nos dizem esses versos? Em primeiro lugar, como no poema de Jorge de Lima sobre o nadador, Fernando Pessoa joga com a palavra "fingidor": o poeta é um fingidor porque *finge dor*. Entretanto, prossegue o poema, o que o poeta finge? "Finge que é dor", isto é, no sentido de *fingere*, compõe um poema, constrói uma obra, arranja as palavras para dizer a dor. E "Finge tão completamente", isto é, transfigura a dor em poema. Contudo, o que é essa dor que ele constrói em palavras sob a forma de poema? Não é uma mentira, pois a dor fingida (ou seja, construída como obra) é a dor que "deveras sente", isto é, que sente de verdade, realmente.

Relação entre arte e saber

Duas grandes concepções percorrem a história das relações entre a arte e o saber, ambas iniciadas na Grécia com Platão e Aristóteles.

A concepção platônica

A concepção platônica, que sofrerá alterações no curso da História do Ocidente europeu, considera a arte uma forma do conhecimento humano e, portanto, relacionada com a verdade. A aristotélica, que também sofrerá mudanças no correr da História ocidental, toma a arte como atividade prática humana.

Lembremos que Platão não distinguira entre ciência/filosofia e artes ou as técnicas, e diferenciara as artes ou técnicas em *judicativas* (matemática, gramática e dialética), cuja tarefa termina no conhecimento (em um juízo verdadeiro sobre algo), e *dispositivas*, aquelas que, embora sejam conhecimentos, também orientam a realização de uma ação (como é o caso da medicina, da política, da ética etc.). A essas duas formas de arte o filósofo contrapõe aquelas artes que chama de *imitativas*: poesia, teatro, pintura, escultura, dança, música, culinária e retórica. Essas artes (que, com exceção da culinária, irão se transformar nas belas-artes) situam-se no plano mais baixo do conhecimento.

De fato, para Platão, as artes imitativas não são aquelas que, como para Aristóteles, simulam e representam a realidade, pois, platonicamente, imitar significa copiar e deformar. Lembremos, como já vimos, que Platão distingue a realidade em dois planos ou mundos: o material ou sensível e o espiritual ou inteligível. A verdade ou os seres verdadeiros são as essências imateriais, incorpóreas eternas e imutáveis, isto é, as ideias, existentes apenas no plano inteligível e conhecidas exclusivamente pelo intelecto ou pela razão. Em contrapartida, as coisas corporais, conhecidas por intermédio da sensibilidade, isto é, dos órgãos dos sentidos, são apenas imitações ou cópias imperfeitas das essências inteligíveis. As obras das artes imitativas, por sua vez, imitam as imitações das ideias, isto é, imitam as coisas sensíveis, que são imitações imperfeitas da perfeição das ideias. São, portanto, cópias imperfeitas de cópias imperfeitas e, por isso, são pura ilusão e falsidade, ou a forma mais baixa e imperfeita do conhecimento.

Na Renascença, a concepção platônica (isto é, de que a arte é uma forma de conhecimento) é retomada, mas com novo sentido: afirma-se, agora, que mesmo as artes imitativas (particularmente a pintura, a escultura, o teatro e a poesia) são, juntamente com as artes judicativas e dispositivas, uma das formas altas de acesso ao conhecimento verdadeiro e às coisas divinas, ficando abaixo apenas da Filosofia e do êxtase místico.

Essa mudança se deve ao fato de que, durante os séculos XV e XVI, os platônicos da Renascença, como vimos, redescobriram os escritos herméticos e de magia natural, atribuídos (equivocadamente) aos antigos egípcios, cuja sabedoria foi elogiada por Platão em vários de seus diálogos. Ora, nesses escritos é afirmado que Deus criou o homem dando-lhe a capacidade de criar novos mundos, porque lhe deu a capacidade de conhecer as formas secretas e invisíveis das coisas, isto é, suas essências ou ideias puras. O acesso a essas formas é conseguido por meio das artes, e estas são, portanto, o instrumento privilegiado para passar do conhecimento sensível ao conhecimento inteligível, chegando à Filosofia.

Essa valorização das artes como conhecimento encontra seu apogeu entre o final do século XVIII e meados do século XIX, durante o Romantismo, quando a arte é concebida como "o órgão (ou instrumento) geral da Filosofia", sob três aspectos diferentes: para alguns, as artes são a única via de acesso ao universal e ao absoluto; para outros, como Hegel, as artes são a primeira etapa da vida consciente do Espírito, preparando o advento da religião e da Filosofia; e outros, enfim, as concebem como o único caminho para reunir o singular e o universal, o particular e o geral, pois, por meio da singularidade de uma obra artística, temos acesso ao significado universal de alguma realidade. Esta última perspectiva é a que encontramos, por exemplo, no século XX, no filósofo Martin Heidegger, para quem a obra de arte é desvelamento e desvendamento da verdade.

A concepção aristotélica

Se, na concepção platônica, a arte é um *saber*, na aristotélica ela é um *fazer* ou um *saber prático*. A concepção aristotélica parte da diferença entre o teórico e o prático, que, como vimos, decorre da diferença entre o necessário (objeto da teoria) e o possível (objeto da prática). A arte é definida, então, como atividade prática fabricadora ou *poiésis*.

Essa concepção foi mantida durante séculos e, frequentemente, rivalizou com as variantes da concepção platônica, embora, outras vezes, coexistisse pacificamente com elas.

No século XIX, a concepção aristotélica recebe um reforço por parte daqueles que afirmam a utilidade social das artes (particularmente, a literatura). No século XX, foi reforçada por aqueles que concebem a arte como *trabalho*, isto é, construção e processo da expressão criadora sob a forma de obras.

Arte e sociedade

Se acompanharmos as transformações sofridas pelas artes, passando da função religiosa inicial à autonomia da obra de arte como criação e expressão, notaremos que as mudanças foram de dois tipos.

De um lado, mudanças quanto ao *fazer artístico*, diferenciando-se em *escolas de arte* ou *estilos artísticos* – clássico, gótico, renascentista, barroco, rococó, romântico, impressionista, realista, expressionista, abstrato, construtivista, surrealista etc. Essas mudanças concernem à concepção do objeto artístico, às relações entre matéria e forma, às técnicas de elaboração dos materiais, à relação com o público, ao lugar ocupado por uma arte no interior das demais servindo de padrão a elas, às descobertas de procedimentos e materiais novos etc.

De outro lado, porém, concernem à determinação social da atividade artística. A arte é socialmente determinada:

1. pela finalidade social das obras: estavam destinadas ao culto religioso, na Antiguidade; eram feitas para dar prestígio a seus patrocinadores, na Renascença; e hoje estão destinadas a percorrer o circuito do mercado de arte;
2. pelo lugar social ocupado pelo artista: mago-artesão-oficiante de ritos, na Antiguidade; financiado e protegido por um mecenas, na Renascença; profissional liberal dependente do mercado de arte, nos dias de hoje;
3. pelas condições de recepção da obra de arte: a comunidade de fiéis, na Antiguidade; uma elite rica, cultivada e com poder político, na Renascença; a classe economicamente dominante e politicamente dirigente, de um lado, e as classes populares ou a massa, de outro, em nossos dias.

A discussão sobre a relação entre arte e sociedade levou a duas atitudes filosóficas opostas: a que afirma que a arte só será arte se for *pura*, isto é, se não estiver preocupada com as circunstâncias históricas, sociais, econômicas e políticas. Trata-se da defesa da "arte pela arte". A outra afirma que o valor da obra de arte decorre de seu compromisso crítico diante das circunstâncias presentes. Trata-se da "arte engajada", na qual o artista toma posição diante de sua sociedade, lutando para transformá-la e melhorá-la, bem como para conscientizar as pessoas sobre as injustiças e as opressões do presente.

As duas concepções são problemáticas. A primeira porque imagina o artista e a obra de arte como desprovidos de raízes no mundo e livres das influências da sociedade sobre eles – o que é impossível. A segunda porque corre o risco de sacrificar o trabalho artístico em nome das "mensagens" que a obra deve enviar à sociedade para mudá-la, dando ao artista o papel de consciência crítica do povo oprimido.

A primeira concepção desemboca no chamado *formalismo* (é a perfeição da forma que conta, e não o conteúdo da obra). A segunda, no *conteudismo* (é a "mensagem" que conta, mesmo que a forma da obra seja precária, descuidada, repetitiva e sem força inovadora).

No entanto, podemos dizer que uma obra de arte é grande e duradoura quando nela a perfeição da forma e a riqueza das significações de seu conteúdo são inseparáveis, estão articuladas em uma unidade harmoniosa que a constitui como única. Nela, eternidade e fugacidade são simultâneas. Dialoga com o mundo presente porque não esconde seu pertencimento necessário ao contexto histórico e social em que se encontra e no qual nasceu; dialoga com o passado porque também não esconde sua participação em uma tradição que lhe dá sentido; e dialoga com o futuro porque será retomada, transformada e superada por outras obras que nela encontrarão um novo ponto de partida.

Em outras palavras, a história da arte é simultaneamente uma história social – a maneira como o artista se insere em seu tempo e dos materiais e das tecnologias de que dispõe para trabalhar – e uma história artística – a maneira como as obras de arte se transformam pelas mudanças que os artistas introduzem no tratamento dos materiais (cor, som, forma, massa, textura, volume, movimento etc.) voltando-se contra o passado de sua arte para recriá-la com novos sentidos. São inovadores e realizam o que podemos denominar *experimentação do novo*.

Indústria cultural e cultura de massa

No ensaio sobre a destruição da aura, Walter Benjamin assumia uma posição otimista, pois imaginava que a reprodução das obras de arte (pelo livro, pelas artes gráficas, pela fotografia, pelo rádio e pelo cinema) permitiria à maioria das pessoas o acesso a criações que, até então, uns poucos podiam conhecer e fruir. Em outras palavras, Benjamin esperava que houvesse democratização da cultura e das artes.

O otimismo de Benjamin não era infundado. De fato, quando levamos em consideração os efeitos sociais e políticos do primeiro grande meio de comunicação de massa, isto é, a invenção da imprensa por Gutenberg, podemos verificar sua importância para a democratização da cultura. Como se sabe, o primeiro livro impresso foi a Bíblia. Anteriormente, esta existia em forma de manuscritos (Antigo Testamento ou a Torah, em hebraico; Antigo e Novo Testamento, em grego e em latim) e só era lida por especialistas (rabinos, sacerdotes, teólogos), enquanto o restante da sociedade a ouvia em línguas que ninguém compreendia. Ao iniciar o movimento religioso conhecido como Reforma Protestante, no final do século XV, Martim Lutero traduziu a Bíblia para o alemão e foi essa tradução que Gutenberg imprimiu. Pela primeira vez, o texto sagrado dos cristãos podia ser adquirido e lido por todos os que conheciam o alemão. Da mesma maneira, a Reforma Protestante inglesa levou à tradução da Bíblia para o inglês e à sua impressão nessa língua.

Para difundirem a religião, os protestantes iniciaram um processo de alfabetização nos países reformados, para que todos os fiéis pudessem ler as Sagradas Escrituras. Como escreveu um historiador inglês, a Bíblia foi democratizada. Essa leitura fez que camponeses, na Alemanha e na Holanda, assim como trabalhadores do campo e das cidades, na Inglaterra, percebessem que suas sociedades e seus governantes não seguiam os ensinamentos bíblicos, eram injustos, cruéis, tirânicos, anticristãos. Por sua vez, as massas populares se rebelaram em toda parte, exigindo justiça, igualdade e liberdade. A leitura das Sagradas Escrituras teve um efeito de conscientização popular e lembra alguns aspectos de uma forma popular de protesto existente hoje em dia em grandes cidades com alto contingente de descendentes dos africanos escravizados nas três Américas: o rap.

No entanto, o otimismo de Walter Benjamin deixou de lado outro aspecto do processo que seus colegas da Escola de Frankfurt examinaram com detalhe. De fato, a partir da Segunda Revolução Industrial no século XIX e prosseguindo no que se denomina agora sociedade pós-industrial ou pós-moderna (iniciada nos anos 70 do século XX), as artes foram submetidas a uma nova servidão: as regras do mercado capitalista e a ideologia da indústria cultural (expressão cunhada pelos filósofos Theodor Adorno e Max Horkheimer em uma obra intitulada *Dialética do esclarecimento*), baseada na ideia e na prática do consumo de "produtos culturais" fabricados em série. As obras de arte são mercadorias, como tudo o que existe no capitalismo.

A obra de arte como mercadoria

Benjamin não levou em conta o fato de que a reprodução e a distribuição das obras seriam feitas por empresas capitalistas, visando ao lucro, e não à democratização das artes. Assim, perdida a aura, a arte não se democratizou, e sim *massificou-se* para consumo rápido no mercado da moda e nos meios de comunicação de massa, transformando-se em *coisa leve, entretenimento* e *diversão* para as horas de lazer. Como escrevem Adorno e Horkheimer, hoje a obra de arte não transcende o mundo dado, é "arte sem sonho" e, por isso mesmo, é *sono*, ou seja, adormece a criatividade, a consciência, a sensibilidade, a imaginação, o pensamento e a crítica feitos tanto pelo artista como pelo público.

Sob o poderio de empresas capitalistas, as obras de arte críticas e radicais foram esvaziadas para se tornarem entretenimento; e outras obras passaram a ser financiadas para celebrar o existente, em lugar de compreendê-lo, criticá-lo e propor outro futuro para a humanidade.

A força de conhecimento, crítica e invenção das artes ficou reduzida a algumas produções da arte erudita, enquanto o restante da produção artística foi destinado a um consumo rápido, transformando-se em sinal de status social e prestígio político para artistas e seus consumidores e em meio de controle cultural por parte dos empresários e proprietários dos meios de comunicação de massa.

Perdas

Sob os efeitos da massificação da indústria e do consumo culturais, as artes correm o risco de perder algumas de suas principais características, quais sejam:

1. de expressivas, tornarem-se reprodutivas e repetitivas;
2. de trabalho da criação, tornarem-se eventos para consumo;
3. de experimentação do novo, tornarem-se consagração do consagrado pela moda e pelo consumo;
4. de duradouras, tornarem-se parte do mercado da moda, passageiro, efêmero, sem passado e sem futuro;
5. de formas de conhecimento que desvendam a realidade e alcançam a verdade, tornarem-se dissimulação da realidade, ilusão falsificadora, publicidade e propaganda.

A arte possui intrinsecamente valor de exposição ou *exponibilidade*, isto é, existe para ser contemplada e fruída. É essencialmente espetáculo, palavra que vem do latim e significa: dado à visibilidade, à escuta e à leitura. No entanto, sob o controle econômico e ideológico das empresas de produção artística, a arte se transformou em seu oposto: é um evento para tornar invisível o próprio trabalho criador das obras, bem como a realidade, mascarando-a e dissimulando-a. Além disso, as empresas de produção cultural se apropriam de criações populares e eruditas sempre que estas começam a interessar um público, pois este é visto como um grande consumidor em potencial. Ao fazer essa apropriação, a indústria cultural não só vai eliminando os aspectos críticos, inovadores e polêmicos das obras, mas vai também transformando-as em moda, isto é, em algo passageiro que deve vender muito enquanto é novo e, a seguir, desaparecer sem deixar rastro. As obras de arte e de pensamento poderiam democratizar-se com os novos meios de comunicação, pois todos poderiam, em princípio, ter acesso a elas, conhecê-las, incorporá-las em suas vidas, criticá-las, e os artistas e pensadores poderiam superá-las em outras, novas.

Massificação × democratização

Se tomarmos a *cultura* no sentido restrito de obras de arte e de pensamento, e não no sentido antropológico amplo, que apresentamos no estudo sobre a ideia de Cultura, poderemos dizer que a democratização da cultura e da arte tem como precondição a ideia de que os bens culturais são *direito* de todos, e não privilégio de alguns. Democracia cultural significa direito à produção cultural e direito de acesso e de fruição das obras culturais, direito à informação e à formação culturais.

Ora, a indústria cultural acarreta o resultado oposto, ao massificar o que aqui estamos chamando de cultura em sentido restrito. Por quê?

Em primeiro lugar, porque separa os bens culturais pelo seu suposto valor de mercado: há obras "caras" e "raras", destinadas aos privilegiados que podem pagar por elas, formando uma elite cultural; e há obras "baratas" e "comuns", destinadas à massa. Assim, em vez de garantir o mesmo direito de todos à totalidade da produção cultural, a indústria cultural introduz a divisão social entre elite "culta" e massa "inculta". O que é *a massa*? É um agregado sem forma, sem rosto, sem identidade e sem pleno direito à cultura.

Em segundo lugar, porque cria a ilusão de que todos têm acesso aos mesmos bens culturais, cada um escolhendo livremente o que deseja, como o consumidor em um supermercado. No entanto, se por enquanto deixarmos de lado os meios eletrônicos (de que falaremos noutro lugar), basta darmos atenção aos horários dos programas de rádio e televisão ou ao que é vendido nas bancas de jornais e revistas para vermos que, por meio dos preços, as empresas de divulgação cultural já selecionaram de antemão o que cada grupo social pode e deve ouvir, ver ou ler.

No caso dos jornais e das revistas, por exemplo, a qualidade do papel, a qualidade gráfica de letras e imagens, o tipo de manchete e de matéria publicada definem o consumidor e determinam o conteúdo daquilo a que terá acesso e o tipo de informação que poderá receber. Se compararmos, em uma manhã, cinco ou seis jornais, perceberemos que o mesmo mundo – este no qual todos vivemos – transforma-se em cinco ou seis mundos diferentes ou mesmo opostos, pois um mesmo acontecimento recebe cinco ou seis tratamentos diversos, em função do leitor que a empresa jornalística pretende atingir.

Em terceiro lugar, porque inventa uma figura chamada "espectador médio", "ouvinte médio" e "leitor médio", aos quais são atribuídas certas capacidades mentais "médias", certos conhecimentos "médios" e certos gostos "médios", oferecendo-lhes produtos culturais "médios". O que significa isso?

A indústria cultural *vende* cultura. Para vendê-la, deve seduzir e agradar o consumidor. Para seduzi-lo e agradá-lo, não pode chocá-lo, provocá-lo, fazê-lo pensar, fazê-lo ter informações novas que o perturbem, mas deve devolver-lhe, com nova aparência, o que ele já sabe, já viu, já fez. A "média" é o senso comum cristalizado que a indústria cultural devolve com cara de coisa nova.

Em quarto lugar, porque define a cultura como lazer e entretenimento, diversão e distração, de modo que tudo o que nas obras de arte e de pensamento significa trabalho da sensibilidade, da imaginação, da inteligência, da reflexão e da crítica não tem interesse, não "vende". Massificar é, assim, banalizar a expressão artística e intelectual. Em lugar de difundir e divulgar a cultura, despertando interesse por ela, a indústria cultural realiza a vulgarização das artes e dos conhecimentos.

Escrevem Adorno e Horkheimer:

> A atrofia da imaginação e da espontaneidade do consumidor cultural de hoje não tem necessidade de ser explicada em termos psicológicos. Os próprios produtos (...) paralisam aquelas faculdades, pela sua própria constituição objetiva. Eles são feitos de modo que a sua apreensão adequada se exige, por um lado, rapidez de percepção, capacidade de observação e competência específica, por outro lado, é feita de modo a vetar, de fato, a atividade mental do espectador, se ele não quiser perder os fatos que se desenrolam rapidamente à sua frente (...). A violência da sociedade industrial opera nos homens de uma vez por todas. Os produtos da indústria cultural podem estar certos de serem alegremente consumidos em estado de situação. Mas cada um destes é um modelo do gigantesco mecanismo econômico que desde o início mantém tudo sob pressão tanto no trabalho quanto no lazer que lhe é semelhante.

CAPÍTULO 11

A Ética

A existência ética

Senso moral e consciência moral

Muitas vezes, tomamos conhecimento de movimentos nacionais e internacionais de luta contra a fome. Ficamos sabendo que, em outros países e no nosso, milhares de pessoas, sobretudo crianças e velhos, morrem de penúria e inanição. Sentimos piedade. Sentimos indignação diante de tamanha injustiça (especialmente quando vemos o desperdício dos que não têm fome e vivem na abundância). Sentimos responsabilidade. Movidos pela solidariedade, participamos de campanhas contra a fome. Esses sentimentos e as ações desencadeadas por eles exprimem nosso *senso moral*, isto é, a maneira como avaliamos nossa situação e a de nossos semelhantes segundo ideias como as de justiça e injustiça.

Quantas vezes, levados por algum impulso incontrolável ou por alguma emoção forte (medo, orgulho, ambição, vaidade, covardia), fazemos alguma coisa de que, depois, sentimos vergonha, remorso, culpa. Gostaríamos de voltar atrás no tempo e agir de modo diferente. Esses sentimentos também exprimem nosso *senso moral*, isto é, como avaliação de nosso comportamento segundo ideias como as de certo e errado.

Em muitas ocasiões, ficamos contentes e emocionados diante de uma pessoa cujas palavras e ações manifestam honestidade, honradez, espírito de justiça, altruísmo, mesmo quando tudo isso lhe custa sacrifícios. Sentimos que há grandeza e dignidade nessa pessoa. Sentimos admiração por ela e desejamos imitá-la. Tais emoções e sentimentos também exprimem nosso *senso moral*, isto é, a maneira como avaliamos a conduta e a ação de outras pessoas segundo ideias como as de mérito e grandeza de alma.

Não raras vezes somos tomados pelo horror diante da violência: chacina de seres humanos e animais, linchamentos, assassinatos brutais, estupros, perseguições de gênero, genocídio, torturas e suplícios. Com frequência, ficamos indignados ao saber que um inocente foi injustamente acusado e condenado, enquanto o verdadeiro culpado permanece impune. Sentimos cólera diante do cinismo dos mentirosos, dos que usam outras pessoas como instrumento para seus interesses e para conseguir vantagens às custas da boa-fé de outros. Todos esses sentimentos também manifestam nosso *senso moral* ou a maneira como avaliamos as condutas alheias segundo ideias como as de justo e injusto, certo e errado.

Vivemos certas situações, ou sabemos que foram vividas por outros, como situações de extrema aflição e angústia. Assim, por exemplo, uma pessoa querida, com uma doença terminal, está viva apenas porque seu corpo está ligado a máquinas que a conservam. Suas dores são intoleráveis. Inconsciente, geme no sofrimento. Não seria melhor que descansasse em paz? Não seria preferível deixá-la morrer? Podemos desligar os aparelhos? Ou não temos o direito de fazê-lo? O que fazer? Qual a ação correta?

Uma jovem descobre que está grávida. Sente que seu corpo e seu espírito ainda não estão preparados para a gravidez. Sabe que seu parceiro, mesmo que deseje apoiá-la, é tão jovem e despreparado quanto ela e que ambos não terão como responsabilizar-se plenamente pela gestação, pelo parto e pela criação de um filho. Ambos estão desorientados. Não sabem se poderão contar com o auxílio de suas famílias (se as tiverem).

Se ela for apenas estudante, terá que deixar a escola para trabalhar, a fim de pagar o parto e arcar com as despesas da criança. Sua vida e seu futuro mudarão para sempre. Se trabalha, sabe que perderá o emprego, porque vive em uma sociedade na qual os patrões discriminam as mulheres grávidas, sobretudo as solteiras. Receia não contar com a ajuda e o apoio dos amigos. Ao mesmo tempo, porém, deseja a criança, sonha com ela, mas teme dar-lhe uma vida de miséria e ser injusta com quem não pediu para nascer. Pode fazer um aborto? Deve fazê-lo?

Um pai de família desempregado, com vários filhos pequenos e a esposa doente, recebe uma oferta de emprego, mas que exige que seja desonesto e cometa irregularidades que beneficiem seu patrão. Sabe que o trabalho lhe permitirá sustentar os filhos e pagar o tratamento da esposa. Pode aceitar o emprego, mesmo sabendo o que será exigido dele? Ou deve recusá-lo e ver os filhos com fome e a mulher morrendo?

Um rapaz namora, há tempos, uma moça de quem gosta muito e é por ela correspondido. Conhece outra. Apaixona-se perdidamente e é correspondido. Ama duas mulheres e ambas o amam. Pode ter dois amores simultâneos, ou trairá a ambos e a si mesmo? Deve magoar uma delas e a si mesmo, rompendo com uma para ficar com a outra? O amor exige uma única pessoa amada ou pode ser múltiplo? O que sentirão as duas mulheres, se ele lhes contar o que se passa? Ou deverá mentir para ambas? O que fazer? Se, enquanto está atormentado pela indecisão, um conhecido o vê ora com uma das mulheres, ora com a outra, e conhecendo uma delas, deverá contar a ela o que viu? Em nome da amizade, deve falar ou calar?

Um homem se sente atraído por outro e uma mulher por outra. De acordo com as normas, regras, proibições e permissões morais de sua sociedade, sentem-se impedidos de amar. Devem aceitar a interdição ou lutar contra ela e propor outra moralidade? O que fazer?

Uma mulher vê um roubo. Vê uma criança maltrapilha e esfomeada roubar frutas e pães em uma mercearia. Sabe que o dono da mercearia está passando por muitas dificuldades e que o roubo fará diferença para ele. Mas também vê a miséria e a fome da criança. Deve denunciá-la, julgando que, com isso, a criança não se tornará um adulto ladrão e o proprietário da mercearia não terá prejuízo? Ou deverá silenciar, pois a criança corre o risco de receber punição excessiva, ser levada pela polícia, ser jogada novamente às ruas e, agora, revoltada, passar do furto ao homicídio? O que fazer?

Uma pessoa vê, nas portas de uma escola, um jovem vendendo droga a outro. Essa pessoa sabe que tanto o jovem traficante como o jovem consumidor estão realizando ações a que foram levados pela atividade do crime organizado, contra o qual as forças policiais parecem impotentes. Deve denunciar o jovem traficante, mesmo sabendo que, com isso, não atingirá as poderosas forças que sustentam o tráfico, mas apenas um fraco anel de uma corrente criminosa que permanecerá impune e que poderá voltar-se contra quem fez a denúncia? Ou deve falar com as autoridades escolares para que tomem alguma providência com relação ao jovem consumidor? Contudo, de que adiantará voltar-se contra o consumo, se nada pode fazer contra a venda propriamente dita? No entanto, como poderá sentir-se em paz sabendo que há um jovem que talvez possa ser salvo de um vício que irá destruí-lo? O que fazer?

Situações como essas – mais dramáticas ou menos dramáticas – surgem sempre em nossas vidas. Nossas dúvidas quanto à decisão a tomar não manifestam apenas nosso senso moral (isto é, nossos sentimentos quanto ao certo e ao errado, ao justo e ao injusto, ao bem e ao mal), mas também põem à prova nossa *consciência moral*, pois exigem que, sem sermos obrigados por outros, decidamos o que fazer, que justifiquemos para nós mesmos e para os outros as razões de nossas decisões e que assumamos todas as consequências delas, porque somos responsáveis por nossas opções. Em outras palavras, a *consciência moral* não se limita aos nossos sentimentos morais, mas se refere também a avaliações de condutas que nos levam a tomar decisões por nós mesmos, a agir em conformidade com elas e a responder por elas perante os outros.

Todos os exemplos mencionados indicam que o senso moral e a consciência moral referem-se a valores (justiça, honradez, espírito de sacrifício, integridade, generosidade), a sentimentos provocados pelos valores (admiração, vergonha, culpa, remorso, contentamento, cólera, amor, dúvida, medo) e a decisões que conduzem a ações com consequências para nós e para os outros. Embora os conteúdos dos valores variem de época para época, de sociedade para sociedade, podemos notar que estão referidos a um valor mais profundo, mesmo que apenas subentendido: o bom ou o bem. Os sentimentos e as ações, nascidos de uma opção entre o bom e o mau ou entre o bem e o mal, também estão referidos a algo mais profundo e subentendido: nosso desejo de afastar a dor e o sofrimento e de alcançar a felicidade, seja por ficarmos contentes conosco mesmos, seja por recebermos a aprovação dos outros. Além disso, os sentimentos e as ações morais são aqueles que dependem apenas de nós mesmos, que nascem de nossa capacidade de avaliar e decidir por nós mesmos, e não levados por outros ou obrigados por eles; em outras palavras, o senso e a consciência morais têm como pressuposto fundamental a ideia de liberdade do agente.

O senso moral e a consciência moral dizem respeito a valores, sentimentos, intenções, decisões e ações referidos ao bem e ao mal, ao desejo de felicidade e ao exercício da liberdade. Dizem respeito às relações que mantemos com os outros e, portanto, nascem e existem como parte de nossa vida com outros agentes morais. O senso e a consciência morais são, por isso, constitutivos de nossa existência intersubjetiva, isto é, de nossas relações com outros sujeitos morais.

Juízo de fato e de valor

Se dissermos: "Está chovendo", enunciaremos um acontecimento constatado por nós e o juízo proferido será um *juízo de fato*. Se, porém, falarmos: "A chuva é boa para as plantas" ou "A chuva é bela", interpretaremos e avaliaremos o acontecimento. Nesse caso, proferiremos um *juízo de valor*.

Juízos de fato são aqueles que dizem o que as coisas são, como são e por que são. Em nossa vida cotidiana, mas também na metafísica e nas ciências, os juízos de fato estão presentes. Diferentemente deles, os juízos de valor são *avaliações* sobre coisas, pessoas, situações, e são proferidos na moral, nas artes, na política, na religião.

Juízos de valor avaliam coisas, pessoas, ações, experiências, acontecimentos, sentimentos, estados de espírito, intenções e decisões como bons ou maus, desejáveis ou indesejáveis.

Juízos de valor não se contentam em dizer como algo é, mas se referem ao que algo deve ser. Sob essa perspectiva, os juízos morais de valor são *normativos*, isto é, enunciam normas que dizem como devem ser os bons sentimentos, as boas intenções e as boas ações, e como devem ser as decisões e ações livres. Em outras palavras, são normas que determinam o *dever ser* de nossos sentimentos, nossos atos, nossos comportamentos. São, por isso, juízos que enunciam obrigações e avaliam intenções e ações segundo o critério do correto e do incorreto.

Os juízos morais de valor nos dizem o que são o bem, o mal, a liberdade, a felicidade. Os juízos morais normativos nos dizem que sentimentos, intenções, atos e comportamentos devemos ter ou fazer para agirmos livremente e para alcançarmos o bem e a felicidade. Enunciam também quais atos, sentimentos, intenções e comportamentos são condenáveis ou incorretos do ponto de vista moral.

Como se pode observar, senso moral e consciência moral são inseparáveis da vida cultural, uma vez que esta define para os membros de uma cultura os valores positivos e negativos que devem respeitar e desejar ou detestar e desprezar.

Qual a origem da diferença entre juízos de fato e de valor? A diferença entre a Natureza e a Cultura. A primeira, como vimos na Introdução deste livro, é constituída por estruturas e processos necessários, que existem em si e por si mesmos, independentemente de nós: a chuva, por exemplo, é um fenômeno meteorológico cujas causas e cujos efeitos necessários não dependem de nós e que apenas podemos constatar e explicar.

Por sua vez, também como vimos na Introdução, a Cultura nasce da maneira como os seres humanos interpretam a si mesmos e as suas relações com a Natureza, acrescentando-lhe sentidos novos, intervindo nela, alterando-a por meio do trabalho e da técnica, dando-lhe significados simbólicos e valores. Dizer que a chuva é *boa* para as plantas pressupõe a relação cultural dos humanos com a Natureza, por intermédio da agricultura. Considerar a chuva *bela* pressupõe uma relação valorativa dos humanos com a Natureza, percebida como objeto de contemplação, encanto e deleite. A chuva é natural; que seja boa ou bela, é uma avaliação ou interpretação cultural.

Frequentemente, não notamos a origem cultural dos valores morais, do senso moral e da consciência moral porque somos educados para eles e neles, como se fossem naturais ou fáticos, existentes em si e por si mesmos. Para garantirem a manutenção dos padrões morais através do tempo e sua continuidade de geração a geração, as sociedades tendem a naturalizá-los.

A naturalização da existência moral esconde, portanto, o mais importante da ética: o fato de ela ser criação histórico-cultural, isto é, depender de decisões e ações humanas. Para reconhecermos isso, basta, aliás, considerarmos a própria palavra *moral*: ela vem de uma palavra latina, *mos*, no plural *mores*, que quer dizer o costume, portanto os hábitos instituídos por uma sociedade em condições históricas determinadas. Assim, por exemplo, na antiga sociedade judaica, a homossexualidade era proibida e punida, enquanto, na mesma época, na antiga sociedade grega, era favorecida e bem-aceita.

Ética e violência

Quando acompanhamos a história filosófica das ideias éticas, desde a Antiguidade clássica (greco-romana) até nossos dias, podemos perceber que, em seu centro, encontra-se o problema da violência e dos meios para evitá-la, diminuí-la, controlá-la. Diferentes formações sociais e culturais instituíram conjuntos de valores éticos como padrões de conduta, de relações intersubjetivas e interpessoais, de comportamentos sociais que devem garantir a segurança física e psíquica de seus membros e a conservação do grupo social.

Evidentemente, as várias culturas e sociedades não definiram nem definem a violência da mesma maneira, mas, ao contrário, dão-lhe conteúdos diferentes, segundo os tempos e os lugares, isto é, segundo as circunstâncias. No entanto, malgrado as diferenças, certos aspectos da violência são percebidos da mesma maneira nas várias culturas e sociedades, formando o fundo comum contra o qual os valores éticos são erguidos. Fundamentalmente, a violência é percebida como exercício da força física e da coação psíquica para obrigar alguém a fazer algo contrário a si, alguma coisa contrária aos seus interesses e desejos, contrária ao seu corpo e à sua consciência, causando-lhe danos profundos e irreparáveis, como a morte, a loucura, a autoagressão ou a agressão aos outros.

Quando uma cultura e uma sociedade definem o que entendem por mal, crime e vício, definem aquilo que julgam violência contra um indivíduo ou contra o grupo. Simultaneamente, erguem os valores positivos – o bem, o mérito e a virtude – como barreiras éticas contra a violência.

Em nossa cultura, a violência é entendida como o uso da força física e do constrangimento psíquico para obrigar alguém a agir de modo contrário à sua natureza e ao seu ser ou contra sua própria vontade. A violência é violação da integridade física e psíquica, da dignidade humana de alguém. Eis por que o assassinato, a tortura, a injustiça, a mentira, o estupro, a calúnia, a má-fé, o roubo são considerados violência, imoralidade e crime. Também consideramos violência a profanação das coisas sagradas (invasão e roubo de igrejas, templos, sinagogas; destruição de textos, imagens e símbolos religiosos; invasão e destruição de túmulos) e a discriminação social e política de pessoas por causa de suas crenças. Da mesma maneira, nas sociedades contemporâneas, é violência prender, torturar e matar pessoas por causa de suas convicções políticas ou religiosas ou por causa de suas preferências sexuais.

Considerando que a humanidade dos humanos reside no fato de serem racionais, dotados de vontade livre, de capacidade para a comunicação e para a vida em sociedade, de capacidade para interagir com a Natureza e com o tempo, nossa cultura e sociedade nos definem como *sujeitos* do conhecimento e da ação, localizando a violência em tudo aquilo que reduz um sujeito à condição de objeto. Do ponto de vista ético, somos *pessoas* e não podemos ser tratados como coisas, isto é, como seres inertes, irracionais, destituídos de linguagem e de liberdade. Os valores éticos se oferecem, portanto, como expressão e garantia de nossa condição de seres humanos ou de sujeitos racionais e agentes livres, proibindo moralmente a violência, isto é, tudo o que nos transforme em coisa usada e manipulada por outros.

Ao definir e afastar formas de violência, uma cultura e uma sociedade nos fazem perceber que a moral pressupõe uma distinção fundamental: aquela entre o permitido e o proibido. A ética é normativa exatamente por isso, uma vez que suas normas determinam permissões e proibições e visam impor limites e controles ao risco permanente da violência. No entanto, como sabemos, muitas vezes as normas de proteção contra a violência podem, elas próprias, deixar de ser éticas e se tornar violentas, como é o caso da legitimação de perseguições ligadas às questões de gênero e às convicções políticas e religiosas.

Os constituintes do campo ético

Para que haja conduta ética, é preciso que exista o agente consciente, isto é, aquele que conhece a diferença entre bem e mal, certo e errado, permitido e proibido, virtude e vício. A consciência moral não só conhece tais diferenças, mas também se reconhece como capaz de julgar o valor dos atos e das condutas e de agir em conformidade com os valores morais, sendo, por isso, responsável por suas ações e seus sentimentos e pelas consequências do que faz e sente. Consciência e responsabilidade são condições indispensáveis da vida ética.

A consciência moral manifesta-se, antes de tudo, na capacidade para deliberar diante de alternativas possíveis, decidindo e escolhendo uma delas antes de lançar-se na ação. Tem a capacidade para avaliar e pesar as motivações pessoais, as exigências feitas pela situação, as consequências para si e para os outros, a conformidade entre meios e fins (empregar meios imorais para alcançar fins morais é impossível), a obrigação de respeitar o estabelecido ou de transgredi-lo (se o estabelecido for imoral, injusto e violento). A *transgressão* é uma decisão ética toda vez que as normas estabelecidas impedem aquilo que deveriam garantir, isto é, a segurança física e psíquica dos indivíduos e do grupo social, causando, pelo contrário, danos profundos e irreparáveis, como a morte, a loucura, a autoagressão ou a agressão aos outros.

A vontade é o poder deliberativo e decisório do agente moral. Para que exerça tal poder, a vontade deve ser *livre*, isto é, não pode estar submetida à vontade de outro nem pode estar submetida aos instintos (ou impulsos naturais cegos) e às paixões (sentimentos e emoções provenientes de forças incontroláveis pelo agente), mas, ao contrário, deve ter poder sobre eles e elas.

O campo ético é, assim, constituído pelos valores e pelas obrigações que formam o conteúdo das condutas morais, isto é, as *virtudes*. Estas são realizadas pelo *sujeito moral*, principal constituinte da existência ética.

O agente ou sujeito moral

O sujeito ético ou moral, isto é, a *pessoa moral*, só poderá existir se preencher as seguintes condições, que lhe devem ser garantidas pela própria ética:

- ser consciente de si e dos outros, isto é, ser capaz de reflexão e de reconhecer a existência dos outros como sujeitos éticos iguais a si;
- ser dotado de vontade, isto é, de capacidade para controlar e orientar desejos, impulsos, tendências, sentimentos (para que estejam em conformidade com a consciência), e de capacidade para deliberar e decidir entre várias alternativas possíveis;
- ser responsável, isto é, reconhecer-se como autor da ação, avaliar os efeitos e as consequências dela sobre si e sobre os outros, assumi-la, bem como as suas consequências, respondendo por elas;
- ser livre, isto é, ser capaz de oferecer-se como causa interna de seus sentimentos atitudes e ações, por não estar submetido a poderes externos que o forcem e o constranjam a sentir, a querer e a fazer alguma coisa. A liberdade não é tanto o poder para escolher dentre várias possibilidades, mas o poder para autodeterminar-se, dando a si mesmo, em cada situação, as regras de conduta racionais e responsáveis.

Do ponto de vista do agente ou sujeito moral, a ética faz uma exigência essencial, qual seja, a diferença entre passividade e atividade. Passivo é aquele que se deixa governar e arrastar por seus impulsos, inclinações e paixões, pelas circunstâncias, pela boa ou má sorte, pela opinião alheia, pelo medo dos outros, pela vontade de outro, não exercendo sua própria consciência, vontade, liberdade e responsabilidade.

Ao contrário, é ativo ou virtuoso aquele que controla interiormente seus impulsos, suas inclinações e suas paixões, discute consigo mesmo e com os outros o sentido dos valores e dos fins estabelecidos, indaga se devem e como devem ser respeitados ou transgredidos por outros valores e fins superiores aos existentes, avalia sua capacidade para dar a si mesmo as regras de conduta, consulta sua razão e sua vontade antes de agir, tem consideração pelos outros sem se subordinar nem se submeter cegamente a eles, responde pelo que faz, julga suas próprias intenções e recusa a violência contra si e contra os outros. Em uma palavra, é *autônomo(a)*.[1]

Os valores ou fins éticos

O campo ético é constituído por dois polos internamente relacionados: o agente ou sujeito moral e os valores morais ou as virtudes éticas.

Do ponto de vista dos valores, a ética exprime a maneira como uma cultura e uma sociedade definem para si mesmas o que julgam ser o mal e o vício, a violência e o crime e, como contrapartida, o que consideram ser o bem e a virtude, a brandura e o mérito. Independentemente do conteúdo e da forma que cada cultura lhe dá, todas as culturas consideram virtude algo que é o melhor como sentimento e como ação; a virtude é a *excelência*, a realização perfeita de um modo de ser, sentir e agir com autonomia. Em contrapartida, o vício é o que é o pior como sentimento e como ação; o vício é a *baixeza* dos sentimentos e das ações.

Por realizar-se como relação intersubjetiva e social, a ética não é alheia ou indiferente às condições históricas e políticas, econômicas e culturais da ação moral. Consequentemente, embora toda ética seja universal do ponto de vista da sociedade que a institui (universal porque seus valores são obrigatórios para todos os seus membros), está em relação com o tempo e a História, transformando-se para responder a exigências novas da sociedade e da Cultura, pois somos seres históricos e culturais e nossa ação se desenrola no tempo. Eis por que, em determinadas condições históricas e sociais, a transgressão dos valores estabelecidos é mais ética do que a obediência a eles, desde que a transgressão seja racional, voluntária, autônoma e intersubjetiva, como ocorre, por exemplo, com o surgimento de movimentos sociais por novos valores, redefinindo o que entender por virtude e vício. Veremos isso quando, mais adiante, examinarmos a ideia e a prática da liberdade.

Os meios morais

Além do sujeito ou da pessoa moral e dos valores ou fins morais, o campo ético é ainda constituído por outro elemento: os *meios* para que o sujeito realize os fins.

Costuma-se dizer que os fins justificam os meios, de modo que, para alcançar um fim legítimo, todos os meios disponíveis são válidos. No caso da ética, porém, essa afirmação não é aceitável.

Suponhamos uma sociedade que considere um valor e um fim moral a lealdade entre seus membros, baseada na confiança recíproca. Isso significa que a mentira, a inveja, a adulação, a má-fé, a crueldade e o medo deverão estar excluídos da vida moral e, por

---

[1] Autônomo(a) é uma palavra de origem grega, composta de *autós* – eu mesmo(a), eu próprio(a) – e *nomos* – regra, norma, lei. É autônomo, portanto, aquele que é capaz de dar a si mesmo as regras e normas de uma ação escolhida racional e voluntariamente pelo próprio agente, e não por cega imposição das paixões ou de outros sujeitos. A autonomia é uma exigência ética.

conseguinte, ações que empreguem essas atitudes e esses sentimentos como meios para alcançar o fim serão imorais.

No entanto, poderia acontecer que, para forçar alguém à lealdade, seria preciso fazê-lo sentir medo da punição pela deslealdade, ou seria preciso mentir-lhe para que não perdesse a confiança em certas pessoas e continuasse leal a elas. Nesses casos, o fim – a lealdade – não justificaria os meios – uso do medo e da mentira? A resposta ética é: *não*. Por quê? Porque esses meios desrespeitam a consciência e a liberdade da pessoa moral, que agiria por coação externa, e não por reconhecimento interior, verdadeiro e autônomo do fim ético.

No caso da ética, portanto, nem todos os meios são justificáveis, mas apenas aqueles que estão de acordo com os fins da própria ação. Em outras palavras, fins éticos exigem meios éticos.

A relação entre meios e fins pressupõe a ideia de discernimento, isto é, que saibamos distinguir entre meios morais e imorais, tais como nossa cultura ou nossa sociedade os definem. Isso significa também que tal discernimento não nasce conosco, mas precisa ser adquirido por nós e, portanto, a pessoa moral não existe como um fato dado, e sim é criada pela vida intersubjetiva e social, precisando ser educada para os valores morais e para as virtudes de sua sociedade.

Poderíamos indagar se a educação ética não seria uma violência. Em primeiro lugar, porque, se tal educação visa transformar-nos de passivos (ou submetidos à força das paixões) em ativos (ou senhores de nossa razão e liberdade), poderíamos perguntar se nossa natureza não seria essencialmente passional, e, portanto, forçar-nos à racionalidade ativa não seria um ato de violência contra a nossa natureza espontânea? Em segundo lugar, porque, se a tal educação visa colocar-nos em harmonia e em acordo com os valores de nossa sociedade, poderíamos indagar se isso não nos poria submetidos a um poder externo à nossa consciência, o poder da moral social. Para respondermos a essas questões, precisamos examinar o desenvolvimento das ideias éticas na Filosofia.

A filosofia moral

Ética ou filosofia moral

Toda cultura e cada sociedade instituem uma moral, isto é, valores concernentes ao bem e ao mal, ao permitido e ao proibido e à conduta correta e à incorreta, válidos para todos os seus membros. Culturas e sociedades fortemente hierarquizadas e com diferenças de castas ou de classes muito profundas podem até mesmo possuir várias morais, cada uma delas referida aos valores de uma casta ou de uma classe social.

No entanto, a simples existência da *moral* não significa a presença explícita de uma *ética*, entendida como filosofia moral, isto é, uma reflexão que discuta, problematize e interprete o significado dos valores morais. De fato, como vimos anteriormente, porque os costumes são anteriores ao nosso nascimento e formam o tecido da sociedade em que vivemos, acabam sendo considerados inquestionáveis e as sociedades tendem a naturalizá-los (isto é, a tomá-los como fatos naturais existentes por si mesmos). Não só isso. Para assegurar seu aspecto obrigatório que não pode ser transgredido, muitas sociedades tendem a sacralizá-los, isto é, as religiões os concebem ordenados pelos deuses, na origem dos tempos. Ora, a palavra *costume* se diz, em grego, *ethos* – donde ética – e, em latim, *mos, mores* – donde moral. Em outras palavras, ética e moral referem-se ao conjunto de costumes tradicionais de uma sociedade que, como tais, são considerados valores e obrigações para a conduta de seus membros.

A filosofia moral ou ética nasce quando se passa a indagar o que são, de onde vêm e o que valem os costumes, os valores e as obrigações.

Entretanto, a língua grega possui outra palavra que, infelizmente, precisa ser escrita, em português, com as mesmas letras que a palavra que significa costume: *ethos*. Em grego, existem duas vogais para pronunciar e grafar nossa vogal *e*: uma vogal breve, chamada *épsilon* – *ė* –, e uma vogal longa, chamada *eta* – *μ*. *Ethos*, escrita com a vogal longa, significa costume; porém, escrita com a vogal breve, significa *caráter*, *índole natural*, *temperamento*, conjunto das disposições físicas e psíquicas de uma pessoa. Nesse segundo sentido, *ethos* se refere às características pessoais de cada um que determinam quais virtudes e quais vícios cada um é capaz de praticar.

A filosofia moral ou ética nasce quando, além das questões sobre os costumes, também busca compreender o caráter de cada pessoa, referindo-se, portanto, ao senso moral e à consciência moral individuais. A ética ou filosofia moral inicia-se com Sócrates.

Sócrates, o incansável perguntador

Percorrendo praças e ruas de Atenas, Sócrates perguntava aos atenienses, fossem jovens ou velhos, o que eram os valores nos quais acreditavam e que respeitavam ao agir.

Que perguntas lhes fazia ele? Indagava: O que é a coragem? O que é a justiça? O que é a piedade? O que é a amizade? Os interlocutores respondiam dizendo serem virtudes. Sócrates voltava a indagar: O que é a virtude? Retrucavam os atenienses: É agir em conformidade com o bem. E Sócrates questionava: O que é o bem?

As perguntas socráticas terminavam sempre por revelar que os atenienses respondiam sem pensar no que diziam. Repetiam o que lhes fora ensinado desde a infância. Como cada um havia interpretado à sua maneira o que aprendera, era comum, quando um grupo conversava com o filósofo, uma pergunta receber respostas diferentes e contraditórias. Após certo tempo de conversa com Sócrates, um ateniense via-se diante de duas alternativas: ou se zangar com a impertinência do filósofo perguntador e ir embora irritado, ou reconhecer que não sabia o que imaginava saber, dispondo-se a começar, na companhia socrática, a busca filosófica da virtude e do bem.

Por que os atenienses se sentiam embaraçados (e mesmo irritados) com as perguntas socráticas? Por dois motivos principais: em primeiro lugar, por perceberem que confundiam valores morais com os fatos constatáveis em sua vida cotidiana (diziam, por exemplo, "Coragem é o que fez fulano na guerra contra os persas"); em segundo lugar, porque, inversamente, tomavam os fatos da vida cotidiana como se fossem valores morais evidentes (diziam, por exemplo, "É certo fazer tal ação, porque meus antepassados fizeram-na e meus pais e parentes fazem-na"). Em resumo, confundiam fatos e valores, pois ignoravam as causas ou razões por que valorizavam certas coisas, certas pessoas ou certas ações e desprezavam outras. Por isso mesmo se embaraçavam ou se irritavam quando Sócrates lhes mostrava que estavam confusos, dizendo-lhes que haviam dito que a conduta de fulano era corajosa, mas não haviam explicado o que é a coragem, ou que a conduta de beltrano era justa, mas não haviam explicado o que é a justiça. Tais confusões, porém, não eram (e não são) inexplicáveis.

Nossos sentimentos, nossas condutas, nossas ações e nossos comportamentos são modelados pelas condições em que vivemos (família, classe social, escola, religião, trabalho, circunstâncias políticas etc.). Somos formados pelos costumes de nossa sociedade, que nos educa para respeitarmos e reproduzirmos os valores propostos por ela como bons e, portanto, como obrigações e deveres. Dessa maneira, valores e deveres parecem existir por si e em si mesmos, parecem ser naturais e intemporais, fatos ou dados com os quais nos relacionamos desde nosso nascimento: somos recompensados quando os seguimos, punidos quando os transgredimos.

Sócrates embaraçava os atenienses porque os forçava a indagar qual a *origem* e a *essência* (ou significação necessária) das virtudes (valores e obrigações) que julgavam praticar ao seguir os costumes de Atenas. Como e por que sabiam que uma conduta era boa ou má, virtuosa ou viciosa? Por que, por exemplo, a coragem era considerada virtude e a covardia, vício? Por que valorizavam positivamente a justiça e desvalorizavam a injustiça, combatendo-a? Em uma palavra: o que eram e o que valiam realmente os costumes que lhes haviam sido ensinados?

Dirigindo-se aos atenienses, Sócrates lhes perguntava qual o sentido dos *costumes* estabelecidos (os valores éticos ou morais da coletividade, transmitidos de geração a geração), mas também indagava quais as *disposições de caráter* (características pessoais, sentimentos, atitudes, condutas individuais) que levavam alguém a respeitar ou a transgredir os valores da cidade, e por quê.

Ao indagar o que *são* a virtude e o bem, Sócrates realiza, na verdade, duas interrogações. Por um lado, interroga a sociedade para saber se o que ela costuma considerar virtuoso e bom corresponde efetivamente à virtude e ao bem; e, por outro, interroga os indivíduos para saber se, ao agirem, possuem efetivamente consciência do significado e da finalidade de suas ações, se seu caráter ou sua índole são virtuosos e bons realmente. A indagação ética socrática dirige-se, portanto, à sociedade e ao indivíduo.

As questões socráticas inauguram a *ética ou filosofia moral* porque definem o campo no qual valores e obrigações morais podem ser estabelecidos pela determinação de seu ponto de partida: a *consciência do agente moral*. É *sujeito ético ou moral* somente aquele que sabe o que faz, conhece as causas e os fins de sua ação, o significado de suas intenções e de suas atitudes e a essência dos valores morais. Sócrates afirma que apenas o ignorante é vicioso ou incapaz de virtude, pois quem sabe o que é bem não poderá deixar de agir virtuosamente.

Aristóteles e a práxis

Devemos a Aristóteles a distinção entre saber teorético ou contemplativo e saber prático. O saber teorético ou contemplativo é o conhecimento de seres e fatos que existem e agem independentemente de nós e sem nossa intervenção ou interferência, isto é, de seres e fatos naturais e divinos. O saber prático é o conhecimento daquilo que só existe como consequência de nossa ação e, portanto, depende de nós. A ética e a política são um saber prático. O saber prático pode ser de dois tipos: *práxis* ou *poiésis* (atividade técnica).

Na *práxis,* o agente, a ação e a finalidade do agir são inseparáveis ou idênticos, pois o agente, o que ele faz e a finalidade de sua ação são o mesmo. Assim, por exemplo, dizer a verdade é uma virtude do agente, inseparável de sua fala verdadeira e de sua finalidade, que é proferir uma verdade; não podemos distinguir o falante, a fala e o conteúdo falado. Na práxis ética, somos aquilo que fazemos e o que fazemos é a finalidade boa ou virtuosa. Ao contrário, na *poiésis* ou técnica, diz Aristóteles, o agente, a ação e a finalidade da ação são diferentes e estão separados, sendo independentes uns dos outros. Um carpinteiro, por exemplo, ao fazer uma mesa, realiza uma ação técnica, mas ele próprio não é essa ação nem é a mesa produzida por ele. A técnica tem como finalidade a *fabricação de alguma coisa diferente do agente* (a mesa não é o carpinteiro, enquanto uma fala verdadeira é o ser do próprio falante que a diz) e da ação fabricadora (a ação técnica de fabricar a mesa implica o trabalho sobre a madeira com instrumentos apropriados, mas isso nada tem a ver com a finalidade da mesa, uma vez que o fim é determinado pelo uso e pelo usuário). Dessa maneira, Aristóteles distingue a ética (*práxis)* e a técnica (*poiésis*) como práticas que diferem pelo modo de relação do agente com a ação e com a finalidade da ação.

Também devemos a Aristóteles a definição do campo das ações éticas. Estas não só são definidas pela virtude, pelo bem e pela obrigação, mas também pertencem àquela esfera da realidade na qual cabem a *deliberação* e a *decisão* ou *escolha.*

Em outras palavras, quando o curso de uma realidade segue leis necessárias e universais, não há como nem por que deliberar e escolher, pois as coisas acontecerão necessariamente tais como as leis que as regem determinam que devam acontecer. Não deliberamos sobre as estações do ano, o movimento dos astros, a forma dos minerais ou dos vegetais. Não deliberamos nem decidimos sobre aquilo que é regido pela Natureza, isto é, pela necessidade.

Entretanto, deliberamos e decidimos sobre tudo aquilo que, para ser e acontecer, depende de nossa vontade e de nossa ação. Não deliberamos e não decidimos sobre o *necessário,* pois o necessário é o que é e será sempre tal como é, independentemente de nós. Deliberamos e decidimos sobre o *possível,* isto é, sobre aquilo que pode ser ou deixar de ser, porque, para ser e acontecer, depende de nós, de nossa vontade e de nossa ação. Com isso, Aristóteles acrescenta à consciência moral, trazida por Sócrates, a ideia da *vontade guiada pela razão* como o outro elemento fundamental da vida ética.

Devemos a Aristóteles uma distinção que será central em todas as formulações ocidentais da ética, qual seja, a diferença entre o que é *por Natureza* (ou conforme à *phýsis*) e o que é *por vontade* (ou conforme à liberdade). O necessário é por Natureza; o possível, por vontade.

A importância dada por Aristóteles à vontade racional, à deliberação e à escolha o levou a considerar, entre todas as virtudes, uma delas como condição de todas as outras e presente em todas elas: a *prudência* ou *sabedoria prática*. O prudente é aquele que, em todas as situações, é capaz de julgar e avaliar qual a atitude e qual a ação que melhor realizarão a finalidade ética, ou seja, dentre as várias escolhas possíveis, qual a mais adequada para que o agente seja virtuoso e realize o que é bom para si e para os outros.

Aristóteles considera que virtude e vício dependem da maneira como nos relacionamos com nossos desejos e sentimentos ou paixões. Distingue vícios e virtudes pela intensidade do sentimento ou do desejo, isto é, pelo critério do excesso, da falta e da moderação: um vício é um sentimento ou uma conduta excessiva, ou, ao contrário, deficiente; uma virtude, um sentimento ou uma conduta moderada.

Resumidamente, eis o quadro aristotélico:

Sentimento ou paixão	Virtude	Vício por excesso	Vício por falta
Medo	Coragem	Temeridade	Covardia
Prazer	Temperança	Libertinagem	Insensibilidade
Riqueza	Liberalidade	Prodigalidade	Avareza
Honra	Respeito próprio	Vulgaridade	Vileza
Fama	Magnificência	Vaidade	Humildade
Cólera	Gentileza	Irascibilidade	Indiferença
Confiança	Veracidade	Orgulho	Descrédito
Convívio	Agudeza de espírito	Zombaria	Grosseria
Dar prazer	Amizade	Condescendência	Tédio
Boa sorte alheia	Justa apreciação	Inveja	Malevolência
Má sorte alheia	Justa indignação	Malevolência	Inveja
Vergonha	Modéstia	Sem-vergonhice	Timidez

O legado dos filósofos gregos

Se examinarmos o pensamento filosófico dos antigos, veremos que nele a ética afirma três grandes princípios da vida moral:

1. Por essência, os seres humanos aspiram ao bem e à felicidade, que só podem ser alcançados pela conduta virtuosa.
2. A virtude é uma excelência alcançada pelo caráter, tanto assim que a palavra grega que a designa é *aretê*, que quer dizer excelência. É a força interior do caráter que

consiste na consciência do bem e na conduta definida pela vontade guiada pela razão, pois cabe a esta última o controle sobre instintos e impulsos irracionais descontrolados que existem na natureza de todo ser humano.

3. A conduta ética é aquela na qual o agente sabe o que está e o que não está em seu poder realizar, referindo-se, portanto, ao que é possível e desejável para um ser humano. Saber o que está em nosso poder significa, principalmente, não se deixar arrastar pelas circunstâncias, nem pelos instintos, nem por uma vontade alheia, mas afirmar nossa independência e nossa capacidade de autodeterminação. A paixão é exatamente a *passividade*, o deixar-se arrastar pelas coisas, pelos outros, o submeter-se à opinião alheia e, sobretudo, a submissão aos impulsos e apetites sem ouvir a voz da razão.

O sujeito ético ou moral não se submete aos acasos da sorte, à vontade e aos desejos de outro, nem à tirania das paixões, mas obedece apenas à sua consciência - que conhece o bem e as virtudes - e à sua vontade racional - que conhece os meios adequados para chegar aos fins morais. A busca do bem e da felicidade são a essência da vida ética.

Os filósofos antigos (gregos e romanos) consideravam a vida ética transcorrendo como um embate contínuo entre nossos apetites e desejos - as paixões - e nossa razão. Por natureza, somos passionais e a tarefa primeira da ética é a educação de nosso caráter ou de nossa natureza, para seguirmos a orientação da razão. A vontade tinha um lugar fundamental nessa educação, pois era ela que deveria ser fortalecida para permitir que a razão controlasse e dominasse as paixões.

O passional é aquele que se deixa arrastar por tudo quanto satisfaça imediatamente seus apetites e desejos, tornando-se escravo deles. Desconhece a moderação, busca tudo imoderadamente, acabando vítima de si mesmo.

Podemos resumir a ética dos antigos em três aspectos principais:

1. o *racionalismo*: a vida virtuosa é agir em conformidade com a razão, que conhece o bem, deseja-o e guia nossa vontade até ele. A vida virtuosa é aquela em que a vontade se deixa guiar pela razão;
2. o *naturalismo*: a vida virtuosa é agir em conformidade com a Natureza (o cosmos) e com nossa natureza (nosso *ethos*), que é a parte do todo natural. Agir voluntariamente não é, portanto, agir contra a necessidade natural (sobre esta não temos poder nenhum), e sim agir em harmonia com ela, de tal maneira que o possível, desejado e realizado por nossa vontade, realize nossa natureza individual e a coloque em harmonia com o todo da Natureza;
3. a *inseparabilidade entre ética e política*: isto é, entre a conduta do indivíduo e os valores da sociedade, pois somente na existência compartilhada com outros encontramos liberdade, justiça e felicidade.

A ética, portanto, era concebida como educação do caráter do sujeito moral para dominar racionalmente impulsos, apetites e desejos, para orientar a vontade rumo ao bem e à felicidade e para formá-lo como membro da coletividade sociopolítica. Sua finalidade era a harmonia entre o caráter do sujeito virtuoso e os valores coletivos, que também deveriam ser virtuosos.

Natureza humana e dever

O cristianismo introduz a ideia do dever para resolver um problema ético, qual seja, oferecer um caminho seguro para nossa vontade, que, sendo livre, mas fraca, sente-se dividida entre o bem e o mal. No entanto, essa ideia cria um problema novo. Se o sujeito moral é aquele que encontra em sua alma (vontade, razão, coração) as normas da conduta virtuosa, submetendo-se apenas ao bem, jamais submetendo-se a poderes externos à consciência, como falar em comportamento ético *por dever*? Este não seria o poder de uma vontade externa a nós (Deus), que nos domina e nos impõe suas leis, forçando-nos a agir em conformidade com regras vindas de fora de nossa consciência?

Em outras palavras, se a ética exige um sujeito autônomo, a ideia de dever não introduziria a heteronomia, isto é, o domínio de nossa vontade e de nossa consciência por um poder estranho a nós?

Rousseau e a moral do coração

Um dos filósofos que procurou resolver essa dificuldade foi Rousseau, no século XVIII. Para ele, a consciência moral e o sentimento do dever são inatos, são "a voz da Natureza" e o "dedo de Deus" em nossos corações. Apesar do pecado do primeiro homem, conservamos em nosso coração vestígios da bondade original e, por isso, nascemos puros e bons, dotados de generosidade e de benevolência para com os outros. Se o dever parece ser uma imposição e uma obrigação externa, imposta por Deus aos humanos, é porque nossa bondade natural foi pervertida pela sociedade, quando esta criou a propriedade privada e os interesses privados, tornando-nos egoístas, mentirosos e destrutivos. Foi quando alguém disse "Isto é meu e só meu", dando nascimento ao egoísmo ou à razão dos interesses, que a sociedade silenciou a bondade natural do coração.

Assim, longe de ser uma imposição externa, o dever simplesmente é o que nos força a recordar nossa boa natureza originária, que ficaria para sempre escondida sob os interesses da razão se o dever não nos fizesse recuperá-la. Obedecendo ao dever (à lei divina inscrita na Natureza e em nosso coração), estamos obedecendo a nós mesmos, aos nossos sentimentos e às nossas emoções, e não à razão, pois esta, privilegiando a utilidade e o interesse individuais, é responsável pela sociedade egoísta e perversa.

Kant e a moral da razão prática

Outra resposta ao mesmo problema, também no final do século XVIII, foi trazida por Kant. Opondo-se à "moral do coração" de Rousseau, Kant volta a afirmar o papel da razão na ética. Não existe bondade natural. Por natureza, diz Kant, somos egoístas, ambiciosos, destrutivos, agressivos, cruéis, ávidos de prazeres que nunca nos saciam e pelos quais matamos, mentimos, roubamos. É justamente por isso que precisamos do dever para nos tornarmos seres morais.

A exposição kantiana parte de duas distinções:

1. a distinção entre razão pura teórica ou especulativa e razão pura prática;
2. a distinção entre ação por causalidade ou necessidade e ação por finalidade ou liberdade.

A razão prática

A razão pura teórica e a razão pura prática são universais, isto é, as mesmas para todos os humanos em todos os tempos e lugares – os *conteúdos* dos conhecimentos e das ações podem variar no tempo e no espaço, mas *as formas* da atividade racional de conhecimento e da atividade racional prática ou ação moral são universais e sempre as mesmas. Em outras palavras, os conteúdos do conhecimento e da ação dependem da variação histórica e da experiência individual e social, mas suas formas independem da experiência e da história, pois dependem do *Sujeito Transcendental*, como vimos ao estudarmos a teoria do conhecimento kantiana. A diferença entre razão teórica e prática encontra-se em seus objetos. Conservando a distinção que Aristóteles estabelecera entre teoria e práxis, Kant considera que a razão teórica ou especulativa tem como matéria ou conteúdo a realidade exterior a nós, um sistema de objetos que operam segundo leis necessárias de causa e efeito, independentes de nossa intervenção; a razão prática não contempla uma causalidade externa necessária, mas institui internamente sua própria realidade e na qual ela se exerce. Essa realidade prática é justamente a vida moral ou a existência humana em sociedade, existência que depende da ação da vontade humana, pois a sociedade é uma instituição criada pelos próprios humanos.

A diferença entre razão teórica e razão prática decorre da distinção entre necessidade e finalidade/liberdade.

Necessidade e liberdade

A Natureza é o reino da necessidade, isto é, de acontecimentos regidos por sequências necessárias de causa e efeito – é o reino conhecido pelas ciências exatas e naturais (física, astronomia, química, biologia). Diferentemente do reino da Natureza, há o reino humano da práxis, no qual as ações são realizadas racionalmente não por necessidade causal, mas em vista de fins ou por finalidade. Uma vez que os fins são estabelecidos pelos próprios seres humanos, são fruto de escolhas voluntárias, e, portanto, a ação por finalidade é uma ação voluntária livre ou por liberdade. Kant faz uma afirmação célebre: "O céu estrelado fora de mim e a liberdade dentro de mim".

A razão prática é o exercício da liberdade como poder racional para instituir fins éticos (os valores morais), ou a *lei moral*, que é a mesma para todos os indivíduos, uma vez que a razão prática é universal e encontra-se em todos os seres humanos. Para alcançar esses fins ou valores, os meios devem ser éticos também e, por isso, a razão prática institui normas para ação ética. Ora, para quem a razão prática institui fins e normas? Para si mesma. Para quê? Para a orientação de sua conduta conforme ao bem. Visto que a razão prática tem o poder para criar normas e fins morais para si mesma, ela é também o poder para impô-los a si mesma. Essa imposição de fins e normas que a razão prática faz a si mesma daquilo que ela própria criou é o *dever*. Este, portanto, longe de ser uma imposição externa feita à nossa vontade e à nossa consciência, é a expressão de nossa liberdade, isto é, da presença da lei moral em nós, manifestação mais alta da humanidade em nós. Obedecer ao dever é obedecer a si mesmo como ser racional que dá a si mesmo a lei moral. Por liberdade da vontade, o sujeito moral, isto é, a razão prática universal dá a si mesma os valores, os fins e as normas de nossa ação moral e, por isso, somos *autônomos*.

Dever e interesse

Resta, porém, uma questão: se somos racionais e livres, por que valores, fins e normas morais não são *espontâneos* em nós, mas precisam assumir a forma do *dever* e de uma *lei moral*?

Responde Kant: porque não somos seres morais apenas. Também somos seres naturais, submetidos à causalidade necessária da Natureza. Nosso corpo e nossa psique são feitos de apetites, impulsos, desejos e paixões. Nossos sentimentos, nossas emoções e nossos comportamentos são a parte da Natureza em nós, exercendo domínio sobre nós, submetendo-se à causalidade natural inexorável. Quem se submete a eles não pode ter a autonomia ética. Por quê? Porque impulsos, apetites, paixões são causados em nós por coisas e forças externas a nós sobre as quais não temos domínio e às quais nos submetemos. Aqui, nossa vontade não é livre, mas constrangida por forças exteriores a ela.

A Natureza nos impele a agir por *interesse*. Como para Rousseau, também para Kant o interesse é a forma natural do egoísmo, que nos leva a usar coisas e pessoas como meios e instrumentos para o que desejamos. Além disso, explica Kant, o interesse nos faz viver na ilusão de que somos livres e racionais por realizarmos ações que julgamos terem sido decididas livremente por nós, quando, na verdade, são um impulso cego determinado pela causalidade natural. Agir por interesse é agir determinado por motivações físicas, psíquicas, vitais, à maneira dos animais.

Visto que apetites, impulsos, desejos, tendências, comportamentos naturais costumam ser muito mais fortes do que a razão, a razão prática e a verdadeira liberdade precisam dobrar nossa parte natural e impor-nos nosso ser moral. Elas o fazem obrigando-nos a passar das motivações do interesse para o dever. Para sermos livres, precisamos ser obrigados pelo *dever de sermos livres*.

Assim, à pergunta que fizemos no capítulo anterior sobre o perigo da educação ética ser uma violência contra nossa natureza espontaneamente passional, Kant responderá que, pelo contrário, a violência estará em não compreendermos nossa destinação racional e em confundirmos nossa liberdade com a satisfação irracional de todos os nossos apetites e impulsos. Uma que a vontade define nossa natureza racional, uma vez que ela se distingue do impulso, pois tem consciência dos fins e dos meios e é capaz de justificar uma ação, e uma vez que o dever é uma criação voluntária, podemos concluir que o dever revela nossa verdadeira natureza de seres racionais. O dever *não nos é imposto, e sim proposto pela razão à nossa vontade livre.* Quando o *querer* e o *dever* coincidem, somos seres morais, pois a virtude é a força da vontade para cumprir o dever.

O imperativo categórico e as máximas morais

O dever, afirma Kant, não se apresenta por meio de um conjunto de conteúdos fixos, que definiriam a essência de cada virtude e diriam que atos deveriam ser praticados e evitados em cada circunstância de nossas vidas. O dever não é um catálogo de virtudes nem uma lista de "faça isto" e "não faça aquilo". O dever é uma *forma* que deve valer para toda e qualquer ação moral.

Essa forma não é indicativa, mas imperativa. O imperativo não admite hipóteses ("se... então") nem condições que o fariam valer em certas situações, e não valer em outras, mas vale incondicionalmente e sem exceções para todas as circunstâncias de todas as ações morais. Por isso, o dever é um *imperativo categórico*. Ordena incondicionalmente. Não é uma motivação psicológica, mas a *lei moral interior*.

O imperativo categórico exprime-se em uma fórmula geral:

Age em conformidade apenas com aquela máxima pela qual possas querer ao mesmo tempo que ela se torne uma lei universal.

Dessa fórmula, Kant deduz as três *máximas morais* que exprimem a incondicionalidade dos atos realizados por dever. São elas:

1. Age como se a máxima de tua ação devesse ser erigida por tua vontade em lei universal da Natureza.
2. Age de tal maneira que trates a humanidade, tanto na tua pessoa como na pessoa de outrem, sempre como um fim, e nunca como um meio.
3. Age como se a máxima de tua ação devesse servir de lei universal para todos os seres racionais.

A primeira máxima afirma a universalidade da conduta ética, isto é, aquilo que todo e qualquer ser humano racional deve fazer como se fosse uma lei natural, isto é, inquestionável, válida para todos em todo tempo e lugar. Assim como há leis na Natureza, também a ação por dever é uma *lei* moral para o agente.

A segunda máxima afirma a dignidade dos seres humanos como pessoas e, portanto, a exigência de que sejam tratados como fim da ação, e jamais como meio ou como instrumento para nossos interesses.

A terceira máxima afirma que a vontade que age por dever institui um reino humano de seres morais porque racionais e, portanto, dotados de uma vontade legisladora livre ou autônoma. A terceira máxima exprime a diferença ou separação entre o reino natural das causas e o reino humano dos fins.

O imperativo categórico não enuncia o *conteúdo particular* de uma ação (faça isto, não faça aquilo), mas a *forma geral das ações morais*. As máximas deixam clara a interiorização do dever, pois este nasce da razão e da vontade legisladora universal do agente moral. O acordo entre vontade e dever é o que Kant designa como *a vontade boa que quer o bem*.

O *motivo* moral da vontade boa é agir *por* dever. O *móvel* moral da vontade boa é o *respeito* pelo dever, produzido em nós pela razão. Obediência à lei moral e respeito pelo dever e pelos outros constituem a bondade da vontade ética.

O imperativo categórico não nos diz para sermos honestos, oferecendo-nos a essência da honestidade; nem para sermos justos, verazes, generosos ou corajosos a partir da definição da essência da justiça, da verdade, da generosidade ou da coragem. Não nos diz para praticarmos esta ou aquela ação determinada, mas nos diz para sermos éticos cumprindo o dever (as três máximas morais). É este que determina por que uma ação moral deverá ser sempre honesta, justa, veraz, generosa ou corajosa. Ao agirmos, devemos indagar se nossa ação está em conformidade com os fins morais, isto é, com as três máximas do dever.

Por que, por exemplo, mentir é imoral? Porque o mentiroso transgride as três máximas morais. Ao mentir, não respeita em sua pessoa e na do outro a humanidade (consciência, racionalidade e liberdade), e não respeita a segunda máxima, pois pratica uma violência escondendo de outro ser humano uma informação verdadeira e, por meio do engano, usa a boa-fé do outro. Também não respeita a terceira máxima, pois, se a mentira pudesse universalizar-se, o gênero humano deveria abdicar da razão e do conhecimento, da reflexão e da crítica, da capacidade para deliberar e escolher, vivendo na mais completa ignorância, no erro e na ilusão.

Por que um político corrupto é imoral? Porque transgride as três máximas. Por que o homicídio é imoral? Porque transgride as três máximas.

As respostas de Rousseau e de Kant, embora diferentes, procuram resolver a mesma dificuldade, qual seja, explicar por que o dever e a liberdade da consciência moral são compatíveis. A solução de ambos consiste em colocar o dever como algo que nasce em nosso próprio interior, proposto pelo coração (Rousseau) ou proposto pela razão (Kant), desfazendo, assim, a impressão de que ele nos seria imposto de fora por uma vontade estranha à nossa.

Cultura e dever

A questão da autonomia do agente moral não está, entretanto, plenamente resolvida. Podemos repetir a pergunta que fizemos antes, mas indagando agora: se a ética exige um sujeito consciente e autônomo, como explicar que a moral exija o cumprimento do dever, definido como um conjunto de valores, normas, fins e leis estabelecidos pela Cultura? Não vimos, por exemplo, a diferença entre as virtudes apontadas por Aristóteles e aquelas definidas pelo cristianismo? Mas não só isso. Não podemos perder de vista o fato de que é somente em algumas culturas que a razão, a vontade e a liberdade são consideradas a base da moral; e que é também somente em algumas culturas que aparece a distinção entre necessidade natural e liberdade moral. Mesmo que se diga, com Kant, que o conteúdo dos atos morais (isto é, as virtudes) depende de condições históricas, mas que a forma universal do dever (ou o imperativo categórico) é universal e independente das variações culturais, não podemos nos esquecer de que é somente em uma cultura historicamente determinada, isto é, na cultura cristã, que surge a ideia de que a moral está ligada à noção de dever.

Em suma, aquilo que julgamos ser a forma universal e o conteúdo universal da moral está culturalmente determinado. Nesse caso, não estaríamos de volta ao problema da exterioridade entre o sujeito e a forma e o conteúdo do ato moral, uma vez que estes são definidos pela Cultura, impondo-se de fora aos membros de uma cultura determinada? A resposta a essa questão foi trazida, no século XIX, por Hegel.

A perspectiva hegeliana

Moral e sociedade

Hegel critica Rousseau e Kant por dois motivos. Em primeiro lugar, por terem dado mais atenção à relação entre sujeito humano e Natureza (isto é, à relação entre razão e paixões) do que à relação entre sujeito humano e Cultura ou História. Em outras palavras, Rousseau pretendia que o homem, regressando a uma relação de harmonia com a Natureza, recuperasse sua natureza original, boa e benevolente, perdida sob os efeitos da vida social baseada no utilitarismo e nos interesses. Kant, por sua vez, propôs a distinção fundamental entre o reino necessário da Natureza e o reino humano da liberdade, distinguindo entre o que em nós vem da Natureza (impulsos, apetites, paixões) e o que em nós deve vir da razão prática ou da liberdade (a moral como conformidade entre o querer e o dever, ou entre a vontade e a lei moral).

Em segundo lugar, Hegel os critica por terem admitido a relação entre a ética e a sociabilidade dos seres humanos a partir de laços muito frágeis, isto é, por terem concebido a sociabilidade como *relações pessoais* diretas entre indivíduos, quando deveriam tê-la tomado a partir dos laços fortes das *relações sociais*, fixadas pelas instituições sociais (família, sociedade civil, Estado). Rousseau e Kant deixaram de considerar o mais importante, isto é, que as relações pessoais entre indivíduos são determinadas e mediadas por suas relações sociais. São estas últimas, explica Hegel, que determinam a vida ética ou moral dos indivíduos.

Somos, diz Hegel, seres históricos e culturais. Isso significa que, além de nossa vontade individual subjetiva (que Rousseau chamou de coração e Kant de razão prática), existe outra vontade, muito mais poderosa, que determina a nossa: a *vontade objetiva*, inscrita nas instituições ou na Cultura. Essa vontade não é apenas uma *forma* do querer, como em Kant, e sim um conjunto de *conteúdos determinados* (fins, valores, normas são sempre dotados de conteúdos determinados).

A vontade objetiva é uma vontade impessoal, coletiva, social, pública e historicamente determinada. Esse querer impessoal, social e histórico cria as instituições sociais, políticas, religiosas, artísticas e, com elas, a *moralidade* como sistema regulador da vida coletiva por meio de *mores*, isto é, dos costumes e dos valores de uma sociedade, em uma época determinada. A moralidade é uma totalidade formada pelas instituições (família, religião, artes, técnicas, ciências, relações de trabalho, organização política etc.), que obedecem, todas, aos mesmos valores e aos mesmos costumes, educando os indivíduos para interiorizarem em sua vontade subjetiva a vontade objetiva de sua sociedade e de sua cultura.

Assim, a *vida ética é o acordo e a harmonia entre a vontade subjetiva individual e a vontade objetiva cultural*. Realiza-se plenamente quando interiorizamos nossa Cultura, de tal maneira que praticamos espontânea e livremente seus costumes e valores, sem neles pensarmos, sem os discutirmos, sem deles duvidarmos, porque são como nossa própria vontade os deseja. O que é, então, o dever? O acordo pleno entre nossa vontade subjetiva individual e a totalidade ética ou moralidade.

Como consequência, o imperativo categórico não poderá ser uma forma universal desprovida de conteúdo determinado, como afirmara Kant, mas terá, em cada época, em cada sociedade e para cada Cultura, conteúdos determinados, válidos apenas para aquela formação histórica e cultural. Assim cada sociedade, em cada época de sua História, define os valores positivos e negativos, os atos permitidos e os proibidos para seus membros, o conteúdo dos deveres e do imperativo moral. Para um sujeito, ser ético e livre será, portanto, pôr-se de acordo com as regras morais de sua sociedade, interiorizando-as.

Moral e história

Hegel afirma que podemos perceber ou reconhecer o momento em que uma sociedade e uma cultura entram em declínio, perdem força para conservar-se e abrem-se às crises internas que anunciam seu término e sua passagem a outra formação sociocultural. Esse momento é aquele no qual os membros daquela sociedade e daquela Cultura contestam a moralidade vigente, contestam os valores e as normas instituídos, sentem-se oprimidos e esmagados por eles e agem de modo a transgredi-los. O declínio de uma sociedade ou de uma cultura é o momento no qual o antigo acordo entre as vontades subjetivas individuais e a vontade objetiva institucional rompe-se inexoravelmente, anunciando um novo período histórico.

Um exemplo pode ajudar-nos aqui.

Durante a vigência da chamada sociedade industrial – desde o final do século XVIII até os meados do século XX –, o valor moral mais alto ou a virtude mais alta era o trabalho. Condenava-se como pecado e como vício não só a preguiça e o ócio, mas toda forma de prazer e todo desejo que afastasse os seres humanos do cumprimento do dever de trabalhar. A virtude do trabalho gerava todas as outras virtudes: a honestidade, a paciência, a obediência, o respeito pelos superiores, o respeito pela família, a virgindade das mulheres solteiras e a fidelidade conjugal. Posto como virtude individual e social, o trabalho aparecia não como algo historicamente determinado, isto é, algo que essa sociedade e essa cultura determinadas haviam valorizado, mas como um valor universal, como se tivesse sido a grande virtude desde sempre, em toda parte e em todos os tempos.

Por que o trabalho era a expressão mais alta do dever e da virtude? Porque, com o surgimento do capitalismo, a riqueza social e o poderio econômico dependiam da exploração do trabalho nas fábricas, nos escritórios e bancos, no comércio, na agricultura e na mineração etc. Se se considerasse o trabalho um peso, um castigo, o desgaste físico e psíquico de muitos para a comodidade de poucos, certamente ninguém trabalharia nem julgaria o trabalho sinal de dignidade pessoal e de valor moral.

O momento culminante dessa ética do trabalho deu-se no final do século XIX e início do século XX, e ela ficou conhecida com o nome de "moral vitoriana" porque seu ponto de partida havia sido a Inglaterra durante o reinado da rainha Vitória.

Juntamente com o trabalho, a moral vitoriana colocava a família como o mais alto valor humano. Por quê? Por dois motivos principais: do lado da classe trabalhadora, porque a família era a condição para a reprodução da força de trabalho necessária à economia capitalista; do lado da classe dominante ou burguesia, porque a família assegurava a permanência do capital no mesmo grupo, por meio da herança deixada à esposa e aos filhos legítimos (donde o valor dado à virgindade feminina e a criminalização do adultério feminino).

Duas das consequências mais importantes dessa moral foram a canalização de toda a energia corporal e psíquica dos indivíduos para o trabalho e a afirmação de que a sexualidade tinha apenas finalidade reprodutora e só deveria ser praticada entre os cônjuges. Em outras palavras, essa moral tinha como condição e como efeito a repressão do desejo e da sexualidade. Não é surpreendente, portanto, que sejam do período de vigência dessa moral dois fatos significativos: os famosos crimes de Jack, o Estripador, que assassinava brutalmente as prostitutas de Londres, e o surgimento da psicanálise, como terapia necessária para aliviar o sofrimento psíquico produzido pela repressão dos desejos. Igualmente, não foi por acaso que surgiram as várias correntes socialistas de crítica à exploração do trabalho e que Paul Lafargue tenha escrito um livro célebre, *O direito à preguiça.*

Sabemos também que, durante os anos 60 e 70 do século XX, surgiram vários movimentos sociais que recusavam a moral do trabalho e da família. Foi o caso do movimento *hippie*, contra a guerra do Vietnã e contra o trabalho explorado, assim como o surgimento do movimento feminista contra a dominação dos homens sobre as mulheres, e o caso do movimento de liberação sexual. Esses movimentos afirmavam o primado do desejo sobre o trabalho, do prazer sexual sobre a sexualidade reprodutiva, do indivíduo sobre a família tradicional. A moral vitoriana foi recusada, entrou em crise e em um processo de dissolução gradual a partir do momento em que já não cumpria a função de produzir a identificação entre a vontade objetiva e a subjetiva.

Por que isso foi possível? Por que cessou a identificação dos indivíduos com os valores de sua sociedade e de sua cultura?

Porque a economia passou do período industrial ao pós-industrial, no qual a riqueza depende muito mais do capital financeiro e muito menos do capital produtivo, baseado na exploração do trabalho. Além disso, a automação e a informatização das atividades industriais geraram o desemprego industrial e o surgimento dos empregos especializados no setor de serviços (comércio, escritórios). Foi necessário manter os jovens longe do mercado de trabalho, pois os empregos diminuíram, e fazê-los contribuir para a reprodução do capital não por meio do trabalho, mas do consumo. Assim, a austera e repressiva moralidade do trabalho foi substituída pela moral do desejo e do direito ao prazer, pois é essa moral que assegura o consumismo da juventude. Além disso, a figura do indivíduo pode ser transformada em valor moral porque já não há mais necessidade da família seja para reproduzir a força de trabalho – pois a riqueza pouco depende do trabalho humano –, seja para manter a herança no mesmo grupo – pois o capital passou das mãos das famílias burguesas para os grandes monopólios e oligopólios multinacionais.

No entanto, passado o momento de rebelião, transgressão e proposta de uma nova moralidade ou de uma nova ética, a sociedade capitalista se recompôs e a nova forma do capital trouxe uma nova virtude moral. Qual é o novo valor ético? O sucesso individual a qualquer custo.

Esse sucesso é estimulado de três maneiras: pelo consumo no mercado da moda – o consumo aparece como realização do desejo e do prazer; pela competição sem trégua – cada indivíduo precisa provar que é melhor, mais capaz, mais eficiente que os outros; e pelo culto da eterna juventude, da saúde e da beleza por meio dos exercícios físicos, dos cosméticos e de intervenções ditas "estéticas" (cirurgias plásticas, próteses, lipoaspiração etc.).

Diante dessa mudança cultural e histórica, somos tentados a perguntar se ainda tem sentido falar em virtude moral, tal como a vimos definida até aqui.

A virtude acabou?

Um pensador contemporâneo, Alasdair MacIntyre, em uma obra intitulada *Depois da virtude*, procura redefinir a ideia de virtude na sociedade contemporânea na qual a pluralidade e diversificação de instituições sociais impõe para um mesmo indivíduo uma grande variedade de condutas e comportamentos diferentes – há normas e valores na família, na escola, nos diferentes tipos de profissões e de trabalhos, nas diferentes formas políticas etc. É possível falar em virtude no singular – a virtude – ou será preciso considerar que em cada esfera da existência há um tipo determinado de virtude e empregar o plural – as virtudes? Contudo, seja no singular, seja no plural, falar em virtude implica uma ideia geral de virtude e cabe indagar: como encontrar uma ideia de virtude que possa dar conta da multiplicidade de condutas e de modos de vida?

MacIntyre, inspirando-se em Aristóteles, concebe a virtude como práxis, portanto como aquela ação ou conduta na qual o agente, o ato e a finalidade são inseparáveis e mesmo idênticos. Por isso a concebe como uma qualidade humana adquirida que, em qualquer esfera de vida e atividade, nos torna capazes de alcançar um bem interno à própria prática ou à própria conduta, isto é, inseparável da ação que o busca e o realiza.

MacIntyre se preocupa com o fato de que sociedades, como a nossa, são internamente muito diferenciadas em suas instituições sociais, cada uma delas com normas e regras de conduta próprias, de maneira que o que pode ser ético na família não o será na profissão e o que é ético em ambas poderá não sê-lo na política etc. Perante a multiplicidade de condutas e comportamentos exigidos por nossas sociedades, a unidade ética é alcançada quando somos capazes de avaliar os múltiplos bens ou valores de cada esfera de nossa existência à luz da unidade de nossa vida, isto é, de nosso desejo de uma vida coerente, inteira ou íntegra, de tal maneira que esse desejo de coerência de vida e de inteireza de caráter oriente cada uma de nossas condutas e cada um de nossos comportamentos.

Como explica MacIntyre, a unidade ética de nossa vida é como a unidade de uma narrativa com começo, meio e fim, na qual podemos identificar uma só e mesma vida vivida ou narrada, um só e mesmo eu ou um só e mesmo sujeito no decorrer do tempo e nas diferentes ações, condutas e comportamentos. Por esse motivo, a virtude (no singular e no plural) é aquilo que propicia a unidade da narrativa de nossa vida, isto é, o que dá sentido às nossas buscas, aos nossos encontros, perdas e frustrações, permitindo o aumento de nosso autoconhecimento e de nossa autonomia.

Ora a unidade de uma vida ou a narrativa contínua de uma vida supõe que vivamos na companhia dos outros, isto é, desde o nascimento, estamos inseridos numa família, numa cidade, num país, numa classe social, num grupo, numa língua, numa religião etc. Em outras palavras, nascemos como membros de uma tradição que possui normas e valores. Essa tradição é o terreno sobre o qual se ergue nossa vida ética, e, portanto, esta tanto pode realizar-se em plena conformidade com o que é recebido dessa tradição como, ao contrário, pode realizar-se como crítica dessa mesma tradição.

Quando a tradição define virtudes que impedem aos indivíduos a realização da virtude como coerência e unidade de vida e de condutas ou que impedem a busca de um futuro novo, isto é, de novas possibilidades de existência individual e coletiva, essa tradição está morta e a vida ética só poderá realizar-se contra ela, instituindo normas, valores, condutas e comportamentos capazes de instituir uma tradição nova e viva.

Qual o critério da mudança ética? Responde MacIntyre: a racionalidade. Em outros termos, uma tradição morre e é combatida eticamente quando seus valores e normas se tornam irracionais para responder aos anseios éticos dos indivíduos e da coletividade. Por isso, escreve MacIntyre, a história da moral e da filosofia moral é a história de sucessivos desafios a alguma ordem moral preexistente e é por referência a essa história que a superioridade racional de uma ética pode ser estabelecida. Assim, a passagem de uma tradição moral a uma ética nova decorre da irracionalidade da primeira perante as mudanças históricas e da racionalidade da segunda para corresponder ao presente e, portanto, de sua capacidade para permitir a cada um a coerência de vida e a inteireza de caráter.

As colocações de MacIntyre podem suscitar algumas reflexões interessantes.

Racional e irracional

Há várias maneiras de entender essa distinção. Aqui, sugerimos pensá-la tomando como referência a ideia de *ratio*, entendida como proporção entre dois ou mais termos (como vimos ao estudar a razão). Proporção significa que há uma medida comum aos termos e que, graças ela, eles se tornam homogêneos ou de mesma natureza, podendo, por isso, ser relacionados.

Sob essa perspectiva, diremos que uma ética é racional (ou dotada de *ratio*) quando nela há proporção ou homogeneidade entre os meios e os fins da ação, e irracional quando não existe essa proporção, isto é, meios e fins são heterogêneos ou de natureza diferente. Visto que, desde Aristóteles, a práxis pressupõe e exige a proporcionalidade (uma ação ética só alcançará fins éticos se os meios da ação forem éticos também), diremos que a irracionalidade (ausência de proporção ou de homogeneidade entre meios e fins) impossibilita a práxis e a virtude, isto é, meios imorais são heterogêneos a fins morais e incapazes de realizá-los.

Dois exemplos podem auxiliar-nos aqui.

O primeiro deles nos é dado pela atitude de muitos filósofos em defesa da tolerância religiosa e política e no combate aos suplícios e às torturas de prisioneiros religiosos e políticos. Indagam os defensores da tolerância: o que se pretende quando se aprisiona alguém por suas crenças religiosas ou por suas ideias políticas? E respondem: pretende-se obrigar o prisioneiro a renunciar às suas crenças ou às suas ideias. Indagam novamente: onde estão as crenças e as ideias do prisioneiro? Respondem: na alma do crente e na razão do militante político. Nesse caso, é irracional ou desproporcional supliciar e torturar seus corpos, uma vez que o que se quer é atingir seus espíritos. Essa irracionalidade ou desproporção entre os meios e os fins tem duas consequências possíveis: ou o prisioneiro conserva intacto seu espírito e deixa seu corpo perecer sob a tortura, a qual, portanto, não alcança o fim esperado, qual seja, obter a renúncia às crenças religiosas ou às ideias políticas; ou o prisioneiro finge confessar e renunciar às suas crenças e às suas ideias, mentindo para interromper a tortura, e, novamente, o fim não é alcançado pelos torturadores porque, em seu espírito, o prisioneiro não se dobrou ao torturador.

Poder-se-ia, então, supor que seria racional torturar diretamente o espírito do prisioneiro (como nos mostra, por exemplo, o escritor Orwell, no romance *1984*). Ora, respondem os defensores da tolerância, aqui a irracionalidade seria ainda maior. Por quê? Porque os torturadores do espírito querem obter a adesão espiritual do prisioneiro, isto é, querem que sua vontade e sua razão se dobrem, mas aquele cuja vontade e cuja razão foram dobradas pela tortura não dá adesão *voluntária e racional* ao torturador, pois perdeu o espírito (a vontade e a razão) quando este foi torturado.

Por conseguinte, toda e qualquer forma de tortura empregada por uma sociedade é imoral porque é irracional, pois não consegue estabelecer uma relação proporcional ou uma *ratio* entre meios (a tortura) e fins (a adesão voluntária do torturado à vontade do torturador).

O segundo exemplo pode vir de uma suposição. Suponhamos uma sociedade em que se acredite que a causa da vida humana é o sangue e que as diferenças entre indivíduos e grupos de indivíduos são determinadas pelo seu tipo de sangue. Em uma sociedade como essa, pode surgir um grupo religioso que considere o seu sangue sagrado e abençoado por Deus e estabeleça como norma moral a proibição da mistura do sangue de um crente com o sangue dos não crentes, separando fiéis de infiéis pelo sangue. Dessa proibição, podem decorrer outras, como a de casamentos com não crentes ou a transfusão de sangue para doentes.

Ora, a genética contemporânea demonstra que a causa da vida não é o sangue, isto é, que o surgimento da vida depende do comportamento de certos ácidos (como ADN e ARN), nada tendo a ver com o sangue, de sorte que as pessoas vivem e se diferenciam umas das outras por condições biológicas que não dependem do sangue. Nesse caso, proibir moralmente uma transfusão de sangue, que poderia salvar uma vida, é imoral porque é irracional, pois não há relação entre a qualidade moral de uma vida (ser um crente fervoroso) e a qualidade físico-química do sangue; a proibição não é ética porque se baseia em uma desproporção, uma vez que não há homogeneidade entre ser um crente e ter determinado tipo de sangue.

Unidade e coerência de vida e pluralidade de comportamentos sociais

Sociedades internamente muito diferenciadas em suas instituições, cada uma delas com normas e regras de conduta próprias, podem gerar conflitos de condutas, de tal maneira que um comportamento considerado ético em uma instituição poderia não o ser em outra. Essa situação nos leva a indagar qual o sentido do aparecimento, nos últimos tempos, de expressões como "ética da empresa", "ética da profissão", "ética médica" (e do dentista, do professor, do aluno, dos motoristas, das donas de casa etc.). Ao que tudo indica, teríamos que considerar não só que há várias e múltiplas instituições sociais, mas também múltiplas éticas, e que estas podem estar em conflito ou ser contrárias umas às outras. Como ser ético – isto é, ter unidade e coerência de vida – sob tais circunstâncias?

Por exemplo, poderíamos supor que a "ética familiar" teria como valor o amor recíproco, a obediência e a confiança, mas que a "ética da empresa" poderia valorizar a competição, o segredo e a desconfiança. Dessa maneira, a vida virtuosa que aprendêssemos em casa não nos prepararia para sermos éticos em uma empresa, e vice-versa, isto é, um jovem e uma jovem que trabalhassem em uma empresa, ao se casarem e terem filhos, não estariam preparados para praticar a ética familiar. A suposição de que há várias éticas e que estas podem ser conflitantes e às quais devemos adaptar-nos leva a imaginar que a ética seria como um casaco que você tira e põe conforme a hora, o lugar e a temperatura.

Ora, há um equívoco de base nessa suposição de uma pluralidade de éticas. De fato, cada instituição social e cada profissão estabelecem um conjunto de normas que se referem não à qualidade moral dos comportamentos e das condutas de seus membros, e sim à *funcionalidade* e à *eficácia* para o desempenho adequado ou esperado de uma ação (empresarial, profissional). *Essas normas não são éticas ou morais, mas organizacionais e administrativas.* Por conseguinte, não há várias éticas.

Todavia, embora em si mesmas não sejam éticas nem formem éticas particulares, podemos e devemos perguntar se essas normas de funcionalidade e eficácia do desempenho estão ou não de acordo com os valores éticos da sociedade nas quais existem. Dessa maneira, podemos conservar a ideia de que uma ética é, exatamente, *uma* (definida e determinada por uma cultura e uma sociedade em condições históricas dadas) e que é por ela que avaliamos a qualidade moral das ações realizadas nas diferentes instituições sociais e políticas e nas profissões.

Em outras palavras, podemos eticamente indagar se, em suas normas de funcionalidade e eficácia, as instituições e as profissões respeitam ou não os princípios morais: se respeitam ou não a exigência moral da não violência, se favorecem ou não o exercício da autorreflexão, da responsabilidade e da liberdade dos seus membros, e assim por diante.

Racionalidade e coerência de vida

Se, finalmente, reunirmos esses dois critérios propostos por MacIntyre, poderemos indagar se a descrição que fizemos da mudança moral na passagem da sociedade industrial para a pós-industrial não nos levaria a concluir que a sociedade contemporânea impede a relação racional entre meios e fins e a coerência de vida.

De fato, se a virtude ou o valor ético mais alto for o sucesso individual obtido pela satisfação do desejo por meio do consumo e pela vitória na competição com outros, não poderemos deixar de constatar que esses dois fins não se realizam porque os meios são irracionais ou inadequados a eles. Com efeito, o consumo não pode realizar a satisfação do desejo porque o sistema econômico, por meio da publicidade, multiplica e substitui ininterruptamente os objetos de consumo, tornando impossível a satisfação, pois um desejo satisfeito cessa de ser consumista. O consumo exige a insatisfação do desejo e a multiplicação dos objetos de consumo impede a coerência de vida. Por sua vez, a competição exige que a relação do indivíduo com os demais seja violenta e vimos, ao iniciar nosso percurso, que a ética se define como recusa da violência. A competição é duplamente irracional: por um lado, porque traz para a ação aquilo que a ética rejeita, isto é, a violência; por outro lado, porque, exatamente como o consumo, ela não pode cessar, visto que, a cada suposto sucesso obtido, o indivíduo se vê diante do recomeço da competição com novos adversários, isto é, com aqueles com que se encontra em pé de igualdade.

Essas observações nos conduzem à necessidade de compreender qual o papel da razão (ou da racionalidade) e o do desejo na vida ética.

Ética e psicanálise

Quando estudamos o sujeito do conhecimento, indagamos se a consciência pode conhecer tudo, pois vimos que a psicanálise introduziu um conceito novo, o inconsciente, que limita o poder soberano da razão e da consciência, além de descortinar a sexualidade como força determinante de nossa existência, nosso pensamento e nossa conduta.

No caso da ética, a descoberta do inconsciente traz consequências graves tanto para as ideias de consciência responsável e vontade livre como para os valores morais.

De fato, se, como revela a psicanálise, *somos* nossos impulsos e desejos inconscientes e se estes desconhecem barreiras e limites para a busca da satisfação e, sobretudo, se conseguem a satisfação burlando e enganando a consciência, como, então, manter, por exemplo, a ideia de vontade livre que age por dever? Por outro lado, se o que se passa em nossa consciência é simples efeito disfarçado de causas inconscientes reais e escondidas, como falar em consciência responsável? Como a consciência poderia responsabilizar-se pelo que desconhece e que jamais se torna consciente?

Mais grave, porém, é a consequência para os valores morais. Em lugar de surgirem como expressão de finalidades propostas por uma vontade boa e virtuosa que deseja o bem, os valores e fins éticos surgem como regras e normas repressivas que devem controlar nossos desejos e impulsos inconscientes. Isso coloca dois problemas éticos novos. Em primeiro lugar, como falar em autonomia moral, se o dever, os valores e os fins são impostos ao sujeito por uma razão oposta ao inconsciente e, portanto, oposta ao nosso ser real? A razão não seria uma ficção e um poder repressivo externo, incompatível com a definição da autonomia? Em segundo lugar, visto que os desejos inconscientes se manifestam por disfarces, como a razão poderia pretender controlá-los sob o dever e as virtudes, se não tem acesso a eles?

A psicanálise mostra que somos resultado e expressão de nossa história de vida, marcada pela sexualidade insatisfeita, que busca satisfações imaginárias sem jamais poder satisfazer-se plenamente. Não somos autores nem senhores de nossa história, mas efeitos dela. Mostra-nos também que nossos atos são realizações inconscientes de motivações sexuais que desconhecemos e que repetimos vida afora.

Do ponto de vista do inconsciente, mentir, matar, roubar, seduzir, destruir, temer, ambicionar são simplesmente *amorais*, pois o inconsciente desconhece valores morais. Inúmeras vezes, comportamentos que a moralidade julga imorais são realizados como autodefesa do sujeito, que os emprega para defender sua integridade psíquica ameaçada (real ou fantasmagoricamente). Se são atos moralmente condenáveis, podem, porém, ser psicologicamente necessários. Nesse caso, como julgá-los e condená-los moralmente?

Faríamos, porém, uma interpretação enganada e parcial da psicanálise se considerássemos apenas esse aspecto de sua grande descoberta, ignorando outro que também lhe é essencial. De fato, como vimos, a psicanálise encontra duas instâncias ou duas faces antagônicas no inconsciente: o *id* ou libido sexual, em busca da satisfação, e o *superego* ou censura moral, interiorizada pelo sujeito, que absorve os valores de sua sociedade.

Nossa psique é um campo de batalha inconsciente entre desejos e censuras. O id ama o proibido; o superego quer ser amado por reprimir o id, imaginando-se tanto mais amado quanto mais repressor. O id desconhece fronteiras; o superego só conhece barreiras. Vencedor, o id é violência que destrói os outros. Vencedor, o superego é violência que destrói o sujeito. Neuroses e psicoses são causadas tanto por um id extremamente forte e um superego fraco quanto por um superego extremamente forte e um id fraco. A batalha interior só pode ser decidida em nosso proveito por uma terceira instância: *a consciência*.

Descobrir a existência do inconsciente não significa, portanto, esquecer a consciência e abandoná-la como algo ilusório ou inútil. Pelo contrário, a psicanálise não é somente uma teoria sobre o ser humano, mas é antes de tudo uma terapia para auxiliar o sujeito no autoconhecimento e para conseguir que não seja um joguete das forças inconscientes do id e do superego.

No caso específico da ética, a psicanálise mostrou que uma das fontes dos sofrimentos psíquicos, causa de doenças e de perturbações mentais e físicas, é o rigor excessivo do superego, ou seja, de uma moralidade rígida, isto é, *violenta*, que produz um *ideal do ego* (valores e fins éticos) irrealizável, torturando psiquicamente aqueles que não conseguem alcançá-lo, por terem sido educados na crença de que esse ideal seria realizável.

Quando uma sociedade reprime os desejos inconscientes de tal modo que não possam encontrar meios imaginários e simbólicos de expressão, quando os censura e condena de tal forma que nunca possam manifestar-se, prepara o caminho para duas alternativas igualmente distantes da ética: ou a transgressão violenta de seus valores pelos sujeitos reprimidos, ou a resignação passiva de uma coletividade neurótica, que confunde neurose e moralidade.

Em outras palavras, em lugar de ética, há violência; por um lado, violência da sociedade, que exige dos sujeitos padrões de conduta impossíveis de serem realizados e, por outro lado, violência dos sujeitos contra a sociedade, pois, somente transgredindo e desprezando os valores estabelecidos, poderão sobreviver.

Em suma, sem a repressão da sexualidade, não há sociedade nem ética, mas a excessiva repressão da sexualidade destruirá, primeiro, a ética e, depois, a sociedade.

O que a psicanálise propõe é *uma nova moral sexual* que harmonize, tanto quanto for possível, os desejos inconscientes, as formas de satisfazê-los e a vida social. Essa moral, evidentemente, só pode ser realizada pela consciência e pela vontade livre, de sorte que a psicanálise procura fortalecê-las como instâncias moderadoras do id e do superego. Somos eticamente livres e responsáveis não porque possamos fazer tudo quanto queiramos, nem porque queiramos tudo quanto possamos fazer, mas porque aprendemos a discriminar as fronteiras entre o permitido e o proibido, tendo como critério ideal a ausência da violência interna e externa.

A liberdade

Falam os poetas

a torneira seca
(mas pior: a falta
de sede)

a luz apagada
(mas pior: o gosto
do escuro)

a porta fechada
(mas pior: a chave
por dentro).

Esse poema de José Paulo Paes nos fala, de forma extremamente concentrada e precisa, do núcleo da liberdade e de como podemos perceber sua ausência. O poeta lança um contraponto entre uma situação externa experimentada como um dado ou como um fato (a torneira seca, a luz apagada, a porta fechada) e a inércia resignada no interior do sujeito (a falta de sede, o gosto do escuro, a chave por dentro). O contraponto é feito pela expressão "mas pior". Que significa ela? Que, diante da adversidade (a falta d'água, a falta de luz, a falta de abertura), renunciamos a enfrentá-la (já nem queremos beber água, assim como já nem queremos luz ou portas abertas), fazemo-nos cúmplices dela. No entanto, não é isso o pior. *Pior é a renúncia à liberdade.* Renunciamos à sede, que nos faria buscar abrir a torneira; renunciamos ao desejo de luz, que nos faria acender a luz; renunciamos ao aberto, que nos faria girar a chave. Dessa maneira, secura, escuridão e prisão deixam de estar fora de nós para se tornarem nós mesmos, com nossa falta de sede, nosso gosto do escuro e nossa falta de vontade de girar a chave.

Outro poema também oferece o contraponto entre nós e o mundo:

> Mundo mundo vasto mundo,
> se eu me chamasse Raimundo
> seria uma rima, não seria uma solução.
> Mundo mundo vasto mundo,
> mais vasto é meu coração.

Nesse poema, Carlos Drummond de Andrade, como José Paulo Paes, confronta-nos com a realidade exterior: o "vasto mundo" do qual somos uma pequena parcela e no qual estamos mergulhados. Todavia, os dois poemas diferem, pois, em vez da inércia resignada, como no poema de Paes, estamos agora diante da afirmação de que nosso ser é mais vasto do que o mundo: pelo nosso coração – sentimentos e imaginação –, somos maiores do que o mundo, criamos outros mundos possíveis, inventamos outra realidade. Abrimos a torneira, acendemos a luz e giramos a chave.

Embora diferentes, os dois poemas apontam para o grande tema da ética, desde que esta se tornou questão filosófica: o que está e o que não está em nosso poder? Até onde se estende o poder de nossa vontade, de nosso desejo, de nossa consciência? Em outras palavras: até onde alcança o poder de nossa liberdade? Podemos mais do que o mundo ou este pode mais do que nossa liberdade? O que está inteiramente em nosso poder e o que depende inteiramente de causas e forças exteriores que agem sobre nós? Por que o pior é a falta de sede, e não a torneira seca; o gosto do escuro, e não a luz apagada; a chave imobilizada, e não a porta fechada? O que depende do "vasto mundo" e o que depende de nosso "mais vasto coração"?

Essa mesma interrogação, embora não explicitada nesses termos, encontra-se presente no que escreveu o poeta Vicente de Carvalho em "Velho tema":

> Só a leve esperança, em toda a vida,
> Disfarça a pena de viver, mais nada,

Nem é mais a existência, resumida,
Que uma grande esperança malograda.

O eterno sonho da alma desterrada,
Sonho que a traz ansiosa e embevecida,
É uma hora feliz, sempre adiada
E que não chega nunca em toda a vida.

Essa felicidade que supomos,
Árvore milagrosa que sonhamos
Toda arreada de dourados pomos

Existe, sim: mas nós não a alcançamos,
Porque está sempre apenas onde a pomos
E nunca a pomos onde nós estamos.

O poeta começa dizendo que somente a esperança disfarça a dor de viver, e esse disfarce significa que a existência não é senão uma "esperança malograda", pois esperamos pela hora da felicidade, e essa hora nunca chega, é sempre adiada. Contudo, por que nosso malogro? Por que não conseguimos a felicidade?

Retomando uma imagem da mitologia grega, a árvore de pomos de ouro, frutos inalcançáveis pelos mortais (e conquistada pelo semideus Hércules), o poeta estabelece um contraste entre o substantivo "pomos", isto é, frutos, e o verbo "pomos", isto é, a ação de colocar alguma coisa em algum lugar. Com isso, contrasta a "esperança malograda" de felicidade – a inalcançável "árvore de dourados pomos" – e a felicidade que "Existe, sim", mas que não alcançamos porque "nunca a pomos onde nós estamos", embora esteja "sempre apenas onde a pomos". Nossa alma fica desterrada no sonho, exilada do real, porque incapaz de reconhecer que a felicidade não é a hora sempre adiada, situada em um futuro incerto, não é uma árvore distante, posta pelos deuses em algum lugar ilocalizável do vasto mundo, mas está em nós, em nossa "leve esperança", em nosso mais vasto coração, dependendo apenas de nós mesmos, "Porque está sempre apenas onde a pomos".

Os poetas nos colocam diante de dilemas:

- Porta fechada, vasto mundo, árvore milagrosa: a felicidade parece depender inteiramente do que se encontra fora de nós, estando longe de nosso alcance e de nosso poder.
- Chave por dentro, coração mais vasto do que o mundo, estar sempre apenas onde a pomos: a felicidade parece depender inteiramente de nossa liberdade ou de nós mesmos.

Seja de modo pessimista (como em José Paulo Paes e Vicente de Carvalho), seja de modo otimista (como em Carlos Drummond), os três poetas nos colocam diante da liberdade como problema.

A liberdade como questão filosófica

Filosoficamente, a questão da liberdade se apresenta sob a forma de dois pares de opostos:

1. o par necessidade-liberdade;
2. o par contingência-liberdade.

Torneira seca, luz apagada, porta fechada: a realidade é feita de situações adversas e opressoras, contra as quais nada podemos, pois são necessárias. *Vasto mundo*: se a realidade natural e cultural possui leis causais necessárias e normas-regras obrigatórias, se tanto as leis naturais e culturais não dependem de nós, se sermos seres naturais e culturais não depende de nós, se somos seres naturais e culturais cuja consciência e vontade são determinadas por aquelas leis (da Natureza) e normas-regras (da Cultura), como então falar em liberdade humana? A *necessidade* que rege as leis naturais e as normas-regras culturais não seria mais vasta, maior e mais poderosa do que nossa liberdade? O que poderia estar em nosso poder?

Árvore milagrosa: se a felicidade e o bem são milagres, então são puro acaso, pura contingência, e não resta senão o jogo interminável entre a "leve esperança" e a "grande esperança malograda". Se o mundo é um tecido de acasos felizes e infelizes (pois milagre é acontecimento inesperado e misterioso), como esperar que sejamos sujeitos livres, se tudo o que acontece é imprevisível, contingente, fruto da boa e da má sorte, de acontecimentos sem causa e sem explicação? Como sermos sujeitos responsáveis em um mundo feito de acasos e de total indeterminação? Se tudo é *contingência*, onde colocar a liberdade?

O par necessidade-liberdade também pode ser formulado em termos religiosos, como fatalidade-liberdade, e em termos científicos, como determinismo-liberdade.

Necessidade é o termo empregado para referir-se ao todo da realidade, existente em si e por si, que age sem nós e nos insere em sua rede de causas e efeitos, condições e consequências.

Fatalidade é o termo usado quando pensamos em forças transcendentes superiores às nossas e que nos governam, quer o queiramos, quer não.

Determinismo é o termo empregado, a partir do século XIX, para referir-se às relações causais necessárias que regem a realidade conhecida e controlada pela ciência e, no caso da ética, ao ser humano como objeto das ciências naturais (química e biologia) e das ciências humanas (sociologia e psicologia), portanto, como completamente determinado pelas leis e causas que condicionam seus pensamentos, sentimentos e ações, tornando a liberdade ilusória.

O par contingência-liberdade também pode ser formulado pela oposição acaso-liberdade. Contingência ou acaso significam que a realidade é imprevisível e mutável, impossibilitando deliberação e decisão racionais, definidoras da liberdade. Em um mundo onde tudo acontece por acidente, somos como um frágil barquinho perdido em um mar tempestuoso, levado em todas as direções, ao sabor das vagas e dos ventos.

Necessidade, fatalidade, determinismo significam que não há lugar para a liberdade, porque o curso das coisas e de nossas vidas já está fixado, sem que nele possamos intervir. Contingência e acaso significam que não há lugar para a liberdade, porque não há curso algum das coisas e de nossas vidas no qual pudéssemos intervir.

Três grandes concepções filosóficas da liberdade

As concepções de Aristóteles e de Sartre

A primeira grande teoria filosófica da liberdade é exposta por Aristóteles em sua obra *Ética a Nicômaco* e, com variantes, permanece através dos séculos, chegando até o século XX, quando foi retomada por Sartre. Nessa concepção, a liberdade se opõe ao que é condicionado externamente (necessidade) e ao que acontece sem que tenha havido escolha deliberada (contingência).

Diz Aristóteles que é livre aquele que tem em si mesmo o princípio para agir ou não agir, isto é, aquele que é causa interna de sua ação ou da decisão de não agir. A liberdade é concebida como o poder pleno e incondicional da vontade para determinar a si mesma, isto é, para autodeterminar-se. É pensada também como ausência de constrangimentos externos e internos, isto é, como uma capacidade que não encontra obstáculos para se realizar, nem é forçada por coisa alguma para agir. Trata-se da *espontaneidade plena* do agente, que dá a si mesmo os motivos e os fins de sua ação, sem ser constrangido ou forçado por nada e por ninguém.

Além de distinguir entre o necessário e o contingente, Aristóteles distingue entre o contingente e o possível: o primeiro é o puro acaso, mas o segundo é o que pode acontecer desde que um ser humano delibere e decida realizar uma ação. Assim, na concepção aristotélica, a liberdade é o princípio para escolher entre alternativas possíveis, realizando-se como decisão e ato voluntário. Contrariamente ao necessário ou à necessidade e à contingência, sob as quais o agente sofre a ação de uma causa externa que o obriga a agir de determinada maneira, no ato voluntário livre o agente é causa de si, isto é, causa integral de sua ação. Sem dúvida, poder-se-ia dizer que a vontade livre é determinada pela razão ou pela inteligência, e, nesse caso, seria preciso admitir que não é causa de si ou incondicionada, mas que é causada pelo raciocínio ou pelo pensamento.

No entanto, como disseram os filósofos posteriores a Aristóteles, a inteligência *inclina* a vontade em certa direção, mas não a obriga nem a constrange, tanto assim que podemos agir na direção contrária à indicada pela inteligência ou razão. É por ser livre e incondicionada que a vontade pode seguir ou não os conselhos da consciência. A liberdade será ética quando o exercício da vontade estiver em harmonia com a direção apontada pela razão.

Em sua obra *O ser e o nada*, o filósofo francês Sartre levou essa concepção ao ponto--limite. Para ele, a liberdade é a escolha incondicional que o próprio ser humano faz de seu ser e de seu mundo. Quando julgamos estar sob o poder de forças externas mais poderosas do que nossa vontade, esse julgamento é uma decisão livre, pois outros humanos, nas mesmas circunstâncias, não se curvaram nem se resignaram.

Em outras palavras, conformar-se ou resignar-se é uma decisão livre, tanto quanto não se resignar nem se conformar, lutando contra as circunstâncias. Quando dizemos que não podemos fazer alguma coisa porque estamos fatigados, a fadiga é uma decisão nossa, tanto assim que outra pessoa, nas mesmas circunstâncias poderia decidir não se sentir cansada e agir. Da mesma maneira, quando dizemos estar enfraquecidos e, por isso, não temos força para fazer alguma coisa, a fraqueza é uma decisão nossa, pois outro poderia, nas mesmas circunstâncias, não se considerar fraco e agir. Assim também quando dizemos que em dada situação não há o que fazer, esse abandono da ação é uma decisão nossa. Ceder tanto quanto não ceder é uma decisão nossa.

Por isso, Sartre faz uma afirmação aparentemente paradoxal, dizendo que *estamos condenados à liberdade*. Qual o paradoxo? Identificar liberdade e condenação, isto é, dois termos incompatíveis, pois é livre quem não está condenado. Que pretende Sartre dizer? Que, para os humanos, a liberdade é como a necessidade e a fatalidade, ou seja, não podemos escapar dela. É ela que define a humanidade dos humanos, sem escapatória. É essa ideia que encontramos no poema de Carlos Drummond, quando afirma que somos maiores do que o "vasto mundo". É ela também que se encontra no poema de Vicente de Carvalho, quando nos diz que a felicidade "está sempre apenas onde a pomos" e "nunca a pomos onde nós estamos". Somos agentes livres tanto para ter como para perder a felicidade.

A concepção ética que une necessidade e liberdade

A segunda concepção da liberdade foi, inicialmente, desenvolvida por uma escola de Filosofia do período helenístico, o estoicismo. Essa concepção, modificada sob vários aspectos, ressurge no século XVII com Espinosa e, no século XIX, com Hegel. Nela é conservada a ideia aristotélica de que a liberdade é a autodeterminação, assim como é conservada a ideia de que é livre aquele que age sem ser forçado nem constrangido por nada ou por ninguém e, portanto, age impulsionado espontaneamente por uma força interna própria. No entanto, diferentemente de Aristóteles e de Sartre, esses filósofos não situam a liberdade no ato de escolha realizado pela vontade individual separada da necessidade e oposta a ela, mas a colocam na atividade de cada um como parte de um todo necessário, o qual age livremente *porque* age necessariamente. Em outros termos, não há oposição entre liberdade e necessidade, como fora estabelecido desde Aristóteles.

O todo pode ser a Natureza – no caso dos estoicos –, a Substância – no caso de Espinosa – ou o Espírito como História – no caso de Hegel. Em qualquer dos casos, Natureza, Substância e Espírito são a totalidade como poder absoluto de ação, agindo segundo seus próprios princípios, dando a si mesma suas leis, suas regras, suas normas. Como nada exterior obriga a Natureza, a Substância ou o Espírito a agir, mas agem apenas por seu poder interno, são livres. Por outro lado, visto que essa ação provém da essência ou do próprio ser do todo, sua ação não é contingente nem meramente possível, mas necessária, isto é, decorre necessariamente da simples existência e essência da Natureza, da Substância ou do Espírito. Em outras palavras, é porque o todo é o que ele é ou possui o ser que possui que ele age da maneira como age.

Ou, como explica Espinosa, é pela necessidade da essência ou do ser da Substância que esta age e, por isso, sua ação flui espontânea e necessariamente dela mesma. Seu agir é uma *necessidade livre* ou uma *liberdade necessária* porque a necessidade não é um poder externo que a força a agir, mas é apenas a lei interna de sua própria ação, lei que ela dá a si mesma.

Essa totalidade, necessária e livre em si mesma porque nada a força ou a obriga do exterior, instaura, pela ação de sua liberdade, leis e normas necessárias para toda a realidade ou para todas as suas partes (os indivíduos constituídos por ela). Em outros termos, a liberdade não é um poder incondicionado para escolher – a Natureza não escolhe, a Substância não escolhe, o Espírito não escolhe –, mas é o poder do todo para agir em conformidade consigo mesmo, sendo necessariamente o que é e fazendo necessariamente o que faz.

Como podemos observar, essa concepção não mantém a oposição entre liberdade e necessidade, mas afirma que a necessidade (as leis da Natureza, as normas e regras da Cultura, as leis da História) é a maneira pela qual a liberdade do todo se manifesta. Em outras palavras, a totalidade é livre porque se põe a si mesma na existência e define por si mesma as leis e as regras de sua atividade; e é necessária porque tais leis e regras exprimem necessariamente o que ela é e faz. Liberdade não é escolher e deliberar, mas agir ou fazer alguma coisa em conformidade com a natureza do agente que, no caso, é o todo.

O que é, então, a liberdade humana enquanto o ser humano é uma parte constituída pelo todo e age no interior do todo?

São duas as respostas a essa questão:

1. a primeira (dada pelos estoicos e por Hegel) afirma que o todo é racional e que suas partes também o são, sendo livres quando *agirem em conformidade com as leis do todo*, para o bem da totalidade;
2. a segunda (dada por Espinosa) afirma que as partes são da mesma essência que o todo e, portanto, são racionais e livres como ele, dotadas de força interior para agirem por si mesmas, de sorte que a liberdade é *tomar parte ativa na atividade do todo*. Tomar parte ativa significa, por um lado, conhecer as condições estabelecidas pelo todo, conhecer suas causas e o modo como estas determinam nossas ações, e, por outro, graças a tal conhecimento, não ser um joguete das condições e causas que atuam sobre nós, mas agir sobre elas também. Não somos livres para *escolher* tudo, mas o somos para *fazer* tudo quanto esteja de acordo com nosso ser e com nossa capacidade de agir, graças ao conhecimento que possuímos de nós mesmos e das circunstâncias em que vamos agir.

Para os estoicos, o homem livre é aquele cuja razão conhece a necessidade natural e a necessidade de sua própria natureza e tem força para guiar e dirigir a vontade para que esta exerça um poder absoluto sobre a irracionalidade dos instintos e impulsos, isto é, sobre as paixões. Ser livre é agir conforme a Natureza – seguindo suas leis necessárias – e conforme a natureza do agente – seguindo uma vontade pessoal poderosa dirigida pela razão.

Para Espinosa, o ser humano livre é aquele que age como causa interna, completa e total de sua ação. Esta não provém de uma escolha voluntária, e sim do desenvolvimento espontâneo da essência ou natureza racional do agente. Em outras palavras, assim como o todo age livremente pela necessidade de sua essência, também o indivíduo livre age por necessidade de sua própria essência. Somos livres, diz Espinosa, quando somos uma potência interna para a pluralidade simultânea de afetos, ideias e ações que decorrem de nosso próprio ser e dos quais somos a única causa. Em outras palavras, somos livres quando o que somos, o que sentimos, o que fazemos e o que pensamos exprimem nossa força interna para existir e agir. Dessa maneira, Espinosa não aceita a ideia estoica da liberdade como poderio ou império da vontade sobre as paixões. Diz ele: não somos livres porque nossa vontade domina nossas paixões, mas é porque somos livres que nossa razão é um afeto ativo mais forte do que os afetos passivos, isto é, nascidos das paixões.

Para Hegel, o homem livre é uma figura que aparece na História e na Cultura sob duas formas principais. Na primeira, a liberdade humana coincide com o surgimento da Cultura, ou seja, é livre o ser humano que não se deixa dominar pela força da Natureza e que a vence, dobrando-a à sua vontade por meio do trabalho, da linguagem e das artes. Sob essa primeira forma, podemos notar que a liberdade, embora possa exprimir-se nos indivíduos, refere-se muito mais a uma atitude do ser humano universalmente considerado, ou, se se quiser, não como indivíduo, mas como *humanidade* e vitória da Cultura sobre a Natureza.

Em sua outra forma, o ser humano livre como *indivíduo* livre faz sua aparição na História em dois momentos sucessivos nos quais o segundo momento depende do primeiro. O primeiro momento é o do surgimento do homem cristão ou o surgimento da interioridade cristã, que descobre a consciência como consciência de si; o segundo momento, decorrente do desenvolvimento interno do cristianismo, é o do surgimento da individualidade racional moderna ou do indivíduo como consciência de si reflexiva, isto é, como razão e vontade independentes da Natureza ou da necessidade natural e independente da coação de autoridades externas na definição de seu pensamento e de sua vontade.

A liberdade como possibilidade objetiva

Além das concepções anteriores, existe ainda uma terceira concepção, que procura unir elementos das duas outras, isto é, a presença de determinações exteriores e a ideia do possível. Afirma, como a hegeliana e a estoica, que não somos um poder incondicional de escolha de quaisquer possíveis, mas que nossas escolhas são condicionadas pelas circunstâncias naturais, psíquicas, culturais e históricas em que vivemos, isto é, pela totalidade natural e cultural em que estamos situados. Afirma, como a aristotélica, que a liberdade é um ato de decisão e escolha entre vários possíveis. Todavia, não se trata da liberdade de *querer* alguma coisa, e sim (como já dizia Espinosa) de *fazer* alguma coisa. Somos livres para fazer alguma coisa quando temos o poder para fazê-la.

Essa terceira concepção da liberdade, que encontramos em pensadores marxistas (como Georg Lukács e Lucien Goldmann) e em pensadores vindos da Fenomenologia e do Existencialismo (como Merleau-Ponty), introduz a noção de *possibilidade objetiva*. O possível não é apenas alguma coisa sentida ou percebida subjetivamente por nós, mas é também – sobretudo – alguma coisa inscrita objetivamente no seio da própria necessidade, indicando que o curso de uma situação pode ser mudado por nós, em certas direções e sob certas condições. A liberdade é a capacidade para perceber tais possibilidades e o poder para realizar aquelas ações que mudam o curso das coisas, dando-lhe outra direção ou outro sentido.

Na verdade, a não ser aqueles filósofos que afirmaram a liberdade como um poder absolutamente incondicional da vontade, em quaisquer circunstâncias (como o fizeram, por razões diferentes, Kant e Sartre), os demais, nas três concepções apresentadas, sempre levaram em conta a *tensão* entre nossa liberdade e as condições – naturais, culturais, psíquicas, históricas – que nos determinam. As discussões sobre as paixões, os interesses, as circunstâncias histórico-sociais, as condições naturais sempre estiveram presentes na ética, e, por isso, uma ideia como a de possibilidade objetiva sempre esteve pressuposta ou implícita nas teorias sobre a liberdade.

Ética e Ciência

A Genética e os problemas éticos

Vimos que, para os humanos, vida e morte não são apenas acontecimentos biológicos, mas simbólicos. Por isso mesmo, desde meados do século XX, o grande desenvolvimento de uma ciência diretamente ligada à vida, a Genética, passou a ter implicações éticas muito significativas.

De fato, caso da Genética e da engenharia genética, a partir dos estudos dos genes e do surgimento das tecnologias gênicas, é duplamente importante para nós porque, como explicam os cientistas Suzuki e Knudtson, a Genética moderna conferiu aos seres humanos um grande poder sobre a hereditariedade, trazendo técnicas para conhecer os genes das espécies vegetais e animais, para decifrar as mensagens químicas cifradas das moléculas gênicas e até para modificar genótipos individuais. Têm sido enormes os benefícios desses conhecimentos na medicina, na indústria, na agricultura, modificando a visão que o ser humano possuía de seu lugar na Natureza – ele não é o "rei da Criação", mas um elo na milenar e longuíssima cadeia da vida – e na própria definição do que é um ser humano.

A Biologia Molecular, descobrindo a origem da vida, abalou os alicerces dos mitos, das religiões, da sabedoria tradicional e dos valores humanos. Por isso mesmo, coloca questões sem precedentes para a ética, a começar pelo fato de que, na sociedade contemporânea, a pesquisa científico-tecnológica e suas aplicações não dependem da vontade e da decisão de indivíduos, e sim das grandes corporações empresariais e das instituições militares (o complexo militar-industrial, de que falamos ao estudar a ciência e a técnica), que possuem os recursos e a perícia técnica necessários para se aproveitarem das novas pesquisas e das novas tecnologias. Em vista do aumento do lucro e do poderio militar, apropriam-se privadamente dos resultados científico-tecnológicos, mantidos como segredos, e, sem prestar contas a ninguém, tomam decisões que afetam todas as formas de vida do planeta.

Essas decisões envolvem inúmeros problemas, dos quais vamos aqui destacar dois:

A responsabilidade moral e os limites do conhecimento genético contemporâneo

Os conhecimentos desenvolvidos nessa área do saber, ainda que imensos e cientificamente revolucionários, são ainda muito pequenos e incertos. No entanto, precipitadamente, já têm propiciado ações sobre espécies vegetais e animais e sobre os humanos, sem que se possa prever os efeitos futuros dessas intervenções.

O chamado caso da "doença da bolha" pode servir de exemplo aqui. Os que sofrem dessa doença possuem graves problemas imunológicos, isto é, seu organismo não produz glóbulos brancos que sirvam de anticorpos que o proteja de agressões do meio ambiente. Para conservar em vida essas pessoas, desde o nascimento são confinadas em ambientes de assepsia perfeita e completa (a "bolha") e não entram em contato direto com nenhuma outra forma de vida, nem mesmo humana. Tem sido considerado um sucesso um experimento genético realizado para alterar as células das crianças nascidas com esse terrível problema, de maneira a que possam fabricar os glóbulos brancos ou leucócitos e levar uma vida normal. Infelizmente, algumas dessas crianças estão agora morrendo pelo problema contrário, isto é, por leucemia ou fabricação excessiva de leucócitos.

O outro exemplo é o do chamado "milho transgênico", isto é, a alteração genética para a obtenção de uma espécie de milho que resiste a pragas e demais problemas ambientais. A difusão da produção artificial dessa única espécie tem levado ao abandono das muitas outras variedades naturais de milho, pois, do ponto de vista do mercado, são menos lucrativas do que aquela que parece resistente a todos os males. Além dos desequilíbrios dos ecossistemas das regiões em que as outras espécies de milho deixaram de ser cultivadas e dos riscos de miséria nessas regiões que se tornaram improdutivas, ainda podemos perfeitamente supor que nada impede que um problema ambiental novo apareça e destrua subitamente a espécie única de milho. Como as outras espécies foram abandonadas, terão desaparecido e pode acontecer que, um dia, o milho desapareça da face da Terra e, com ele, o ecossistema que ele implica.

Tendo em vista a proliferação dos vegetais transgênicos além do milho (como o caso da soja e da laranja, dentre outros) e o abandono da biodiversidade natural em proveito de espécies únicas, não podemos deixar de levantar a hipótese de alterações ambientais que provoquem a extinção de várias dessas espécies únicas com efeitos gigantescos não somente sobre a vida humana (fome, miséria, doenças, mortes), mas sobre todo o planeta.

Em outras palavras, a aplicação dos conhecimentos pode estar ferindo o princípio ético da responsabilidade.

Algumas questões éticas sobre o controle da hereditariedade

As aplicações das tecnologias gênicas ou a engenharia genética colocam problemas éticos de grande envergadura que não podem ser ignorados, sobretudo a partir do momento em que se passou a sequenciar o genoma humano (o genoma é o conjunto de cromossomos que contêm os genes que os ascendentes transmitem aos seus descendentes ao longo da história de uma espécie). De fato, os cientistas que pretendem sequenciar o genoma humano acreditam chegar a um conhecimento que nos livre de dores e sofrimentos, cure doenças, prolongue a juventude e adie a morte, graças ao aperfeiçoamento da própria espécie humana com o controle sobre a hereditariedade (o famoso ADN,[2] que costuma ser mencionado e popularizado na sua forma em inglês, isto é, DNA).

Um dos problemas éticos mais graves trazidos pela Genética encontra-se na chamada "sondagem gênica", por meio da qual se pretende detectar, por exemplo, pessoas que teriam genes que as predispõem para a criminalidade, ou as que teriam genes que as predispõem para certas doenças ligadas a certos tipos de trabalho e que, por isso, não devem ser empregadas. Essas pessoas não só teriam recebido por hereditariedade a "tendência ao crime" ou a "incapacidade para um trabalho", como ainda as transmitiriam aos seus descendentes.

Dessa maneira, por uma paradoxal inversão, enquanto a ciência pretende afastar os obstáculos que a impedem de dominar a Natureza (domínio que permitiria o controle humano sobre a necessidade natural e colocaria praticamente tudo sob o poder humano), a Genética parece trazer de volta as velhas ideias de fatalidade e de destino (ou a ideia de que nada podemos contra a necessidade natural), pois o crime e a doença passam a ser tidos como efeitos necessários de uma causalidade natural necessária – a hereditariedade. Dessa forma, poder-se-ia até mesmo falar em "destino biológico", tornando vazias as ideias de liberdade, responsabilidade e autodeterminação dos indivíduos.

Mas não só isso. A ideia de um suposto "destino biológico" pode ser fonte de violência e, portanto, moralmente inaceitável. De fato, essa ideia poderia acarretar a discriminação social das pessoas que tivessem genes "criminosos", mesmo que jamais tenham cometido qualquer crime, ou genes "doentios para o serviço", mesmo que tenham sido sempre saudáveis e trabalhadoras. Essa discriminação poderia ganhar proporções gigantescas de violência, se se passasse a considerar que, sendo tais genes hereditários, a tendência à criminalidade ou à incompetência para o trabalho seria característica biológica dos grupos sociais em que tais indivíduos nascem, vivem e procriam, de sorte que a discriminação atingiria grupos sociais inteiros.

Ora, a ideia de "destino biológico" é cientificamente absurda. Como escrevem Suzuki e Knudtson:

---

2 ADN, Ácido Desoxirribonucleico, é a molécula que forma a dupla-hélice portadora dos genes e formada por subunidades nucleotídicas. É a molécula hereditária principal na maioria das espécies.

> Uma mera lista de ADN (DNA) do genoma de uma pessoa poderia parecer a alguns uma visão profética do futuro dessa pessoa. No entanto, os genes representam somente uma das dimensões da identidade biológica de uma pessoa, isto é, a "natureza" biologicamente herdada, componente da eterna equação "Natureza-Cultura", que se exprime em toda coisa vivente. Ao centrar-se exclusivamente em fatores hereditários, até mesmo uma suposta "sondagem gênica total" do ADN (DNA) de um indivíduo pode oferecer pouco mais do que uma visão momentânea das múltiplas forças que entram em jogo no desenvolvimento de uma vida humana.

Um segundo problema, derivado do anterior, é trazido pela chamada "terapia gênica germinal", isto é, que intervém em células humanas da reprodução ou células germinais, com a finalidade de curar doenças genéticas ou corrigir "defeitos genéticos". Há aqui dois problemas graves, um deles propriamente científico e o outro diretamente ético.

Qual o problema científico? A intervenção em células reprodutoras para curar doenças genéticas não pode ser feita sem que se tenha uma clara e perfeita definição do que é tal doença. Ora, a Genética ainda não possui tal definição. Em outras palavras, o problema pode ser assim resumido: (1) qualquer doença genética só tem definição provisória, pois um gene que opera perfeitamente em certas condições do meio ambiente, da alimentação, do clima, pode operar menos satisfatoriamente sob outras condições, e isso pode ser passageiro, bastando repor as condições adequadas para seu funcionamento; (2) há mudanças frequentes nas sequências de ADN (DNA), causando mutações aleatórias, responsáveis por doenças, sem que se possa prever ou "corrigir" tais mutações por interferência nas células reprodutoras, uma vez que as mutações são imprevisíveis e dependem de muitos fatores; (3) calcula-se que todo ser humano é portador de cinco a dez genes defeituosos ocultos, de maneira que tanto um indivíduo perfeitamente saudável pode ser herdeiro e transmissor de uma doença como também a intervenção em células germinais de um indivíduo geneticamente doente não impede a conservação dos genes defeituosos ocultos.

Qual o problema ético? O da eugenia, isto é, a velha ideia de "pureza da raça" ou de purificação da espécie, em nome da qual não só seriam feitas intervenções e modificações nas células reprodutoras, mas também se justificaria a eliminação dos "impuros" ou dos "inferiores" ou dos "defeituosos". Ora, quem define e quem decide o que é um ser humano "perfeito"? Com que direito alguns podem definir e decidir sobre o que seria um ser humano sem imperfeições e sem defeitos? A experiência do nazismo nos mostra os resultados de tal decisão.

Além disso, perfeição e imperfeição são valores culturais, variando de sociedade para sociedade e no correr da história, não podendo ser definidos a partir de um padrão biológico único, o qual, aliás, também é um padrão cultural. Já imaginaram, ao lado do milho transgênico e da soja transgênica, o "ser humano transgênico"? Quem já leu o belo romance *Admirável mundo novo*, de Aldous Huxley, há de se lembrar do terrível pesadelo que é a pretensão de produzir "seres humanos perfeitos", cada um deles adequado a determinado tipo de função na sociedade.

Finalmente, além dos problemas éticos de violência envolvidos pela sequenciação do genoma humano, há que mencionar ainda a violência em sua forma extrema, algo moral e politicamente inaceitável: a produção de armas biológicas, isto é, o uso deliberado de micro-organismos (vírus, bactérias, fungos) ou substâncias tóxicas obtidas a partir de células vivas com o propósito de matar ou incapacitar seres humanos, animais e plantas. Em uma palavra, o uso militar dos conhecimentos genéticos.

Os problemas assinalados significariam que devemos, supersticiosa e fanaticamente, nos opor à investigação genética? De maneira nenhuma. Os conhecimentos novos sobre os genes nos auxiliarão a combater doenças, sofrimentos e dores, a melhorar a prevenção e o tratamento de muitas desordens genéticas.

Ao mesmo tempo, porém, o que devemos e podemos exigir responsavelmente é, de um lado, o direito à informação pública correta sobre as pesquisas, suas finalidades e formas de aplicação (ou o combate ao segredo) e, de outro, a clareza quanto às consequências de curto prazo e aos riscos de longo prazo.

Alguns preceitos da GenÉtica

Introduzindo a palavra "GenÉtica", Suzuki e Knudtson propuseram um conjunto de preceitos éticos com que os cientistas e os leigos ou os não especialistas em genética podem julgar e avaliar eticamente as atividades e os fins dessa ciência e das tecnologias envolvidas por ela.

Esses preceitos éticos podem ser assim resumidos:

1. Necessidade de que se conheça perfeitamente a natureza dos genes (origens, papel nos processos hereditários das células, possibilidades de controlá-los) antes de iniciar intervenções genéticas.
2. Evitar e impedir a simplificação perigosa que estabelece uma relação causal entre os comportamentos das pessoas e supostos "defeitos" no ADN (DNA) humano.
3. As informações genéticas sobre um indivíduo devem ser conhecidas por ele para que ele possa usá-las livremente, e não para que lhe sejam impostas sob a forma de restrições, discriminações e outros prejuízos.
4. As terapias gênicas que incidem sobre as células germinais ou reprodutoras humanas sem informação de toda a sociedade e sem o consentimento de toda a sociedade devem ser explicitamente proibidas.
5. O desenvolvimento de pesquisas e a fabricação de armas biológicas são aplicações da genética eticamente inaceitáveis.
6. O meio ambiente (raios de sol, radioatividade, substâncias químicas) pode causar mutações que alteram ou destroem a informação genética contida nas moléculas genéticas; cada um de nós tem o direito de receber as informações sobre as condições do meio ambiente e ter a responsabilidade para impedir sua deterioração ou para minorar seus efeitos prejudiciais.

7. A transferência de genes de uma espécie para outra deve ser considerada zona de perigo e não deve ser realizada até que a ciência tenha perfeito conhecimento do alcance do intercâmbio genético entre espécies.
8. A diversidade genética (ou a biodiversidade) tanto nas espécies humanas como nos animais e nos vegetais é um recurso planetário precioso que deve ser preservado e controlado por nós.
9. O mero acúmulo de conhecimentos genéticos não garante a sabedoria, a prudência e a correção de nossas decisões e não pode ser invocado para controlar os seres humanos.
10. Questões que precisam ser postas e para as quais a sociedade precisa buscar respostas: (a) pode-se permitir que indivíduos privados e empresas privadas tenham a propriedade exclusiva das informações contidas nos genomas produzidos pela engenharia genética (os transgênicos)? (b) pode-se permitir que empresas biotecnológicas façam aplicações genéticas (sondagem genética, terapia genética, clonagem, transgênicos etc.) tendo como finalidade apenas o lucro e às custas de aspectos não lucrativos que têm a ver com a saúde, a alimentação, o meio ambiente? (c) que preço psicológico, moral, cultural e político quereremos pagar se decidirmos aprovar o uso das tecnologias gênicas não para celebrar a diversidade genética existente entre os seres humanos, mas para impor uma definição arbitrária do que se deve entender por "ser humano"?

CAPÍTULO 12

A Política

A vida política

Paradoxos da política

Os vários usos e sentidos da palavra "política"

De modo geral, temos uma visão ambígua da política. Consideramos a política uma atividade própria de certas pessoas encarregadas de fazê-la – os políticos profissionais –, mas também a consideramos um interesse e mesmo uma obrigação de todos. Aparece aqui um primeiro paradoxo da política: é ela uma atividade específica de alguns profissionais da sociedade ou concerne a todos porque vivemos em sociedade?

Como se observa, usamos a palavra *política* ora para significar uma atividade específica – o governo –, realizada por certo tipo de profissional – o político –, ora para significar uma ação coletiva – uma manifestação nas ruas, por exemplo – de reivindicação de alguma coisa, feita por membros da sociedade e dirigida aos governos ou ao Estado. Afinal, a política é uma profissão entre outras ou é uma ação que todos os indivíduos realizam quando se relacionam com o poder? A política se refere às atividades de governo ou a toda ação social que tenha como alvo ou como interlocutor o governo ou o Estado?

No entanto, podemos usar a palavra *política* ainda em outro sentido.

De fato, frequentemente, encontramos expressões como "política universitária", "política da escola", "política do hospital", "política da empresa", "política sindical". Nesse conjunto de expressões, já não encontramos a referência ao governo nem a profissionais da política. "Política universitária" e "política da escola" referem-se à maneira como uma instituição de ensino (pública ou privada) define sua direção e o modo de participação ou não de professores e estudantes em sua gestão, ao modo como os recursos serão empregados, ao currículo, às formas de avaliação dos alunos e professores, ao tipo de pessoa que será recebida como estudante ou como docente, à carreira dos docentes, aos salários e, se a instituição for privada, ao custo das mensalidades e matrículas etc. Em sentido próximo a esse, fala-se de "política do hospital".

Já "política da empresa" refere-se ao modo de organização e divisão de poderes relativos aos investimentos e aos lucros de uma empresa, à distribuição dos serviços, à divisão do trabalho, às decisões sobre a produção e a distribuição dos produtos, às relações com as outras empresas etc. "Política do sindicato" refere-se à maneira de preencher os cargos de direção sindical, às formas de representação e participação dos sindicalizados na direção do sindicato, aos conteúdos e às formas das reivindicações e lutas dos sindicalizados em face de outros poderes etc.

Podemos, então, indagar: afinal, o que é a política?

O que é a política?

É a atividade de governo? É a administração do que é público? É profissão de alguns especialistas? É ação coletiva referida aos governos? Ou é tudo que se refira à organização e à gestão de uma instituição pública ou privada? Quando a referimos ao governo, à atividade de alguns profissionais e às reivindicações coletivas ou sociais, usamos "política" para nos referirmos a ações que envolvem poderes de decisão e se realizam sob formas institucionalizadas (Estado, partidos políticos, organizações sindicais). Quando nos referimos à administração e à gestão de instituições públicas ou privadas, a palavra "política" é usada para indicar que organizar e gerir uma instituição envolve questões de poder. Todavia, podemos, agora, perguntar: política diz respeito a tudo quanto envolva relações de poder ou a tudo quanto envolva organização e administração de grupos sociais?

Como veremos posteriormente, o crescimento das atribuições conferidas aos governos, sob a forma do Estado, levou a uma ampliação do campo das atividades políticas, que passaram a abranger questões administrativas e organizacionais, decisões econômicas e serviços sociais. Essa ampliação das atribuições estatais acabou estendendo-se para outras esferas da vida social, levando a um uso generalizado da palavra *política* para referir-se a toda modalidade de direção de grupos sociais que envolva poder, administração e organização, tanto no plano público quanto no plano privado. Podemos, entretanto, distinguir entre esse uso generalizado e vago da palavra *política* e outro, mais específico e preciso, que aparece quando damos a ela três significados principais inter-relacionados, quais sejam:

1. o significado de *governo*, entendido como direção e administração do poder público, sob a forma do Estado. O senso comum social tende a identificar governo e Estado, mas governo e Estado são diferentes, pois o primeiro diz respeito a programas e projetos que uma parte da sociedade propõe para o todo que a compõe, enquanto o segundo é formado por um conjunto de instituições permanentes que permitem a ação dos governos.

   Ao Estado confere-se autoridade para gerir o erário ou fundo público por meio de impostos, taxas e tributos, para promulgar e aplicar as leis que definem os costumes públicos lícitos e os ilícitos ou crimes, bem como os direitos e as obrigações dos membros da sociedade. Também se reconhece como autoridade do Estado o poder para usar a força (polícia e exército) contra aqueles que forem considerados inimigos da sociedade (criminosos comuns e criminosos políticos). Confere-se igualmente ao Estado o poder para decretar a guerra e a paz. Exige-se dos membros da sociedade obediência ao Estado, mas reconhece-se o direito de resistência e de desobediência quando a sociedade julga o governo ou mesmo o Estado injusto, ilegal ou ilegítimo.

A política, neste primeiro sentido, refere-se, portanto, à ação dos governantes que possuem a autoridade para dirigir a coletividade organizada em Estado, bem como às ações da coletividade em apoio ou contrárias à autoridade governamental e mesmo à forma do Estado;

2. o significado de *atividade realizada por especialistas* – os administradores – e profissionais – os políticos –, pertencentes a certo tipo de organização sociopolítica – os partidos –, que disputam o direito de governar, ocupando cargos e postos no Estado. Neste segundo sentido, a política aparece como algo distante da sociedade, uma vez que é atividade de especialistas e profissionais que se ocupam exclusivamente com o Estado e o poder. A política é feita "por eles", e não "por nós", ainda que "eles" se apresentem como representantes "nossos";
3. o significado, derivado do anterior, de *conduta duvidosa*, não muito confiável, um tanto secreta, cheia de interesses particulares dissimulados e frequentemente contrários aos interesses gerais da sociedade e obtidos por meios ilícitos ou ilegítimos. Este terceiro significado é o mais corrente para o senso comum social e resulta em uma visão pejorativa da política. Esta aparece como um poder distante de nós (passa-se no governo ou no Estado), exercido por pessoas diferentes de nós (os administradores e profissionais da política), por meio de práticas secretas que beneficiam quem o exerce e prejudicam o restante da sociedade. Fala-se na política como "mal necessário", que precisamos tolerar e do qual precisamos desconfiar. A desconfiança pode referir-se tanto aos atuais ocupantes dos postos e cargos políticos quanto a grupos e organizações que lhes fazem oposição e pretendem derrubá-los, seja para ocupar os mesmos postos e cargos, seja para criar outro Estado, por meio de uma revolução socioeconômica e política.

Onde está, agora, o paradoxo? Na divergência entre o primeiro e o terceiro sentido da palavra *política*, pois o primeiro se refere a algo geral, que concerne a toda a sociedade, definindo leis e costumes, garantindo direitos e obrigações, criando espaço para contestações por meio da reivindicação, da resistência e da desobediência, enquanto o terceiro sentido afasta a política de nosso alcance, fazendo-a surgir como algo perverso e maléfico para a sociedade. A divergência entre o primeiro significado e o terceiro é provocada pelo segundo significado, isto é, aquele que reduz a política à ação de especialistas e profissionais.

Alguns efeitos dos paradoxos

Essa situação paradoxal da política acaba por fazer-nos aceitar como óbvias e verdadeiras certas atitudes e afirmações que, se examinadas mais a fundo, seriam percebidas como absurdas.

Tomemos dois exemplos da história da política do País. Em 1993, durante o julgamento, pelo Supremo Tribunal Federal (STF), do pedido do ex-presidente da República, Fernando Collor de Mello, de não suspensão de seus direitos políticos, ouvimos, em toda parte, a afirmação de que o Poder Judiciário (do qual o Supremo Tribunal Federal é o órgão mais alto) só teria sua dignidade preservada se o julgamento do pedido não fosse um "julgamento político". A mesma declaração ocorreu em 2016, quando o Congresso Nacional encaminhou ao Supremo Tribunal Federal o impedimento da presidente da República, Dilma Rousseff.

Onde está o paradoxo? No fato de que a República brasileira é constituída por três poderes *políticos* – Executivo, Legislativo, Judiciário – e, assim, o Supremo Tribunal Federal, sendo um poder político da República (um poder do Estado), não pode ficar fora da política. Que sentido, portanto, poderia ter a ideia de que o órgão mais alto do Poder Judiciário não deve julgar *politicamente*? Como desejar que um poder do Estado, portanto, um poder político, não atue politicamente, pondo-se fora da política?

Mais paradoxal, ainda, foi o modo como os juízes, após os dois julgamentos, avaliaram seu próprio trabalho, dizendo: "Foi um julgamento legal e não político", querendo significar que o julgamento fora feito de acordo com a lei, e não de acordo com a política. Ora (e nisso reside o paradoxo), a lei não é feita pelo Poder Legislativo? Não é parte da Constituição da República? Não é parte essencial da política? Como, então, separar o legal do político, se a lei é uma das formas fundamentais da ação política?

Na verdade, quando se insistia em que o julgamento "não fosse político" e se elogiava o julgamento por "ter sido apenas legal", o que estava sendo pressuposto por todos (sociedade e juízes) era a identificação costumeira entre política e interesses particulares escusos, contrários aos da maioria, que, por isso, deve ser protegida pela lei contra a política. O paradoxo está no fato de que uma forma essencial da política – a lei – aparece como proteção contra a própria política, que fica reduzida a jogo de interesses escusos.

Outra afirmação que aceitamos tranquilamente é aquela que acusa e critica uma greve, declarando que se trata de "greve política". É curioso que usemos, sem problema, a expressão "política sindical" e, ao mesmo tempo, a condenemos, criticando uma greve sob a alegação de ser "política".

Em certos casos, é compreensível que a expressão "greve política" apareça como uma acusação. Quando, por exemplo, se trata de trabalhadores de uma fábrica de veículos que, em nome de melhores salários, entram em greve contra a direção da empresa, considera-se que a greve é como tem que ser, ou seja, "simplesmente econômica". Ao criticá-la como "greve política", está-se querendo dizer que os grevistas, sob a aparência de uma reivindicação salarial, estariam defendendo interesses particulares escusos e ilegítimos, ou buscando, dissimuladamente, vantagens e poderes para alguns sindicalistas. A palavra *política* é, assim, empregada para dar um sentido pejorativo à greve.

Há casos, porém, em que a expressão "greve política", usada como crítica ou acusação, é surpreendente e descabida. Suponhamos, por exemplo, que os trabalhadores de um país façam uma greve geral contra o plano econômico do governo. Estão, portanto, recusando uma *política econômica* e, nesse caso, a greve é e só pode ser política. Por que, então, acusar uma greve por ela ser o que ela é? O motivo é simples: para o senso comum social, dizer de alguma coisa que ela é "política" é fazer uma acusação. A crítica, só em aparência, está dirigida contra a greve, pois, realmente, está voltada contra a política, imaginada como algo maléfico.

Essa visão generalizada da política como algo perverso, perigoso, distante de nós (passa-se no Estado), praticado por "eles" (os políticos profissionais) contra "nós", sob o disfarce de agirem "por nós", faz que seja sentida como algo secreto e desconhecido, uma conduta calculista e oportunista, uma força corrupta e, empregando a polícia e o exército, uma força repressora usada contra a sociedade.

Paradoxos da imagem maléfica da política

Essa imagem da política como um poder maléfico, do qual somos vítimas tolerantes porque passivamente consentimos em sua violência, é paradoxal pelo menos por dois motivos principais.

Em primeiro lugar, porque a política foi inventada pelos humanos como o modo pelo qual pudessem expressar suas diferenças e conflitos sem transformá-los em guerra total, em uso da força e extermínio recíproco. Em uma palavra, como o modo pelo qual os humanos, fugindo da violência, regulam e ordenam seus interesses conflitantes, seus direitos e obrigações como seres sociais. Como explicar, então, que a política seja percebida como distante, maléfica e violenta?

Em segundo lugar, porque a política foi inventada como o modo pelo qual a sociedade, internamente dividida, discute, delibera e decide em comum para aprovar ou rejeitar as ações que dizem respeito a todos os seus membros. Como explicar, então, que seja percebida como algo que não nos concerne, mas nos prejudica, não nos favorece, mas favorece os interesses escusos e ilícitos de outros?

Que aconteceu a essa invenção humana para tornar-se, paradoxalmente, um fardo de que gostaríamos de nos livrar?

Cotidianamente, jornais, rádios, televisões, redes sociais mostram, no mundo inteiro, fatos políticos que reforçam a visão pejorativa da política: corrupção, fraudes, crimes impunes praticados por políticos, mentiras provocando guerras para satisfazer aos interesses econômicos dos fabricantes de armamentos, desvios de recursos públicos que deveriam ser usados contra a fome, as doenças e a pobreza, aumento das desigualdades econômicas e sociais, uso das leis com finalidades opostas aos objetivos que tiveram ao serem elaboradas etc.

Ao lado desses fatos, não passa um dia sem que vejamos o modo desumano, autoritário, violento, como funcionários públicos, cujo salário é pago por nós (por meio de impostos), tratam a população que busca os serviços públicos. Também contribui para a visão negativa da política a linguagem em que as leis estão redigidas, tornando-se incompreensíveis para a sociedade e exigindo que sejam interpretadas por especialistas, sem que tenhamos garantia de que as interpretam corretamente, se o fazem em nosso favor ou em favor de privilégios escondidos.

O que é curioso, porém, aumentando a imagem da política como algo paradoxal, é o fato de que só podemos opor-nos a tais fatos e lutar contra eles por meio da própria política, pois, mesmo quando se faz uma guerra civil ou se realiza uma revolução, os motivos e objetivos são a política, isto é, mudanças na forma e no conteúdo do poder. Até as utopias de emancipação do gênero humano contra todas as modalidades de servidão, escravidão, autoritarismo, violência e injustiça concebem o término de poderes ilegítimos, mas não o término da própria política.

As pessoas que, desgostosas e decepcionadas, não querem ouvir falar em política, recusam-se a participar de atividades sociais que possam ter finalidade ou cunho políticos, afastam-se de tudo quanto lembre atividades políticas, mesmo tais pessoas, com seu isolamento e sua recusa, estão fazendo política, pois estão deixando que as coisas fiquem como estão e, portanto, que a política existente continue tal qual é. O paradoxo, portanto, está em que, ao recusar a política, a *apatia social* também é uma forma de fazer política, ainda que uma forma passiva.

As filosofias políticas: Antiguidade e Idade Média

A vida boa

Quando lemos os filósofos gregos e romanos, observamos que tratam a política como um valor, e não como um simples fato, considerando a existência política como finalidade superior da vida humana, como a *vida boa*, entendida como racional, feliz e justa, própria dos seres livres. Embora considerem a forma mais alta de vida a do sábio contemplativo, isto é, do filósofo, afirmam que, para os não filósofos, a vida superior é a do cidadão e só se realiza na Cidade justa. Por isso mesmo, cabe ao filósofo oferecer os conceitos verdadeiros que auxiliem ou na formulação da melhor política para a Cidade ou na compreensão de qual o melhor regime político para uma Cidade determinada.

Origem da vida política

Entre as explicações sobre a origem da vida política, três foram as principais e as mais duradouras:

- As inspiradas no mito das Idades do Homem, segundo o qual, no princípio, os seres humanos viviam na companhia dos deuses, nasciam já adultos diretamente da terra, eram imortais e felizes, sua vida transcorria em paz e harmonia, sem necessidade de leis e governo. Era a Idade de Ouro, que termina quando os humanos ofendem os deuses e são deles afastados. Tornam-se mortais, vivem isoladamente pelas florestas, sem vestuário, moradia, alimentação segura, sempre ameaçados pelas feras e intempéries. Pouco a pouco, descobrem o fogo (em alguns mitos, um deus compadecido lhes dá o fogo): passam a cozer os alimentos e a trabalhar os metais, constroem cabanas, tecem o vestuário, fabricam armas para caça e proteção contra animais ferozes, formam famílias. Estão na Idade do Bronze. Por fim, passarão, à Idade do Ferro, a última das idades.

Em geral, a Idade do Ferro é descrita como época dos humanos organizados em grupos, fazendo guerra entre si. Para cessar o estado de guerra, os deuses fazem nascer um homem eminente, que redigirá as primeiras leis e criará o governo. Esse escolhido e enviado dos deuses é o Legislador ou Fundador. Com ele, nasce a política. Esta, portanto, se origina da razão (a sabedoria do Legislador). Leis e legislador garantem a origem racional da vida política, a obra da razão sendo a ordem, a harmonia e a concórdia entre os humanos sob a forma da Cidade. *A razão funda a política.*

- As inspiradas pela obra do poeta grego Hesíodo, *Os trabalhos e os dias*. Agora, a origem da vida política vincula-se à doação do fogo aos homens, feita pelo semideus Prometeu, que rouba o fogo dos deuses e será punido por eles (é um mártir divino que se sacrifica pelo bem dos humanos). Graças ao fogo, os humanos podem trabalhar os metais, cozer os alimentos, fabricar utensílios e, sobretudo, descobrir que são diferentes dos animais. Essa descoberta os leva a perceber que viverão melhor se viverem em comunidade, dividindo os trabalhos e as tarefas. Organizados em comunidades, colocam-se sob a proteção dos deuses, de quem recebem as leis e as orientações para o governo.

  Pouco a pouco, porém, descobrem que sua vida tem problemas e exige soluções que somente eles podem enfrentar e encontrar. Mantendo a piedade pelos deuses, entretanto, criam leis e instituições propriamente humanas, dando origem à comunidade política propriamente dita. A comunidade política nasce, portanto, não como obra de um legislador ou de um fundador enviados pelos deuses, mas como uma convenção entre homens, que decidem viver em comum e combinam entre si as regras e normas a que obedecerão. *A convenção funda a política.*

- As teorias que afirmam que a política decorre da natureza humana e que a Cidade existe por Natureza. Os humanos são, por Natureza, diferentes dos animais, porque são dotados do *lógos*, isto é, da linguagem e do pensamento. Por serem dotados da capacidade de comunicação, são naturalmente sociais ou, como diz Aristóteles, são *animais políticos*. Nessa teoria política, não é preciso buscar nos deuses, nas leis ou nas técnicas a origem da Cidade: basta conhecer a natureza humana para nela encontrar a causa da política. Os humanos, falantes e pensantes, são seres de comunicação, e é essa a causa da vida em comunidade ou da vida política. Nessa concepção, a *Natureza (como natureza humana) funda a política.*

Na primeira teoria, a política é o remédio que a razão encontra para a perda da felicidade da comunidade originária. Na segunda, a política resulta do desenvolvimento das técnicas e dos costumes, sendo uma convenção humana. Na terceira, enfim, a política define a própria essência do ser humano, e a Cidade é considerada uma instituição natural.

Finalidade da vida política

Para os gregos, a finalidade da vida política era a justiça na comunidade.

A noção de justiça fora, inicialmente, elaborada em termos míticos e se referia à lei divina trazida aos homens pela deusa Thémis, que institui a ordem do mundo ou o *kósmos*, e pela deusa Diké, que institui a justiça entre as coisas e entre os homens, no respeito às leis divinas e à ordem cósmica. A ideia de justiça se referia, portanto, a uma ordem divina e natural, que regula, julga e pune as ações das coisas e dos seres humanos. A justiça é a lei – *nómos* – e a ordem do mundo – *kósmos*. A lei e a ordem constituem a essência da própria Natureza – *phýsis* –, por isso a justiça era algo existente na Natureza e por natureza.

A invenção da política exigiu que as explicações míticas fossem afastadas – *Thémis* e *Diké* deixaram de ser vistas como duas deusas que impunham ordem e leis ao mundo e aos seres humanos, passando a significar as *causas* que fazem haver ordem, lei e justiça na Natureza e na *pólis*. Justo é o que segue a ordem natural e respeita a lei natural.

No entanto, visto que são os humanos que criam a *pólis*, pode-se perguntar se esta é algo natural (existe por natureza) ou algo convencional (existe por uma convenção ou um consenso dos humanos). Essa indagação dividiu os filósofos gregos: de um lado, ficaram os sofistas, defensores do caráter convencional da *pólis*, da justiça e da lei; de outro, ficaram Platão e Aristóteles, defensores do caráter natural da *pólis*, da justiça e da lei.

A posição dos sofistas

Para os sofistas, a *pólis* nasce por convenção entre os seres humanos quando percebem que lhes é mais útil a vida em comum do que em isolamento. Convencionam regras de convivência que se tornam leis, *nómos*. A justiça é o consenso quanto às leis e a finalidade da política é criar e preservar esse consenso.

Se a *pólis* e as leis são convenções humanas, podem mudar, desde que haja mudança nas circunstâncias. A justiça será não só conservar as leis, mas também permitir sua mudança sem que isso destrua a comunidade política, e a única maneira de realizar mudanças sem destruição da ordem política é o debate para chegar ao consenso, isto é, a expressão pública da vontade da maioria, obtida pelo voto dos cidadãos reunidos em assembleia.

A finalidade da política era a justiça entendida como *concórdia* entre os cidadãos, conseguida na discussão pública de opiniões e interesses contrários. O debate dos opostos, a exposição persuasiva dos argumentos antagônicos, devia levar à vitória do interesse mais bem argumentado, aprovado pelo voto da maioria.

A posição de Platão

Para Platão, os seres humanos e a *pólis* têm a mesma estrutura. Os humanos são dotados de três princípios psíquicos de atividade: a alma concupiscente ou desejante (situada nas entranhas ou no baixo-ventre), que busca satisfação dos apetites do corpo, tanto dos necessários à sobrevivência, como dos que, simplesmente, causam prazer; a alma irascível ou colérica (situada no peito ou no coração), que defende o corpo contra as agressões do meio ambiente e de outros humanos, reagindo à dor na proteção de nossa vida; e a alma racional ou intelectual (situada na cabeça), que se dedica ao conhecimento, tanto sob a forma de percepções e opiniões vindas da experiência como sob a forma de ideias verdadeiras contempladas pelo puro pensamento. Da mesma maneira, a *pólis* tem uma estrutura tripartite, formada por três classes sociais: a classe econômica dos proprietários de terra, artesãos e comerciantes, que garante a sobrevivência material da cidade; a classe militar dos guerreiros, responsável pela defesa da cidade; e a classe dos magistrados, que garante o governo da cidade sob as leis.

Um humano, diz Platão, é injusto quando a alma concupiscente (os apetites e prazeres) é mais forte do que as outras duas, dominando-as. Também é injusto quando a alma colérica (a agressividade) é mais poderosa do que a racional, dominando-a. O que é, pois, o humano justo? Aquele cuja alma racional (pensamento e vontade) é mais forte do que as outras duas almas, impondo à concupiscente a virtude da temperança ou moderação e à colérica a virtude da coragem, que deve controlar a concupiscência. O humano justo é o humano virtuoso e a virtude, domínio racional sobre o desejo e a cólera. A justiça *ética* é a hierarquia das almas, a racional, superior, dominando as inferiores. O que é a justiça *política*? Essa mesma hierarquia, mas aplicada à sociedade – os sábios legisladores devem governar, os militares, subordinados aos legisladores, devem defender a Cidade, e os membros da classe econômica, subordinados aos legisladores, devem assegurar a sobrevivência da *pólis*. Como realizar a Cidade justa? Pela educação dos cidadãos – homens e mulheres (Platão não exclui as mulheres da política e critica os gregos por excluí-las).

Desde a primeira infância, a *pólis* deve tomar para si o cuidado total das crianças, educando-as para as funções necessárias à Cidade. A educação dos cidadãos submete as crianças a uma mesma formação inicial em cujo término passam por uma seleção: as menos aptas serão destinadas à classe econômica, enquanto as mais aptas prosseguirão os estudos. Uma nova seleção separa os jovens: os menos aptos serão destinados à classe militar, enquanto os mais aptos continuarão a ser educados. O novo ciclo educacional ensina as ciências aos jovens e os submete a uma última seleção: os menos aptos serão os administradores da *pólis*, enquanto os mais aptos prosseguirão os estudos. Aprendem, agora, a Filosofia, que os transformará em sábios legisladores, para que sejam a classe dirigente.

A Cidade justa é governada pelos filósofos, administrada pelos cientistas, protegida pelos guerreiros e mantida pelos produtores. Cada classe cumprirá sua função para o bem da *pólis*, racionalmente dirigida pelos filósofos. Em contrapartida, a Cidade injusta é aquela na qual o governo está nas mãos dos proprietários – que não pensam no bem comum da *pólis* e lutarão por interesses econômicos particulares –, ou na dos militares

– que mergulharão a Cidade em guerras para satisfazer seus desejos particulares de honra e glória. Somente os filósofos têm como interesse o bem geral da *pólis* e somente eles podem governá-la com justiça.

A posição de Aristóteles

Para determinarmos o que é a justiça, diz Aristóteles, precisamos distinguir dois tipos de bens: os partilháveis e os participáveis. Um bem é partilhável quando é uma *quantidade* que pode ser dividida e distribuída – a riqueza é um bem partilhável. Um bem é participável quando é uma *qualidade* indivisível, que não pode ser repartida nem distribuída, podendo apenas ser participada – o poder político é um bem participável. Existem, pois, dois tipos de justiça na Cidade: a distributiva, referente aos bens econômicos partilháveis; e a participativa, referente ao poder político participável. A Cidade justa saberá distingui-las e realizar ambas.

A justiça distributiva consiste em dar a cada um o que é devido, e sua função é dar desigualmente aos desiguais para torná-los iguais. Suponhamos, por exemplo, que a *pólis* esteja atravessando um período de fome em decorrência de secas ou enchentes e que adquira alimentos para distribuí-los a todos. Para ser justa, a Cidade não poderá reparti-los de modo igual para todos. De fato, aos que são pobres, deve doá-los, mas aos que são ricos, deve vendê-los, de modo que consiga fundos para aquisição de novos alimentos. Se doar a todos ou vender a todos, será injusta. Também será injusta se atribuir a todos as mesmas quantidades de alimentos, pois dará quantidades iguais para famílias desiguais, umas mais numerosas do que outras. Em suma, é injusto tratar igualmente os desiguais e é justo tratar desigualmente os desiguais para que recebam os partilháveis segundo suas condições e necessidades. É isso igualar os desiguais.

A função ou finalidade da justiça distributiva sendo a de igualar os desiguais, dando-lhes desigualmente os bens, implica afirmar que em uma cidade onde a diferença entre ricos e pobres é muito grande vigora a injustiça, pois não dá a todos o que lhes é devido como seres humanos. Na cidade injusta, as leis, em lugar de permitirem aos pobres o acesso às riquezas (por meio de limitações impostas à extensão da propriedade, de fixação da boa remuneração do trabalho dos trabalhadores pobres, de impostos e tributos que recaiam sobre os ricos apenas etc.), vedam-lhes tal direito. Ora, somente os que não são forçados às labutas ininterruptas para a sobrevivência são capazes de uma vida plenamente humana e feliz. A Cidade injusta, portanto, impede que uma parte dos cidadãos tenha assegurado o direito à vida boa.

Por sua vez, a justiça política consiste em respeitar o modo pelo qual a comunidade definiu a participação no poder. Essa definição depende daquilo que a Cidade mais valoriza e os regimes políticos variam em função do valor mais respeitado pelos cidadãos.

Há Cidades que valorizam a *honra* (isto é, a hierarquia social baseada no sangue, na terra e nas tradições), julgando que o poder é a honra mais alta e que cabe a um só: tem-se a *monarquia*, na qual é justo que um só participe do poder. Há Cidades que valorizam a virtude como *excelência de caráter* (coragem, lealdade, fidelidade ao grupo e aos antepassados), julgando que o poder cabe aos melhores: tem-se *aristocracia*, na qual é justo que somente alguns participem do poder. Há Cidades que valorizam a *igualdade* (são iguais os que são livres), consideram a diferença entre ricos e pobres como diferença econômica, e não política, julgando que todos possuem o direito de participar do poder: tem-se a *democracia*, na qual é justo que todos governem.

Enquanto Platão se preocupa com a educação e formação do dirigente político – o governante filósofo –, Aristóteles se interessa pela qualidade das instituições políticas (assembleias, tribunais, forma da coleta de impostos e tributos, distribuição da riqueza, organização do exército etc.). Com isso, ambos legam para as teorias políticas subsequentes duas maneiras de conceber onde se situa a qualidade justa da Cidade: platonicamente, essa qualidade depende das virtudes do dirigente; aristotelicamente, das virtudes das instituições.

Os regimes políticos

Dois vocábulos gregos são empregados para compor as palavras que designam os regimes políticos: *arkhé* – que significa: o que está à frente, o que tem comando – e *kratós* – que significa: o poder ou autoridade suprema. As palavras compostas com *arkhé* (arquia) designam a *quantidade* dos que estão no comando. As compostas com *kratós* (cracia) designam *quem* está no poder.

Assim, do ponto de vista da *arkhé*, os regimes políticos são: monarquia ou governo de um só (*monas*), oligarquia ou governo de alguns (*oligói*), poliarquia ou governo de muitos (*polos*) e anarquia ou governo de ninguém (*ana*).

Do ponto de vista do *kratós*, os regimes políticos são: autocracia (poder de uma única pessoa (*autós*), reconhecida como rei), aristocracia (poder dos *aristói*, isto é, dos melhores), democracia (poder do *demos*, isto é, do povo).

O único regime verdadeiramente democrático da Antiguidade foi o de Atenas. Nas demais cidades gregas e em Roma, o regime político era oligárquico, as famílias ricas sendo hereditárias no poder, mesmo quando admitiam a entrada de novos membros no governo, pois as novas famílias também se tornavam hereditárias.

O legado platônico e aristotélico

Devemos a Platão e a Aristóteles três ideias políticas, elaboradas a partir da experiência política antiga: a primeira delas é a distinção entre regimes políticos e não políticos; a segunda, a da causa da variação de regimes políticos; a terceira se refere à transformação de um regime político em outro.

Distinção entre político e não político

Um regime só é político se instituído por um corpo de leis publicamente reconhecidas e sob as quais todos vivem, governantes e súditos, governantes e cidadãos. Em suma, é político o regime no qual os governantes estão submetidos às leis. Quando a lei coincide com a vontade pessoal e arbitrária do governante, não há política, mas despotismo e tirania. Quando não há lei de espécie alguma, não há política, mas anarquia. A presença ou ausência da lei conduz à ideia de regimes políticos *legítimos* e *ilegítimos*. Um regime é legítimo quando, além de legal, é justo (as leis são feitas segundo a justiça); um regime é ilegítimo quando a lei é injusta ou quando é contrário à lei, isto é, ilegal, ou, enfim, quando não possui lei alguma.

Variedade de regimes políticos

Para Aristóteles, a variação dos regimes políticos depende de dois fatores principais: a natureza ou índole do povo e a extensão do território. Assim, por exemplo, um povo cuja índole ou natureza tende espontaneamente para a igualdade e a liberdade e cuja Cidade é de pequena extensão territorial naturalmente instituirá uma democracia e será mal-avisado se a substituir por outro regime. Em contrapartida, um povo cuja índole ou natureza tende espontaneamente para a obediência a uma única autoridade e que vive em um território extenso naturalmente instituirá a monarquia, sendo desavisado se a substituir por outro regime político. Dessa maneira, os filósofos gregos legaram ao Ocidente a ideia de *regimes políticos naturais*, isto é, a ideia de que a instituição de um regime político depende de fatores produzidos pela Natureza (a índole natural de um povo e o tipo de território em que se instala).

Corrupção dos regimes políticos

Os regimes políticos se transformam em decorrência de mudanças econômicas – aumento do número de ricos e diminuição do número de pobres, diminuição do número de ricos e aumento do número dos pobres – e de resultados de guerras – conquistas de novos territórios e populações, submissão a vencedores que conquistam a Cidade.

Presença ou ausência da lei e variação econômica e militar determinam, segundo Platão e Aristóteles, a corrupção ou decadência dos regimes políticos: a monarquia degenera em tirania, quando um só governa para servir aos seus interesses pessoais; a aristocracia degenera em oligarquia dos muito ricos – plutocracia – ou dos guerreiros – timocracia –, que também governam apenas em seu interesse próprio; a democracia degenera em demagogia; e esta, em anarquia. Em geral, a anarquia leva à tirania, quando a sociedade, desgovernada, apela para um homem superior aos outros no manejo das armas e dos argumentos, nele buscando a salvação.

Tanto a tipologia platônico-aristotélica dos regimes políticos segundo o valor dos que participam do poder e da variedade de regimes de acordo com a índole natural do povo e das condições naturais do território quanto a teoria da decadência ou corrupção dos regimes políticos serão mantidas até o século XVIII, aparecendo com vigor em uma das obras políticas mais importantes da Ilustração, *O espírito das leis*, de Montesquieu.

Romanos: a construção do príncipe

Após o primeiro período de sua história política, a época arcaica e lendária dos reis patriarcais, semi-humanos e semidivinos, Roma torna-se uma república aristocrática governada pelos grandes senhores de terras, os patrícios,[1] e pelos representantes eleitos pela plebe, os tribunos da plebe. O poder cabe a uma instituição designada como "Senado e Povo Romano", que pode, em certas circunstâncias previstas na lei, receber "homens novos", isto é, os plebeus que, por suas riquezas, casamentos ou feitos militares, passam a fazer parte do grupo governante.

Roma é uma república por três motivos principais: (1) o governo está submetido a leis escritas impessoais; (2) a *res publica* (coisa pública) é o solo público romano, distribuído às famílias patrícias, mas pertencente legalmente a Roma, isto é, a propriedade da terra é *coisa pública* cujo uso é concedido pelo Estado a cidadãos privados; (3) o governo administra os fundos públicos (recursos econômicos provenientes de impostos, taxas e tributos), usando-os para a construção de estradas, aquedutos, templos, monumentos e novas cidades, e para a manutenção dos exércitos.

No centro do governo estavam dois cônsules, eleitos pelo Senado e Povo Romano, aos quais eram entregues dois poderes: o administrativo (gestão dos fundos e serviços públicos) e o *imperium*, isto é, o Poder Judiciário e militar. O Senado reservava para si duas autoridades: o conselho dos magistrados e a autoridade moral sobre a religião e a política.

República oligárquica, Roma é uma potência com vocação militar. Em 50 anos, conquista todo o mundo conhecido, com exceção da Índia e da China. Esse feito é obra militar dos cônsules que, como dissemos, foram investidos com o *imperium* (Poder Judiciário e militar). São *imperatores*.

Pouco a pouco, à medida que Roma se torna uma potência imperialista mundial, alguns dos cônsules (Júlio Cesar, Numa, Pompeu) reivindicam mais poder e mais autoridade, que lhes vão sendo concedidos pelo Senado e Povo Romano. Gradualmente, sob a aparência de uma república aristocrática, instala-se uma república monárquica, que se inicia com Júlio César e se consolidará nas mãos de Augusto. Com este último, a monarquia irá perdendo o caráter republicano até substituir o consulado, tornando-se senhorial, e instituir-se como Principado. O príncipe é *princeps*, isto é, o primeiro dos cidadãos e, nessa qualidade, é imperador: chefe militar, detentor do Poder Judiciário, magistrado, senhor das terras do Império Romano, autoridade suprema. Por isso mesmo, vários pensadores romanos republicanos, como Tácito, Cícero, Tito Lívio, consideram que a *decadência política* de Roma coincide com o momento de seu maior esplendor econômico e militar, isto é, o Principado, quando o nome "César" deixa de nomear a pessoa de Júlio César e passa a indicar a posição do governante – o príncipe é um césar.

---

[1] Patrício se deriva da palavra latina *Pater*, pai. Os patrícios romanos eram aquele considerados descendentes dos Pais Fundadores da república e formavam o patriciado, em contraposição à plebe. Denominava-se a si mesmo como *Populus Romanus*, Povo Romano, do qual a plebe não fazia parte.

A mudança da república para o principado ou cesarismo transparece na teoria política. Embora esta continue afirmando os valores republicanos – importância das leis, do direito e das instituições públicas, particularmente do Senado e Povo Romano –, a preocupação dos teóricos estará voltada para a figura do *príncipe*.

Inspirando-se no governante-filósofo de Platão, os pensadores romanos produzirão o ideal do príncipe perfeito ou do *Bom Governo*. A nova teoria política mantém a ideia grega de que a comunidade política tem como finalidade a vida boa ou a justiça, identificada com a ordem, harmonia ou concórdia no interior da Cidade. No entanto, agora, a justiça dependerá das qualidades morais do governante. O príncipe deve ser o *modelo das virtudes* para a comunidade, pois ela o imitará.

Na verdade, os pensadores romanos viram-se entre duas teorias: a platônica, que pretendia chegar à política legítima e justa educando virtuosamente *os governantes*; e a aristotélica, que pretendia chegar à política legítima e justa propondo qualidades positivas para *as instituições* da Cidade, das quais dependiam as virtudes dos cidadãos. Entre as duas, os romanos escolheram a platônica, mas tenderam a dar menor importância à organização política da sociedade (as três classes platônicas) e maior importância à formação do príncipe virtuoso ou ao Bom Governo.

O príncipe, como todo ser humano, é passional e racional, porém, diferentemente dos outros humanos, não poderá ceder às paixões, mas apenas à razão. Por isso, deve ser educado para possuir um conjunto de virtudes que são próprias do governante justo, ou seja, as *virtudes principescas*. O verdadeiro *vir* (varão, em latim) possui três séries de *virtutes* ou qualidades morais. A primeira delas é comum a todo homem virtuoso, sendo constituída por quatro virtudes universais que cada um deve possuir se quiser ser virtuoso: sabedoria ou prudência, justiça ou equidade, coragem e temperança ou moderação. A segunda série constitui o conjunto das virtudes propriamente principescas: honradez ou disposição para manter os princípios em todas as circunstâncias, magnanimidade ou clemência, isto é, capacidade para dar punição justa e para perdoar, e liberalidade, isto é, disposição para colocar sua riqueza a serviço do povo. Finalmente, a terceira série de virtudes refere-se aos objetivos que devem ser almejados pelo príncipe virtuoso: honra, glória e fama.

Cícero insiste em que o verdadeiro príncipe é aquele que nunca se deixa arrastar por paixões que o transformem em uma besta. Não pode ter a violência do leão nem a astúcia da raposa, mas deve, em todas as circunstâncias, comportar-se como homem dotado de vontade racional. O príncipe será o Bom Governo se for um Bom Conselho, isto é, sábio, devendo buscar o amor e respeito dos súditos.

Em contraponto ao Bom Governo, a teoria política ergue o retrato do *tirano* ou o príncipe vicioso: bestial, intemperante, passional, injusto, covarde, impiedoso, avarento e perdulário, sem honra, fama ou glória, odiado por todos e de todos temeroso. Inseguro e odiado, rodeia-se de soldados, vivendo isolado em fortalezas, temendo a rua e a corte.

A teoria do Bom Governo deposita na *pessoa do governante* a qualidade da política e faz de suas virtudes privadas virtudes públicas. O príncipe encarna a comunidade e a espelha, sendo por ela imitado tanto na virtude como no vício.

O poder teológico-político: o cristianismo

As teorias teológico-políticas

Na elaboração da teologia política, os teóricos cristãos dispunham de três fontes principais: a Bíblia traduzida para o latim, os códigos de leis dos imperadores romanos, conhecidos como Direito Romano, e as ideias retiradas de algumas poucas obras conhecidas de Platão, Aristóteles e, sobretudo, Cícero.

De Platão, vinha a ideia da comunidade justa, organizada hierarquicamente e governada por sábios legisladores. De Aristóteles, vinha a ideia de que a finalidade do poder era a justiça, como bem supremo da comunidade. De Cícero, a ideia do Bom Governo do príncipe virtuoso, espelho para a comunidade. De todos eles, a ideia de que a política era resultado da Natureza e da razão.

No entanto, essas ideias filosóficas precisavam ser conciliadas com a outra fonte do pensamento político, a Bíblia. E a conciliação não era fácil, uma vez que a Escritura Sagrada não considera o poder como algo natural e originado da razão, mas proveniente da vontade de Deus, sendo, portanto, teocrático.

A Bíblia, como se sabe, é um conjunto de textos de proveniências, épocas e autores muito diferentes, escritos em várias línguas – hebraico, aramaico e grego – e formando dois grupos principais, o Antigo e o Novo Testamento. Ao ser traduzida para o latim, os tradutores só dispunham da língua culta romana e dos textos que formavam o chamado Direito Romano. A tradução verteu os diferentes textos para a linguagem latina clássica, fazendo prevalecer a língua jurídica e legal romana, combinando, assim, a forte tradição legalista judaica e a romana. Essa Bíblia latinizada servirá de base para as teorias políticas e fornecerá os critérios para decidir o que aceitar e o que recusar das ideias de Platão, Aristóteles e Cícero, combinando de maneira complexa e, às vezes, pouco aceitável, as concepções filosóficas e as teocráticas.

As teorias do poder teológico-político, embora tenham recebido diferentes formulações no correr da Idade Média, variando conforme as condições históricas exigiam, apresentavam os seguintes pontos em comum:

- O poder é *teocrático*, isto é, pertence a Deus e Dele vem aos homens por Ele escolhidos para representá-Lo. O fundamento dessa ideia encontra-se não só em uma passagem do Antigo Testamento, que já mencionamos, onde se lê que "Todo poder vem do Alto/Por mim reinam os reis e governam os príncipes", como também em uma passagem do Novo Testamento, na Epístola de São Paulo aos Romanos, capítulo XIII. O poder político é um *favor divino* ou uma *graça divina* e o governante não representa os governados, mas representa Deus perante os governados. O regime político é a monarquia teocrática em que o monarca é *rei pela graça de Deus*. A comunidade política se forma pelo *pacto de submissão* dos súditos ao rei.
- O rei, porque escolhido por Deus, Dele recebe a lei, ou, como dizem os teólogos juristas, o rei traz a lei em seu peito e o que agrada ao rei tem força de lei. O rei é,

portanto, a fonte da lei e da justiça – afirma-se que é pai da lei e filho da justiça. Sendo autor da lei e tendo o poder pela graça de Deus, está acima das leis e não pode ser julgado por ninguém, tendo poder absoluto. O fundamento dessa ideia é retirado de um preceito do Direito Romano que afirma: "Ninguém pode dar o que não tem e ninguém pode tirar o que não deu". Se o poder é dado ao rei por Deus, então não foi o povo quem lhe deu o poder, pois o povo não tem o poder, uma vez que este a Deus pertence, e, portanto, o povo também não pode julgar o rei nem tirar-lhe o poder. Se um rei for tirânico e injusto, nem assim os súditos poderão resistir-lhe nem depô-lo, pois ele está no poder pela vontade de Deus, que, para punir os pecados do povo, o faz sofrer sob um tirano. Este é um flagelo de Deus. Porque o poder vem do Alto, porque o rei é pai da lei e está acima dela, e porque os súditos fizeram o pacto de submissão, o rei é intocável.

- O príncipe cristão deve possuir o conjunto das virtudes definidas pelo cristianismo, portanto, como vimos ao estudar o surgimento da ética cristã, *virtudes teologais* e *virtudes cardeais* bem como o conjunto das *virtudes principescas* definidas pelos romanos como próprias do Bom Governo. Sendo espelho da comunidade, em sua pessoa devem estar encarnadas as qualidades cristãs que a comunidade deve imitar.
- A comunidade e o rei formam o *corpo político*: a cabeça é a coroa ou o rei, o peito é a legislação sob a guarda dos magistrados e conselheiros do rei, os membros superiores são os senhores ou barões que formam os exércitos do rei e a ele estão ligados por juramento de fidelidade ou de vassalagem, e os membros inferiores são o povo que trabalha para o sustento do corpo político. A *pólis* platônica é, assim, transformada no *corpo político do rei.*
- A hierarquia política e social é considerada ordenada por Deus e natural. O mundo é uma ordem fixa de lugares e funções que cada ser (minerais, vegetais, animais e humanos) ocupa necessariamente e nos quais realiza sua natureza própria. Os seres estão distribuídos em graus, e o grau inferior deve obediência ao superior, submetendo-se a ele. No caso da comunidade política, a hierarquia obedece aos critérios das funções e da riqueza, formando *ordens* sociais e *corpos* ou corporações que são órgãos do corpo político do rei. Não existe a ideia de indivíduo, mas de ordem ou corporação a que cada um pertence por vontade divina, por natureza e por hereditariedade, ninguém podendo subir ou descer na hierarquia a não ser por vontade expressa do rei. Cada um nasce, vive e morre no mesmo lugar social, transmitindo-o aos descendentes.
- No topo da hierarquia encontram-se o papa e o imperador. O primeiro possui o poder espiritual; o segundo, o temporal. Em decorrência da desaparição política dos centros urbanos (sobretudo de Roma como cidade universal) e em decorrência do isolamento provocado pela ruralização da vida econômico-social e sua fragmentação, cada região possui um conjunto de senhores que escolhe um chefe entre seus pares, garantindo-lhe – e à sua dinastia – a permanência indefinida no poder. Formam-se reinos por todo o território da Europa medieval. Há, assim, pequenos reis regionais cujo poder só passará a outros se o reinante morrer sem

herdeiro do sexo masculino, ou se trair seus pares e for por eles deposto, ou se houver uma guerra na qual seja derrotado e o vencedor tenha força para reivindicar o poder régio. Os pequenos reis constituem uma assembleia subordinada ao Grande Rei ou Imperador da Europa (senhor do Sacro Império Romano-Germânico, formado por todos os reinos cristãos da Europa), que possui o poder teocrático, isto é, ele é escolhido por Deus, e não pelos outros reis (estes, sim, foram escolhidos por seus pares, os barões).

- A justiça, finalidade da comunidade cristã, é a hierarquia de submissão e obediência do inferior ao superior, pois é essa a ordem natural criada pela lei divina. A vida temporal é inferior à vida espiritual, por isso a finalidade maior do governante é a salvação da alma imortal de seus súditos, pela qual responderá perante Deus.

Mesmo que considere a comunidade política algo natural – como dizia Aristóteles e dirão vários teólogos, como Tomás de Aquino – e mesmo que se considere que a comunidade política é obra da razão – como diziam Platão e Cícero e afirmarão vários teólogos, como Guilherme de Ockham –, ainda assim a finalidade suprema do poder político, isto é, o bem e a justiça, não é estritamente terrena ou temporal, mas espiritual. O príncipe é responsável pela finalidade mais alta da política: a salvação eterna de seus súditos.

O dualismo do poder

No final da Idade Média, sobretudo com a retomada das obras de Aristóteles pelos teólogos, haverá um esforço para separar a Cidade de Deus – a Igreja – e a Cidade dos Homens – a comunidade política.

Considera-se que a primeira foi instituída e fundada diretamente por Deus com a doação das Chaves do Reino aos apóstolos, mas a segunda foi instituída ou fundada pela Natureza, que fez o homem um ser racional e um animal político. Sem dúvida, a boa cidade é a Cidade dos Homens *cristã*, em harmonia com a Cidade de Deus, mas as instituições políticas devem ser consideradas humanas, criadas em concordância com a ordem e a lei naturais, derivadas da lei divina eterna.

Um dos teóricos mais importantes da naturalidade da política é o teólogo Santo Tomás de Aquino, para quem, sendo o homem um animal social, a sociabilidade natural já existia no Paraíso, antes da queda e da expulsão dos seres humanos. Após o pecado original, os seres humanos não perderam sua natureza sociável e, por isso, naturalmente organizaram-se em comunidades, deram-se leis e instituíram as relações de mando e obediência, criando o poder político.

Diferentemente de Santo Agostinho, para quem o pecado tornara o homem perverso e violento, injusto e fundador da Cidade dos Homens, injusta como ele, para Tomás de Aquino os humanos perderam a inocência original, mas não perderam a natureza original que lhes fora dada por Deus. Por esse motivo, neles permaneceu o senso da justiça, entendida como o dever de dar a cada um o que lhe é devido, e com ela fundaram a comunidade política.

A finalidade da comunidade política é a ordem – o inferior deve obedecer ao superior – e a justiça – dar a cada um segundo suas necessidades e seus méritos. Ordem e justiça definem a comunidade política como o único instrumento humano legítimo para assegurar o *bem comum*.

Na mesma linha de separação entre poder espiritual da Igreja e poder temporal da comunidade política, encontra-se o teólogo inglês Guilherme de Ockham, que, para melhor definir a justiça e o bem comum, introduz a ideia de *direito natural subjetivo*. Para que a comunidade política possa realizar a justiça, isto é, dar a cada um o que lhe é devido segundo suas necessidades e seus méritos, é preciso que o legislador e o magistrado possuam um critério ou uma medida que defina o justo. Essa medida é o direito natural subjetivo de cada um e de todos os homens como o direito à vida, à consciência e aos bens materiais e espirituais necessários à garantia da vida e da consciência.

Passa-se, então, a falar em dois grandes direitos naturais: o direito natural *objetivo*, que é a ordem natural hierárquica universal instituída por Deus ou pela lei divina, e o direito natural *subjetivo*, possuído pelo indivíduo como ser racional e livre. Esses dois direitos servem de critério e de padrão para determinar a legitimidade e justiça de um poder e de uma comunidade política, bem como sua ilegitimidade e injustiça quando não os seguem.

Com Tomás de Aquino e Ockham, novas ideias são trazidas à teoria política, ainda que continue teológica, isto é, referida à vontade suprema de Deus. Diante da tradição teocrática medieval, são novas as ideias de comunidade política natural, lei humana política e direito natural dos indivíduos como sujeitos dotados de consciência e de vontade.

Os dois teólogos mantêm a ideia de bom governo do príncipe cristão virtuoso e a de que a monarquia é a forma natural e melhor de governo, a mais adequada para realizar a justiça como bem comum. Conservam também a ideia de hierarquia natural criada pela lei divina eterna e concretizada pela lei natural. Finalmente, introduzem o primeiro esboço do que viria a ser conhecido, com a Reforma Protestante, como o *direito de resistência* dos súditos quando o governante é um tirano. Os governados não podem depor nem matar o tirano, mas podem resistir a ele, buscando instrumentos legais que contestem sua autoridade, forçando-o a abdicar do poder. Um dos instrumentos legais mais importantes para isso é a ideia de direito subjetivo natural: quando este é violado pelo governante, o governo se torna ilegítimo, o pacto de submissão perde a validade e o governante deve abdicar do poder.

As filosofias políticas: de Maquiavel às teorias revolucionárias

O ideal republicano

O ressurgimento das cidades

À volta dos castelos feudais, durante a Idade Média, formaram-se aldeias ou burgos. Enquanto em toda a sociedade prevalecia a relação de vassalagem – juramento de fidelidade prestado por um inferior a um superior que prometia proteger o vassalo –, nos burgos a divisão social do trabalho fez aparecer outra organização social, a corporação de ofício. Tecelões, pedreiros, ferreiros, médicos, arquitetos, comerciantes etc. organizavam-se em confrarias, em que os membros estavam ligados por um juramento de confiança recíproca.

Embora internamente as corporações também fossem hierárquicas, era possível, a partir de regras convencionadas entre seus membros, ascender na hierarquia e, externamente, nas relações com outras corporações, todos eram considerados livres e iguais. As corporações fazem surgir uma nova classe social que, nos séculos seguintes, irá tornar-se economicamente dominante e buscará também o domínio político: a *burguesia*, nascida dos burgos.

Desde o início do século XV, em certas regiões da Europa, as antigas cidades do Império Romano e as novas cidades surgidas dos burgos medievais entram em desenvolvimento econômico e social. Grandes rotas comerciais tornam poderosas as corporações e as famílias de comerciantes, enquanto o poderio agrário dos barões começa a diminuir.

As cidades estão iniciando o que viria a ser conhecido como capitalismo comercial ou mercantil. Para desenvolvê-lo, não podem continuar submetidas aos padrões, às regras e aos tributos da economia feudal agrária e iniciam lutas por franquias econômicas. As lutas econômicas da burguesia nascente contra a nobreza feudal prosseguem sob a forma de reivindicações políticas: as cidades desejam independência em face de barões, reis, papas e imperadores.

O Renascimento

Na Itália, a redescoberta das obras de pensadores, artistas e técnicos da cultura greco-romana, particularmente das antigas teorias políticas, suscita um ideal político novo: o da liberdade republicana contra o poder teológico-político de papas e imperadores.

Estamos no período conhecido como *Renascimento*, no qual se espera fazer renascer o pensamento, as artes, a ética, as técnicas e a política que haviam sido desenvolvidas antes que o saber tivesse sido considerado privilégio da Igreja e os teólogos houvessem adquirido autoridade para decidir o que poderia e o que não poderia ser pensado, dito e feito. Filósofos, historiadores, poetas, dramaturgos, retóricos, matemáticos, astrônomos, médicos, biólogos, arquitetos, pintores, músicos, todos os autores antigos começam a ter suas obras redescobertas e interpretadas, seus textos passam a ser traduzidos, lidos, comentados e aplicados. Esparta, Atenas e Roma são tomadas como exemplos da liberdade republicana. Imitá-las é voltar a valorizar a política como expressão mais alta da capacidade humana e erguer a *vita activa*, contra o ideal da *vita contemplativa*, valorizado pela Igreja, isto é, a vida espiritual do sábio contemplativo e solitário, que se preocupava com a vida futura no outro mundo sem se ocupar com a vida presente neste mundo. Fala-se, agora, na liberdade republicana e na vida política como as formas mais altas da dignidade humana.

Nesse ambiente, entre 1513 e 1514, em Florença, é escrita a obra que inaugura o pensamento político moderno: *O príncipe*, de Maquiavel.

Antes de *O príncipe*

Embora diferentes e, muitas vezes, contrárias, as obras políticas medievais e renascentistas operam em um mundo cristão. Isso significa que, para todas elas, a relação entre política e religião é um dado de que não podem escapar. É verdade que as teorias medievais são ou diretamente teocráticas (o poder pertence apenas a Deus, que o concede a alguém por um favor especial) ou indiretamente teocráticas (a origem do poder está na natureza social do homem, mas o fundamento último do poder político encontra-se na lei divina revelada), enquanto as renascentistas procuram evitar a ideia de que o poder seria uma graça ou um favor divino e que se encontra determinado diretamente pela lei divina. No entanto, embora recusem a teocracia, não podem recusar outra ideia cristã, qual seja, a de que o poder político só será legítimo se for justo e só será justo se estiver de acordo com a vontade de Deus e a Providência divina. Assim, elementos de teologia continuam presentes nas formulações teóricas da política.

Por isso, se deixarmos de lado essa diferença entre medievais e renascentistas, poderemos perceber certos traços que lhes são comuns, provenientes dos elementos de teologia:

- encontram para a política um fundamento anterior e exterior à própria política. Em outras palavras, para alguns, o fundamento da política encontra-se em Deus (seja na vontade divina, que doa o poder aos homens, seja na Providência divina, que favorece o poder de alguns homens); para outros, encontra-se na Natureza, isto é, na ordem natural, criada por Deus em conformidade com o direito natural objetivo, segundo a qual o homem é um ser naturalmente político; e, para alguns, encontra-se na razão, isto é, na ideia de que existe uma racionalidade que governa o mundo e os homens, torna-os racionais e os faz instituir a vida política. Há, pois, algo – Deus, Natureza ou Razão – anterior e exterior à política, servindo de fundamento a ela;
- afirmam que a política é instituição de uma comunidade una e indivisa, cuja finalidade é realizar o bem comum ou a justiça. A boa política é feita pela boa comunidade harmoniosa, pacífica e ordeira. Lutas, conflitos e divisões são vistos como perigos, frutos de homens perversos e sediciosos, que devem, a qualquer preço, ser afastados da comunidade e do poder;
- assentam a boa comunidade e a boa política na figura do Bom Governo, isto é, no príncipe virtuoso e racional, portador da justiça, da harmonia e da indivisão da comunidade;
- classificam os regimes políticos em justos-legítimos e injustos-ilegítimos, colocando a monarquia e a aristocracia hereditárias entre os primeiros e identificando com os segundos o poder obtido por conquista e usurpação, denominando-o tirânico. Este é considerado antinatural, irracional, contrário à vontade de Deus e à justiça, obra de um governante vicioso e perverso.

Comparada a esses traços da tradição política, a obra de Maquiavel é demolidora e revolucionária. Com ela, nasce o pensamento político moderno.

Maquiavélico, maquiavelismo

Estamos acostumados a ouvir as expressões *maquiavélico* e *maquiavelismo*. São usadas quando alguém deseja referir-se seja à política e aos políticos, seja a certas atitudes das pessoas, mesmo quando não ligadas diretamente a uma ação política (fala-se, por exemplo, num comerciante maquiavélico, num empresário maquiavélico, no maquiavelismo de certos jornais etc.).

Quando ouvimos ou empregamos essas expressões? Sempre que pretendemos julgar a ação ou a conduta de alguém desleal, hipócrita, fingidor, poderosamente malévolo, que brinca com sentimentos e desejos dos outros, mente-lhes, faz a eles promessas que sabe que não cumprirá, usa a boa-fé alheia em seu próprio proveito.

Falamos em um "poder maquiavélico" para nos referirmos a um poder que age secretamente nos bastidores, mantendo suas intenções e finalidades desconhecidas para os cidadãos; que afirma que os fins justificam os meios e usa meios imorais, violentos e perversos para conseguir o que quer; que dá as regras do jogo, mas fica às escondidas, esperando que os jogadores causem a si mesmos sua própria ruína e destruição.

Maquiavélico e *maquiavelismo* fazem pensar em alguém extremamente poderoso e perverso, sedutor e enganador, que sabe levar as pessoas a fazerem exatamente o que ele deseja, mesmo que sejam aniquiladas por isso. Como se nota, *maquiavélico* e *maquiavelismo* correspondem àquilo que, em nossa cultura, é considerado *diabólico*.

Que teria escrito Maquiavel para que gente que nunca leu sua obra e que nem mesmo sabe que existiu, um dia, em Florença, uma pessoa com esse nome fale em *maquiavélico* e *maquiavelismo*?

A revolução maquiaveliana

Diferentemente dos teólogos, que partiam da Bíblia e do Direito Romano para formular teorias políticas, e diferentemente dos contemporâneos renascentistas, que partiam das obras dos filósofos greco-romanos para construir suas teorias políticas, Maquiavel parte da experiência real de seu tempo.

Foi diplomata e conselheiro dos governantes de Florença, via as lutas europeias de centralização monárquica (França, Inglaterra, Espanha, Portugal), viu o ressurgimento da vida urbana europeia e, com ela, a ascensão da burguesia comercial das grandes cidades e, sobretudo, viu a fragmentação da Itália, dividida em reinos, ducados, repúblicas e Igreja. A compreensão dessas experiências históricas e a interpretação do sentido delas o conduziram à ideia de que as ideias políticas antigas e medievais não eram capazes de compreender verdadeiramente o que é o poder e que uma nova concepção da sociedade e da política se tornara necessária, sobretudo para a Itália e para Florença. Para isso, em 1513, escreve a obra inaugural da filosofia política moderna, *O príncipe*.

Essa obra funda o pensamento político moderno porque busca oferecer respostas novas a uma situação histórica nova, que seus contemporâneos tentavam compreender lendo os autores antigos, deixando de lado a observação direta dos acontecimentos que ocorriam diante de seus olhos.

Se compararmos o pensamento político de Maquiavel com os quatro pontos nos quais resumimos *supra* a tradição política, observaremos por onde passa a ruptura maquiaveliana:

1. Maquiavel não admite um fundamento anterior e exterior à política (Deus, Natureza ou Razão). Toda Cidade, diz ele em *O príncipe*, está originariamente dividida por dois desejos opostos: o desejo dos grandes de oprimir e comandar e o desejo do povo de não ser oprimido nem comandado. Essa divisão evidencia que a Cidade não é uma comunidade homogênea nascida da vontade divina, da ordem natural ou da razão humana. Na realidade, a Cidade é tecida por lutas internas que a obrigam a instituir um polo superior que possa unificá-la e dar-lhe identidade. Esse polo é o poder político. Assim, a política nasce das lutas sociais e é obra da própria sociedade para dar a si mesma unidade e identidade. A política resulta da ação social a partir das divisões sociais;
2. Maquiavel não aceita a ideia da boa comunidade política constituída para o bem comum e a justiça. Como vimos, o ponto de partida da política para ele é a divisão social entre os grandes e o povo. A sociedade é originariamente dividida e jamais pode ser vista como uma comunidade una, indivisa, homogênea, voltada para o bem comum. Essa imagem da unidade e da indivisão, diz Maquiavel, é uma máscara com que os grandes recobrem a realidade social para enganar, oprimir e comandar o povo, como se os interesses dos grandes e dos populares fossem os mesmos e todos fossem irmãos e iguais em uma bela comunidade. A finalidade da política não é, como diziam os pensadores gregos, romanos e cristãos, a justiça e o bem comum, mas, como sempre souberam os políticos, a *tomada e manutenção do poder*. O verdadeiro príncipe é aquele que sabe tomar e conservar o poder e que, para isso, jamais deve aliar-se aos grandes, pois estes são seus rivais e querem o poder para si, mas deve aliar-se ao povo, que espera do governante a imposição de limites ao desejo de opressão e mando dos grandes. A política não é a lógica racional da justiça e da ética, mas a lógica da força transformada em lógica do poder e da lei;
3. Maquiavel recusa a figura do Bom Governo encarnada no príncipe virtuoso, portador das virtudes cristãs, das virtudes morais e das virtudes principescas. O príncipe precisa ter *virtù*, mas esta é propriamente política, referindo-se às qualidades do dirigente para tomar e manter o poder, mesmo que para isso deva usar a violência, a mentira, a astúcia e a força. A tradição afirmava que o governante devia ser amado e respeitado pelos governados. Maquiavel afirma que o príncipe não pode ser odiado. Isso significa, em primeiro lugar, que deve ser respeitado e temido – o que só será possível se não for odiado. Significa, em segundo lugar, que não precisa ser amado, pois isso o faria um pai para a sociedade e, sabemos, um pai conhece apenas um tipo de poder, o despótico. A virtude política do príncipe aparecerá na qualidade das instituições que souber criar e manter e na capacidade que tiver para enfrentar as ocasiões adversas, isto é, a fortuna ou sorte;

4. Maquiavel não aceita a divisão clássica dos três regimes políticos (monarquia, aristocracia, democracia) e suas formas corruptas ou ilegítimas (tirania, oligarquia, demagogia/anarquia), como não aceita que o regime legítimo seja o hereditário e o ilegítimo, o usurpado por conquista. Qualquer regime político – tenha a forma que tiver e tenha a origem que tiver – poderá ser legítimo ou ilegítimo. O critério de avaliação, ou o valor que mede a legitimidade e a ilegitimidade, é a *liberdade*. Todo regime político em que o poderio de opressão e comando dos grandes é maior do que o poder do príncipe e esmaga o povo é ilegítimo; caso contrário, é legítimo. Assim, legitimidade e ilegitimidade dependem do modo como as lutas sociais encontram respostas políticas capazes de garantir o único princípio que rege a política: o poder do príncipe deve ser superior ao dos grandes e estar a serviço do povo. O príncipe pode ser monarca hereditário ou por conquista; pode ser todo um povo que conquista, pela força, o poder e o exerce democraticamente. Qualquer desses regimes políticos será legítimo se for uma *república*, e não despotismo ou tirania, isto é, só é legítimo o regime no qual o poder não está a serviço dos desejos e interesses de um particular ou de um grupo de particulares.

Dissemos que a tradição grega tornara ética e política inseparáveis, que a tradição romana colocara essa identidade da ética e da política na pessoa virtuosa do governante e que a tradição cristã transformara a pessoa política em um corpo místico sacralizado que encarnava a vontade de Deus e a comunidade humana. Hereditariedade, personalidade e virtude formavam o centro da política, orientada pela ideia de justiça e bem comum. Esse conjunto de ideias e imagens é demolido por Maquiavel. Um dos aspectos da concepção maquiaveliana que melhor revela essa demolição encontra-se na figura do príncipe virtuoso.

Quando estudamos a ética, vimos que a questão central posta pelos filósofos sempre foi: O que está e o que não está em nosso poder? Vimos também que "estar em nosso poder" significava a ação voluntária racional livre, própria da virtude, e "não estar em nosso poder" significava o conjunto de circunstâncias externas que agem sobre nós e determinam nossa vontade e nossa ação. Vimos, ainda, que esse conjunto de circunstâncias que não dependem de nós nem de nossa vontade eram tanto as leis necessárias da Natureza como os acasos e a contingência, ou o que foi chamado pela tradição filosófica de fortuna. A virtude é capaz de enfrentar a fortuna, mas não pode dominá-la ou vencê-la, pois a boa sorte e má sorte não dependem de nós. A oposição *virtude-fortuna* jamais abandonou a ética e, como esta surgia inseparável da política, a mesma oposição se fez presente no pensamento político. Neste, o governante virtuoso era aquele cujas virtudes protegem-no do poderio da caprichosa e inconstante fortuna.

Maquiavel retoma essa oposição, mas lhe imprime um sentido inteiramente novo. A *virtù* do príncipe não consiste em um conjunto fixo de qualidades morais que ele oporá à fortuna, lutando contra ela. A *virtù* é a capacidade do príncipe para ser flexível às circunstâncias, mudando com elas para agarrar e dominar a fortuna. Em outras palavras, um príncipe que agir sempre da mesma maneira e de acordo com os mesmos princípios em todas as circunstâncias fracassará e não terá *virtù* alguma.

Para ser senhor da sorte ou das circunstâncias, deve mudar com elas e, como elas, ser volúvel e inconstante, pois somente assim saberá agarrá-las e vencê-las. Em certas circunstâncias, deverá ser cruel, em outras, generoso; em certas ocasiões deverá mentir, em outras, ser honrado; em certos momentos, deverá ceder à vontade dos outros, em algumas, ser inflexível. O *ethos* ou caráter do príncipe deve variar com as circunstâncias, para que sempre seja senhor delas. A fortuna, diz Maquiavel, é sempre favorável a quem souber agarrá-la. Oferece-se como um presente a todo aquele que tiver ousadia para dobrá-la e vencê-la. Assim, em lugar da tradicional oposição entre a constância do caráter virtuoso e a inconstância da fortuna, Maquiavel introduz a virtude política como astúcia e capacidade para adaptar-se às circunstâncias e aos tempos, como ousadia para agarrar a *boa ocasião* e força para não ser arrastado pelas más. Essa ousadia para mudar de atitude e de comportamento é a verdadeira virtude principesca, senhora da fortuna.

A lógica política nada tem a ver com as virtudes éticas dos indivíduos em sua vida privada. O que poderia ser moral na vida privada pode ser fraqueza na vida pública e vice-versa, o que poderia ser imoral do ponto de vista da ética privada pode ser *virtù* política. Em outras palavras, Maquiavel inaugura a ideia de *valores propriamente políticos* medidos pela eficácia prática e pela utilidade social, afastados dos padrões que regulam a moralidade privada dos indivíduos. O *ethos* político e o *ethos* moral são diferentes e não há fraqueza política maior do que o *moralismo* que mascara a lógica real do poder. Há ocasiões em que a república exige que o príncipe seja cruel; outras, em que deve ser magnânimo e misericordioso. As circunstâncias podem exigir que ele seja astuto e dissimulador, ou, pelo contrário, que ele seja leal e sincero. Sua virtude é medida pelos *efeitos benéficos* de sua ação para a república. Particularmente o domínio para impedir que os grandes oprimam o povo.

Por ter inaugurado a teoria moderna da lógica do poder como independente da religião, da ética e da ordem natural, Maquiavel só poderia ter sido visto como "maquiavélico". As palavras *maquiavélico* e *maquiavelismo*, criadas no século XVI e conservadas até hoje, exprimem o medo que se tem da política quando esta é simplesmente política, isto é, sem as máscaras da religião, da moral, da razão e da Natureza.

Para o Ocidente cristão do século XVI, o príncipe maquiaveliano, não sendo o Bom Governo sob as ordens de Deus e da razão, só poderia ser diabólico. À sacralização do poder, feita pela teologia política, só poderia opor-se sua demonização. É essa imagem satânica da política como ação social puramente humana que os termos *maquiavélico* e *maquiavelismo* designam. Vocábulos, que como se vê, não exprimem um conhecimento real da obra de Maquiavel, e sim a condenação teológica dela.

A ideia de soberania

Ao desligar o poder político de fundamentos não políticos (Deus, Natureza, razão) e ao articulá-lo à divisão social entre os grandes e o povo, Maquiavel abriu caminho para uma discussão essencial para o pensamento político moderno, qual seja, a ideia de *soberania*, em latim, *summa potestas,* sumo poder ou poder supremo.

Na tradição, soberano designava a pessoa do governante e se referia ao rei ou ao imperador. A batalha da dupla investidura, que vimos *supra*, referia-se justamente à questão de saber quem era a pessoa soberana: o imperador ou o papa? Da mesma maneira, a invenção da teoria dos "dois corpos do rei" pretendia assegurar que o rei fosse soberano, distinguindo entre fraqueza, finitude e mortalidade de sua pessoa física e força, perenidade e imortalidade de sua pessoa política.

Vimos também que Maquiavel abandonou a definição dos regimes pela distinção entre o número de governantes (um, alguns, todos) e pelo valor atribuído a quem governa (honra, virtude, liberdade), que eram os critérios vindos da filosofia política aristotélica. Em lugar dessa discussão, sua obra voltou-se para a ideia da república como Principado (que poderia ser monárquico, aristocrático ou democrático). Essa ideia indicava que estava em curso exatamente a questão da soberania e que esta era posta à distância de dois grandes rivais, a Igreja ou o papa, e os Grandes, ou a nobreza e a burguesia urbanas com suas corporações de ofícios e monopólios comerciais.

Dessa maneira, a obra de Maquiavel começa a indicar que o soberano *não é uma pessoa*, e sim *o poder político independente do poder religioso e do poder econômico*. Com isso, anuncia a obra do pensador francês, Jean Bodin, o primeiro a formular modernamente o conceito de soberania. Doravante, soberano não é o governante, e sim o Estado.

Em sua obra, *Os seis livros da república*, publicada em 1520, Bodin introduz a ideia da soberania como poder único de legislar e comandar, pertencente não ao governante (que é efêmero), e sim ao Estado (que é permanente e duradouro). A soberania é perpétua, o governo, passageiro. O Estado como soberano é entendido como um sistema articulado que reúne uma ordem jurídica (o direito e a legislação) e uma autoridade independente (o comando e o uso da força). Com isso, Bodin distingue o poder soberano de outros poderes (religiosos, econômicos, sociais) que só podem ser exercidos sob as ordens e sob o controle do Estado.

O mundo desordenado

A obra de Maquiavel, criticada em toda parte, atacada por católicos e protestantes, considerada ateia e satânica, tornou-se, porém, a referência obrigatória do pensamento político moderno. A ideia de que a finalidade da política é a tomada e conservação do poder e que este não provém de Deus, nem da razão, nem de uma ordem natural feita de hierarquias fixas, exigiu que os governantes justificassem a ocupação do poder. Em alguns casos, como na França e na Prússia, surgirá a teoria do direito divino dos reis, baseada na reformulação jurídica da antiga teologia política do "rei pela graça divina" e dos "dois corpos do rei". Na maioria dos países, porém, a concepção teocrática não foi mantida e, partindo de Maquiavel, os teóricos tiveram que elaborar novas teorias políticas.

Para compreendermos os conceitos que fundarão essas novas teorias, precisamos considerar alguns acontecimentos históricos que mudaram a face econômica e social da Europa, entre os séculos XV e XVII.

Já mencionamos, ao tratar do ideal republicano, o novo papel das cidades e da nova classe social – a burguesia – no plano econômico, social e político. Outros fatores, além do crescimento das corporações de ofício e do comércio, são também importantes para o fortalecimento dessa nova classe:

- a decadência e ruína de inúmeras famílias aristocráticas, cujas riquezas foram consumidas nas guerras das Cruzadas contra os árabes e cujas terras ficaram abandonadas porque seus nobres senhores partiram para a guerra e ali morreram sem deixar herdeiros. Outros contraíram dívidas com a coroa para compra de armamentos e pagamento de exércitos para as Cruzadas, suas terras sendo confiscadas pelo rei para cobrir as dívidas. Os servos da gleba, que trabalhavam nessas propriedades, bem como os camponeses pobres e livres, que as arrendavam em troca de serviços, migravam para as cidades, tornando-se membros das corporações de ofícios ou servos urbanos de famílias nobres que haviam passado a dedicar-se ao comércio;
- a decadência agrária foi acelerada também por uma grande peste que assolou a Europa no final da Idade Média – a chamada peste negra –, que dizimou gente, gado e colheitas, arruinando a nobreza fundiária e causando migrações para as cidades;
- a vida urbana provocou o crescimento de atividades artesanais e, com elas, o desenvolvimento comercial para compra e venda dos produtos, criando especialidades regionais e o intercâmbio comercial em toda a Europa;
- as grandes rotas do comércio com o Oriente, dominadas, primeiro, pelas cidades italianas e, depois, pelos impérios ultramarinos de Portugal, Espanha, Inglaterra e França, articuladas às rotas comerciais no interior da própria Europa e à urbanização, deram origem a um novo tipo de riqueza, o capital, baseado no lucro advindo da exploração do trabalho dos homens pobres e livres que haviam migrado para as cidades e na exploração do trabalho escravo de indígenas e negros nas Américas.

Nas cidades, primeiro, e no campo, depois, a miséria e as péssimas condições de trabalho e de vida levaram os camponeses pobres a revoltas contra os ricos. No campo, tais revoltas foram um dos efeitos da Reforma Protestante, que acusara a Igreja e a nobreza agrária de cometerem o pecado da ambição, explorando e oprimindo os pobres. Nas cidades, as revoltas populares eram também um efeito da Reforma Protestante, que havia declarado a igualdade espiritual dos seres humanos, afirmando como principal virtude o trabalho e principal vício a preguiça – as classes populares urbanas consideraram que a igualdade não era apenas espiritual, mas também social e lutavam contra as injustiças dos ricos sobre os pobres.

O desenvolvimento econômico das cidades, o surgimento da burguesia comerciante ou mercantil, o crescimento da classe dos trabalhadores pobres, mas livres (isto é, sem laços de servidão com os senhores feudais), a Reforma Protestante, que questionara o poder econômico e político da Igreja, as revoltas populares, as guerra entre potências pelo domínio dos mares e dos novos territórios descobertos, a queda de reis e de famílias da nobreza, a ascensão de famílias comerciantes e de novos reis que as favoreciam contra os nobres, todos esses fatos evidenciavam que a ideia cristã, herdada do Império Romano e consolidada pela Igreja Romana, de um mundo constituído naturalmente por hierarquias fixas era uma ideia que não correspondia à realidade. A antiga ideia do direito natural objetivo como ordem fixa da Natureza e da sociedade perdera sentido diante de todas as mudanças sociais, econômicas e técnicas.

A nova situação histórica fazia aparecer dois fatos impossíveis de negar:

1. *a existência de indivíduos* – um burguês e um trabalhador não podiam invocar sangue, família, linhagem e dinastia para explicar por que existiam e por que haviam mudado de posição social, mas só podiam invocar a si mesmos como indivíduos cuja ação produzira a mudança de sua situação e de sua posição econômico-social. Em outras palavras, o surgimento de duas novas classes sociais (a burguesia e os trabalhadores livres) evidenciava que perdera sentido a ideia de que cada um se define pela família e pelo grupo a que pertence e pelo lugar natural dessa família ou desse grupo na ordem hierárquica e fixa do universo;
2. *a existência de conflitos entre indivíduos e grupos de indivíduos* pela posse de riquezas, cargos, postos e poderes anulava tanto a prática medieval da submissão natural do inferior ao superior (isto é, a prática da vassalagem, que sustentara o edifício social e político da Idade Média) como a imagem da comunidade política una, indivisa e fraterna, tal como havia sido concebida pela tradição cristã.

Os teóricos precisavam, portanto, explicar o que eram os indivíduos e por que lutavam mortalmente uns contra os outros, além de precisarem oferecer teorias capazes de solucionar os conflitos e as guerras sociais. Em outras palavras, foram forçados a indagar qual é a origem da sociedade e da política. Por que indivíduos isolados formam uma sociedade? Por que indivíduos independentes aceitam submeter-se ao poder político e às leis?

A resposta a essas duas perguntas conduz, primeiramente, à ideia de soberania do Estado, que vimos *supra*, e, a seguir, às ideias de estado de natureza e estado civil.

Estado de natureza, contrato social, estado civil

O conceito de Estado de Natureza ou de condição natural tem a função de explicar a situação pré-social na qual os indivíduos existem isoladamente. Duas foram as principais concepções do estado de Natureza:

1. a concepção de Thomas Hobbes (no século XVII), segundo a qual, em estado de Natureza, os indivíduos vivem isolados e em luta permanente, vigorando a guerra de todos contra todos ou "o homem lobo do homem". Nesse estado, reina o medo e, principalmente, o grande medo: o da morte violenta. Para se protegerem uns dos outros, os humanos inventaram as armas e cercaram as terras que ocupavam.

Essas duas atitudes são inúteis, pois sempre haverá alguém mais forte que vencerá o mais fraco e ocupará as terras cercadas. A vida não tem garantias; a posse não tem reconhecimento e, portanto, não existe; a única lei é a força do mais forte, que pode tudo quanto tenha força para conquistar e conservar;

2. a concepção de Jean-Jacques Rousseau (no século XVIII), segundo a qual, em estado de Natureza, os indivíduos vivem isolados pelas florestas, sobrevivendo com o que a Natureza lhes dá, desconhecendo lutas e comunicando-se pelo gesto, pelo grito e pelo canto, em uma língua generosa e benevolente. Esse estado de felicidade original, no qual os humanos existem sob a forma do *bom selvagem inocente*, termina quando alguém cerca um terreno e diz: "É meu". A divisão entre o meu e o teu, isto é, o surgimento da propriedade privada, dá origem ao estado de Sociedade, no qual prevalece a guerra de todos contra todos. Em outras palavras, o estado de Sociedade rousseauísta corresponde ao estado de Natureza hobbesiano. O estado de Natureza de Hobbes e o estado de Sociedade de Rousseau evidenciam uma percepção do social como luta entre fracos e fortes, vigorando o poder da força ou a vontade do mais forte. Em toda parte reinam a insegurança, a luta, o medo e a morte. Para fazer cessar esse estado de vida ameaçador e ameaçado, os humanos decidem passar à *civitas* ou à sociedade civil, isto é, ao estado Civil, criando o poder político e as leis.

O pacto ou contrato social

A passagem do estado de Natureza ao estado Civil ou à sociedade civil se dá por meio de um *pacto social* ou *contrato social*, pelo qual os indivíduos concordam em renunciar à liberdade natural (ou o poder para fazer tudo que se quer, desde que nenhum obstáculo impeça a ação) e à posse natural de bens e armas e em transferir a um terceiro – o soberano – o poder para criar e aplicar as leis (determinando o legal e o ilegal, o justo e o injusto, o permitido e o proibido), usar a força (encarregando-se, em nome de todos, de vingar os crimes), declarar a guerra e a paz. O contrato social funda a *soberania* e institui a autoridade política, isto é, a *pólis* ou a *civitas*. É instituído, portanto, o estado Civil, que deve pôr um fim às lutas mortais do estado de Natureza (hobbesiano) ou do estado de Sociedade (rousseauísta).

Como é possível o contrato ou o pacto social? Qual sua legitimidade? Os teóricos invocarão uma cláusula do Direito Romano – "Ninguém pode dar o que não tem e ninguém pode tirar o que não deu" – e a Lei Régia romana – "O poder pertence ao povo e é por ele conferido ao soberano" – para legitimar a teoria do contrato ou do pacto social.

O jusnaturalismo

O ponto de partida das teorias do contrato é o conceito de *direito natural*: por natureza, todo indivíduo tem direito à vida, ao que é necessário à sobrevivência de seu corpo, e à liberdade. Por natureza, todos são livres, ainda que, por natureza, uns sejam mais fortes e outros mais fracos. Um contrato ou um pacto, dizia a teoria jurídica romana, só terá validade se as partes contratantes forem livres e iguais e se voluntária e livremente derem seu consentimento ao que está sendo pactuado.

A teoria do direito natural ou o *jusnaturalismo* (direito, em latim, se diz *jus*, donde justiça e justo) garante essas duas condições para validar o contrato social ou o pacto político. De fato, se as partes contratantes possuem os mesmos direitos naturais e são livres, então possuem o direito e o poder para transferir a liberdade a um terceiro; e, se consentem voluntária e livremente nisso, então elas dão ao soberano algo que possuem, de maneira que o poder da soberania é legítimo porque nasce da doação ou transferência voluntária de direitos dos indivíduos. Assim, por meio do direito natural, os indivíduos fazem um pacto de viver em comum sem causar dano uns aos outros, com isso formam livremente uma vontade social que os leva a transferir ao soberano o poder para governá-los.

Para Hobbes, os homens reunidos em uma *multidão* de indivíduos, pelo pacto, passam a constituir um corpo político, uma *pessoa artificial* criada pela ação humana e que se chama Estado. Para Rousseau, os indivíduos naturais são pessoas morais, que, pelo pacto, criam a *vontade geral* como corpo moral coletivo ou Estado.

A teoria do direito natural e do contrato, ou jusnaturalismo, evidencia uma inovação de grande importância: o pensamento político já não fala em comunidade, mas em *sociedade*. A ideia de comunidade pressupõe um grupo humano uno, homogêneo, indiviso, compartilhando os mesmos bens, as mesmas crenças e ideias, os mesmos costumes e possuindo um destino comum. A ideia de sociedade, ao contrário, pressupõe a existência de indivíduos independentes e isolados, dotados de direitos naturais e individuais, que decidem, por um ato voluntário, tornar-se sócios ou associados para vantagem recíproca e por interesses recíprocos. A comunidade é a ideia de uma coletividade natural ou divina, a sociedade, a de uma coletividade voluntária, histórica e humana.

O Estado

A sociedade civil é o Estado propriamente dito. Trata-se da sociedade vivendo sob o *direito civil*, isto é, sob o direito positivo na forma das leis promulgadas e aplicadas pelo soberano. Feito o pacto ou o contrato, os contratantes transferiram o direito natural ao soberano e, com isso, o autorizam a transformá-lo em direito civil ou direito positivo, garantindo a vida, a liberdade e a propriedade privada dos governados. Em nome da segurança e da paz, os indivíduos transferiram ao soberano o direito exclusivo ao uso da força e da violência, da vingança contra os crimes, da regulamentação dos contratos econômicos, isto é, a instituição jurídica da propriedade privada, e de outros contratos sociais (por exemplo, o casamento civil, a legislação sobre a herança etc.).

Quem é o soberano? Hobbes e Rousseau diferem na resposta a essa pergunta.

Para Hobbes, o soberano pode ser um rei, um grupo de aristocratas ou uma assembleia democrática. Como para Bodin, também para Hobbes o fundamental não é o número dos governantes nem a forma do regime político (monarquia, aristocracia, democracia), mas a determinação de quem possui o poder ou a soberania. Esta pertence de modo absoluto ao Estado, que, por meio das instituições públicas, tem o poder para promulgar e aplicar as leis, definir e garantir a propriedade privada e exigir obediência incondicional dos governados, desde que respeite dois direitos naturais intransferíveis: o direito à vida e à paz, pois foi por eles que o soberano foi criado. O soberano detém a espada e a lei; os governados, a vida e a propriedade dos bens.

Para Rousseau, o soberano é o povo, entendido como vontade geral, pessoa moral coletiva livre e corpo político de cidadãos. Os indivíduos, pelo contrato, criaram-se a si mesmos como povo e é a este que transferem os direitos naturais para que sejam transformados em direitos civis. Assim sendo, o governante não é o soberano, mas o *representante* da soberania popular. Os indivíduos aceitam perder a liberdade natural pela liberdade civil; aceitam perder o direito à posse natural de bens para ganhar a individualidade civil, isto é, a cidadania e, com ela, o direito civil à propriedade de bens. Enquanto criam a soberania e nela se fazem representar, são cidadãos. Enquanto se submetem às leis e à autoridade do governante que os representa, chamam-se súditos. São, pois, cidadãos do Estado e súditos das leis.

Como, para Hobbes, a soberania pertence àquele a quem o direito natural foi transferido para que assegure paz e segurança, o regime político que lhe parece mais capaz de realizar essa finalidade é a monarquia. Ao contrário, para Rousseau, sendo a soberania sempre popular ou do povo, o regime que melhor realizaria as finalidades do contrato social é a democracia direta ou participativa.

A teoria liberal

A burguesia e a propriedade privada

No pensamento político de Hobbes e de Rousseau, a propriedade privada não é um direito natural, mas civil. Em outras palavras, ainda que no estado de Natureza (em Hobbes) e no estado de Sociedade (em Rousseau) os indivíduos se apossem de terras, de outros homens e de bens, essa posse é o mesmo que nada, pois não existem leis para garanti-las. Cada um precisa armar-se para protegê-la, sem garantia de que o conseguirá. O direito civil, ao contrário, assegura por meio das leis a posse e a legitima sob a forma da propriedade privada. Esta é, portanto, um efeito do contrato social e um decreto do soberano.

Essa teoria da legitimidade civil da propriedade privada, porém, não era suficiente para a burguesia em ascensão, cujo poder e prestígio estavam fundados na propriedade privada da riqueza.

De fato, embora o capitalismo estivesse em vias de consolidação e o poderio econômico da burguesia fosse inconteste, em toda parte o regime político permanecia monárquico e, com isso, o poderio político da realeza e o prestígio social da nobreza também permaneciam. Para que o poder econômico da burguesia pudesse enfrentar o poder político dos reis e das nobrezas, a burguesia precisava de uma teoria que lhe desse uma legitimidade tão grande ou maior do que o sangue e a hereditariedade davam à realeza e à nobreza. Em outras palavras, assim como sangue e hereditariedade davam à realeza e à nobreza um fundamento natural para o poder e o prestígio, a burguesia precisava de uma teoria que desse ao seu poder econômico também um fundamento natural, capaz de rivalizar com o poder político da realeza e o prestígio social da nobreza, e até mesmo suplantá-los. Essa teoria será a da *propriedade privada como direito natural* e sua primeira formulação coerente será feita pelo filósofo inglês John Locke, no final do século XVII e início do século XVIII.

Locke parte da definição do direito natural como direito à vida, à liberdade e aos bens necessários para a conservação de ambas. Esses bens são conseguidos pelo trabalho.

Como fazer do trabalho o legitimador da propriedade privada como direito natural?

Deus, escreve Locke, é um artífice, um obreiro, arquiteto e engenheiro que fez uma obra: o mundo. Este, como obra do trabalhador divino, a ele pertence. É seu domínio e sua propriedade. Deus criou o homem a sua imagem e semelhança, deu-lhe o mundo para que nele reinasse e, ao expulsá-lo do Paraíso, não lhe retirou o domínio do mundo, mas lhe disse que o teria com o suor de seu rosto. Por todos esses motivos, Deus instituiu, no momento da criação do mundo e do homem, o direito à propriedade privada como fruto legítimo do trabalho. Por isso, de origem divina, ela é um direito natural. O Estado existe a partir do contrato social. Tem as funções que Hobbes lhe atribui, mas sua principal finalidade é garantir o direito natural de propriedade.

Dessa maneira, a burguesia se vê inteiramente legitimada perante a realeza e a nobreza e, mais do que isso, surge como superior a elas, uma vez que o burguês acredita que é proprietário graças ao seu próprio trabalho, enquanto reis e nobres são parasitas da sociedade ou do trabalho alheio.

O burguês não se reconhece apenas como superior social e moralmente aos nobres, mas também como superior aos pobres. De fato, se Deus fez todos os homens iguais, se a todos deu a missão de trabalhar e a todos concedeu o direito à propriedade privada, então os pobres, isto é, os trabalhadores que não conseguem tornar-se proprietários privados, são culpados por sua condição inferior. São pobres, não são proprietários e são obrigados a trabalhar para outros porque são perdulários, gastando o salário em vez de acumulá-lo para adquirir propriedades, ou são preguiçosos e não trabalham o suficiente para conseguir uma propriedade.

O Estado liberal

Se a função do Estado não é a de criar ou instituir a propriedade privada, mas de garanti-la e defendê-la contra a nobreza e os pobres, qual é o poder do soberano?

A teoria liberal, primeiro com Locke, depois com os realizadores da Independência norte-americana e da Revolução Francesa e, no século XX, com pensadores como Max Weber, dirá que a função do Estado é tríplice:

1. Por meio das leis e do uso legal da violência (exército e polícia), garantir o direito natural de propriedade, sem interferir na vida econômica, pois, não tendo instituído a propriedade, o Estado não tem poder para nela interferir.

Para entendermos o alcance dessa ideia precisamos lembrar que o capitalismo, em sua forma inicial, tinha no comércio seu ponto mais importante para a acumulação do capital. Essa forma, conhecida como mercantilismo, levou às descobertas marítimas e à formação dos grandes impérios ultramarinos. Em decorrência da forma política monárquica, os reis ou as coroas europeias passaram a controlar todo esse comércio, que era a fonte de sustentação de seu poder político. Esse controle era feito pelo monopólio econômico, exercido pelos reis. Destes dependiam as concessões para viagens e exploração de novas terras, preços dos produtos, tarifas, impostos e exclusividades (cada monarquia reivindicava para si o monopólio exclusivo na comercialização de determinados produtos). O monopólio régio era um obstáculo ao desenvolvimento econômico da burguesia, que reivindicava liberdade de comércio e, depois, liberdade para a produção manufatureira e comercialização dos produtos. Em outras palavras, a burguesia exigia a liberdade de mercado para o desenvolvimento do capitalismo. Essa exigência é o que transparece na maneira como a teoria política liberal nega ao Estado o poder para interferir na economia. Eis por que essa teoria é chamada *liberal* ou *liberalismo*, pois, para ela, o Estado deve respeitar a liberdade econômica dos proprietários privados, deixando que façam as regras e as normas das atividades econômicas, segundo as necessidades do próprio mercado ou da própria economia.

2. Visto que os proprietários privados são capazes de estabelecer as regras e as normas da vida econômica ou do mercado e que o fazem agindo em uma esfera que não é estatal, e sim social, entre o Estado e o indivíduo intercala-se uma esfera social, a sociedade civil, sobre a qual o Estado não tem poder instituinte, mas apenas a função de garantidor das relações sociais e de árbitro dos conflitos nela existentes. O Estado tem a função de arbitrar, por meio das leis e da força, os conflitos da sociedade civil. Aqui, novamente, afirma-se o liberalismo, ao considerar que a sociedade civil deve ter liberdade para se organizar e para realizar as ações sociais, sem interferência do poder de Estado nas relações sociais, que não são públicas, e sim privadas. Somente quando as relações sociais entre indivíduos privados infringir as leis públicas ou prejudicar o que é público, poderá o Estado intervir.
3. O Estado tem o direito de legislar, permitir e proibir tudo quanto pertença à esfera da vida pública, mas não tem o direito de intervir na esfera privada, isto é, na consciência dos governados. O Estado deve garantir a liberdade de consciência, ou seja, a liberdade de pensamento de todos os governados, e só poderá exercer censura nos casos em que se emitam opiniões sediciosas que ponham em risco o próprio Estado. Liberdade de mercado ou para as ações econômicas fundadas na propriedade privada, liberdade de organização da sociedade civil ou das relações sociais entre indivíduos privados livres e iguais e liberdade de consciência são os pontos nos quais o liberalismo se afirma e com os quais delimita o poder do Estado.

Na Inglaterra, o liberalismo se consolida em 1688, com a chamada Revolução Gloriosa. No restante da Europa, será preciso aguardar a Revolução Francesa de 1789. Nos Estados Unidos, consolida-se em 1776, com a luta pela Independência.

Liberalismo e fim do Absolutismo

As ideias políticas liberais têm como pano de fundo a luta contra as monarquias absolutas por direito divino dos reis, derivadas da concepção teocrática do poder. O liberalismo consolida-se com os acontecimentos de 1789, na França, isto é, a Revolução Francesa, que derrubou o *Antigo Regime*.

Antigo, em primeiro lugar, porque politicamente teocrático e absolutista. Antigo, em segundo lugar, porque socialmente fundado na ideia de hierarquia divina, natural e social e na organização feudal, baseada no pacto de submissão dos vassalos ou súditos ao senhor.

Com as ideias de direito natural dos indivíduos e de sociedade civil (relações entre indivíduos livres e iguais por natureza), quebra-se a ideia de hierarquia. Com a ideia de contrato social (passagem da ideia de pacto de submissão à de pacto social entre indivíduos livres e iguais), quebra-se a ideia da origem divina do poder e da justiça fundada nas virtudes do bom governante.

O término do absolutismo se consuma quando a teoria política consagra a propriedade privada como direito natural dos indivíduos, desfazendo a imagem do rei como marido da terra, senhor dos bens e riquezas do reino, decidindo segundo sua vontade e seu capricho quanto a impostos, tributos e taxas. A propriedade ou é individual e privada, ou é estatal e pública, jamais patrimônio pessoal do monarca. O poder tem a forma de um Estado republicano impessoal porque a decisão sobre impostos, tributos e taxas é tomada por um parlamento – o Poder Legislativo –, constituído pelos representantes dos proprietários privados.

As teorias políticas liberais afirmam, portanto, que o indivíduo é a origem e o destinatário do poder político, nascido de um contrato social voluntário, no qual os contratantes cedem poderes, mas não cedem sua individualidade (vida, liberdade e propriedade). O indivíduo é o *cidadão*.

Afirmam também a existência de uma esfera de relações sociais separadas da vida privada e da vida política, a sociedade civil organizada, onde proprietários privados e trabalhadores criam suas organizações de classes, realizam contratos, disputam interesses e posições, sem que o Estado possa aí intervir, a não ser que uma das partes lhe peça para arbitrar os conflitos ou que uma das partes aja de modo que pareça perigoso para a manutenção da própria sociedade.

Afirmam o caráter republicano do poder, isto é, o Estado é o poder público e nele os interesses dos proprietários devem estar representados por meio do parlamento e do Poder Judiciário, os representantes devendo ser eleitos por seus pares. Quanto ao Poder Executivo, em caso de monarquia, pode ser hereditário, mas o rei está submetido às leis como os demais súditos. Em caso de democracia, será eleito por voto censitário, isto é, são eleitores ou cidadãos plenos apenas os que possuírem certa renda ou riqueza.

O Estado, por meio da lei e da força, tem o poder para dominar – exigir obediência – e para reprimir – punir o que a lei defina como crime. Seu papel é a *garantia da ordem pública*, tal como definida pelos proprietários privados e seus representantes.

A cidadania liberal

O Estado liberal se apresenta como *república representativa* constituída de três poderes: o Executivo (encarregado da administração dos negócios e serviços públicos), o Legislativo (parlamento encarregado de instituir as leis) e o Judiciário (magistraturas de profissionais do direito, encarregados de aplicar as leis). Possui um corpo de militares profissionais que formam as forças armadas – exército e polícia –, encarregadas da ordem interna e da defesa (ou ataque) externo. Possui também um corpo de servidores ou funcionários públicos, que formam a burocracia, encarregada de cumprir as decisões dos Três Poderes perante os cidadãos.

O Estado liberal julgava inconcebível que um não proprietário pudesse ocupar um cargo de representante em um dos Três Poderes. Ao afirmar que os cidadãos eram os homens livres e independentes, os liberais queriam dizer com isso que os que não possuíssem propriedade privada eram dependentes e não livres. Dessa maneira, estavam excluídos da cidadania e do poder político os trabalhadores e as mulheres, isto é, a maioria da sociedade. Lutas populares intensas, desde o século XVIII até nossos dias, forçaram o Estado liberal a tornar-se uma *república democrática representativa*, ampliando a cidadania política. Com exceção dos Estados Unidos, onde os trabalhadores brancos foram considerados cidadãos desde o século XVIII, nos demais países a cidadania plena e o sufrágio universal só vieram a existir completamente no século XX, como conclusão de um longo processo de lutas sociais, populares e políticas em que a cidadania foi sendo conseguida por etapas.

Não deixa de ser espantoso o fato de que em duas das maiores potências mundiais, Inglaterra e França, as mulheres só alcançaram plena cidadania em 1946, após a Segunda Guerra Mundial. Pode-se avaliar como foi dura, penosa e lenta essa conquista popular, considerando-se que, por exemplo, os afrodescendentes do sul dos Estados Unidos só se tornaram cidadãos nos anos 60 do século XX. Também é importante lembrar que em países da América Latina, sob a democracia liberal, os indígenas ficaram excluídos da cidadania e que os negros da África do Sul votaram pela primeira vez somente em 1994. As lutas indígenas, em nosso continente, e as africanas continuam até nossos dias.

Podemos observar, portanto, que a ideia de contrato social, pelo qual os indivíduos isolados se transformam em multidão e esta se transforma em corpo político de cidadãos, não previa o direito à cidadania para todos, mas delimitava o contrato ou o pacto a uma classe social, a dos proprietários privados ou burguesia, e, em termos étnicos, aos homens brancos adultos.

A ideia de revolução

A política liberal foi o resultado de acontecimentos econômicos e sociais que impuseram mudanças na concepção do poder do Estado, considerado instituído pelo consentimento dos indivíduos por meio do contrato social. Tais acontecimentos ficaram conhecidos com o nome de *revoluções burguesas*, isto é, mudanças na estrutura econômica, na sociedade e na política, efetuadas por uma nova classe social, a burguesia.

A palavra revolução

O uso da palavra *revolução* para designar tais mudanças é curioso. De fato, essa palavra provém do vocabulário da astronomia, significando o movimento completo que um astro realiza ao voltar ao seu ponto de partida. Uma revolução se efetua quando o movimento total de um astro faz coincidirem seu ponto de partida e seu ponto de chegada. *Revolução* designa movimento cíclico, isto é, repetição contínua de um mesmo percurso em que se retorna ao ponto de partida.

Como entender que essa palavra tenha entrado para o vocabulário político significando mudanças e alterações profundas nas relações sociais e no poder? Como entender que, em vez de significar retorno cíclico ao ponto de partida, signifique exatamente o contrário, isto é, percurso rumo ao tempo novo e à sociedade nova?

Para respondermos a essas perguntas, precisamos examinar um pouco mais de perto as revoluções burguesas, isto é, a Revolução Inglesa de 1644, a Revolução Norte-Americana de 1776 e a Revolução Francesa de 1789.

Embora em todas elas o resultado tenha sido o mesmo, qual seja, a subida e consolidação política da burguesia como classe dominante, nas três houve o que um historiador denominou de "revolução na revolução", indicando com isso a existência de um movimento popular radical no interior da revolução burguesa, ou a face democrática e igualitária da revolução, e que foi derrotada pela burguesia. Em outras palavras, nas três revoluções, a burguesia pretendeu e conseguiu derrotar a realeza e a nobreza, passou a dominar o Estado e julgou com isso terminada a tarefa das mudanças, enquanto as classes populares, que participaram daquela vitória, desejavam muito mais: desejavam instituir uma sociedade inteiramente nova, justa, livre e feliz.

Ora, as classes populares não possuíam teorias políticas de tipo filosófico e científico. Para explicarem o mundo em que viviam e o mundo que desejavam, dispunham de uma única fonte: a Bíblia. Por meio da religião, possuíam duas referências de justiça e felicidade: a imagem do Paraíso terrestre (no Antigo Testamento) e o Reino de Deus na Terra ou Nova Jerusalém (no Novo Testamento), que restauraria o Paraíso depois que Cristo viesse ao mundo pela segunda vez (como está escrito no Apocalipse de São João de Pátmos) e, no fim dos tempos ou no *tempo do fim*, derrotasse para sempre o Mal. As classes populares revolucionárias dispunham, portanto, de um imaginário messiânico e milenarista. Messiânico, porque ligado à ideia de uma promessa salvadora ou da ação de um salvador que livraria os humanos dos males e das penas (para classes populares revolucionárias, o Messias eram elas mesmas como representantes da justiça prometida pelo Cristo). Milenarista, porque apoiado na ideia de que sua ação daria existência à Jerusalém Terrestre ou à Nova Jerusalém, o Reino de Deus na Terra, o qual duraria mil anos de felicidade, abundância e justiça, até que, no fim dos tempos, Cristo derrotasse para sempre o Anticristo e houvesse o Juízo Final, com a condenação dos maus e a entrada dos bons e justos na Jerusalém Celeste, eterna.

Ao lutarem politicamente, as classes populares olhavam para o passado (o ponto de partida dos homens no Paraíso) e para o futuro (o ponto de chegada dos homens na Nova Jerusalém Terrestre). Olhavam para o tempo futuro e novo – a sociedade dos justos na Terra por mil anos –, que seria a restituição ou restauração do tempo passado original – o Paraíso. Porque o ponto de chegada e o ponto de partida do movimento político coincidiam com a existência da justiça e da felicidade, o futuro e o passado se encontravam, fechando o ciclo e o círculo da existência humana, graças à ação do presente. Por isso, designaram os acontecimentos de que eram os sujeitos e os protagonistas com a palavra *revolução*, a volta ao princípio justo e feliz.

Significado político das revoluções

Uma revolução, seja ela burguesa ou popular, possui um significado político da mais alta importância, porque desvenda a estrutura e a organização da sociedade e do Estado. Como explica o filósofo francês, Claude Lefort, ela evidencia:

- a divisão social e política, sob a forma de uma polarização entre um alto opressor e um baixo oprimido;
- a percepção do alto pelo baixo da sociedade como um poder que não é natural nem necessário, mas resultado de uma ação humana, e, como tal, pode ser derrubado e reconstruído de outra maneira;
- a compreensão de que os agentes sociais são sujeitos políticos e, como tais, dotados de *direitos*. A consciência dos direitos faz que os sujeitos sociopolíticos exijam reconhecimento e garantia de seus direitos pela sociedade e pelo poder político. Eis por que todas as revoluções culminam em uma declaração pública conhecida como Declaração Universal dos Direitos dos Cidadãos;
- que, pela via da declaração dos direitos, uma revolução repõe a relação entre poder político e justiça social, mas com uma novidade própria do mundo moderno, pois a justiça não depende mais da figura do Bom Governo ou do príncipe virtuoso, e sim de instituições públicas que satisfaçam à demanda dos cidadãos ao Estado. Cabe ao novo poder político criar instituições que possam satisfazer e garantir a luta revolucionária por direitos.

As revoluções sociais

Acabamos de ver que as revoluções modernas possuem duas faces: a face burguesa liberal (a revolução é política, visando à tomada do poder e à instituição do Estado como república e órgão separado da sociedade civil) e a face popular (a revolução é política *e* social, visando à criação de direitos e à instituição do poder democrático que garanta uma nova sociedade justa e feliz).

Vimos também que, nas revoluções modernas, a face popular é sufocada pela face liberal, embora esta última seja obrigada a introduzir e garantir alguns direitos políticos e sociais para o povo, de modo que consiga manter a ordem e evitar a explosão contínua de revoltas populares.

A face popular vencida não desaparece. Ressurge periodicamente em lutas isoladas por melhores condições de vida, de trabalho, de salários e com reivindicações isoladas de participação política. Essa face popular tende a crescer e a manifestar-se em novas revoluções (derrotadas) durante todo o século XIX, à medida que se desenvolve o capitalismo industrial e as classes populares se tornam uma classe social de perfil muito definido: os proletários ou trabalhadores industriais.

Correspondendo à emergência e à definição da classe trabalhadora proletária e à sua ação política em revoluções populares de caráter político-social, surgem novas teorias políticas: as várias *teorias socialistas*.

As teorias socialistas tomam o proletariado como sujeito político e histórico e procuram figurar uma nova sociedade e uma nova política na qual a exploração dos trabalhadores, a dominação política a que estão submetidos e as exclusões sociais e culturais a que são forçados deixem de existir. Porque seu sujeito político são os trabalhadores, essas teorias políticas tendem a figurar a sociedade futura como igualitária, feita de abundância, justiça e felicidade. Como percebem a cumplicidade entre o Estado e a classe economicamente dominante, julgam que a existência do primeiro se deve apenas às necessidades econômicas da burguesia e, por isso, afirmam que, na sociedade futura, quando não haverá divisão social de classes nem desigualdades, a política não dependerá do Estado. São, portanto, teorias antiestatais, que apostam na capacidade de autogoverno ou de autogestão da sociedade.

A política contra a servidão voluntária

A tradição libertária

As teorias socialistas modernas são herdeiras da tradição libertária, isto é, das lutas sociais e políticas populares por liberdade e justiça contra a opressão dos poderosos.

As tradições populares

Nessa tradição encontram-se as revoltas camponesas e dos artesãos do final da Idade Média, do início da Reforma Protestante e da Revolução Inglesa de 1644. Essas revoltas são conhecidas como *milenaristas*, pois, como vimos, as classes populares possuem como referencial para compreender e julgar a política as imagens bíblicas do Paraíso, da Nova Jerusalém Terrestre e do tempo do fim, quando o Bem vencerá perpetuamente o Mal, instaurando o Reino dos Mil Anos de felicidade e justiça. Na Revolução Inglesa, os pobres tinham certeza de que chegara o tempo do fim e se aproximava o milênio. Viam os sinais do fim: fome, peste, guerras, eclipses, cometas, prodígios inexplicáveis, que anunciavam a vinda do Anticristo e exigiam que fosse combatido pelos justos e bons.

Em geral, o Anticristo era identificado à pessoa de um governante tirânico: papas, reis, imperadores. Contra ele, os pobres se reuniam em comunidades igualitárias, armavam-se e partiam para a luta, pois deveriam preparar o mundo para a chegada triunfal de Cristo, que venceria definitivamente o Anticristo. A esperança milenarista sempre viu a luta política como conflagração cósmica entre a luz e a treva, o justo e o injusto, o bem e o mal.

O Discurso da Servidão Voluntária

Também na tradição libertária encontra-se a obra de um jovem filósofo francês, La Boétie, escrita no século XVI, depois da derrota popular contra os exércitos e fiscais do rei, que vinham cobrar um novo imposto sobre o sal. Nessa obra, intitulada *Discurso da Servidão Voluntária*, La Boétie indaga como é possível que burgos inteiros, cidades inteiras, nações inteiras se submetam à vontade de um só, em geral o mais covarde e temeroso de todos. De onde um só tira o poder para esmagar todos os outros?

Duas são as respostas. Na primeira, La Boétie mostra que não é por medo que obedecemos à vontade de um só, mas porque desejamos a tirania. Como explicar que o tirano, cujo corpo é igual ao nosso, tenha crescido tanto, com mil olhos e mil ouvidos para nos espionar, mil bocas para nos enganar, mil mãos para nos esganar, mil pés para nos pisotear? Quem lhe deu os olhos e os ouvidos dos espiões, as bocas dos magistrados, as mãos e os pés dos soldados? O próprio povo.

A sociedade é como uma imensa pirâmide de tiranetes que se esmagam uns aos outros: o corpo do tirano é formado pelos seis que o aconselham, pelos sessenta que protegem os seis, pelos seiscentos que defendem os sessenta, pelos seis mil que servem aos seiscentos e pelos seis milhões que obedecem aos seis mil, na esperança de conseguir o poder para mandar em outros. A primeira resposta nos diz que o poder de um só sobre todos foi dado ao tirano por nosso desejo de sermos tiranos também.

A segunda resposta, porém, vai mais fundo. La Boétie indaga: De onde vem o próprio desejo de tirania? E responde: do desejo de ter bens e riquezas, do desejo de ser proprietário. Mas, indaga ele novamente, de onde vem esse desejo de *ter*, de *posse*? E responde: do desprezo pela liberdade. Se desejássemos verdadeiramente a liberdade, jamais a trocaríamos pela posse de bens, que nos escravizam aos outros e nos submetem à vontade dos mais fortes e tiranos.

Ao trocarmos o direito à liberdade pelo desejo de posses, aceitamos algo terrível: a *servidão voluntária*. Essa expressão é paradoxal, estranha. De fato, sempre soubemos que a vontade é livre e que os servos são forçados à submissão. Em outras palavras, nunca ouvimos dizer que a vontade pudesse querer sua negação, isto é, a servidão. La Boétie emprega essa terrível expressão para indicar que a tirania existe e persiste porque não somos obrigados a obedecer ao tirano e aos seus representantes, mas *desejamos voluntariamente servi-los* porque deles esperamos bens e a garantia de nossas posses. Usamos nossa liberdade para nos tornarmos servos.

Como derrubar um tirano e reconquistar a liberdade?

A resposta de La Boétie é espantosa: basta não dar ao tirano o que ele pede e exige. Não é preciso tomar das armas e fazer-lhe a guerra. Basta que não seja dado o que ele deseja e será derrubado. O que ele quer? Nossa consciência e nossa liberdade, a serem trocadas ou negociadas pela promessa de satisfação de nosso desejo de posses e de mando. Se não trocarmos nossa consciência pela posse de bens e se não trocarmos nossa liberdade pelo desejo de mando, nada daremos ao tirano. Se nada lhe dermos, ele perderá a fonte de poder que o sustenta (dos seis aos seis milhões que o servem) e, sem poder, cairá como um ídolo de barro.

As teorias socialistas

Das lutas populares e das tradições libertárias nascem as teorias socialistas modernas, desenvolvidas a partir do século XIX como resposta ao capitalismo industrial e às sociedades urbanas geradas por ele.

Como o próprio nome indica, as teorias socialistas são aquelas que se fundam nas relações sociais e nas ações sociais, isto é, que recusam a separação liberal entre sociedade e Estado e procuram na atividade social os fundamentos do poder e ação políticos. São três as principais correntes socialistas modernas. Vejamos, a seguir, o que cada uma defende.

Socialismo utópico

Essa corrente socialista vê a classe trabalhadora como despossuída, oprimida e geradora da riqueza social sem dela desfrutar. Para elas, os teóricos imaginam uma nova sociedade onde não existam a propriedade privada, o lucro dos capitalistas, a exploração do trabalho e a desigualdade econômica, social e política. Imaginam novas cidades, organizadas em grandes cooperativas geridas pelos trabalhadores e nas quais haja escola para todos, liberdade de pensamento e de expressão, igualdade de direitos sociais (moradia, alimentação, transporte, saúde), abundância, justiça e felicidade.

Essas cidades são concebidas como comunidades de pessoas livres e iguais que se autogovernam. Por serem cidades perfeitas, que não existem em parte alguma, mas que serão criadas pela vontade livre dos despossuídos, diz-se que são cidades utópicas, e as teorias que as criaram foram chamadas de *utopias*, para indicar um desejo irrealizável. Os principais socialistas utópicos foram os franceses Saint-Simon, Fourier, Proudhon, Louis Blanc e Blanqui e o inglês Owen.

Anarquismo

O principal teórico dessa corrente socialista foi o russo Bakunin, inspirado nas ideias socialistas de Proudhon. Seu ponto de partida é a crítica do individualismo burguês e do Estado liberal, considerado autoritário e antinatural. Como Rousseau, os anarquistas consideram a liberdade e a bondade como naturais aos seres humanos e sua capacidade para viver felizes em comunidades. Atribuem a origem da sociedade, isto é, a existência de indivíduos isolados, precariamente associados e em luta permanente, à propriedade privada e à exploração do trabalho, e a origem do Estado ao poder dos mais fortes (os proprietários privados) sobre os fracos (os trabalhadores). Sociedade e Estado são antinaturais porque se opõem à tendência natural dos homens a viver igualitária e livremente em comunidades autogovernadas.

Por isso mesmo, contra o artificialismo da sociedade e do Estado, os anarquistas propõem o retorno à vida em comunidades autogovernadas, sem qualquer hierarquia e sem instituir qualquer autoridade com poder de mando e direção. Afirmam dois grandes valores: a liberdade e a responsabilidade, em cujo nome propõem a descentralização social e política, a participação direta de todos nas decisões da comunidade, a formação de organizações de bairro, de fábrica, de educação, moradia, saúde, transporte etc. Propõem também que essas organizações comunitárias participativas formem federações nacionais e internacionais para a tomada de decisões globais, evitando, porém, a forma parlamentar de representação e garantindo a democracia direta.

As comunidades e as organizações comunitárias enviam delegados às federações. Os delegados são eleitos para um mandato referente exclusivamente ao assunto que será tratado pela assembleia da federação; terminada a assembleia, o mandato também termina, de sorte que não há representantes permanentes. Visto que o delegado possui um mandato para expor e defender perante a federação as opiniões e decisões de sua comunidade, se não cumprir o que lhe foi delegado, seu mandato será revogado e outro delegado, eleito.

Como se observa, os anarquistas procuram impedir o surgimento de aparelhos de poder que conduzam à formação do Estado. Recusam, por isso, a existência de exércitos profissionais e defendem a tese do povo armado ou das milícias populares, que se formam em uma emergência e se dissolvem tão logo o problema tenha sido resolvido. Consideram o Estado nacional obra do autoritarismo e da opressão capitalista e, por isso, contra ele, defendem o *internacionalismo sem fronteiras*, pois "só o capital tem pátria" e os trabalhadores são "cidadãos do mundo".

Os anarquistas são conhecidos como *libertários*, pois lutam contra todas as formas de autoridade e de autoritarismo. Além de Bakunin, outros importantes anarquistas foram: Kropotkin, Emma Goldman, Tolstói, Malatesta e George Orwell, autor do livro *1984*.

Comunismo ou socialismo científico

Essa posição é crítica não só do Estado liberal, mas também do socialismo utópico e do anarquismo. Encontra-se desenvolvida nas obras de Karl Marx e Friedrich Engels.

A perspectiva marxista

Com a obra de Marx, estamos colocados diante de um acontecimento comparável apenas ao de Maquiavel. Embora suas teorias sejam completamente diferentes, pois respondem a experiências históricas e a problemas diferentes, ambos representam uma mudança decisiva no modo de conceber a política e a relação entre sociedade e poder. Maquiavel desmistificou a teologia política e o republicanismo italiano, que simplesmente pretendia imitar gregos e romanos em vez de compreender seu próprio presente. Marx desmistificou a política liberal.

Marx parte da crítica da economia política.

A economia política

A expressão *economia política* é curiosa. Com efeito, a palavra *economia* vem do grego, *oikonomía*, composta de dois vocábulos, *oikós* e *nómos*. *Oikós* é a casa ou família, entendida como sistema de alianças e parentesco (ascendentes, descendentes, aliados, pais, filhos, parentes e escravos) e unidade de produção (atividades de agricultura, pastoreio, edificações, artesanato, trocas de bens entre famílias ou trocas de bens por moeda etc.). *Nómos* significa regra, acordo convencionado entre seres humanos e por eles respeitado nas relações sociais. *Oikonomía* é, portanto, o conjunto de normas de administração da propriedade patrimonial ou privada, dirigida pelo chefe da família, o *despotês*.

Vimos que os gregos inventaram a política porque separaram o espaço privado – a *oikonomía* – e o espaço público das leis e do direito – a *pólis*. Como, então, falar em "economia política"? Os dois termos não se excluem reciprocamente?

Por que a expressão *economia política* passou a ser usada na Modernidade? Porque, para separarem sociedade civil e Estado, as teorias políticas liberais precisaram admitir que a economia se refere à sociedade civil inteira, não se reduzindo às atividades econômicas de famílias e grupos familiares separados da esfera política, mas concerne às atividades de produção e troca de indivíduos cuja existência não é definida por sua situação familiar, e sim por sua inserção social na produção econômica. Em outras palavras, o termo "política", usado pelos liberais para qualificar a economia não se refere tanto ao Estado, e sim ao fato de que a sociedade civil é um espaço coletivo (a *pólis*) formado por indivíduos isolados que se relacionam por meio das atividades econômicas. De fato, a economia política surge como ciência no final do século XVIII e início do XIX, na França e na Inglaterra, para combater as limitações que o Antigo Regime impunha ao capitalismo. As restrições econômicas próprias da sociedade feudal e o controle da atividade mercantil pelo Estado monárquico eram vistos como prejudiciais ao desenvolvimento da "riqueza das nações". Baseando-se nos mesmos princípios do liberalismo político (a propriedade privada como direito natural, a liberdade como direito natural, a limitação da esfera do poder estatal), a economia política é elaborada como *liberalismo econômico*.

Diferentemente dos gregos, que definiram o ser humano como animal político, e diferentemente dos medievais, que o definiram como ser sociável, a economia política define o ser humano como *indivíduo* que busca a satisfação de suas necessidades, consumindo o que a Natureza lhe oferece ou trabalhando para obter riquezas e bem-estar. Por ser a vida em comum mais vantajosa aos indivíduos, estes pactuam para criar a sociedade e o Estado.

As ideias de Estado, de Natureza e de direito natural conduziram a duas noções essenciais à economia política: a primeira é a noção de *ordem natural racional*, que garante a todos os indivíduos a satisfação de suas necessidades e seu bem-estar; a segunda é a noção de que, seja por bondade natural, seja por egoísmo, os humanos agem em seu próprio benefício e interesse e, assim fazendo, contribuem para o bem coletivo ou social, ou seja, a *propriedade privada* é natural e útil socialmente, além de legítima moralmente, porque estimula o trabalho e combate o vício da preguiça.

A economia política buscará as leis dos fenômenos econômicos na natureza humana e os efeitos das causas econômicas sobre a vida social. Visto que a ordem natural é racional e que os seres humanos possuem liberdade natural, a economia política deverá garantir que a racionalidade da ordem e a liberdade humana se realizem por si mesmas, sem entraves e sem limites.

Para alguns economistas políticos, como Adam Smith, a concorrência (ou lei econômica da oferta e da procura) é responsável pela riqueza social e pela harmonia entre interesse privado e interesse coletivo. Para outros, como David Ricardo, as leis econômicas revelam antagonismos entre os vários interesses dos grupos sociais. Assim, por exemplo, a diferença entre o preço das mercadorias e os salários indica uma oposição de interesses na sociedade, de modo que a concorrência exprime esses conflitos sociais. Em ambos os casos, porém, a economia se realiza como *sociedade civil* capaz de se autorregular, sem que o Estado deva interferir na sua liberdade. Vemos, assim, que, embora o liberalismo político tenha sido formulado antes do liberalismo econômico, do ponto de vista lógico (e não cronológico), é o liberalismo econômico que dá os fundamentos para o liberalismo político. Este é uma expressão daquele.

A crítica da economia política

A *crítica* da economia política consiste, justamente, em mostrar que, apesar das afirmações greco-romanas e liberais de separação entre a esfera privada da propriedade e a esfera pública do poder, a política jamais conseguiu concretizar a diferença entre ambas. Nem poderia. O poder político sempre foi a maneira legal e jurídica pela qual a classe economicamente dominante de uma sociedade manteve seu domínio sobre as outras classes sociais. A *pólis*, a *civitas*, o Estado nunca puderam separar o poder privado dos economicamente dominantes do poder público ou político, pois exercido por estes. O aparato legal e jurídico apenas dissimula o essencial: que o poder político existe como poderio dos economicamente poderosos, para servir a seus interesses e privilégios e garantir-lhes a dominação social. Divididas entre proprietários e não proprietários (trabalhadores livres pobres, escravos, servos), as sociedades jamais foram comunidades de iguais e jamais permitiram que o poder político fosse compartilhado com os não proprietários.

Marx indaga: o que é a sociedade civil de que falam os economistas e teóricos políticos liberais? E responde: *não é* a manifestação de uma ordem natural racional nem o aglomerado conflitante de indivíduos, famílias, grupos e corporações, cujos interesses antagônicos serão conciliados pelo contrato social, por meio do qual seria instituída a ação reguladora e ordenadora do Estado como expressão do interesse e da vontade gerais. A sociedade civil *não é* um pacto social ou um contrato social, mas o sistema de relações sociais que organiza a produção econômica (agricultura, indústria e comércio), realizando-se mediante instituições sociais encarregadas de reproduzi-lo (família, igrejas, escolas, polícia, partidos políticos, meios de comunicação etc.). É o espaço onde as relações sociais e suas formas econômicas e institucionais são pensadas, interpretadas e representadas por um conjunto de ideias morais, religiosas, jurídicas, pedagógicas, artísticas, científico-filosóficas e políticas.

A sociedade civil é o processo de constituição e reposição das condições materiais da produção econômica pelas quais são engendradas as classes sociais. Para compreender como isso ocorre, é preciso primeiro compreender o conceito de *propriedade privada.*

A propriedade privada *não é* a posse de bens individuais ou familiares (moradia, vestuário, alimentação, meio de transporte etc.), e sim a *propriedade privada dos meios sociais de produção da riqueza* (terras, minas, manufaturas, fábricas, comércio, bancos). Aos proprietários privados dos meios sociais de produção como classe social se contrapõe a existência de outra classe, a dos trabalhadores, que não possuem essa propriedade, e sim (e apenas) sua força de trabalho. São *não proprietários* que vendem sua força de trabalho como mercadoria submetida à lei da oferta e da procura em um novo tipo de mercado, o mercado de mão de obra.

Essas classes sociais são antagônicas e seus conflitos revelam uma *contradição* profunda entre os interesses irreconciliáveis de cada uma delas, isto é, a sociedade civil não é um aglomerado de indivíduos ligados por contratos, e sim uma *divisão social de classes*, e se realiza como *luta de classes*. Embora estejamos acostumados a imaginar que essa luta se realiza quando os trabalhadores fazem greves ou manifestações, isso é a expressão da luta do lado dos trabalhadores em momentos determinados, porém este não é o aspecto mais importante, pois essa luta tem uma forma cotidiana e silenciosa que se realiza como normalidade da vida socioeconômica. Que aspecto é esse? O fato de os proprietários privados dos meios de produção terem o poder para determinar os salários, o tempo e a forma de trabalho de tal maneira que os trabalhadores estão submetidos a esse poderio que nunca tornará possível a igualdade econômica e social. Mais do que isso. Com efeito, o que os teóricos do jusnaturalismo chamavam de estado de Natureza como luta dos indivíduos não é senão a própria sociedade civil como desigualdade entre classes sociais e na qual os interesses econômicos da classe dominante levam à instituição do Estado. O Estado liberal é a expressão política da luta de classes, não como rebeliões, revolta e greves, mas simplesmente como dominação econômica e política de uma classe sobre outra.

Sem dúvida, os liberais estão certos quando afirmam que a sociedade civil, por ser esfera econômica, é a esfera dos interesses privados, pois é exatamente isso o que ela é. *A sociedade civil é a economia de mercado capitalista.*

O que é, porém, o Estado? Longe de diferenciar-se da sociedade civil e de separar-se dela, longe de ser a expressão da vontade geral e do interesse geral, o Estado é a expressão legal – jurídica e policial – dos interesses de uma classe social particular, a classe dos proprietários privados dos meios sociais de produção ou classe dominante. Ademais, o

Estado não é uma imposição divina aos homens, nem é o resultado de um pacto ou contrato social, mas é a maneira pela qual a classe dominante de uma época e de uma sociedade determinadas garante seus interesses e sua dominação sobre o todo social.

O Estado é a expressão política da luta econômico-social das classes, amortecida pelo aparato da *ordem* (jurídica) e da *força pública* (policial e militar). Não *é*, mas *aparece* como um poder público distante e separado da sociedade civil. Não por acaso, o liberalismo define o Estado como garantidor do direito de propriedade privada dos meios sociais de produção e, também não por acaso, reduz a cidadania aos direitos dos proprietários privados. A economia, portanto, jamais deixou de ser política. Simplesmente, no capitalismo, o vínculo interno e necessário entre economia e política tornou-se evidente.

No entanto, se perguntarmos às pessoas que vivem no Estado liberal capitalista se, para elas, é evidente tal vínculo, certamente dirão que não. Por que o vínculo interno entre o poder econômico e o poder político permanece invisível aos olhos da maioria?

Para responder a essa questão, Marx faz duas outras indagações:

1. Como surgiu o Estado? Isto é, como os seres humanos passaram da submissão ao poder pessoal visível de um senhor à obediência ao poder impessoal invisível de um Estado?
2. Por que o vínculo entre o poder econômico e o poder político não é percebido pela sociedade e, sobretudo, por que não é percebido pelos que não têm poder econômico nem político?

Acompanhemos o percurso do pensamento de Marx para compreendermos a maneira como responderá a essas duas perguntas.

Antecedentes da teoria marxista

Antes de examinarmos as respostas de Marx a essas indagações, devemos lembrar um conjunto de ideias e de fatos existentes quando ele iniciou seu trabalho teórico.

Do ponto de vista dos fatos, estamos na era do desenvolvimento do capitalismo industrial, com a passagem da manufatura à grande indústria, com a ampliação da capacidade tecnológica de domínio da Natureza pelo trabalho e pela técnica. Essa ampliação aumenta também o campo de ação do capital, que passa a absorver contingentes cada vez maiores de pessoas no mercado da mão de obra e do consumo, rumando para o mercado capitalista mundial.

Nesse momento, a burguesia se organiza por meio do Estado liberal, enquanto os trabalhadores industriais ou proletários se organizam em associações profissionais e sindicatos para as lutas econômicas (salários, jornada de trabalho), sociais (condições de vida) e políticas (reivindicação de cidadania). Greves, revoltas e revoluções eclodem em toda parte, as mais importantes vindo a ocorrer na França em 1830, 1848 e 1871. No Brasil, em 1858, eclode a primeira greve dos trabalhadores urbanos e, em 1878, a primeira greve dos trabalhadores do campo, em Amparo (estado de São Paulo).

Simultaneamente, consolida-se (em alguns países) ou inicia-se (em outros países) o *Estado Nacional* unificado e centralizado, definido pela unidade territorial e pela identidade de nascimento, língua, religião, raça e costumes. O capital precisa de suportes territoriais e, por isso, leva à constituição das nações, forçando, pelas guerras e pelo direito internacional, a delimitação e a garantia de fronteiras e, pelo aparato jurídico, policial e escolar, a unidade de língua, religião e costumes. Em suma, *inventa-se* a pátria como *nação*, sob a forma de Estado nacional. Como se observa, a nação não é natural, nem existe desde sempre, mas foi inventada pelo capitalismo, no século XIX.

Antes de Marx, ponto de vista das ideias, além das teorias liberais e socialistas e da economia política, Hegel propõe uma filosofia política crítica da concepção liberal, a *Filosofia do Direito,* encarregada de explicar o significado, a origem e a transformação histórica da sociedade e da política, isto é, do Estado.

Como crítico do liberalismo, Hegel explica a gênese do Estado moderno sem recorrer à teoria do direito natural e do contrato social. Para ele, o Estado surge como superação racional das limitações que bloqueavam o desenvolvimento do espírito humano: o isolamento dos indivíduos na família e as lutas dos interesses privados na sociedade civil. O Estado absorve e transforma a família e a sociedade civil em uma totalidade racional, mais alta e perfeita, que exprime o interesse e a vontade gerais. Por isso, é a realização mais importante – e a última – da razão na História, uma vez que supera os particularismos em uma unidade universal, que, pelo Direito, garante a ordem, a paz, a moralidade, a liberdade e a perfeição do espírito humano.

A História é a passagem da família à sociedade civil e desta ao Estado, término do processo histórico. Esse processo é concebido como realização da Cultura, isto é, da diferença e da separação entre Natureza e Espírito e como absorção da primeira pelo segundo. O processo histórico é desenvolvimento da consciência, que se torna cada vez mais consciente de si por meio das obras espirituais da Cultura, isto é, das ideias que se materializam em instituições sociais, religiosas, artísticas, científico-filosóficas e políticas. O Estado é a síntese final da criação racional ou espiritual, expressão mais alta da Ideia ou do Espírito.

Liberalismo político, liberalismo econômico ou economia política e teoria política hegeliana formam o pano de fundo do pensamento de Marx, voltado para a compreensão do capitalismo e das lutas proletárias.

Contra o liberalismo político, Marx mostrará que a propriedade privada não é um direito natural e o Estado não é resultado de um contrato social. Contra a economia política, mostrará que a economia não é expressão de uma ordem natural racional. Contra Hegel, mostrará que o Estado não é a Ideia ou o Espírito encarnados na realidade e que a História não é o movimento da consciência e suas ideias.

Dissemos que Marx indaga como os homens passaram da submissão ao poder pessoal de um senhor à obediência do poder impessoal do Estado. Para responder a essa questão, é preciso desvendar a origem do Estado.

Os modos de produção

Os seres humanos, escrevem Marx e Engels, distinguem-se dos animais não porque sejam dotados de consciência – animais racionais –, nem porque sejam naturalmente sociáveis e políticos – animais políticos –, mas porque são capazes de *produzir* as condições de sua existência material e intelectual. Os seres humanos são produtores: são o que produzem e são como produzem. A produção das condições materiais e intelectuais da existência não são escolhidas livremente pelos seres humanos, mas estão dadas objetivamente, independentemente de nossa vontade. Eis por que Marx diz que os homens fazem sua própria História, mas não a fazem em condições escolhidas por eles. São *historicamente determinados* pelas condições em que produzem suas vidas.

A produção material e intelectual da existência humana depende de condições naturais (as do meio ambiente e as biológicas da espécie humana) e da procriação. Esta não é apenas um dado biológico (a diferença sexual necessária para a reprodução), mas *já é social*, pois decorre da maneira como se dá o intercâmbio e a cooperação entre os humanos e do modo como é simbolizada psicológica e culturalmente a diferença dos sexos. Por seu turno, a maneira como os humanos interpretam e realizam a diferença sexual determina o modo como farão a divisão social do trabalho, distinguindo trabalhos masculinos, femininos, infantis e de pessoas idosas.

A produção e a reprodução das condições de existência se realizam, portanto, por meio do trabalho (relação com a Natureza), da divisão social do trabalho (intercâmbio e cooperação), da procriação (sexualidade e instituição da família) e do modo de apropriação da Natureza (a propriedade).

Esse conjunto de condições forma, em cada época, a sociedade e o sistema das *formas produtivas* que a regulam, segundo a divisão social do trabalho. Essa divisão, que começa na família, com a diferença sexual e etária das tarefas, prossegue na distinção entre agricultura e pastoreio, entre ambas e o comércio, conduzindo à separação entre o campo e a cidade. Em cada uma das distinções operam novas divisões sociais do trabalho.

A divisão social do trabalho não é uma simples divisão de tarefas, mas a manifestação da existência da *propriedade*, ou seja, a separação entre a propriedade, que é a posse das condições e dos instrumentos do trabalho, e o próprio trabalho, incidindo, a seguir, sobre a forma de distribuição dos produtos do trabalho. A propriedade introduz a existência dos *meios de produção* (condições e instrumentos de trabalho) como algo diferente das *forças produtivas* (trabalho).

Analisando as diferentes formas de propriedade, as diferentes formas de relação entre meios de produção e forças produtivas, as diferentes formas de divisão social do trabalho decorrentes das formas de propriedade e das relações entre os meios de produção e as forças produtivas, é possível perceber a sequência do processo histórico e as diferentes modalidades de sociedade.

A propriedade começa como propriedade tribal e a sociedade tem a forma de uma comunidade baseada na família (a comunidade é vista como a família ampliada à qual pertencem todos os membros do grupo). Nela prevalece a hierarquia definida por tarefas, funções, poderes e consumo. Essa forma da propriedade se transforma em outra, a propriedade estatal, ou seja, propriedade do Estado, cujo dirigente determina o modo de relações dos sujeitos com ela: em certos casos (como na Índia, na China, na Pérsia), o Estado é o proprietário único e permite as atividades econômicas mediante pagamento de tributos, impostos e taxas; em outros casos (Grécia, Roma), o Estado cede, mediante certas regras, a propriedade às grandes famílias, que se tornam proprietárias privadas dos meios de produção.

A sociedade se divide, agora, entre senhores e escravos. Nos grandes impérios orientais, os senhores se ocupam da guerra e da religião; na Grécia e em Roma, tornam-se cidadãos e ocupam-se da política, além de possuírem privilégios militares e religiosos; vivem nas cidades e em luta permanente com os senhores que permaneceram no campo, bem como com os homens livres que trabalham nas atividades urbanas (artesanato e comércio) e com os escravos (do campo e da cidade).

A terceira forma de propriedade é a feudal, apresentando-se como propriedade privada da terra pelos senhores e propriedade dos instrumentos de trabalho pelos artesãos livres, membros das corporações nos burgos. A terra é trabalhada por servos da gleba e a sociedade se estrutura pela divisão entre nobreza fundiária e servos (no campo) e nobreza fundiária e artesãos livres e aprendizes (na cidade). Entre eles surge uma figura intermediária: o comerciante. As lutas entre comerciantes e nobres e o desenvolvimento dos burgos, do artesanato e da atividade comercial conduzem à mudança que conhecemos: a propriedade privada capitalista.

Essa nova forma de propriedade possui características inéditas e é uma verdadeira revolução econômica, porque realiza a *separação integral* entre proprietários dos meios sociais de produção e as forças produtivas, isto é, entre as condições e os instrumentos de trabalho (os meios de produção) e o próprio trabalho (a força produtiva). Os proprietários privados possuem meios, condições e instrumentos do trabalho, possuem o controle da fabricação, distribuição e do consumo dos produtos. No outro polo social, encontram-se os trabalhadores como massa de assalariados inteiramente expropriada dos meios de produção, possuindo apenas a força do trabalho, colocada à disposição dos proprietários dos meios de produção no mercado de compra e venda da mão de obra.

Essas diferentes formas da propriedade dos meios de produção e das relações com as forças produtivas ou de determinações sociais decorrentes da divisão social do trabalho constituem o que Marx designa como os *modos de produção*.

O materialismo histórico

Marx e Engels observaram que, a cada modo de produção, a consciência dos seres humanos se transforma. Descobriram que essas transformações constituem a maneira como, em cada época, a consciência interpreta, compreende e representa para si mesma o que se passa nas condições materiais de produção e reprodução da existência. Por esse motivo, afirmaram que, ao contrário do que se pensa, não são as ideias humanas que movem a História, mas são as condições históricas que produzem as ideias.

Na obra *Contribuição à crítica da economia política*, Marx escreve:

> O conjunto das relações de produção (que corresponde ao grau de desenvolvimento das forças produtivas materiais) constitui a estrutura econômica da sociedade, a base concreta sobre a qual se eleva uma superestrutura jurídica e política e à qual correspondem determinadas formas de consciência social. O modo de reprodução de vida material determina o desenvolvimento da vida social, política e intelectual em geral. Não é a consciência dos homens que determina o seu ser; é o seu ser social que, inversamente, determina sua consciência.

É por afirmar que a sociedade se constitui a partir de condições materiais de produção e da divisão social do trabalho, que as mudanças históricas são determinadas pelas modificações naquelas condições materiais e naquela divisão do trabalho e que a consciência humana é determinada a pensar as ideias que pensa por causa das condições materiais instituídas pela sociedade que o pensamento de Marx e Engels é chamado de *materialismo histórico*.

Materialismo porque somos o que as condições *materiais* (as relações sociais de produção) nos determinam a ser e a pensar. Histórico porque a sociedade e a política não surgem de decretos divinos nem nascem da ordem natural, mas dependem da ação concreta dos seres humanos no tempo.[2]

A História não é um progresso linear e contínuo, uma sequência de causas e efeitos, mas um processo de transformações sociais determinadas pelas contradições entre os meios de produção (a forma da propriedade) e as forças produtivas (o trabalho, seus instrumentos, as técnicas). A luta de classes em toda e qualquer sociedade exprime tais contradições e é *o motor da História*. Por afirmar que o processo histórico é movido por contradições sociais, o materialismo histórico é *dialético*.[3]

A origem do Estado

Podemos, agora, retornar à questão da origem do Estado.

As relações sociais de produção não são responsáveis apenas pela origem da sociedade, mas também pela do Estado, que Marx designa como superestrutura jurídica e política, correspondente à estrutura econômica da sociedade.

---

[2] Quando Marx fala em materialismo, este não significa: (a) a concepção cristã, que o identifica com os gostos pelos prazeres e pelo luxo, nem (b) a matéria dos corpos físicos, átomos e moléculas. Materialismo significa: condições materiais da produção econômica (propriedade, instrumentos de trabalho, formas do trabalho).

[3] Quando estudamos Platão e Aristóteles, vimos que dialética significava a discussão entre ideias e posições opostas ou contraditórias entre si. Hegel e, depois dele, Marx consideram que a dialética é a própria maneira como a história se realiza, um movimento de posição e superação de contradições. Para Hegel, as contradições se exprimem nas ideias, na relação da consciência consigo mesma e com as outras consciências, instituindo o movimento temporal da História. Para Marx, as contradições não são opiniões nem ideias antagônicas, mas a estrutura da própria sociedade. Veremos mais adiante o que é e como se dá a contradição no modo de produção capitalista.

Qual a origem do Estado? Conflitos entre proprietários privados dos meios sociais de produção e contradições entre eles e os não proprietários (escravos, servos, trabalhadores livres). Os *conflitos* entre os proprietários e as *contradições* entre proprietários e não proprietários *aparecem* para a consciência social sob a forma de conflitos e antagonismo entre interesses particulares e o interesse geral. *Aparecem* dessa maneira, mas *não são realmente* como aparecem. Em outras palavras, onde há propriedade privada dos meios sociais de produção, há interesse privado e não pode haver interesse coletivo ou geral.

Os proprietários dos meios de produção podem ter interesses comuns, pois necessitam do intercâmbio e da cooperação para manter e fazer crescer a propriedade de cada um. Assim, embora estejam em conflito por causa da concorrência e da competição, precisam estabelecer certas regras pelas quais não se destruam reciprocamente nem suas propriedades e superem ou moderem os conflitos.

A relação dos proprietários e dos não proprietários não é de simples conflito, mas de contradições. Em um conflito há duas ou mais partes que pertencem à mesma classe social e podem estar em antagonismo. A relação entre proprietários e trabalhadores (escravos, servos, proletários) não é um conflito, mas uma *contradição* porque são duas classes e uma delas é a negação da outra: escravos, servos e proletários são *não proprietários*.[4] Sabem também que não poderão resolver as contradições com os não proprietários e que estes podem, por revoltas e revoluções populares, destruir a propriedade privada dos meios de produção. É preciso, portanto, que os interesses comuns entre os proprietários dos meios de produção e sua força para dominar os não proprietários sejam estabelecidos de maneira tal que pareçam corretos, legítimos e válidos para todos. Para isso, criam o Estado como poder separado da sociedade, portador do direito e das leis, dotado de força para usar a violência na repressão de tudo quanto pareça perigoso à estrutura econômica existente.

No caso do poder despótico oriental, a legitimação é feita pela divinização do senhor: o detentor do poder (um indivíduo, uma família ou um grupo de famílias) apresenta-se como filho de um humano e de uma divindade, isto é, seu nascimento excepcional justifica seu poderio. No caso do poder teocrático (judaico, islâmico e cristão medieval), a legitimação é feita pela sacralização do governante: o detentor do poder o recebe diretamente de Deus, sendo um escolhido de Deus. No caso das repúblicas (democracia grega, o Senado e Povo Romano), a legitimação é feita pela instituição do direito e das leis, que definem quem pode ser cidadão e participar do governo.

Nos três casos, a divisão social aparece como hierarquia divina e/ou natural, que justifica a exclusão dos não proprietários do poder e, sobretudo, estabelece princípios (divinos ou naturais) para a submissão e a obediência, transformadas em obrigações.

---

4 Lembremos que a contradição se define como a impossibilidade de que, ao mesmo tempo e na mesma relação, A seja A e não A. Ora, no caso da sociedade, temos, simultaneamente e na mesma relação, definição do humano pela propriedade e pela não propriedade: *humano proprietário* e *humano não proprietário*. A propriedade, portanto, define A (humano) e nega A (humano). Estamos diante de uma contradição que cinde e separa o humano do humano. O trabalhador é o não capital e o capital é o não trabalhador.

No caso do Estado moderno, como vimos, as ideias de estado de Natureza, direito natural, contrato social e direito civil colocam o fundamento do poder político na vontade dos proprietários privados dos meios de produção, que se apresentam como indivíduos livres e iguais que, por um pacto ou contrato, transferem seus direitos naturais ao poder político, instituindo a autoridade do Estado e das leis.

Podemos agora responder à primeira pergunta de Marx: por que há submissão dos não proprietários ao Estado, instrumento e poder dos proprietários? Resposta: o Estado precisa *aparecer* como expressão do interesse *geral*, e não como senhorio particular de alguns poderosos, pois os não proprietários podem recusar, como fizeram inúmeras vezes na História, o poder pessoal visível de um senhor, mas não o fazem quando se trata de um poder distante, separado, invisível e impessoal como o do Estado. Julgando que este se encontra a serviço do bem comum, da justiça, da ordem, da lei, da paz e da segurança, aceitam a dominação, pois não a percebem como tal.

Resta a segunda indagação de Marx, qual seja, por que os sujeitos sociais não percebem o vínculo entre o poder econômico e o poder político? Para isso, precisamos passar à análise marxiana da ideologia.

A ideologia

A alienação econômica

No Capítulo 5 (O Conhecimento), ao perguntarmos se a consciência pode conhecer tudo, mencionamos as reflexões de Marx sobre a alienação social e a ideologia. Retomaremos aqui vários aspectos do que tratamos naquele capítulo.

Quando, *supra*, citamos o texto da *Contribuição à crítica da economia política*, vimos que Marx afirma que a consciência humana é sempre social e histórica, isto é, determinada pelas condições concretas de nossa existência.

Isso não significa, porém, que nossas ideias representem a realidade tal como esta é em si mesma. Se assim fosse, seria incompreensível que os seres humanos, conhecendo as causas da exploração, da dominação, da miséria e da injustiça nada fizessem contra elas. Nossas ideias, historicamente determinadas, têm a peculiaridade de nascer a partir de nossa experiência social direta e esta sempre se oferece como uma explicação da maneira como a vida social nos *aparece* ou tal como ela nos *parece ser*. Em outras palavras, a experiência social imediata ou direta explica a sociedade e as relações sociais a partir de suas *aparências* como se fossem a realidade, constituindo o que, no início deste livro, designamos como nossas crenças e opiniões costumeiras.

Não só isso. As aparências – ou o aparecer social à consciência – são aparências justamente porque nos oferecem o mundo de cabeça para baixo: o que é causa parece ser efeito, o que é efeito parece ser causa. Isso não se dá apenas no plano da consciência individual, mas sobretudo no da consciência social, isto é, no conjunto de ideias e explicações que uma sociedade oferece sobre si mesma.

Feuerbach, como vimos, estudara esse fenômeno na religião, designando-o com o conceito de *alienação*. Conforme vimos no capítulo sobre o conhecimento, Marx interessa-se por esse fenômeno porque o percebeu em outras esferas da vida social, por exemplo, na política, que, como analisamos há pouco, leva os sujeitos sociais a aceitar a dominação estatal porque não reconhecem quem são os verdadeiros criadores do Estado e detentores do poder estatal. Entretanto, em particular, interessou-se pela alienação na esfera da economia.

No capitalismo, os trabalhadores produzem todos os objetos existentes no mercado, isto é, todas as mercadorias; após havê-las produzido, entregam-nas aos proprietários dos meios de produção, mediante um salário; os proprietários dos meios de produção vendem as mercadorias aos comerciantes, que as colocam no mercado de consumo; e os trabalhadores ou produtores dessas mercadorias, quando vão ao mercado de consumo, não conseguem comprá-las. Os que produziram tecidos e roupas olham o preço dos alimentos e percebem que, com seu salário, não podem comprar quase nada; os que produziram alimentos olham os preços das roupas e percebem que seu salário só dá para comprar algumas peças de baixa qualidade; os que produziram veículos não conseguem comprar todas as roupas e todos os alimentos que gostariam de ter porque seu salário é pequeno; e os que produziram alimentos e roupas não podem comprar um automóvel; e assim por diante. Os produtores das mercadorias olham os preços, contam o dinheiro e voltam para casa de mãos vazias, como se o preço das mercadorias existisse por si mesmo e como se elas estivessem à venda porque surgiram do nada e alguém decidiu vendê-las.

Em outras palavras, embora os diferentes trabalhadores saibam que produziram as diferentes mercadorias, não percebem que, como *classe social*, produziram todas elas, isto é, que os produtores de tecidos, roupas, alimentos, veículos e todos os outros produtos são membros da *mesma* classe social. Os trabalhadores se veem como indivíduos isolados (cada qual com sua família, seus parentes e amigos) que conhecem seu próprio trabalho, mas ignoram os trabalhos das outras categorias de trabalhadores, isto é, não se percebem como formando uma classe social única, produtora de todas as mercadorias existentes no mercado. Por esse motivo, quem produziu tecido não percebe que foi também um trabalhador que produziu um veículo e que outro produziu um alimento. Por não se perceberem como uma classe social, e sim como indivíduos isolados, não só não se reconhecem como autores ou produtores das mercadorias, mas ainda acreditam que valem o preço que custam no mercado de consumo e que não podem tê-las porque elas valem mais do que eles. Por não se perceberem como classe social, não se reconhecem como produtores da riqueza e das coisas. Sem saberem, vivem a experiência da *alienação econômica*, isto é, a crença de que as mercadorias são coisas que existem independentemente do trabalho para produzi-las e que possuem um valor em si mesmas, valor que aparece no preço que lhes foi dado.

Marx, entretanto, não se contentou em constatar o fenômeno da alienação, mas perguntou qual é sua causa. A resposta a essa indagação o levou a formular o conceito de *ideologia*.

A origem da ideologia

Em uma formação social, à medida que se estabiliza, se fixa e se repete uma forma determinada da divisão social, cada indivíduo passa a ter uma atividade determinada e exclusiva, que lhe é atribuída pelo conjunto das relações sociais, pelo estágio das forças produtivas e pela forma da propriedade. Cada um, por causa da fixidez e da repetição de seu lugar e de sua atividade, tende a não os perceber como instituídos socialmente e a considerá-los *naturais* (por exemplo, quando alguém julga que faz o que faz porque tem talento ou vocação natural para isso; quando alguém julga que, por natureza, os negros foram feitos para serem escravos; quando alguém julga que, por natureza, as mulheres foram feitas para a maternidade e o trabalho doméstico).

A experiência da divisão social das atividades é vivida, portanto, como naturalidade: acredita-se que, assim como a Natureza produz rios, mares, céus, florestas e astros, ela também produz relações sociais, de maneira que há senhores por natureza, escravos por natureza, cidadãos por natureza, proprietários por natureza, assalariados por natureza etc. A naturalização surge sob a forma de ideias que afirmam que as sociedades são como são porque é natural que assim sejam. As relações sociais, vistas como naturais, passam a ser consideradas existentes em si e por si, e não como resultados históricos da ação humana. Quando a Natureza é vista como a causa das relações sociais, a sociedade surge como uma força natural estranha e poderosa, que faz que tudo seja necessariamente como é.

A divisão social do trabalho, iniciada na família, prossegue na sociedade e, à medida que esta se torna mais complexa, leva a uma divisão entre dois tipos fundamentais de trabalho: o trabalho material de produção de coisas e o trabalho intelectual de produção de ideias. No início, essa segunda forma de trabalho social é privilégio dos sacerdotes; depois, torna-se função de professores e escritores, artistas e cientistas, pensadores e filósofos.

Os que produzem ideias separam-se dos que produzem coisas, formando um grupo à parte. Pouco a pouco, à medida que vão ficando cada vez mais distantes e separados dos trabalhadores materiais, os que produzem ideias começam a acreditar que a consciência e o pensamento estão, em si e por si mesmos, separados das coisas materiais, existindo em si e por si mesmos. Em outros termos, como têm a experiência de formar um grupo social à parte, julgam-se independentes da própria sociedade e passam a acreditar na independência entre a consciência e o mundo material, entre o pensamento e as coisas produzidas socialmente. Conferem autonomia à consciência e às ideias e, finalmente, julgam que as ideias não só explicam a realidade, mas a produzem. Surge a *ideologia* como crença na independência das ideias e na capacidade de as ideias criarem a realidade, ou, como muitos costumam dizer, "as ideias é que movem o mundo".

Ora, o grupo dos que produzem ideias – sacerdotes, professores, artistas, filósofos, cientistas – não nasceu do nada. Nasceu não só da divisão social do trabalho, mas também de uma divisão no interior da classe dos proprietários ou classe dominante de uma sociedade, isto é, os primeiros produtores de ideias eram membros da classe dominante cujas famílias dividiram o poder entre guerreiros e sacerdotes, ou entre os que dominavam os corpos, por meio das armas, e os que dominavam os espíritos, por meio das crenças. Por meio de escolas e atividades especializadas, o grupo sacerdotal foi ganhando independência e poder para formar seus próprios membros. O grupo pensante (os intelectuais) de uma sociedade, por pertencer à classe dominante ou por estar unido a ela por meio da educação especializada, pensa com as ideias dos dominantes; julga, porém, que tais ideias são verdadeiras em si mesmas e transforma ideias de uma classe social determinada em ideias universais e necessárias, válidas para a sociedade inteira.

Como o grupo produtor de ideias (os ideólogos) domina a consciência social, tem o poder de transmitir as ideias dominantes para toda a sociedade, por meio da religião, das artes, da escola, da ciência, da filosofia, dos costumes, das leis e do direito, moldando a consciência de todas as classes sociais e uniformizando o pensamento de todas as classes.

Os ideólogos são membros da classe dominante e de uma classe aliada a ela, a pequena burguesia ou a classe média. Como intelectuais, sistematizam as imagens e as ideias sociais da classe dominante em representações coletivas, gerais e universais, válidas para todos, e não apenas para os próprios dominantes. Essas imagens e ideias não exprimem a realidade social, mas representam a *aparência social* ou o ponto de vista dos dominantes - são o que os dominantes pensam sobre a sociedade, e não o que a sociedade efetivamente é. As ideias assim produzidas são consideradas realidades autônomas que produzem a realidade material ou social. São imagens e ideias postas como *universais* e, portanto, são ideias *abstratas*, uma vez que, concretamente, não correspondem à realidade social, dividida em classes sociais antagônicas. Desse modo, por exemplo, existem na sociedade capitalista, concretamente, a classe dos proprietários privados dos meios de produção (os capitalistas) e a classe dos assalariados (os trabalhadores), mas na ideologia aparece abstratamente um universal, *o Homem*. Este, na verdade, é uma ideia que exprime a maneira como os dominantes se veem a si mesmos como modelo para todos os seres humanos.

A ideologia torna-se *propriamente ideologia* quando não aparece sob a forma do mito, da religião e da teologia. Com efeito, nestes, a explicação sobre a origem dos seres humanos, da sociedade e do poder político encontra a causa criadora ou produtora *fora e antes* dos próprios humanos e de sua ação, localizando a causa originária nas divindades. A ideologia *propriamente dita* surge quando, no lugar de divindades, encontramos ideias como causas da sociedade e das relações sociais: o Homem, a Pátria, a Família, a Escola, o Progresso, a Ciência, o Estado, o Bem, o Justo etc.

Com isso, podemos dizer que a ideologia é um *fenômeno moderno*, substituindo o papel que, antes dela, tinham os mitos e as teologias. Com a ideologia, a explicação sobre a origem dos homens, da sociedade e da política encontra-se nas ações humanas, entendidas como manifestação da consciência ou das ideias. Assim, por exemplo, julgar que o Estado não se origina da vontade de Deus, mas das ideias de estado de Natureza, direito natural, contrato social e direito civil, é supor que a consciência humana, independentemente das condições históricas materiais, pensou nessas ideias, julgou-as corretas e passou a agir por elas, criando a realidade designada e representada por elas.

A operação ideológica

A ideologia oferece a uma sociedade dividida em classes sociais contraditórias, e que vive na forma da luta de classes, uma imagem que permita a unificação e a identificação social - uma língua, uma religião, uma raça, uma nação, uma pátria, um Estado, uma humanidade, mesmos costumes etc. Assim, a função primordial da ideologia é *ocultar* a origem da sociedade (relações de produção como relações entre meios de produção e forças produtivas sob a divisão social do trabalho), *dissimular* a presença da luta de classes (domínio e exploração dos não proprietários pelos proprietários privados dos meios de produção), *negar* as desigualdades sociais (são imaginadas como se fossem consequência de talentos diferentes, da preguiça ou da disciplina laboriosa) e oferecer *a imagem ilusória da comunidade* (o Estado) originada do contrato social entre homens livres e iguais. *A ideologia é a lógica da dominação social e política.* Porque nascemos e somos criados com essas ideias e nesse imaginário social, não percebemos a verdadeira natureza de classe do Estado. A resposta à segunda pergunta de Marx, qual seja, por que a sociedade não percebe o vínculo interno entre poder econômico e poder político, pode ser respondida agora: por causa da ideologia.

Práxis e revolução

O trabalho

Quando estudamos a ética, vimos Aristóteles estabelecer uma distinção que foi mantida no pensamento ocidental: a diferença entre *poiésis*, ação fabricadora (o trabalho e as técnicas), e *práxis* (a ação livre do agente moral e do sujeito político). Vimos também que Aristóteles valorizava muito mais a *práxis* do que a *poiésis*, o que é compreensível. De fato, a sociedade grega era escravista, desvalorizando o trabalho, tido como atividade inferior se comparada à ação livre do cidadão, isto é, dos proprietários (de terra, do artesanato e do comércio). Liberdade, diziam gregos e romanos, é não precisar ocupar-se com as atividades de sobrevivência, mas dispor de ócio para cuidar da coisa pública.

O desprezo pelo trabalho aparece em vários sintomas significativos: não há, na língua grega, uma palavra para significar trabalho (usa-se a palavra *ergon*, obra; ou a palavra *ponos*, esforço penoso e doloroso); a palavra latina da qual *trabalho* deriva é *tripalium*, um instrumento de três estacas, destinado a prender bois e cavalos difíceis de ferrar, portanto um instrumento de tortura. A outra palavra latina empregada para designar o trabalho é *labor*, que corresponde ao grego *ponos*, portanto indica pena, fadiga, cansaço, dor, e é nesse sentido que se fala em "trabalho de parto". Os homens livres dispõem de *otium* - lazer - e os não livres estão no *neg-otium* - negação de ócio, trabalho.

O protestantismo, o capitalismo e o liberalismo não podem manter essa imagem do homem livre como homem desocupado, porque, como vimos, fazem o direito de propriedade repousar sobre o trabalho - trabalho de Deus, fazendo o mundo, propriedade do artífice divino; e trabalho do homem, instituindo a legitimidade da propriedade privada dos meios de produção, isto é, das condições materiais do trabalho. É preciso negar o ócio, tido, agora, como vício. O *negócio* é a alma do capitalismo.

No entanto, algo curioso acontece. Apesar da valorização do trabalho e apesar da ideologia do direito natural, que afirma serem todos os humanos livres e iguais, no momento de definir quem tem direito ao poder político, a classe dominante, como vimos, "esquece" a "dignidade do trabalho" e declara o poder político um direito exclusivo dos homens independentes ou livres, isto é, dos que não dependem de outros para viver. Em outras palavras, a cidadania pertence aos que não precisam trabalhar. Do ponto de vista moral, valoriza-se o trabalho – é ele que disciplina os apetites e desejos imoderados dos seres humanos –, mas, do ponto de vista político, não tem valor algum. Na política, a *práxis* continua sendo a greco-romana.

Marx critica a ideologia da *práxis* liberal e a concepção protestante do trabalho como esforço, disciplina e controle moral dos indivíduos. O ser humano é *práxis*. Esta é social e histórica. É o *trabalho*.

O que é o trabalho? O trabalho, como vimos na Introdução (O mundo da cultura), é a relação dos seres humanos com a Natureza e entre si, na produção das condições de sua existência. Pelo trabalho, os seres humanos não consomem diretamente a Natureza nem se apropriam diretamente dela, mas a transformam em algo humano também.

A subjetividade humana se exprime em um objeto produzido por ela e a objetividade do produto é a materialização externa da subjetividade do trabalhador ou produtor. Pelo trabalho, os seres humanos estendem sua humanidade à Natureza. É nesse sentido que o trabalho é *práxis*: ação em que o agente e o produto de sua ação são idênticos, pois o agente se *exterioriza* na ação produtora e no produto, ao mesmo tempo que este *interioriza* uma capacidade criadora humana, ou a subjetividade.

A ideologia burguesa e o trabalho

Vimos que, para Marx, nossa consciência é determinada pelas condições históricas em que vivemos. Vimos também que, para ele, os seres humanos fazem a sua própria História – são os sujeitos práticos dela –, mas não a fazem em condições escolhidas voluntariamente por eles. Isso significa que a *práxis* se realiza em condições históricas dadas e, como sabemos, as condições são postas pela divisão social do trabalho, pelas relações de produção (relação entre meios de produção e forças produtivas) – portanto, pela forma da propriedade e pela divisão social das classes.

Vimos, enfim, que, embora a consciência seja determinada pelas condições materiais em que vive, as ideias não representam a realidade tal como é, e sim tal como aparece, dando ensejo ao surgimento do imaginário social e, com a divisão entre trabalho material e intelectual, ao surgimento da ideologia.

No caso do modo de produção capitalista, a ideologia, que é burguesa, utiliza a ideia do trabalho de duas maneiras. A primeira, como vimos, é o emprego dessa ideia para legitimar a propriedade privada capitalista – o trabalho como virtude e a preguiça como vício. A segunda, é seu uso para legitimar a ideia de contrato social e de contrato de trabalho.

Com efeito, a ideia de contrato vem do Direito Romano, que exige, para validar uma relação contratual, que as partes contratantes sejam livres e iguais. Para afirmar que a sociedade e o Estado nascem de um contrato social, a ideologia burguesa precisa afirmar que *todos* os humanos nascem livres e iguais, embora a Natureza os faça desiguais em talentos e a sociedade os faça desiguais economicamente. A ideologia burguesa precisa, portanto, da ideia de *trabalhador livre*. Por sua vez, o salário só aparecerá como legítimo se resultar de um contrato de trabalho entre os iguais e livres, isto é, o contrato só terá valor legal se as partes contratantes forem iguais e livres, agindo voluntariamente.[5]

Segundo Marx, o capitalismo efetivamente produziu o trabalhador "livre": está "liberado" da propriedade de todos os meios e instrumentos de produção, de todas as posses, restando-lhe apenas a "liberdade" de vender sua força de trabalho. O trabalhador que a ideologia designa como trabalhador livre é o trabalhador realmente expropriado, o assalariado submetido às regras do modo de produção capitalista, convencido de que o contrato de trabalho torna seu salário legal, legítimo e justo.

Assim, em um primeiro momento, o quadro oferecido por Marx é pessimista. Embora o ser humano seja *práxis* e esta seja o trabalho, o processo histórico desfigura o trabalho e o trabalhador, aliena os trabalhadores, que, não se percebendo como uma classe social, não se reconhecem nos produtos de seus trabalhos. A ideologia burguesa, por sua vez, cria a ideia de Homem Universal, livre e igual, dá-lhe o rosto dos proprietários privados dos meios de produção e persuade os trabalhadores de que também são esse Homem Universal, embora vivam miseravelmente.

No entanto, se a *práxis* é socialmente determinada, se a consciência é determinada pelas condições sociais do trabalho, nem tudo está perdido. Pelo contrário.

Consciência de classe e práxis política

Diferentemente de outros modos de produção, nos quais os trabalhadores (escravos, servos e homens pobres livres) trabalhavam isoladamente e não podiam perceber-se formando uma classe social, no capitalismo, em seu início, surgem as corporações de ofício que colocam juntos os trabalhadores, mas em uma hierarquia rígida, a seguir, com a manufatura e a indústria, as condições de trabalho (as fábricas, as grandes empresas comerciais, os grandes bancos etc.) forçam os trabalhadores a trabalhar juntos e a conviver em seu local de trabalho.

Poderão, por isso, vir a se perceber como um conjunto social determinado, isto é, como uma *classe social*, assim como poderão vir a perceber que há classes sociais, cujos interesses não são os mesmos, e sim contrários, e poderão vir a perceber em sua vida diária que o que a ideologia lhes ensina como verdade é falso. Por exemplo, a ideologia

---

[5] É por isso, por exemplo, que, na cerimônia ocidental do casamento, o oficiante (sacerdote, pastor, juiz de paz etc.) indaga a cada um dos cônjuges se aceita livremente casar-se.

lhes diz que são livres, mas não têm liberdade para escolher o ofício, para definir o salário, para fixar a jornada de trabalho. A ideologia lhes diz que todos os homens são iguais, mas percebem que não podem ter moradia, vestuário, transporte, educação, saúde, como os seus patrões. Assim, pelas próprias condições de sua vida cotidiana, têm condições para começar a duvidar do que lhes é dito e ensinado.

Podem, porém, vir a ser capazes de algo mais. O *capital* é uma propriedade privada diferente de todas as outras que existiram na História. De fato, as outras formas de propriedade davam riquezas aos seus proprietários, mas não davam *lucro*. Em outros termos, as outras formas de riqueza não cresciam nem se acumulavam: para haver crescimento e acúmulo, era preciso pilhar ou roubar a riqueza de outro homem, de outro reino, de outro povo. O capital, contudo, tem a peculiaridade de crescer, de acumular-se e reproduzir-se.

Pela primeira vez na História, surge uma forma da propriedade privada capaz de aumentar e desenvolver-se pelo seu próprio funcionamento econômico. Os trabalhadores poderão perguntar: afinal, de onde vem essa capacidade espantosa de crescimento do capital? Dizem os ideólogos que esse aumento vem do comércio, cujos lucros são investidos na produção. Nesse caso, por que os capitalistas não investem tudo no comércio, em vez de investir prioritariamente na indústria e na agroindústria?

É que, explica Marx, *o lucro não vem da comercialização dos produtos* para o consumo, mas *nasce na própria esfera da produção*, isto é, resulta da divisão social do trabalho e do tempo socialmente necessário para produzir alguma coisa.

O que é o modo de produção capitalista? A produção de mercadorias, isto é, de produtos cujo valor não é determinado por seu uso, mas pelo seu *valor de troca*. Este é determinado pelo custo total para produzir uma mercadoria (custo da matéria-prima, dos instrumentos de trabalho, das instalações para fabricação, dos conhecimentos técnicos e dos salários), custo calculado a partir do *tempo socialmente necessário* para produzi-la (horas de trabalho, horas de transporte, horas de descanso para reposição das forças, horas necessárias para a extração da matéria-prima e seu transporte, horas necessárias para a fabricação das máquinas e outros instrumentos de trabalho etc.).

Quem produz as mercadorias? Os trabalhadores assalariados, que vendem sua força de trabalho aos proprietários privados dos meios de produção. Como as vendem? Como uma *mercadoria* entre outras. Qual o procedimento que regula a compra e venda da força de trabalho? O contrato de trabalho, que, sendo um contrato, pressupõe que as partes contratantes são livres e iguais, e, portanto, que é por livre e espontânea vontade que o trabalhador vende sua força de trabalho pelo salário. O que é o salário? O que é pago ao trabalhador para garantir sua subsistência e a reprodução de sua força de trabalho (alimentação, moradia, vestuário e condições para procriar). Quanto vale a *mercadoria-trabalhador*, isto é, quanto vale o salário?

A economia política afirma que o salário corresponde aos custos e ao preço da produção de uma mercadoria. Calcula-se, assim, o que o trabalhador precisa para manter-se e reproduzir-se, deduzindo-se esse montante do custo total da produção e determinando o salário. Na realidade, porém, não é o que ocorre. Para produzir determinada mercadoria, um trabalhador precisa de certo número de horas (suponhamos, por exemplo, quatro horas) e seu salário será calculado a partir desse tempo; entretanto, de fato, o trabalhador trabalha durante muito mais tempo (suponhamos, por exemplo, oito horas) e, consequentemente, produz o dobro de mercadorias; estas, porém, não são computadas para o cálculo do salário, pois este corresponderá apenas à mercadoria que o trabalhador produz em certo número de horas (no nosso exemplo, em quatro horas). Isso significa que o *trabalhador realiza mais trabalho do que o salário lhe paga*, ou seja, há um *trabalho excedente não pago*, isto é, não coberto pelo salário. Esse procedimento ocorre em toda a indústria, na agricultura e no comércio, de maneira que a *massa social dos salários de todos os assalariados* corresponde apenas a uma parte do tempo socialmente necessário para a produção das mercadorias, ou seja, não corresponde à totalidade de tempo de trabalho despendido realmente pelos trabalhadores, que produzem mais do que o salário lhes paga. A outra parte do trabalho, a que permanece não paga, forma uma gigantesca massa social de *mais-valia* (o valor do trabalho excedente não pago). *É a mais-valia que forma o lucro, e não a comercialização dos produtos.* É a mais-valia que faz a acumulação e/ou o aumento do capital, que será investido na produção de mercadorias para aumentá-lo.

Assim, o capital, essa propriedade privada espantosa, que parece mágica porque parece crescer sozinha, aumentando como se possuísse um fermento interno, na realidade se acumula e se reproduz, se amplia e se estende mundo afora porque se funda na exploração social da massa dos assalariados, isto é, na mais-valia ou no trabalho não pago.

Se os trabalhadores puderem descobrir, pela compreensão do processo de trabalho, que formam uma classe social oposta aos senhores do capital, que estes obtêm o lucro pela exploração do trabalho, que sem o trabalho não pago não haveria capital e que a ideologia e o Estado capitalistas existem para impedir os assalariados de tal percepção, se puderem compreender isso, sua consciência será conhecimento verdadeiro da realidade social. Terão *a ciência de sua práxis*.

Se tiverem essa ciência, se conseguirem unir-se e organizar-se para transformar a sociedade e criar outra sem a divisão e a luta de classes, passarão à *práxis política*.

A revolução

Visto que a burguesia dispõe de todos os recursos materiais, intelectuais, jurídicos, políticos e militares para conservar o poderio econômico e estatal, buscará impedir a *práxis* política dos trabalhadores e estes não terão outra saída senão aquela que sempre foi usada pelas classes populares insubmissas e radicais: a *revolução*.

A teoria marxista da revolução não se confunde, portanto, com as teorias utópicas e libertárias, porque não se baseia na miséria, na infelicidade e na injustiça a que estão submetidos os trabalhadores, mas se fundamenta na análise científica da sociedade capitalista (nas "leis" do capital, ou da economia política) e nela encontra as maneiras pelas quais os trabalhadores, conscientes e organizados, realizam sua própria emancipação. Por isso, Marx e Engels disseram que a emancipação dos trabalhadores terá que ser obra histórica dos próprios trabalhadores. A sociedade comunista, sem propriedade privada dos meios de produção, sem exploração do trabalho, sem classes sociais, sem poder estatal, livre e igualitária, resulta, portanto, da *práxis* revolucionária da classe trabalhadora.

Em um célebre panfleto político, o *Manifesto comunista*, que conclamava os proletários do mundo todo a se unirem e a se organizarem para a longa luta contra o capital, Marx e Engels consideravam que a fase final do combate proletário seria a revolução e que esta, antes de chegar à sociedade comunista, teria que demolir o aparato estatal (jurídico, burocrático, policial e militar) burguês.

Essa demolição foi designada por eles com a expressão "ditadura do proletariado", tomando a palavra *ditadura* do vocabulário político dos romanos. Estes, toda vez que Roma atravessava uma crise que poderia destruí-la, convocavam um homem ilustre e lhe davam, por um período determinado, o poder para refazer as leis e punir os inimigos de Roma, e lhe retiravam o poder assim que a crise estivesse superada. Uma ditadura, na linguagem e na política romanas, significava um poder de duração determinada ou de curta duração durante uma grave crise. Na perspectiva de Marx e Engels, a ditadura do proletariado seria um breve período de tempo em que, não existindo ainda a sociedade sem Estado e já não existindo o Estado burguês, os proletários - portanto, uma classe social - governariam no sentido de desfazer todos os mecanismos econômicos e políticos responsáveis pela existência de classes sociais e, portanto, causadores da exploração social. Somente depois de demolida a estrutura econômica capitalista e a superestrutura política e jurídica do Estado capitalista, findaria a ditadura do proletariado e teria início a sociedade comunista.

Julgava Marx que essa seria a última revolução popular. Por que a última? Porque aboliria a *causa* de todas as revoluções que as anteriores não haviam conseguido abolir: a propriedade privada dos meios sociais de produção. Só assim o trabalho poderia ser verdadeiramente *práxis* humana criadora.

As experiências políticas do século XX

A Revolução de Outubro

Em outubro de 1917, contra toda expectativa marxista, tem lugar a Revolução Russa, sob a liderança do Partido Bolchevique.

Por que contra toda expectativa marxista? Porque Marx julgara que a revolução proletária só poderia realizar-se quando as contradições internas ao capitalismo esgotassem as possibilidades econômicas e políticas da burguesia e o proletariado, por meio da revolução, instaurasse a nova sociedade comunista. Em termos marxistas, a revolução proletária deveria acontecer nos países de capitalismo avançado, como a Inglaterra, a França e a Alemanha.

De fato, era essencial para a teoria da *práxis* revolucionária o pleno desenvolvimento do capitalismo, pois isso significava que a infraestrutura econômica, o avanço tecnológico e o grau de organização da classe trabalhadora preparariam a grande mudança histórica. Não era concebível, portanto, a revolução na Rússia, que vivia sob o Antigo Regime (a monarquia por direito divino, absoluta ou czarista), era majoritariamente pré-capitalista, com pequeno desenvolvimento do capitalismo em alguns centros urbanos, promovido não pela burguesia (quase inexistente), mas pelo próprio Estado e pelo capital externo (inglês, francês e alemão), sem forte consciência e organização proletárias.

Foi ali, porém, que aconteceu a primeira revolução proletária, antecedida por duas revoluções menores: a de 1905, que instaurou o parlamento, com partidos políticos da burguesia liberal, e a de fevereiro de 1917, que proclamou a república e convocou uma assembleia constituinte, mas cujo governo provisório não realizou as reformas prometidas e prosseguiu na guerra contra a Alemanha, provocando reação popular e rebelião das tropas.

Nas circunstâncias russas, o grande sujeito revolucionário não pôde ser a classe proletária organizada (quase inexistente), mas teve que ser uma vanguarda política, liderada por intelectuais acostumados às lutas clandestinas, o Partido Bolchevique ou a fração majoritária do Partido Social-Democrata Russo, que iria tornar-se o Partido Comunista Russo. Foi essa vanguarda que realizou a Revolução de Outubro de 1917.

Que dificuldades enfrentou a Revolução de Outubro?

- As dificuldades previsíveis, que toda revolução comunista enfrentaria, isto é, a reação militar e econômica do capital, sob a forma de guerra civil e de boicote econômico internacional.
- A existência da Primeira Guerra Mundial, que não só depauperou a precária economia russa, mas também permitiu que os poderes capitalistas internacionais enviassem tropas para auxiliar a contrarrevolução, o chamado Exército dos Brancos, que combatia o exército revolucionário ou o Exército Vermelho.
- O fracasso da revolução comunista alemã, em 1919, da qual se esperava não só apoio para o desenvolvimento da sociedade socialista russa, mas também que fosse o estopim da revolução proletária mundial; esta, se ocorresse, livraria a revolução russa do isolamento, do boicote capitalista internacional e da ameaça permanente de invasão militar capitalista.
- A ausência de forte consciência política e organização operárias em um país majoritariamente camponês e no qual as atividades políticas tinham sido necessariamente obra de grupos clandestinos, formados sobretudo por intelectuais e estudantes. O contingente revolucionário mais significativo que os bolcheviques conseguiram não veio do proletariado organizado, mas das tropas (exército e marinha) rebeladas contra a guerra mundial, iniciada em 1914. A militarização, inevitável em toda revolução, no caso da russa institucionalizou-se como organização do Partido Bolchevique.
- A ausência de economia capitalista desenvolvida que houvesse preparado a infraestrutura econômica e a organização sociopolítica para a nova sociedade. A revolução teve que realizar duas revoluções em uma só: a burguesa, de destruição do Antigo Regime, e a comunista, contra a burguesia. Essa situação mais a ruína econômica causada pela guerra e pela continuação da guerra civil e o

> boicote do capitalismo internacional forçaram a ida ao chamado "comunismo de guerra", que transformou a "ditadura do proletariado" em ditadura do Partido Bolchevique. Essa ditadura, em lugar de promover o surgimento da sociedade comunista, instaurou uma nova forma inesperada de capitalismo, o *capitalismo de Estado*, considerado "etapa socialista" para a futura sociedade comunista. Em outras palavras, a estatização da economia substituiu a abolição do Estado, prevista pelo *Manifesto comunista*.

Assenhorando-se do Estado, o Partido Bolchevique criou um poderoso aparato militar e burocrático, que, evidentemente, entrou em conflito com os conselhos populares de operários, camponeses e soldados, os *sovietes*, pois estes se haviam organizado para realizar o autogoverno de uma sociedade sem Estado. Os sovietes foram sendo dizimados e substituídos por órgãos do Partido Bolchevique, deles restando apenas o nome, que seria colado ao de república socialista: República Socialista Soviética. A ditadura do Partido Bolchevique se realizava por meio do aparato militar, policial e burocrático do Estado.

Em 1923, o Partido Bolchevique estava profundamente dividido entre a posição de Trotsky – que criticava a estatização e a burocratização e propunha a tese da *revolução permanente* – e a de Stalin, que conseguira galgar o posto de secretário-geral do partido, acumulando enormes poderes em suas mãos. Doente, Lênin escreveu um testamento político no qual sugeria o afastamento de Stalin, alertando para o perigo de seu autoritarismo. Não foi, porém, atendido. Morreu em janeiro de 1924.

Valendo-se do cargo e colocando a direção partidária contra Trotsky, Stalin assumiu o poder do Estado. Sob sua orientação (embora ficasse nos bastidores), as principais lideranças da revolução foram expulsas do partido; Trotsky foi banido e exilado, sendo assassinado em 1940 por um agente stalinista, no México.

Com a tese "socialismo num só país" (portanto oposta à tese marxista do internacionalismo proletário e da revolução mundial), Stalin implantou à força a coletivização da economia, sob a direção do Estado e do partido. Exerceu controle militar, policial e ideológico sobre toda a sociedade, instituiu o "culto à personalidade" e, em 1936, começou os grandes expurgos políticos, conhecidos como "processos de Moscou". Sempre nos bastidores, conseguiu que seus aliados forjassem todo tipo de acusação contra lideranças políticas de oposição, levando-as à condenação à morte, ou à prisão perpétua em campos de concentração. Fortaleceu a polícia secreta e consolidou o totalitarismo (de que falaremos mais adiante).

Além da coletivização econômica, Stalin planejou a economia para investimentos na indústria pesada, sacrificando a produção de bens de consumo e os serviços públicos sociais. Prevendo a Segunda Guerra Mundial, orientou a economia para a indústria bélica, química pesada e energia elétrica, produzindo, às custas de enormes sacrifícios e privações da população, o maior crescimento econômico da história da Rússia, que se tornou potência econômica e militar mundial.

As experiências totalitárias: fascismo e nazismo

O século XX, durante os decênios de 1920-1940, viu acontecer uma experiência política sem precedentes: o totalitarismo, realizado por duas práticas políticas, o fascismo (originado na Itália) e o nazismo ou nacional-socialismo (originado na Alemanha).

A Alemanha, derrotada na Primeira Guerra Mundial, perdeu territórios e foi obrigada a pagar somas vultosas aos vencedores para ressarci-los dos prejuízos da guerra. A economia estava destroçada, reinavam o desemprego, a recessão e a inflação galopante. A crise tomou proporções excessivas quando, em 1929, a Bolsa de Valores de Nova York "quebra", levando à ruína boa parte do capital mundial.

Partindo da crítica marxista ao liberalismo, mas recusando a ideia de revolução proletária comunista, o austríaco Adolf Hitler se ofereceu à burguesia e à classe média alemãs para salvá-las da revolução operária. Propôs o reerguimento da Alemanha por meio do fortalecimento do Estado, do nacionalismo geopolítico (a nação é o "espaço vital" do povo, que deve conquistar e manter territórios necessários ao seu desenvolvimento econômico) e da aliança com os setores conservadores do capital industrial e, sobretudo, do capital financeiro. Hitler foi eleito, em eleições livres e diretas, para o parlamento e, a seguir, deu o golpe de Estado nazista.

A Itália, embora estivesse do lado dos vencedores da Primeira Guerra Mundial, ficou insatisfeita com as compensações que lhe foram dadas e, ao mesmo tempo, tentava manter-se economicamente pela exploração de colônias na África. Benito Mussolini, como Hitler, partiu da crítica marxista ao liberalismo, mas, como Hitler, recusava a ideia de revolução proletária comunista. Em vez dela, propôs o fortalecimento do Estado nacional, a aliança com setores conservadores do capital industrial e financeiro, a guerra de conquista de territórios e o nacionalismo baseado nas glórias do antigo Império Romano.

Por que *nazismo*? Essa palavra é a abreviação do nome de um partido político ao qual Hitler se filiou. Inicialmente, o partido denominava-se Partido Operário Alemão, mas Hitler propôs que fosse denominado Partido Operário Alemão Nacional-Socialista (*Nationalsozialistische – Nazi*). Operário para indicar a oposição aos liberais, mas nacional-socialista para indicar a oposição aos comunistas e socialistas (críticos do nacionalismo, ideologia necessária ao capital).

A palavra *fascismo* foi inventada por Mussolini a partir do vocábulo italiano *fascio*, feixe. É dupla a significação do *fascio*: por um lado, refere-se ao conjunto de machados reunidos por meio de um feixe de varas, carregados por funcionários que precediam a aparição pública dos magistrados na antiga Roma, os machados significando o poder do Estado para decapitar criminosos e as varas, a unidade do povo romano em torno do Estado; por outro lado, refere-se a uma tradição popular do século XIX, em que certas comunidades, lutando por seus interesses e direitos, simbolizavam sua luta e unidade pelos *fasci*. Mussolini se apropria do símbolo romano e popular, criando por toda a Itália os *fasci de combate*.

Embora de origem e significação diferentes, nazismo e fascismo possuem aspectos comuns, por exemplo:

- *antiliberalismo*: não como afirmação do socialismo, e sim como defesa da total intervenção do Estado na economia e na sociedade civil. Em sua face inicial, ambos se apresentam contra a ordem burguesa liberal e conseguem a adesão da maioria da classe trabalhadora, que sofria as misérias da recessão e do desemprego;
- *colaboração de classe*: afirmação de que o capital e o trabalho não são contrários nem contraditórios, mas podem e devem colaborar em harmonia para o bem da coletividade. No lugar das classes sociais, propõem (e criam) as corporações de ofício e de categoria, de que participavam patrões e assalariados, a fim de ocultar a divisão entre o capital e o trabalho. A ideia de Estado Corporativo havia sido elaborada pela Igreja Católica e exposta na bula do papa Leão XIII, *Rerum Novarum*, escrita contra socialistas e comunistas;
- *aliança com o capital industrial monopolista e financeiro*: isto é, com os setores do capital cuja vocação é *imperialista*, exigindo a conquista de novos territórios para a ampliação do mercado e o acúmulo do capital;
- *nacionalismo*: a realidade social é a Nação, entendida como unidade territorial e identidade racial, linguística, de costumes e tradições. A nação é o espírito do povo, a *pátria-mãe* dos antepassados de sangue, una, única e indivisa;
- *corporativismo*: a sociedade, como propunha o papa Leão XIII, deve ser organizada pelo Estado sob a forma de corporações do trabalho e do capital, hierarquizadas por suas funções e harmonizadas pela política econômica do Estado;
- *partido único que organiza as massas*: em lugar de classes sociais, a nação é vista como constituída pelo povo e este é a massa organizada pelo partido único, que a exprime e representa. O partido organiza a sociedade não só em sindicatos corporativos, mas também em associações: de jovens, de mulheres, de crianças, de artistas, escritores, cientistas, de bairro, de ginástica e dança, de música etc. A relação entre a sociedade (a nação) e o Estado é feita pela mediação do partido;
- *ideologia de classe média ou pequeno-burguesa*: no modo de produção capitalista, há uma camada social que não é proletária-camponesa, nem é a proprietária privada dos meios de produção, não é burguesa; trata-se da *classe média ou pequena burguesia*, constituída por comerciantes, profissionais liberais, intelectuais, artistas, artesãos independentes e funcionários públicos. Essa classe adere completamente aos valores e os costumes da burguesia e teme a proletarização, sendo, por isso, antissocialista e anticomunista. Embora admire a burguesia, sente rancor por não possuir a riqueza e os privilégios burgueses.

  Com efeito, a classe média ou pequena burguesia acredita no individualismo competitivo, na ideia do "homem que se faz sozinho", graças à disciplina, à boa família, aos bons costumes e ao trabalho. No entanto, ao contrário de suas expectativas, não consegue, apesar dos esforços, "subir na vida" e responsabiliza a "cobiça dos ricos" por sua situação inferiorizada, atribuindo-a à desordem do liberalismo.

Por essas características, a classe média ou pequena burguesia é conservadora e reacionária, tendo predileção por propostas políticas que lhe prometam organizar o Estado e a economia de tal modo que desapareçam o liberalismo e o risco do socialismo-comunismo. É o destinatário privilegiado e preferido do nazismo e do fascismo (e de todas as políticas antissocialistas e anticomunistas);

- *imperialismo belicista*: pela aliança com o capital monopolista e financeiro, pela ideologia nacionalista expansionista, pela ideologia de classe média ou pequeno-burguesa, que espera das conquistas militares melhoria de suas condições sociais, nazismo e fascismo são políticas de guerra e de conquista (belicista e bélico vem do latim *bellum*, guerra). Hitler falará do sangue germânico que corre nas veias dos povos da Europa central e deverá ser "reconduzido" à mãe-pátria alemã pela guerra. Mussolini falará nas glórias do Império Romano e em sua reconquista pelas guerras italianas;
- *educação moral e cívica*: para garantir a adesão das massas à ideologia nazifascista, o Estado introduz a educação moral e cívica, pela qual crianças e adolescentes aprenderão os valores nazifascistas de pátria, disciplina, força do caráter, formação de corpos belos, saudáveis, poderosos, necessários aos guerreiros dos novos impérios;
- *propaganda de massa*: o nazifascismo introduz, pela primeira vez na História, a prática (hoje cotidiana e banal) da propaganda dirigida às massas. Essa propaganda é política, voltada para a manifestação de sentimentos, emoções e paixões, desvalorizando a razão, o pensamento e a consciência crítica. Por meio do rádio e da imprensa, de cartazes, desfiles, bandas, jogos atléticos, filmes, o nazifascismo procura incutir na massa a devoção incondicional à pátria e aos chefes, o amor à hierarquia, à disciplina e à guerra;
- *prática da censura e da delação*: o Estado, mediante partido, associações e aparelhos especializados (policiais e militares), controla o pensamento, as ciências e as artes por meio da censura, queimando livros e obras de arte "contrários" à pátria e aos chefes, prendendo e torturando os dissidentes, perseguindo os "inimigos internos". Estimula também, sobretudo em crianças e jovens, a prática da delação contra os dissidentes, "desviantes" e "inimigos internos" do Estado;
- *racismo*: menos forte no fascismo, é um componente essencial do nazismo, que inventa a ideia de "raça ariana" ou "raça nórdica", superior a todas as outras, devendo conquistar algumas para que a sirvam, e aniquilar outras porque "inservíveis" e "perigosas". A ideia de aniquilação das "raças inferiores" faz do genocídio uma política do Estado. O nazismo considerou os negros africanos, poloneses, tchecos, húngaros, romenos, croatas, sérvios e demais brancos europeus como raças inferiores a serem conquistadas para realizar o trabalho braçal para a ração superior. Considerou ciganos e judeus como raças a serem eliminadas (exterminou ciganos e 6 milhões de judeus);
- *estatismo*: contra o Estado liberal (considerado caótico) e contra as revoluções socialistas e comunistas (que recusam o Estado), o nazifascismo cria o Estado forte, centralizado administrativamente, militarizado, que controla toda a sociedade

> por meio do partido, das milícias de jovens, da educação moral e cívica, da propaganda, da censura e da delação. Existe apenas o Estado como totalidade que engloba em seu interior o todo da sociedade.

No *totalitarismo*, portanto, todas as instituições sociais são definidas e controladas pelo Estado *total*, que absorve em seu interior e em sua organização o todo da sociedade e suas instituições, controlando-a por inteiro.

O nazifascismo proliferou por toda parte. Foi vitorioso não apenas na Itália e na Alemanha, mas, com variações, tomou o poder na Espanha (de Franco), em Portugal (com Salazar) e em vários países da Europa Oriental. Conseguiu ter partidos significativos em países como França, Inglaterra, Bélgica, Áustria, Argentina. No Brasil, deu origem à Ação Integralista Brasileira, criada por Plínio Salgado.

O totalitarismo stalinista

Embora o totalitarismo russo esteja ligado indissoluvelmente ao nome de Stalin, isso não significa que tenha terminado com sua morte.

Até a chamada *glasnost* (transparência), proposta nos anos 1980 pelo presidente russo e chefe do Partido Bolchevique, Gorbachev, existiu o stalinismo sem Stalin, ou seja, o totalitarismo.

Muitos traços do stalinismo são semelhantes aos do nazifascismo (centralização estatal, partido único com controle total sobre a sociedade, militarização, nacionalismo, imperialismo, censura do pensamento e da expressão, propaganda estatal no lugar da informação, campos de concentração, invenção contínua dos "inimigos internos"), mas a diferença fundamental e trágica entre eles está no fato de que o stalinismo sufocou a primeira revolução comunista e deformou profundamente o marxismo, marcando com o selo totalitário os partidos comunistas do mundo inteiro.

As grandes teses de Marx foram destruídas pelas teses stalinistas:

- À tese marxista da revolução proletária mundial, o stalinismo contrapôs a tese do socialismo em um só país, transformando-a em diretriz obrigatória para os partidos comunistas do mundo inteiro. Isso significou que tais partidos deveriam abandonar práticas revolucionárias em seus países, para não prejudicar as relações internacionais da União Soviética. Eram estimuladas, porém, as guerras de libertação nacional contra os países colonialistas sempre que isso fosse do interesse econômico e geopolítico da Rússia.
- À tese marxista da ditadura do proletariado para a derrubada do Estado, o stalinismo contrapôs a ditadura do partido único e do Estado forte.
- À tese marxista da abolição do Estado na sociedade comunista sem classes sociais, contrapôs o agigantamento do Estado, a absorção da sociedade pelo aparelho

estatal e pelos órgãos do partido, cuja burocracia constituiu-se em uma nova classe dominante, com interesses e privilégios próprios.

- À tese marxista da luta proletária contra a burguesia e a pequena burguesia, bem como a afirmação de que, em muitos processos revolucionários, parte da burguesia e da pequena burguesia se aliam ao proletariado, mas o abandonam a partir de certo ponto, devendo ele prosseguir sozinho na ação revolucionária, o stalinismo contrapôs a tese oportunista da "estratégia" e da "tática", segundo a qual, em certos casos, o proletariado faria alianças e nelas permaneceria e, em outros, não faria aliança alguma, se isso não fosse do interesse da vanguarda partidária.
- À tese marxista do internacionalismo proletário ("Proletários de todos os países, uni-vos", dizia o *Manifesto comunista*), contrapôs o nacionalismo e o imperialismo russos, primeiro invadindo e dominando a Europa Oriental, e depois os países asiáticos não dominados pela China.
- À tese marxista do partido político como instrumento de organização da classe trabalhadora e expressão prática de suas ideias e lutas, contrapôs a burocracia partidária como vanguarda política, que não só "representa" os interesses proletários, mas os encarna e os dirige, pois é detentora do poder e do saber.
- À tese marxista da relação indissolúvel entre as ideias e as condições materiais, isto é, entre teoria e prática, que permitia o desenvolvimento da consciência crítica da classe trabalhadora, contrapôs a propaganda estatal, a ideologia do chefe como "pai dos povos", o controle da educação e dos meios de comunicação pelo partido e pelo Estado.
- À tese de Marx de que a teoria e a prática estão em uma relação dialética, que o conhecimento é histórico e um processo interminável de análise e compreensão das condições concretas postas pela realidade social, o stalinismo contrapôs uma invenção, o *Diamat* (dialética materialista), isto é, o marxismo como *doutrina* a-histórica, fixada em dogmas expostos sob a forma de catecismos de vulgarização da ideologia stalinista. Foi tão longe nisso que considerou função do Estado definir o *pensamento correto.*

  Para tanto, os intelectuais do partido foram encarregados de determinar as linhas "corretas" para a Filosofia, as ciências e as artes. Instituiu-se a psicologia oficial, a medicina e a genética oficiais, a literatura, a pintura, a música e o cinema oficiais, a filosofia e a ciência oficiais, encarregando-se a polícia secreta de queimar obras, prender, torturar, assassinar ou enviar para campos de concentração os "dissidentes" ou "desviantes". Os herdeiros de Stalin foram mais longe: consideraram que, como o partido e o Estado dizem a verdade absoluta, os "desvios" intelectuais, artísticos e políticos eram sintomas de distúrbios psíquicos e de loucura, enviando os "dissidentes" para hospitais psiquiátricos.
- À tese marxista de que a classe trabalhadora é sujeito de sua própria história quando toma consciência de sua situação e luta contra ela, aprendendo com a memória dos combates e a tradição das derrotas, o stalinismo contrapôs a ideia de história oficial da classe proletária, identificada com a história do partido

comunista e com a interpretação dada por este último aos acontecimentos históricos, roubando, assim, dos trabalhadores o direito à memória.

- À tese marxista de que os inimigos da classe trabalhadora não são indivíduos dessa ou daquela classe, mas outra classe social como classe, contrapôs a ideia de "inimigos do povo saídos do seio do próprio povo" como inimigos de sua própria classe, porque são "agentes estrangeiros infiltrados no seio do povo uno, indiviso, bom e homogêneo".

  À tese de Marx da nova sociedade como concretização da liberdade, da igualdade, da abundância, da justiça e da felicidade, o stalinismo contrapôs o "operário-modelo" e o "militante exemplar", acostumados à obediência cega aos comandos do Estado e do partido e à hierarquia social imposta por eles. Viver pelo e para o Estado e o partido tornou-se sinônimo de felicidade, liberdade e justiça.

A transformação das ideias e práticas stalinistas em *instituições sociais* fez que o stalinismo não fosse um acontecimento de superfície, que pudesse ser apagado com a morte de Stalin. Pelo contrário. O stalinismo instituiu uma nova *formação social*, que modelou corpos, corações e mentes e que só desapareceu, *parcialmente*, no fim dos anos 1980 e início dos anos 1990, porque a crise econômica, provocada pelo delírio armamentista, fez emergirem contradições sufocadas durante 70 anos.

A social-democracia

Dois acontecimentos políticos marcaram o período posterior à Segunda Guerra Mundial: a guerra fria e o surgimento do Estado do Bem-Estar Social (*Welfare State*) ou da social-democracia. No final do século XX, contra a social-democracia instalou-se o neoliberalismo.

A guerra fria

A guerra fria foi a divisão geopolítica, econômica e militar entre dois grandes blocos: o bloco capitalista, sob a direção dos Estados Unidos (incluindo as três Américas, a Europa ocidental e as colônias europeias na África, no Oriente Médio e na Ásia), e o bloco "comunista", sob a direção da União Soviética e da China (incluindo os países da Europa Central e do Leste). Uma das principais razões para essa divisão foi militar, isto é, a invenção da bomba atômica, que punha fim às guerras convencionais.

Inicialmente, cada bloco julgava que a posse de armamentos nucleares lhe daria mais poder para eliminar o outro. Pouco a pouco, porém, a chamada "corrida armamentista" deixou de visar diretamente à guerra, voltando-se para a intimidação recíproca dos adversários, limitando suas ações imperialistas. Finalmente, percebeu-se que uma guerra não convencional ou nuclear teria resultado zero, ou seja, não teria vencedores, pois o planeta seria inteiramente destruído. A guerra teria que ser, portanto, guerra fria – espionagem, financiamento de guerras localizadas, apoio soviético a guerras anticoloniais, desestabilização norte-americana de regimes socialistas instituídos na área de poder dos Estados Unidos etc. A guerra fria definiu, por quase 50 anos, o alinhamento político e econômico de todos os países à volta dos dois blocos hegemônicos.

A guerra fria terminou com o fim do regime russo, sob a ação de Gorbachev. Na verdade, o regime terminou como consequência da ruína econômica da União Soviética, que não só manteve planos econômicos ligados à indústria bélica, como também não desenvolveu as novas tecnologias de ponta exigidas pela era da eletrônica e da informática. O atraso econômico, as lutas regionais por independência (por parte dos países anexados ao bloco soviético após a Segunda Guerra Mundial), a estagnação social e cultural, as contradições internas à sociedade soviética, as ameaças contínuas de guerra com a China, a mudança na forma do capital (o chamado neoliberalismo) e a hegemonia ideológica capitalista foram alguns dos fatores que levaram à política de Gorbachev e ao desmantelamento parcial do totalitarismo stalinista.

A social-democracia e o Estado do Bem-Estar Social

Desde muito cedo, entre os marxistas, surgiu uma indagação: a passagem do capitalismo ao comunismo deveria ser feita necessariamente por uma revolução ou poderia ser realizada por um conjunto crescente de reformas, com as quais o poder passaria das mãos da burguesia para o proletariado? A discussão "reforma ou revolução?" deu origem à ideia de etapas históricas para a passagem ao comunismo e a principal dessas etapas era o socialismo, entendido como passagem gradual ao comunismo por meio de reformas no capitalismo. A política socialista era proposta por partidos que se denominavam social-democratas, a expressão Social-Democracia indicando a política da esquerda reformista.

Embora, antes da Segunda Guerra Mundial, várias experiências de tipo social-democrata tenham sido realizadas nos países escandinavos (Suécia, Dinamarca, Noruega) e na Inglaterra (com o Partido Trabalhista), pode-se falar em uma presença mais firme e ampla da social-democracia como política da esquerda reformista somente a partir do final daquela guerra, portanto a partir do final dos anos 1940. Por essa ocasião, a social-democracia instituiu-se como política do Estado de Bem-Estar Social (*Welfare State*), implantado nos países capitalistas avançados do hemisfério norte como defesa do capitalismo contra o perigo do retorno do nazifascismo e da revolução comunista.

A crise econômica gerada pela guerra, as críticas nazifascista e comunista ao liberalismo, as lutas dos trabalhadores por direitos econômicos e sociais fundadas na imagem da sociedade socialista em construção na União Soviética e na China, fazendo que os trabalhadores encontrassem nelas (ignorando o que ali realmente se passava) um contraponto para as desigualdades e injustiças do capitalismo, tudo isso levou à necessidade de reformar a economia e de alterar a ação do Estado, corrigindo os problemas econômicos e sociais. A essa tarefa dedicou-se a Social-Democracia por meio do Estado do Bem-Estar Social.

Inspirando-se nas ideias do economista inglês Keynes, a Social-Democracia passou a combater a anarquia econômica liberal por meio do Estado. Este, em lugar de ser o árbitro de conflitos, postado acima da sociedade civil (à maneira liberal), passa a intervir na economia, investindo em indústrias estatais, subsidiando empresas privadas na indústria, na agricultura e no comércio, exercendo controle sobre preços, salários e taxas de juros. Assume para si um conjunto de encargos sociais ou serviços públicos, entendidos como direitos sociais reivindicados pela classe trabalhadora: saúde, educação, moradia, transporte, previdência social, salário-desemprego, salário-família etc. Além dos direitos sociais, atende demandas de cidadania política, como o sufrágio universal (pois este era praticado em poucos países, mesmo os ditos democráticos). Uma tentativa vagamente social-democrata foi feita no Brasil, nos anos 1940, conhecida como Trabalhismo, sob a direção de Getúlio Vargas, cuja ditadura, ao cair, levou consigo o Trabalhismo.

Por meio da guerra fria e do Estado do Bem-Estar Social, o bloco capitalista procurou impedir, nos países economicamente subdesenvolvidos ou do Terceiro Mundo (América Latina, África, Oriente Médio), rebeliões populares que desembocassem em revoluções comunistas. O perigo dessas revoluções existia por dois motivos principais: ou porque os países do Terceiro Mundo eram colônias dos países capitalistas – nos anos 1950 e 1960, os casos da guerra da Argélia e da Indochina (o Vietnã) contra o colonialismo francês tornavam muito presente a ideia de revolução –, ou porque neles a desigualdade econômico-social, a miséria e as injustiças eram de tal monta que, nas colônias, guerras de libertação nacional e, nos demais países, rebeliões populares podem acontecer a qualquer momento e transformar-se em revoluções – o caso de Cuba, em 1958, evidenciou essa possibilidade. Os países mais fortes do bloco capitalista adotaram duas medidas: por meio do Banco Mundial e do Fundo Monetário Internacional (FMI), fizeram empréstimos aos Estados do Terceiro Mundo para investir nos serviços sociais e em empresas estatais; e, por meio dos serviços de espionagem e das forças armadas, ofereceram "ajuda" militar para reprimir revoltas e revoluções. Com isso, estimularam, sobretudo a partir dos anos 1960, a proliferação de ditaduras militares e regimes autoritários no Terceiro Mundo, como foi o caso do Brasil, do Chile, do Uruguai e da Argentina.

O fim da social-democracia: o neoliberalismo

O que chamamos de neoliberalismo é uma teoria econômico-política formulada por um grupo de economistas, cientistas políticos e filósofos que, em 1947, reuniu-se em Mont Saint Pèlerin, na Suíça, à volta do economista austríaco Hayek e do norte-americano Milton Friedman. Esse grupo opunha-se contra o surgimento do Estado de Bem-Estar de estilo keynesiano e social-democrata.

Navegando contra a corrente das décadas de 1950 e 1960, esse grupo elaborou um detalhado projeto econômico e político no qual atacava o Estado do Bem-Estar (chamado por eles de Estado-Providência) com seus encargos sociais e com a função de regulador das atividades do mercado. Afirmava que esse tipo de Estado destruía a liberdade dos cidadãos e a competição, sem as quais não há prosperidade.

Essas ideias permaneceram como letra morta até a crise capitalista do início dos anos 1970, quando o capitalismo conheceu, pela primeira vez, um tipo de situação imprevisível, isto é, baixas taxas de crescimento econômico e altas taxas de inflação: a denominada estagflação.

O grupo do Mont Saint Pèlerin passou a ser ouvido com respeito porque oferecia a suposta explicação para a crise: esta, diziam eles, fora causada pelo poder excessivo dos sindicatos e dos movimentos operários, que haviam pressionado por aumentos salariais e exigido o aumento dos encargos sociais do Estado. Teriam, dessa maneira, destruído os níveis de lucro requeridos pelas empresas e desencadeado os processos inflacionários incontroláveis.

Feito o diagnóstico, o grupo do Mont Saint Pèlerin propôs os remédio: (1) um Estado forte para quebrar o poder dos sindicatos e movimentos operários, para controlar os dinheiros públicos e cortar drasticamente os encargos sociais e os investimentos na economia; (2) um Estado cuja meta principal deveria ser a estabilidade monetária, contendo os gastos sociais e restaurando a taxa de desemprego necessária para formar um exército industrial de reserva que quebrasse o poderio dos sindicatos; (3) um Estado que realizasse uma reforma fiscal para incentivar os investimentos privados e, portanto, que reduzisse os impostos sobre o capital e as fortunas, aumentando os impostos sobre a renda individual e, portanto, sobre o trabalho, o consumo e o comércio; (4) um Estado que se afastasse da regulação da economia, deixando que o próprio mercado, com sua racionalidade própria, operasse a desregulação; em outras palavras, abolição dos investimentos estatais na produção, abolição do controle estatal sobre o fluxo financeiro, drástica legislação antigreve e vasto programa de privatização. O modelo foi aplicado, primeiro, no Chile, na ditadura de Pinochet, depois na Inglaterra, com a ministra conservadora Margaret Thatcher, e nos Estados Unidos, com Ronald Reagan, expandindo-se para todo o mundo capitalista e, após a "queda do muro de Berlim" e a reunificação da Alemanha, para o Leste Europeu.

Na verdade, de acordo com o economista brasileiro Francisco de Oliveira, no livro *Os direitos do antivalor: a economia política da hegemonia imperfeita*, não foram as ideias dos economistas de Mont Saint Pèlerin que puseram em marcha o neoliberalismo, e sim foram as contradições do fundo público, implantado pelo Estado do Bem-Estar Social, que levaram ao seu colapso e à adoção da proposta neoliberal.

A social-democracia, explica Oliveira, por meio do fundo público (formado por impostos e pelos investimentos de empresas estatais e bancos estatais), procurou garantir não apenas a acumulação do capital, mas também a reprodução da força de trabalho por meio de direitos sociais (emprego, saúde, educação, moradia, transporte, décimo terceiro salário, férias, aposentadoria), que formam um segundo salário ou salário indireto. Para garantir simultaneamente a acumulação e reprodução do capital e a da força de trabalho, o Estado do Bem-Estar endividou-se e entrou em um processo de dívida pública conhecido como déficit fiscal ou "crise fiscal do Estado". Essa crise tornou-se incontornável com a internacionalização oligopólica da produção e da finança, pois os oligopólios multinacionais não enviam aos seus países de origem os ganhos obtidos fora de suas fronteiras e, portanto, não alimentam o fundo público nacional, que deve continuar financiando o capital e a força de trabalho. É isso o chamado "colapso da modernização" e a origem da aplicação da política neoliberal, que propõe "enxugar" ou encolher o Estado.

Francisco de Oliveira explica também por que a teoria neoliberal propõe o encolhimento do Estado. Com sua presença sob a forma do salário indireto, o fundo público desatou o laço que prendia o capital à força de trabalho (isto é, a relação entre capital e salário direto). Essa amarra era o que, no passado, fazia a inovação técnica pelo capital ser uma reação à reivindicação de aumento real de salário, e, desfeito o laço, o impulso à inovação tecnológica tornou-se praticamente ilimitado, provocando expansão dos investimentos e agigantamento das forças produtivas cuja liquidez é impressionante, mas cujo lucro não é suficiente para concretizar todas as possibilidades tecnológicas. Por isso mesmo, o capital precisa de parcelas da riqueza pública, isto é, do fundo público, na qualidade de financiador dessa concretização. Para tanto, é preciso que desapareça o Estado do Bem-Estar, isto é, que desapareçam todos os benefícios sociais que dirigiam o fundo público para a garantia de direitos sociais. O fundo público passa a sustentar exclusivamente o capital.

A teoria neoliberal tornou-se o suporte ideológico da mudança na forma da acumulação do capital, hoje conhecida como "acumulação flexível".

De fato, até os meados dos anos 1970, a sociedade capitalista era orientada por dois grandes princípios: o princípio de Keynes de intervenção do Estado na economia por meio de investimentos e endividamento para distribuição da renda e promoção do bem-estar social, visando diminuir as desigualdades; e o princípio de Henry Ford de organização industrial baseada no planejamento, na funcionalidade e no longo prazo do trabalho industrial, com a centralização e verticalização das plantas industriais, grandes linhas de montagens concentradas em um único espaço, formação de grandes estoques, e orientado pelas ideias de racionalidade e durabilidade dos produtos, além de política salarial e promocional visando aumentar a capacidade de consumo dos trabalhadores.

Em contrapartida, como é o capitalismo neoliberal? Seus principais traços podem ser assim resumidos:

1. O monetarismo e o capital financeiro tornaram-se o coração e o centro nervoso do capitalismo, ampliando a desvalorização do trabalho produtivo e privilegiando a mais abstrata das mercadorias, o dinheiro. O poderio do capital financeiro determina, diariamente, as políticas dos vários Estados porque estes, sobretudo os do Terceiro Mundo, dependem da vontade dos bancos e das financeiras de transferir periodicamente os recursos para determinado país, abandonando outro.
2. O desemprego tornou-se estrutural, deixando de ser acidental ou expressão de uma crise conjuntural, porque a forma contemporânea do capitalismo, ao contrário de sua forma clássica, não opera por inclusão de toda a sociedade no mercado de trabalho e de consumo, mas por exclusão. Essa exclusão se faz não só pela introdução da automação, mas também pela velocidade da rotatividade da mão de obra que se torna desqualificada e obsoleta muito rapidamente em decorrência da velocidade das mudanças tecnológicas. Como consequência, tem-se a perda de poder dos sindicatos e o aumento da pobreza absoluta.
3. A terceirização, isto é, o aumento do setor de serviços, tornou-se estrutural, deixando de ser um suplemento à produção, porque, agora, a produção não

mais se realiza sob a antiga forma fordista das grandes plantas industriais que concentravam todas as etapas da produção – da aquisição da matéria-prima à distribuição dos produtos –, mas opera por *fragmentação e dispersão de todas as esferas e etapas da produção*, com a compra de serviços no mundo inteiro. Como consequência, desaparecem todos os referenciais materiais que permitiam à classe trabalhadora perceber-se como classe e lutar como classe social, enfraquecendo-se ao se dispersar nas pequenas unidades terceirizadas espalhadas pelo planeta.

4. A ciência e a tecnologia tornaram-se forças produtivas, deixando de ser suporte do capital para se converter em agentes de sua acumulação. Consequentemente, mudou o modo de inserção dos cientistas e técnicos na sociedade porque tornaram-se agentes econômicos diretos, e a força e o poder capitalistas encontram-se no monopólio dos conhecimentos e da informação.
5. Diferentemente da forma social-democrata, que havia definido o Estado como agente econômico para regulação do mercado e agente fiscal que emprega a tributação para promover investimentos nas políticas de direitos sociais, agora o capitalismo dispensa e rejeita a presença estatal não só no mercado, mas também nas políticas sociais, de sorte que a privatização tanto de empresas quanto de serviços públicos também se tornou estrutural. Disso resulta que a ideia de direitos sociais como pressuposto e garantia dos direitos civis ou políticos tende a desaparecer porque o que era um direito converte-se em um serviço privado regulado pelo mercado e, portanto, torna-se uma mercadoria a que têm acesso apenas os que têm poder aquisitivo para adquiri-la.
6. A transnacionalização da economia torna desnecessária a figura do Estado nacional como enclave territorial para o capital e dispensa as formas clássicas do imperialismo (colonialismo político-militar, geopolítica de áreas de influência etc.), de sorte que o centro econômico, jurídico e político planetário encontra-se no FMI e no Banco Mundial. Estes operam com um único dogma, proposto pelo grupo fundador do neoliberalismo, qual seja: estabilidade econômica e corte do déficit público, ou seja, corte nas aplicações sociais do fundo público.
7. A distinção entre países de Primeiro e Terceiro Mundo tende a ser substituída pela existência, em cada país, de uma divisão entre bolsões de riqueza absoluta e de miséria absoluta, isto é, a polarização de classes aparece como polarização entre a opulência absoluta e a indigência absoluta. Há, em cada país, um "primeiro mundo" e um "terceiro mundo". A diferença está apenas no número de pessoas que, em cada um deles, pertence a um dos "mundos", em função dos dispositivos sociais e legais de distribuição da renda, garantia de direitos sociais consolidados e da política tributária.

Podemos resumir a teoria e a prática neoliberais dizendo que, com elas, se dá *o encolhimento do espaço público dos direitos sociais e o alargamento do espaço privado dos interesses de mercado*. Sob essa perspectiva, podemos defini-lo como o *novo totalitarismo*.

Totalitarismo: visto que em seu núcleo encontra-se o princípio fundamental da formação social totalitária, qual seja, a recusa da especificidade das diferentes instituições sociais e políticas que são consideradas homogêneas e indiferenciadas porque concebidas como organizações. O totalitarismo é a recusa da heterogeneidade social, da existência de classes sociais, da pluralidade de modos de vida, de comportamentos, de crenças e opiniões, costumes, gostos e ideias para oferecer a imagem de uma sociedade homogênea, em concordância e consonância consigo mesma.

Novo: de fato, os totalitarismos anteriores instituíam a estatização da sociedade, o expansionismo imperialista e o nacionalismo exacerbado. No totalitarismo neoliberal, em vez de a forma do Estado absorver a sociedade, vemos ocorrer o contrário, isto é, a forma da sociedade absorve o Estado tendo o Estado nacional como enclave territorial do capital, não precisa de nacionalismos extremados. Sua grande novidade está em definir todas as esferas sociais e políticas não apenas como organizações, mas como um tipo determinado de organização que percorre a sociedade de ponta a ponta e de cima para baixo: *a empresa* – a escola é uma empresa, o hospital é uma empresa, o centro cultural é uma empresa. Eis por que o Estado é concebido como empresa, sendo, por isso, espelho da sociedade, e não o contrário, como nos antigos totalitarismos. Vai além: encobre o desemprego estrutural por meio da chamada *uberização* do trabalho e, por isso, define o indivíduo não como membro de uma classe social, mas como um empreendimento, uma empresa individual ou "capital humano", ou como *empresário de si mesmo*, destinado à competição mortal em todas as organizações, dominado pelo princípio universal da concorrência disfarçada sob o nome de meritocracia. A educação é considerada um investimento para que a criança e o jovem aprendam a desempenhar comportamentos competitivos. Dessa maneira, desde o nascimento até a entrada no mercado de trabalho, o indivíduo é treinado para ser um investimento bem-sucedido e a interiorizar a culpa quando não vence a competição, desencadeando ódios, ressentimentos e violências de todo tipo, particularmente contra imigrantes, migrantes, negros, indígenas, pessoas idosas, pessoas em situação de rua, pessoas com deficiência mental, LGBTQIAPN+, destroçando a percepção de si como membro ou parte de uma classe social, destruindo formas de solidariedade e desencadeando práticas de extermínio.

Alargando o espaço dos interesses de mercado e encolhendo o espaço público dos direitos, o neoliberalismo apunhala o coração da democracia.

A questão democrática

A sociedade democrática

Há, na prática democrática e nas ideias democráticas, uma profundidade e uma verdade muito maiores e superiores ao que a ideologia política liberal percebe e deixa perceber.

Que significam as eleições? Muito mais do que a mera rotatividade de governos ou a alternância no poder. Simbolizam o essencial da democracia: que o poder não se identifica com os ocupantes do governo, não lhes pertence, mas é sempre um lugar vazio, que os cidadãos, periodicamente, preenchem com um representante, podendo revogar seu mandato se não cumprir o que lhe foi delegado para representar.

Que significam as ideias de situação e oposição, maioria e minoria, cujas vontades devem ser respeitadas e garantidas pela lei? Elas vão muito além dessa aparência. Significam que a sociedade não é uma comunidade una e indivisa voltada para o bem comum obtido por consenso, mas, ao contrário, que está internamente dividida e que as divisões são legítimas e devem expressar-se publicamente. A democracia é a única forma política que considera o conflito legítimo e legal, permitindo que seja trabalhado politicamente pela própria sociedade.

Da mesma maneira, as ideias de igualdade e liberdade como direitos civis dos cidadãos vão muito além de sua regulamentação jurídica formal. Significam que os cidadãos são sujeitos de direitos e que, onde tais direitos não existam nem estejam garantidos, há o direito de lutar por eles e exigi-los. *A criação e garantia de direitos é o cerne da democracia, aquilo que realmente a define.*

Um direito difere de uma necessidade ou carência e de um interesse.

Uma necessidade ou carência é algo particular e específico. Alguém pode ter necessidade de água; outro, de comida. Um grupo social pode ter carência de transportes; outro, de hospitais. Há tantas necessidades quanto indivíduos, tantas carências quanto grupos sociais.

Um interesse também é algo particular e específico. Os interesses dos estudantes brasileiros podem ser diferentes dos estudantes argentinos. Os interesses dos agricultores podem ser diferentes dos comerciantes. Os dos bancários, diferentes dos banqueiros. Os dos indígenas, diferentes dos garimpeiros.

Necessidades ou carências podem ser conflitantes. Suponhamos que, por exemplo, numa região de uma grande cidade, as mulheres trabalhadoras tenham necessidade ou carência de creches para seus filhos e que, na mesma região, outro grupo social, favelados, tenha carência de moradia. O governo municipal dispõe de recursos para atender a uma das carências, mas não a ambas, de sorte que resolver uma significará abandonar a outra.

Interesses também podem ser conflitantes. Suponhamos, por exemplo, que interesse a grandes proprietários de terras deixá-las inativas esperando a valorização imobiliária, mas que interesse a trabalhadores rurais sem-terra o cultivo de alimentos para a sobrevivência; temos aí um conflito de interesses. Suponhamos que interesse aos proprietários de empresas comerciais estabelecer um horário de trabalho que aumente as vendas, mas que interesse aos comerciários outro horário, no qual possam dispor de horas para estudar, cuidar da família e descansar. Temos aqui outro conflito de interesses.

Um direito, ao contrário de necessidades, carências e interesses, *não é particular e específico, mas geral e universal, válido para todos os indivíduos, grupos e classes sociais*. Assim, por exemplo, a carência de água e de comida manifesta algo mais profundo: o direito à vida. A carência de moradia ou de transporte também manifesta algo mais profundo: o direito a boas condições de vida. O interesse dos estudantes, o direito à educação e à informação. O interesse dos sem-terra, o direito ao trabalho. O dos comerciários, o direito a boas condições de trabalho. E assim por diante.

Necessidades, carências e interesses *pressupõem* direitos a conquistar. Em contrapartida, privilégios se *opõem* aos direitos, pois são sempre particulares, e, se se tornam universais, deixam de ser privilégios.

Dizemos que uma sociedade – e não um simples regime de governo – é democrática quando, além de eleições, partidos políticos, divisão dos Três Poderes da república, respeito à vontade da maioria e das minorias, institui algo mais profundo, que é condição do próprio regime político, ou seja, quando *institui direitos*.

A criação de direitos

A sociedade democrática institui direitos pela abertura do campo social à criação de direitos reais, à ampliação de direitos existentes e à criação de *novos* direitos. Com isso, dois traços distinguem a democracia de todas as outras formas sociais e políticas:

1. A democracia é a única sociedade e o único regime político que *considera o conflito legítimo*. Não só trabalha politicamente os conflitos de necessidades e de interesses (disputas entre os partidos políticos e eleições de governantes pertencentes a partidos opostos), mas procura instituí-los como direitos e, como tais, exige que sejam reconhecidos e respeitados. Mais do que isso. Na sociedade democrática, indivíduos e grupos organizam-se em associações, movimentos sociais e populares, classes se organizam em sindicatos e partidos, criando um *contrapoder social* que, direta ou indiretamente, limita o poder do Estado.
2. A democracia é a *sociedade verdadeiramente histórica*, isto é, aberta ao tempo, ao possível, às transformações e ao novo. Com efeito, pela criação de novos direitos e pela existência dos contrapoderes sociais, a sociedade democrática não está fixada em uma forma para sempre determinada, ou seja, não cessa de trabalhar suas divisões e diferenças internas, de orientar-se pela possibilidade objetiva (a liberdade) e de alterar-se pela própria *práxis*.

Os obstáculos à democracia

Liberdade, igualdade e participação conduziram à célebre formulação da política democrática como "governo do povo, pelo povo e para o povo". Entretanto, o povo da sociedade democrática está dividido em classes sociais –os ricos e os pobres (Aristóteles), os grandes e o povo (Maquiavel), as classes sociais antagônicas (Marx).

É verdade que a sociedade democrática é aquela que não esconde suas divisões, mas procura trabalhá-las pelas instituições e pelas leis. Todavia, no capitalismo, são imensos os obstáculos à democracia, pois o conflito dos interesses é posto pela exploração de uma classe social por outra, mesmo que a ideologia afirme que todos são livres e iguais.

É verdade que as lutas populares nos países de capitalismo avançado ampliaram os direitos e que a exploração dos trabalhadores diminuiu muito, sobretudo com o Estado do Bem-Estar Social. No entanto, houve um preço a pagar: a exploração mais violenta do trabalho pelo capital recaiu sobre os trabalhadores nos países do Terceiro Mundo.

Houve uma divisão internacional do trabalho e da exploração que, ao melhorar a igualdade e a liberdade dos trabalhadores de uma parte do mundo, agravou as condições de vida e de trabalho da outra parte. E não foi por acaso que, enquanto nos países capitalistas avançados cresciam o Estado de Bem-Estar e a democracia social, no Terceiro Mundo eram implantadas ditaduras e regimes autoritários, com os quais os capitalistas desses países se aliavam aos das grandes potências econômicas.

A situação do direito de igualdade e de liberdade é também muito frágil nos dias atuais, porque, como vimos *supra*, o modo de produção capitalista passou por uma mudança profunda ao enfrentar a crise do Estado do Bem-Estar recorrendo ao neoliberalismo e à ideia liberal de autocontrole da economia pelo mercado capitalista, afastando, portanto, a presença do Estado no planejamento econômico e na aplicação dos fundos públicos para garantia de direitos sociais.

O abandono das políticas sociais chama-se *privatização*, e o do planejamento econômico, *desregulação*. Ambas, pilares do neoliberalismo, afirmam que o capital é racional e pode, por si mesmo, resolver os problemas econômicos e sociais. Além disso, o desenvolvimento espantoso das novas tecnologias eletrônicas trouxe a velocidade da comunicação e da informação e a automação da produção e distribuição dos produtos. Essa mudança nas forças produtivas (pois a tecnologia alterou o processo social do trabalho), como vimos, vem causando o desemprego em massa, movimentos racistas contra imigrantes e migrantes, exclusão social, política e cultural de grandes massas da população. Em outras palavras, os direitos econômicos e sociais conquistados pelas lutas populares estão em perigo com a privatização, com o encolhimento da esfera pública e o alargamento da esfera dos interesses privados. Hoje, como vimos *supra*, o capital pode acumular-se e reproduzir-se excluindo cada vez mais as pessoas do mercado de trabalho e de consumo. Não precisa mais de grandes massas trabalhadoras e consumidoras, pode ampliar-se graças ao desemprego em massa e não precisa preocupar-se em garantir direitos econômicos e sociais aos trabalhadores porque não necessita de seus trabalhos e serviços. O direito à participação política também encontra obstáculos. De fato, no capitalismo da segunda metade do século XX, a organização industrial do trabalho foi feita a partir de uma divisão social nova: a separação entre dirigentes e executantes. Os primeiros são os que recebem a educação científica e tecnológica, são considerados portadores de saberes que os tornam competentes e, por isso, com poder de mando. Já os executantes são aqueles que não possuem conhecimentos tecnológicos e científicos, mas sabem apenas executar tarefas, sem conhecer as razões e as finalidades de sua ação. São, por isso, considerados incompetentes e destinados a obedecer.

Essa forma de organização da divisão social do trabalho propagou-se para a sociedade inteira. No comércio, na agricultura, nas escolas, nos hospitais, nas universidades, nos serviços públicos, nas artes, todos estão separados entre "competentes" que sabem e "incompetentes" que executam. Em outras palavras, a posse de certos conhecimentos específicos tornou-se um poder para mandar e decidir.

Essa divisão social converteu-se em uma ideologia: a *ideologia da competência técnico-científica*, isto é, na ideia de que quem possui conhecimentos está naturalmente dotado de poder de mando e direção. Essa ideologia, fortalecida pelos meios de comunicação de massa que a estimula diariamente, invadiu a política: esta passou a ser considerada uma atividade reservada para técnicos ou administradores políticos competentes, e não uma ação coletiva de todos os cidadãos.

Não só o direito à representação política (ser representante) diminui porque se restringe aos competentes, como ainda a ideologia da competência oculta e dissimula o fato de que, para ser "competente", é preciso ter recursos econômicos para estudar e adquirir conhecimentos. Em outras palavras, os "competentes" pertencem à classe economicamente dominante, que, assim, dirige a política segundo seus interesses, e não de acordo com a universalidade dos direitos.

Outro obstáculo ao direito à participação política é posto pelos meios de comunicação de massa. Só poderemos participar de discussões e decisões políticas se possuirmos informações corretas sobre aquilo que vamos discutir e decidir. Ora, como já vimos, os meios de comunicação de massa não informam, desinformam, ou melhor, transmitem as informações de acordo com os interesses de seus proprietários e das alianças econômicas e políticas destes com grupos detentores de poder econômico e político. Assim, por não haver respeito ao direito de informação, não há como respeitar o direito à verdadeira participação política.

Os obstáculos à democracia não inviabilizam a sociedade democrática. Pelo contrário. Somente nela somos capazes de perceber tais obstáculos e lutar contra eles.

Dificuldades para a democracia no Brasil

Periodicamente os brasileiros afirmam que vivemos em uma democracia, depois de concluída uma fase de autoritarismo. Por democracia entendem a existência de eleições, de partidos políticos e da divisão republicana dos Três Poderes, além da liberdade de pensamento e de expressão. Por autoritarismo, entendem um regime de governo em que o Estado é ocupado por meio de um golpe (em geral militar ou com apoio militar), não há eleições nem partidos políticos, o Poder Executivo domina o Legislativo e o Judiciário, há censura do pensamento e da expressão e prisão (por vezes com tortura e morte) dos inimigos políticos. Em suma, democracia e autoritarismo são vistos como algo que se realiza na esfera do Estado e este é identificado com o modo de governo.

Essa visão é cega para algo profundo na sociedade brasileira: o autoritarismo social. Nossa sociedade é autoritária porque é hierárquica, pois divide as pessoas, em qualquer circunstância, em inferiores, que devem obedecer, e superiores, que devem mandar. Não há percepção nem prática da igualdade como um direito. Nossa sociedade também é autoritária porque é violenta (nos termos em que, no estudo da ética, definimos a violência): nela vigoram racismo, machismo, discriminação religiosa, de gênero e de classe social, desigualdades econômicas das maiores do mundo, exclusões culturais e políticas. Não há percepção nem prática do direito à liberdade.

O autoritarismo social e as desigualdades econômicas fazem que a sociedade brasileira esteja polarizada entre as carências das camadas populares e os interesses das classes abastadas e dominantes, sem conseguir ultrapassar carências e interesses e alcançar a esfera dos direitos. Os interesses, porque não se transformam em direitos, tornam-se privilégios de alguns, de sorte que a polarização social se efetua entre os despossuídos (os carentes) e os privilegiados. Estes, porque são portadores dos conhecimentos técnicos e científicos, são os "competentes", cabendo-lhes a direção da sociedade. Não há percepção do direito à igualdade.

Nossa sociedade, polarizada entre a carência e o privilégio, não consegue ser democrática, pois não encontra meios para isso.

Esse conjunto de determinações sociais manifesta-se na esfera política. Em lugar de democracia, temos instituições vindas dela, mas operando de modo autoritário.

Assim, por exemplo, os partidos políticos costumam ser de três tipos: os clientelistas, que mantêm relações de favor com seus eleitores, os vanguardistas, que substituem seus eleitores pela vontade dos dirigentes partidários, e os populistas, que tratam seus eleitores como um pai de família (o *despotês*) trata seus filhos menores. Favor, substituição e paternalismo evidenciam que a prática da participação política, por meio de representantes, não consegue se realizar no Brasil. Os representantes, em lugar de cumprirem o mandato que lhes foi dado pelos representados, surgem como chefes, mandantes, detentores de favores e poderes, submetendo os representados, transformando-os em clientes que recebem favores dos mandantes.

A "indústria política" – isto é, a criação da imagem dos políticos pelos meios de comunicação de massa para a venda do político aos eleitores-consumidores –, aliada à estrutura social do país, alimenta um imaginário político autoritário. As lideranças políticas são sempre imaginadas como chefes salvadores da nação, verdadeiros messias escolhidos por Deus e referendados pelo voto dos eleitores. Na verdade, não somos realmente eleitores (os que escolhem), mas meros votantes (os que dão o voto para alguém).

A imagem populista e messiânica dos governantes indica que a concepção teocrática do poder não desapareceu: ainda se acredita no governante como enviado das divindades (o número de políticos ligados a astrólogos e videntes fala por si mesmo) e que sua vontade tem força de lei.

As leis, porque exprimem ou os privilégios dos poderosos ou a vontade pessoal dos governantes, não são vistas como expressão de direitos nem de vontades e decisões públicas coletivas. O Poder Judiciário aparece como misterioso, envolto num saber incompreensível e numa autoridade quase mística. Por isso mesmo, aceita-se que a legalidade seja, por um lado, incompreensível e, por outro, ineficiente (a impunidade não reina livre e solta?) e que a única relação possível com ela seja a da transgressão e da corrupção (o famoso "jeitinho").

Como se observa, a democracia, no Brasil, ainda está por ser inventada.

CAPÍTULO 13

Comunicação e Informação

Os meios de comunicação

A expressão *comunicação de massa* foi criada para referir-se aos objetos tecnológicos capazes de transmitir simultaneamente a mesma informação para um vasto público, isto é, indiferenciado ou *a massa*. Inicialmente, referia-se ao rádio e ao cinema, pois a imprensa pressupunha pessoas alfabetizadas, o que não era requerido pelo rádio nem pelo cinema em seus começos. Pouco a pouco, estendeu-se para a imprensa, a publicidade ou propaganda, a fotografia e a televisão e, finalmente, para a tecnologia informática (satélites, computadores, celulares). Esses objetos tecnológicos são os *meios* por intermédio dos quais a informação é transmitida ou comunicada.

Em latim, "meio" se diz *medium* e, no plural, "meios", se diz *media*. Os primeiros teóricos dos meios de comunicação empregaram a palavra latina *media*. Como eram teóricos de língua inglesa, diziam: *mass media*, isto é, os meios de massa. A pronúncia, em inglês, do latim *media* é "mídia". Quando os teóricos de língua inglesa dizem "the media" (ou, pronunciam: "the mídia"), estão dizendo: "os meios". Por apropriação da terminologia desses teóricos no Brasil, o plural "mídia" passou a ser empregado como se fosse uma palavra feminina no singular – "a mídia".

O estudioso dos meios de comunicação, Marshall McLuhan, comparou as diferenças pedagógicas entre o ensino baseado no livro impresso e o ensino contemporâneo, que emprega recursos audiovisuais.

Diz McLuhan que, na Antiguidade e na Idade Média, os alunos aprendiam ouvindo o professor e repetindo o que ele dizia, isto é, o ensino era fundamentalmente oral e exigia grande trabalho da memória, havendo mesmo técnicas especiais para aprender a memorizar. Além disso, nos cursos mais avançados, além das aulas, os estudantes copiavam ou produziam para seu uso pessoal manuscritos de gramática, dicionários, ensinamentos básicos de aritmética e geometria. O ensino e o aprendizado, por serem orais, eram coletivos, pois todos os estudantes dependiam da aula ministrada pelo professor e memorizavam o ensinamento por meio de discussões e disputas com os colegas. Essa situação, diz McLuhan, mudou com a chegada do livro impresso, pois não só os estudantes passaram a ter acesso aos mesmos materiais que os professores, mas também as aulas passaram a apoiar-se nos escritos, exigindo menos da memória de professores e alunos. Além disso, surgiu o estudo solitário e individual como algo mais importante do que a discussão e a disputa coletivas.

Ora, prossegue McLuhan, estamos vendo o final da "galáxia Gutenberg" (ou seja, do livro impresso), com a chegada do rádio, do disco, do cinema, da televisão e do computador às escolas. De fato, os novos meios de comunicação são visuais e sonoros, usam muito pouco a escrita (com exceção do jornalismo impresso) e estimulam a oralidade. As escolas, como as da Antiguidade e da Idade Média, adotam cada vez mais os recursos audiovisuais para o ensino e o aprendizado e reintroduzem os trabalhos de grupo e as discussões coletivas.

Walter Benjamin falava em "reprodutibilidade técnica" da obra de arte; McLuhan, porém, fala em "mecanização" da expressão humana. Escreve ele, em um ensaio intitulado "Visão, som e fúria":

> Antes da imprensa, um leitor era alguém que discernia e sondava enigmas. Após a imprensa, passou a significar alguém que corria os olhos, que escapulia ao longo das superfícies do texto impresso. Hoje em dia, no final de tal processo, chegamos a aliar a habilidade de ler velozmente com a distração, em vez de com a sabedoria. Mas à imprensa, à mecanização da escrita, sucedeu no século dezenove a fotografia e em seguida a mecanização dos gestos humano no filme. A isso seguiu-se a mecanização da fala no telefone, no fonógrafo e no rádio. Com o cinema falado e, finalmente, com a televisão, sobreveio a mecanização da totalidade da expressão humana, da voz, do gesto e da figura humana em ação. Cada um desses estágios da mecanização da expressão humana comparou-se, em seu âmbito, à revolução deflagrada pela própria mecanização da escrita.

O que os meios (ou "a mídia") veiculam? O que transmitem? Sob a forma de romances, novelas, contos, notícias, músicas, debates, danças, jogos, eles transmitem *informações*. Entusiasmado com os meios de comunicação como veículos de informação, McLuhan escreve no mesmo ensaio:

> Esta é a época de transição da era comercial, quando a produção e distribuição de utilidades absorvia o engenho dos homens. Passamos hoje da produção de mercadorias empacotadas para o empacotamento da informação. Anteriormente, invadíamos [os Estados Unidos] os mercados estrangeiros com utilidades. Hoje, invadimos culturas inteiras com informação enlatada, diversão e ideias.

Ora, é exatamente essa *invasão cultural* com pacotes de informações, ideias e diversões que não deve causar entusiasmo, e sim reflexão, ponderação e crítica, pois é preciso perguntar: quem as produz? quem as empacota? quem as distribui? para quem são distribuídas? com que finalidade?

A propaganda

O surgimento das artes gráficas e da fotografia, primeiro, e do rádio, depois, criou uma indústria cultural denominada *propaganda comercial*.

A palavra *propaganda* deriva-se do verbo "propagar", que significa: multiplicar uma espécie por meio da reprodução, espalhar-se por um território, aumentar numericamente por contágio, irradiar-se, difundir-se e, por extensão, divulgar. A propaganda é uma difusão e uma divulgação de ideias, valores, opiniões, informações para o maior número de pessoas no mais amplo território possível. É com esse sentido que falamos em propaganda religiosa e em propaganda política. Ambas, porque se dirigem publicamente ao maior número possível de pessoas, são formas de *publicidade*.

Empregando as artes gráficas, a fotografia, a música, a dança e a poesia e difundindo-se por meio de jornais, revistas, cartazes, rádio, televisão, computador e celulares, a *propaganda comercial* ou *publicidade comercial* é a difusão e divulgação de produtos destinados à venda e dirigidos a consumidores. Essa propaganda opera por meio de: (1) explicações simplificadas e elogios exagerados sobre os produtos, (2) slogans curtos que possam ser facilmente gravados, (3) aparente informação e prestação de serviço ao consumidor, (4) garantia de que o consumidor será, ao mesmo tempo, igual a todo mundo, e não um deslocado (pois consumirá o que outros consomem), e diferente de todo mundo (pois o produto lhe dará uma individualidade especial).

Para ser eficaz, a propaganda deve realizar duas operações simultâneas: por um lado, deve afirmar que o produto possui os valores estabelecidos pela sociedade em que se encontra o consumidor (por exemplo, se a vida em família é muito valorizada, os produtos devem aparecer a serviço da mãe, do pai, dos filhos, da higiene e beleza do lar, da saúde das crianças, da felicidade conjugal etc.) e, por outro, precisa despertar desejos que o consumidor não tinha e que o produto não só desperta como também, sobretudo, satisfaz (donde o slogan "sua satisfação garantida ou seu dinheiro de volta").

Em seus começos, desde fins do século XIX até meados do século XX, a propaganda comercial sublinhava e elogiava as qualidades do produto: apresentava, por exemplo, os efeitos curativos dos remédios, os efeitos higiênicos do sabão, do sabonete e da pasta de dentes, o conforto de uma mobília, o bom gosto de uma peça de roupa da moda. Podia também apresentar essas qualidades oferecendo a palavra de algum especialista que participara da fabricação do produto ou que o usara e o recomendava (falavam médicos, dentistas, farmacêuticos, donas de casa, modistas etc.). Como na era da sociedade industrial os produtos eram valorizados por sua durabilidade, a propaganda tendia a inventar uma imagem duradoura que se tornava uma espécie de *marca* para o reconhecimento imediato do produto e facilmente repetida por todos. Essa "marca" podia ser um desenho, um slogan, uma pequena melodia, uma rima, que permitia o rápido reconhecimento do produto por muitos e muitos anos. Uma das propagandas mais conhecidas e de longa duração foi usada, desde os anos 1930, por uma indústria de aparelhos de rádio e fonógrafos, a RCA Victor, cuja "marca" era um cão com o ouvido próximo do ampliador de som e sob o qual havia os dizeres: "a voz do dono", para sugerir fidelidade do som e fidelidade do consumidor. Nos anos 1940, por exemplo, havia melodias e slogans para um analgésico – "*Melhoral* é melhor e não faz mal" –, para um perfume popular –"*Cashmere Bouquet*, a fragrância de rosas para você" –, para um fixador de cabelos – "*Dura lex sed lex* no cabelo só *Gumex*" –, para uma brilhantina –"*Glostora*, a brilhantina que o homem adora"). Nos anos 1950, havia um desenho característico (a rosa dos ventos), acompanhado de uma frase melódica própria com que o consumidor imediatamente identificava uma companhia aérea brasileira, a *Varig*. A propaganda também buscava afirmar e garantir o produto trazendo o nome de fabricante como prova da qualidade (guaraná da Antarctica, cerveja da Brahma, tecido de algodão da América Fabril, o *Biotônico*, do Laboratório Fontoura) ou como garantia da exclusividade ("*Chicletes*, a delícia que só Adams fabrica").

Com o aumento da competição entre produtores e distribuidores, com o crescimento do mercado da moda, com o advento da sociedade pós-industrial cujos produtos são descartáveis e sem durabilidade (a sociedade pós-industrial é a "sociedade do descarte") e de consumo imediato (alimentos e refeições instantâneos), e sobretudo à medida que pesquisas de mercado indicavam que as vendas dependiam da capacidade de manipular desejos do consumidor e até mesmo de criar desejos nele, a propaganda comercial foi deixando de apresentar o produto propriamente dito (com suas propriedades, qualidades, durabilidade) para afirmar os desejos que ele realizaria: sucesso, prosperidade, segurança, juventude eterna, beleza, atração sexual, felicidade.

Em outras palavras, a propaganda ou publicidade comercial passou a vender imagens e signos, e não as próprias mercadorias.

Assim, por exemplo, para vender certo cigarro, em vez de apresentá-lo diretamente, em seu lugar apareciam motocicletas, veleiros, corridas de automóveis e o slogan "o sucesso", ou seja, vendia-se a imagem do sucesso para a qual o cigarro se tornara instrumento indispensável. Outra marca de cigarro passou a competir com a anterior e, em lugar do próprio cigarro, apresentava um edifício em construção com engenheiros e arquitetos de sucesso fumando e o slogan "a marca inteligente", ou seja, vendia-se o cigarro apelando-se para a imagem dos que são inteligentes e, por isso, o escolhem. Igualmente, em lugar da manteiga e da margarina com suas propriedades e qualidades, aparece a família feliz tomando o café da manhã e consumindo o produto, isto é, vende-se a imagem da felicidade e da harmonia domésticas para as quais a margarina é a condição indispensável. Da mesma maneira, em lugar do sabonete e do desodorante, surge a imagem da sensualidade da mulher ou do homem que os usam. O automóvel é apresentado como prova de sucesso, charme e inteligência do consumidor, sobretudo quando são enfatizadas as inovações tecnológicas do veículo, cujo consumo pressupõe a imagem de uma pessoa moderna e atualizada. E assim por diante.

A propaganda comercial também se apropria de atitudes, opiniões e posições críticas ou radicais existentes na sociedade, esvazia seu conteúdo social ou político e as investe em um produto, transformando-as em moda consumível e passageira. Feminismo, guerrilha revolucionária, movimentos culturais de periferia, liberação sexual, direitos humanos etc. são transformados em qualidades que vendem um produto.

Mas não só isso. A publicidade não se contenta em construir imagens com as quais o consumidor se identifica e, por isso, consome os produtos. Ela os apresenta como *realização de desejos* que o consumidor nem sabia que tinha e que passa a ter – uma roupa ou um perfume são associados a viagens a países distantes e exóticos ou a uma relação sexual fantástica; um utensílio doméstico ou um sabão em pó são apresentados como a suprema defesa do feminismo, liberando a mulher das penas caseiras; um alimento para crianças é apresentado como garantia de saúde e alegria infantis, despertando na criança o desejo de consumi-lo e levando a mãe ou o pai a adquiri-lo porque esperam adquirir tranquilidade e certeza de bem alimentar os filhos.

Visto, porém, que a sociedade contemporânea ou pós-industrial é aquela em que tudo é veloz, fugaz e efêmero, desaparecendo da noite para o dia, a propaganda precisa acompanhar esse ritmo. Com isso, ela desenvolve a ideia de que sua eficácia e competitividade serão maiores não simplesmente por agir sobre os desejos já existentes, e sim por sua capacidade para *inventar desejos novos e manipulá-los* para o consumo de produtos sempre novos e fugazes.

Escreve David Harvey no livro *Condição pós-moderna*:

> A competição no mercado de construção de imagens passa a ser um aspecto vital da concorrência entre as empresas. O sucesso é tão claramente lucrativo que o investimento na construção da imagem (patrocínio das artes, exposições de artes, produções televisivas, etc.) se torna tão importante quanto o investimento em novas fábricas e maquinário. A imagem serve para estabelecer uma identidade no mercado, o que se aplica também ao mercado de trabalho. A aquisição de uma imagem (por meio da compra de um sistema de signos como roupas de grife e o carro da moda) se torna um elemento singularmente importante na autoapresentação nos mercados de trabalho e, por extensão, passa a ser parte integrante da busca de identidade individual, autorrealização e significado da vida.

Vendendo a mercadoria

Dos meios de comunicação, sem dúvida, o rádio e a televisão manifestam mais do que todos os outros aqueles traços da indústria cultural que apontamos no início deste capítulo, pois ambos são mercadorias que vendem mercadorias sob a forma de informação, entretenimento e lazer (falaremos dos celulares mais adiante).

Começam introduzindo duas divisões: a dos públicos (as chamadas "classes" A, B, C e D) e a dos horários (a programação se organiza em horários específicos que combinam a "classe", a ocupação – donas de casa, trabalhadores manuais, profissionais liberais, executivos –, a idade – crianças, adolescentes, adultos – e o sexo).

Essa divisão é feita para atender às exigências dos patrocinadores, que financiam os programas em vista dos consumidores potenciais de seus produtos e, portanto, criam a especificação do conteúdo e do horário de cada programa. Em outras palavras, o conteúdo, a forma e o horário do programa já trazem em seu próprio interior a marca do patrocinador.

Muitas vezes, o patrocinador financia um programa que nada tem a ver, diretamente, com o conteúdo e a forma veiculados. Ele o faz porque, nesse caso, não está vendendo um produto, mas a imagem de sua empresa. É assim, por exemplo, que uma empresa de cosméticos pode, em lugar de patrocinar um programa feminino, patrocinar concertos de música clássica; uma revendedora de motocicletas, em lugar de patrocinar um programa para adolescentes, pode patrocinar um programa sobre ecologia.

A figura do patrocinador determina o conteúdo e a forma de outros programas, ainda que não patrocinados por ele. Por exemplo, um banco de um governo estadual pode patrocinar um programa de auditório, pois isso é conveniente para atrair clientes, mas pode, indiretamente, influenciar o conteúdo veiculado pelos noticiários. Por quê?

Porque a quantidade de dinheiro paga pelo banco à rádio ou à televisão para o programa de auditório é muito elevada e interessa aos proprietários daquela rádio ou televisão. Se o noticiário apresentar notícias desfavoráveis ao governo do Estado ao qual pertence o banco, este pode suspender o patrocínio do programa de auditório. Para não perder o cliente, a emissora de rádio ou de televisão não veicula notícias desfavoráveis àquele governo e, pior, veicula apenas as que lhe são favoráveis. Dessa maneira, o direito à informação desaparece e os ouvintes ou telespectadores são desinformados ou ficam mal-informados.

Desinformando

A desinformação é o principal resultado da maioria dos noticiários de rádio e televisão (por enquanto, não mencionaremos o computador, o celular e as fake news). Com efeito, como são apresentadas as notícias? De modo geral, são apresentadas de maneira que impeça que o ouvinte e o espectador possam localizá-la no espaço e no tempo.

Falta de localização espacial: o espaço real é o aparelho de rádio e a tela da televisão, que têm a peculiaridade de retirar as diferenças e distâncias geográficas, de tal modo que algo acontecido na China, na Índia, nos Estados Unidos ou em Campina Grande pareça igualmente próximo e igualmente distante. É assim, por exemplo, que os acontecimentos em 11 de setembro de 2001 na cidade de Nova York (quando foram destruídas as duas torres do Centro Mundial de Comércio, ou World Trade Center) foram sentidos com grande emoção no Brasil, algumas pessoas referindo-se a eles como se fossem algo muito próximo e que as atingia, embora continuassem olhando calmamente e sem nenhuma emoção para crianças esfarrapadas e famintas pedindo esmolas nas esquinas das ruas das cidades.

Falta de localização temporal: os acontecimentos são relatados como se não tivessem causas passadas nem efeitos futuros; surgem como pontos puramente atuais ou presentes, sem continuidade no tempo, sem origem e sem consequências; existem enquanto são objetos de transmissão e deixam de existir se não são transmitidos. Por quê? Porque têm existência de um espetáculo e só permanecem na consciência das pessoas enquanto permanece o espetáculo de sua transmissão.

Assim, por exemplo, desde o sequestro da filha de um apresentador de televisão e, depois, desse mesmo apresentador, bem como de um publicitário muito conhecido no Brasil, os noticiários de rádio e televisão passaram a dedicar a maior parte do tempo a notícias sobre crimes (roubos, furtos, homicídios, sequestros, estupros, violência contra crianças etc.), como se tivessem surgido do nada, repentinamente. A população passou a sentir-se ameaçada e amedrontada porque passou a receber uma verdadeira enxurrada de notícias sobre tais assuntos, embora os crimes já tivessem existência e já houvessem aumentado há muito tempo.

Assim também os acontecimentos da cidade de Nova York, a que nos referimos *supra*, levaram o governo dos Estado Unidos a invadir e bombardear o Afeganistão, até então desconhecido e, portanto, inexistente. Este país passou a existir porque passou a ser um espetáculo de rádio e televisão. Decorridos alguns meses e terminada a invasão norte americana, o Afeganistão desapareceu dos meios de comunicação e muita gente já não se lembra de que esse país existe. Mas não só isso. Radiouvintes e telespectadores tiveram o sentimento de que o ataque às Torres de Nova York havia sido um ato repentino de loucura, algo insano, súbito e inexplicável, pois não tinham nenhuma informação sobre o passado que levou a tal acontecimento (quem armou, treinou e preparou os guerrilheiros árabes? Por que escolheram os alvos que escolheram?). Da mesma maneira, a todos no Brasil parecia incompreensível o que se passava no próprio Afeganistão invadido pelo Exército norte-americano, pois, quando termos como "Aliança do Norte" e "talibã" passaram a ser usados pelos meios de comunicação, ninguém sabia o que queriam dizer. Além disso, eram usados como se tivessem começado a existir naquele momento e não fizessem parte de uma longa história que os telespectadores e os radiouvintes desconheciam e continuavam a desconhecer, pois ninguém ficou informado com os noticiários, uma vez que estes se contentavam em usar aquelas expressões, sem maiores explicações. Permanecemos tão desinformados quanto antes das "informações".

Paradoxalmente, rádio e televisão, computadores e celulares podem oferecer-nos o mundo inteiro em um instante, mas o fazem de tal maneira que o mundo real desaparece, restando apenas retalhos fragmentados de uma realidade desprovida de raiz no espaço e no tempo. Nada sabemos, depois de termos tido a ilusão de que fomos informados sobre tudo.

Autoritarismo

Outro traço da indústria cultural que merece nossa atenção é seu autoritarismo, sob a aparência de democracia. Um dos melhores exemplos encontra-se nos programas de aconselhamento. Um especialista – é sempre um especialista – nos ensina a viver, outro nos ensina a criar os filhos, outro nos ensina a fazer sexo, e assim vão se sucedendo especialistas que nos ensinam a ter um corpo juvenil e saudável, boas maneiras, jardinagem, meditação espiritual, enfim, não há um único aspecto de nossa existência que deixe de ser ensinado por um especialista competente (veremos que a forma atual desse procedimento se encontra nos celulares com a figura de pessoas que têm "seguidores").

Em princípio, seria absurdo e injusto considerar tais ensinamentos como autoritários. Pelo contrário, deveríamos considerá-los uma forma de democratizar e socializar conhecimentos. Onde se encontra o lado autoritário desse tipo de programação (no rádio e na televisão) e de publicação (no caso de revistas, jornais e livros)? No fato de que funcionam como *intimidação social.*

De fato, como os meios de comunicação nos infantilizam, diminuem nossa atenção e capacidade de pensamento, invertem realidade e ficção e prometem, por intermédio da publicidade, colocar a felicidade imediatamente ao alcance de nossas mãos, transformam-nos em um público dócil e passivo. Uma vez que nos tornamos dóceis e passivos, os programas de aconselhamento, longe de divulgarem informações (como parece ser a intenção generosa dos especialistas), tornam-se um processo de *inculcação* de valores, hábitos, comportamentos e ideias, pois não estamos preparados para pensar, avaliar e julgar o que vemos, ouvimos e lemos. Por isso, ficamos intimidados, isto é, passamos a considerar que nada sabemos, que somos incompetentes para viver e agir se não seguimos a autoridade competente do especialista.

Dessa maneira, um conjunto de programas e publicações que poderiam ter verdadeiro significado cultural torna-se o contrário da cultura e de sua democratização, pois se dirige a um público transformado em massa inculta, infantil, desinformada e passiva.

Em um livro intitulado *Quatro argumentos para eliminar a televisão*, Jerry Mander (que foi, durante 15 anos, executivo e relações públicas em redes de televisão norte-americanas) explica por que *a televisão não pode ser considerada um meio de comunicação democrático.* Seus dois principais argumentos são de caráter econômico e tecnológico.

Do ponto de vista econômico, as redes de televisão são ou propriedades privadas ou concessões estatais para empresas privadas que, como tais, operam com as ideias de lucro e de conservação de seu próprio poder. Como consequência, a escolha do conteúdo dos programas (do noticiário à telenovela, do debate ao programa de auditório, dos esportes aos concertos de música e dança) é determinada pelo critério do lucro (e não da qualidade) e da conservação do poder dos proprietários (excluindo, portanto, tudo quanto possa colocar em perigo esse poder e também o poder dos governos existentes, dos quais dependem as concessões). Outros, portanto, decidem o que podemos e devemos ver. Somos receptores da informação e da comunicação, e não seus produtores, como aconteceria se a televisão fosse democrática. Do ponto de vista tecnológico, há fatores que limitam o próprio meio e determinam o que ele pode transmitir. Vejamos alguns dentre os vários apontados por Mander.

Ausência de sutileza. A tela de um televisor produz a imagem por meio de uma grade de pontos localizados em número prefixado de 500 linhas (a imagem que vemos é *filtrada*, vista como se estivesse por trás da fina rede de um coador de chá). Isso significa que nem toda imagem será nítida, isto é, que nem todos os pontos ou "sinais" que a formam são nítidos. Por isso, a televisão tem preferência por imagens cujos "sinais" ou pontos são nítidos e estas são imagens de rostos em *close-up*, ou seja, vistos de muito perto. Além disso, o que está atrás e em volta da imagem não pode ser complexo (muitos objetos, muitas cores), mas precisa ser o mais simples possível. Por esse motivo, para "limpar" a imagem, há a tendência de separá-la do contexto em que ela se encontra, para que ela possa ser nítida na transmissão.

Assim, nos programas geográficos ou turísticos, a câmera não consegue mostrar uma floresta (mostra uma mancha verde ou mostra algumas árvores) ou uma cidade (mostra uma mancha cinza ou mostra alguma rua com algumas casas); nos noticiários e programas de debates, por exemplo, nunca vemos o todo da cena, nunca vemos tudo o que está realmente acontecendo, mas apenas um corte, escolhido pela câmera.

Essa exigência tecnológica de ficar com imagens grandes e simples também determina as expressões de artistas, jornalistas, debatedores etc., pois todo sentimento ou pensamento sutis ficam invisíveis e só são transmissíveis as emoções mais comuns e mais simples. É por isso que a televisão tem preferência por programas de auditório, programas sobre violência, os chamados filmes de ação, e esportes, isto é, todas as situações em que os sentimentos são poucos e são todos previsíveis. Também por isso, nas telenovelas, a gama de sentimentos apresentados é sempre mínima e a mesma (amor, ódio, raiva, medo, maldade, bondade, alegria exagerada), desaparecendo toda a sutileza da vida interior e emocional.

Redução da percepção. A televisão só pode transmitir sinais visuais e sonoros. Além de poder oferecer apenas imagens para a vista e a audição, as imagens visuais e sonoras não estão conectadas: vemos imagens distantes com som próximo (por exemplo, montanhas ao longe com nítido som de pássaros e de cachoeiras, que não poderíamos estar escutando de verdade; duas pessoas caminhando ao longe em uma rua e o som nítido de sua conversa, que não poderíamos estar ouvindo nessa distância etc.). A câmera não consegue apresentar uma cena completa de um balé nem a totalidade de uma orquestra sinfônica. Além disso, na televisão, a imagem não pode ter profundidade, mas é sempre achatada; o movimento nunca pode ser visto no seu ritmo próprio, mas é sempre distorcido e deformado.

A informática

Em uma obra intitulada *A sociedade informática*, o pensador Adam Schaff se refere à "revolução da microeletrônica", notando que, mesmo sem nos darmos conta, estamos rodeados por ela, desde os pequenos objetos de uso cotidiano, como o relógio de quartzo, a calculadora de bolso e o telefone celular, até os computadores e os voos espaciais. Menciona também a "revolução na microbiologia", com a descoberta do código genético dos seres vivos, da qual seguiu a engenharia genética, que pode alterar o código genético de plantas, animais e seres humanos. Menciona ainda a "revolução da energia nuclear", obtida mediante a fissão e fusão controladas de átomos, podendo propiciar aos humanos recursos energéticos praticamente ilimitados, embora tenha sido prioritariamente usada para fins militares. Schaff denomina essas grandes mudanças de "segunda revolução técnico-industrial", escrevendo:

> Trata-se da segunda revolução técnico-industrial. A primeira, que pode ser situada entre o final do século XVIII e o início do século XIX e cujas transformações ninguém hesita em

> chamar de revolução, teve o grande mérito de substituir na produção a força física dos homens pela energia das máquinas (primeiro pela utilização do vapor e mais adiante sobretudo pela utilização da eletricidade. A segunda revolução, que estamos assistindo agora, consiste em que as capacidades intelectuais do homem são ampliadas e inclusive substituídas por autômatos, que eliminam com êxito crescente o trabalho humano na produção e nos serviços.

O ponto importante assinalado por Schaff é a diferença entre os antigos objetos técnicos – que ampliavam a força física humana – e os novos objetos tecnológicos – que ampliam as forças intelectuais humanas, isto é, as capacidades do pensamento, pois são objetos que dependem de informações e que operam informações ou fornecem informações. De fato, os computadores realizam em tempo extremamente rápido operações lógicas que um ser humano levaria muito mais tempo para realizar; têm também uma memória muito superior à melhor memória humana; e estão organizados para autocorrigir a maior parte das falhas e dos enganos que cometerem numa operação ou num processo.

Na verdade, não estamos diante de máquinas, e sim diante do autômato.

De fato, uma máquina possui cinco características principais: (1) o uso da força natural; (2) a presença de operações e trabalhos múltiplos e diversificados; (3) a reunião regulada de movimentos que se apropria das forças naturais e visa dominar a natureza; (4) a operação de causalidades controladas, continuidades seguras e concatenações bem-sucedidas; (5) é um objeto tecnológico, pois depende de conhecimentos científicos, avança com eles e os faz avançar. Por seu turno, são características principais do autômato: (1) tem em si mesmo o princípio do movimento; (2) realiza sozinho e por si mesmo as operações que executam a obra, ou seja, é capaz de comunicar movimento às suas partes; (3) realiza ações que implicam pensamento, isto é, linguagem, pois opera por informação e comunicação da informação, graças à codificação legível ou compreensível para o instrumento, que se torna capaz de estabelecer as relações entre as suas funções, agindo sobre si mesmo, ou seja, as operações são sistemas de sinais codificados sob a forma de programas matemáticos que funcionam como mensagens; (4) é dotado de autorregulação, isto é, o instrumento é capaz de corrigir-se por si mesmo para assegurar seu funcionamento correto e seu equilíbrio interno; (5) opera três tipos de comunicação: de movimento, de energia e de informação; (6) opera em diálogo com o mundo exterior e com o utilizador, graças ao programa, visto que o programa é a ingestão pelo instrumento de uma parte constante das informações que podem vir do mundo exterior e das instruções do utilizador; (7) é uma *inteligência artificial*.

Computadores controlam armas e operações militares, voos espaciais, operações de aeroportos, de bancos e bolsas de valores, de sistemas urbanos de tráfego e de segurança, de edifícios denominados "inteligentes", além de setores inteiros do trabalho industrial e da produção econômica. Estão presentes nos carros de último tipo, nos estabelecimentos comerciais que vendem no atacado e no varejo, nos setores administrativos das instituições públicas e privadas. Encontram-se nas escolas e fazem parte do sistema de ensino e aprendizado dos países economicamente poderosos. Estão presentes nas editoras e produtoras gráficas, nos escritórios de engenharia, arquitetura e advocacia; nos consultórios médicos e hospitais; nas produtoras cinematográficas, fonográficas, televisivas e radiofônicas.

Tornaram-se instrumentos de trabalho dos escritores, artistas, professores e estudantes, além de operarem como correio e como lazer e entretenimento.

A informática opera com o que David Harvey chamou de "compressão espaciotemporal" . Em outras palavras, o modo de produção capitalista sempre se baseou no poder econômico sobre o espaço (a propriedade do território pelas empresas privadas e pelos Estados) e sobre o tempo (o controle do tempo necessário para a produção, distribuição e circulação das mercadorias e de retorno, sob a forma de lucro, do capital investido), mas atualmente, esse poder agigantou-se porque a tecnologia eletrônica reduz distâncias (comprime o espaço) e porque o retorno do lucro ao capital investido é rapidíssimo (comprime o tempo). A esse respeito, escreve McLuhan:

> No decorrer das eras mecânicas, estendemos nossos corpos no espaço. Hoje, porém, passado mais de um século de tecnologia eletrônica, estendemos o nosso próprio sistema nervoso central num abraço global, abolindo, no tocante ao nosso planeta, tanto o espaço como o tempo.

Em outros termos, durante a Primeira e a Segunda Revolução Industrial, o corpo humano estendeu-se no espaço, primeiro, com o telescópio, o microscópio e as máquinas a vapor (nos transportes e nas fábricas), depois, com as máquinas elétricas (nos transportes e nas fábricas), o telégrafo, o telefone, o rádio, o cinema e a televisão. No entanto, agora, com os satélites e a informática, é nosso cérebro ou nosso sistema nervoso central que, por meio das novas máquinas, se expande sem limites, diminuindo distâncias espaciais e intervalos temporais até abolir o espaço e o tempo. A informática e os satélites colocam o universo online durante 24 horas, sem impedimentos por distâncias e diferenças geográficas, sociais e políticas, nem por distinção entre o dia a noite, ontem, hoje e amanhã. Tudo se passa aqui e agora, como se vê nas chamadas "salas de bate-papo" em que é possível conversar com pessoas de outro extremo do mundo, cuja presença é instantânea, ou como se vê nas grandes operações financeiras feitas num piscar de olhos entre empresas ou entre bancos situados nos confins da Terra.

Informática e cultura

Examinemos alguns aspectos culturais da informática tomando como referência o livro de Angelo Soares, *O que é informática*.

O computador nunca erra

Angelo Soares examina o "mito do computador bom": a ideia mágica de uma máquina que resolve tudo simplesmente com o apertar de um botão sem nunca errar:

> Essa visão mágica do computador é criada nas pessoas e contribui para a construção de um mito: o mito do computador bom. O computador é um "ser onipotente", bom, racional, eficiente, que pensa e resolve todos os problemas apresentados a ele, de forma imparcial, investido de um alto grau de justiça, sem nunca errar. (...) A informática aparece, então, como a chave de um mundo eficiente, infalível, feliz, onde o trabalho será reduzido e o lazer aumentado.

Além disso, a propaganda comercial, bem como a literatura, o cinema e a televisão alimentam esse mito ao apresentar computadores que falam ouvem, sentem, têm vontade, são movidos por sentimentos e emoções, são mais ponderados que os seres humanos (tanto assim que costumam impedir e evitar guerras) e, se erram ou falham, é por alguma interferência indevida de algum ser humano mal-intencionado. A humanização do computador é um dos temas do filme *2001: uma odisseia no espaço*, no qual o computador HAL 9000 sofre uma "crise nervosa" porque não pode mentir; ou do filme *O homem bicentenário*, em que o computador é dotado de sentimentos, passa a amar e deseja ser humano, isto é, envelhecer e morrer; ou a estória de Pinocchio em 2001, isto é, do computador-criança, em disputa com o irmão humano pelo amor da mãe, no filme *Inteligência artificial*; ou, enfim, o filme *Lucy*, em que não sabemos nunca se é uma mulher real ou um objeto tecnológico; e, evidentemente, *Matrix*.

Como observa Soares, a visão mágica oculta o fato de que o computador é uma *máquina* e, como tal, produzida, programada, conservada e operada por seres humanos. Há, portanto, trabalho humano para fazê-lo existir e funcionar – trabalho industrial para produzir a máquina e trabalho intelectual e manual de analistas de sistemas (que levantam as necessidades dos usuários), programadores (que elaboram o conjunto de instruções que definem o que e como a máquina irá realizar as operações desejadas pelo usuário), operadores (que ligam e desligam as máquinas, reparam seus defeitos etc.), preparadores de dados (responsáveis pela confecção ou recepção e emissão de dados) e digitadores (responsáveis pela entrada de dados no computador). Há pelo menos 35 tipos de trabalhos humanos para que um computador opere.

A linguagem informática

Angelo Soares observa que, embora haja indústrias produtoras de computadores na Europa e na Ásia, predominam no Brasil as máquinas de procedência estadunidense. O uso e a posse do computador aparecem para as pessoas como sinal de status social, poder e prestígio. Por isso, empregar a linguagem técnica em língua inglesa também aparece como prova de participação em um mundo técnico avançado e conhecido por poucos. Disso resultam duas consequências principais: ou os que ignoram a língua inglesa ficam excluídos do uso do computador, que funciona, portanto, como um poder de exclusão cultural; ou os usuários se habituam a empregar palavras como *word, input, output, dumps, download, e-mail, delete, insert, home, end, online, live* etc., sem ter a menor ideia do que significam. Em outras palavras, o usuário tende a não perceber o computador como uma mercadoria produzida e comercializada por grandes monopólios econômicos que dominam a competição no mercado e impõem suas leis.

Ao sentir-se excluído ou ao empregar uma linguagem cujo significado é desconhecido e da qual apenas alguns vocábulos são acessíveis e memorizados para fins operacionais, o usuário do computador tende não só a afirmar implicitamente o caráter misterioso do objeto empregado, como também a ignorar tanto a exclusão social de muitos quanto a dependência econômica e cultural suscitada por ele.

O poder informático

Na sociedade contemporânea, a posse de informações (científicas, técnicas, econômicas, políticas, militares) é posse de poder. Os computadores são centros de acumulação de informações e, por isso, são centros de poder.

Adam Schaff explica que a expressão "sociedade informática", empregada por ele para designar a sociedade contemporânea, significa uma sociedade na qual todas as esferas da vida pública e da vida privada estão cobertas por processos informatizados e por inteligências artificiais que dão origem a novas gerações de computadores. O problema, diz ele, é saber que tem a gestão de toda a massa de informações que controla a sociedade, quem utiliza essas informações, como a para que as utiliza. Em outras palavras, o problema não está em quem sabe e quem não sabe operar um computador (isso se resolve facilmente com treinamento e todas as pessoas podem operá-lo), e sim em quem tem e quem não tem o poder para armazenar e utilizar informações adequadas. O problema, portanto, sendo de poder, é político.

A esse respeito, escreve Angelo Soares:

> O poder não é único e concentrado em um único ponto, mas é distribuído como uma teia [é isto que quer dizer a palavra inglesa "web"], uma rede, por toda a sociedade. Aqui, aparecem as redes de computadores (vários computadores interligados, na maioria das vezes através de linhas telefônicas). Cada computador, dessa forma, representa um ponto de concentração de poder e, por meio dessa interligação, eles acabam formando uma "teia" de poder, permeando toda a sociedade. Dessa maneira, a informática pode ser vista como um instrumento que propicia o controle da vida das pessoas, devido ao seu alto grau de concentração das informações e à alta velocidade com elas são propagadas. Em poucos segundos, pode-se ter acesso a bancos de dados onde se concentra um número muito grande de informações e obter, de qualquer parte do país ou do mundo, várias informações sobre um determinado assunto ou pessoa.

Isso leva esse autor a apontar os três maiores perigos da acumulação e distribuição de informações.

O primeiro perigo é o poder de controle sobre as pessoas porque, a partir de informações parciais e dispersas recolhidas em vários arquivos, é possível gerar novas informações que sistematizam as primeiras e permitem reconstituir hábitos, interesses e movimentos das pessoas, como é o caso bastante simples da reconstituição das ações de alguém por meio das centrais telefônicas, que podem dizer para quem alguém telefonou, quantas vezes, por quanto tempo etc. Dessa maneira, as pessoas podem ser controladas pelos poderes públicos (como o poder policial e o militar).

O segundo perigo, decorrente da centralização da informação, é a posse de informações por pessoas não autorizadas que entram em contanto com informações sigilosas tanto do setor público (informações militares, econômicas, políticas) como da vida privada das pessoas (por exemplo, as contas bancárias).

O terceiro perigo está na possibilidade de uso, por poderes privados, para controlar pessoas e instituições, assim como para causar-lhes dano. É o caso da espionagem industrial e política e da ação dos senhores do crime organizado, que usam as informações para praticar sequestros, chantagens, assassinatos, e, evidentemente, das notícias falsas (as tais fake news).

Benjamin falara nos efeitos democráticos da reprodução das obras de arte (pelos livros, pelo rádio e pelo cinema). McLuhan previra o término da "galáxia Gutenberg" (isto é, o mundo do livro impresso) com o advento da televisão. Ambos sublinharam as potencialidades de uma difusão cultural sem precedentes, uma vez que os novos meios de comunicação tornaram acessíveis as produções culturais do mundo todo. Esse mesmo efeito pode ser visto com a informática: temos, hoje, acesso imediato a museus inteiros, bibliotecas inteiras, jornais completos em praticamente todas as línguas, disponíveis nos bancos de dados informatizados.

No entanto, assim como a indústria cultural impediu para as artes o que Benjamin julgara possível, também a suposição de que os computadores democratizam as informações não é uma tese inteiramente verdadeira: a informática, tal como vem sendo praticada, está voltada para a concentração e centralização das informações e para o controle da vida e das ações dos indivíduos, e não para a difusão democrática da informação. Para o computador operar, ele precisa de dados e da centralização dos dados – este é um fato técnico. A democratização da informação, portanto, não pode provir da própria técnica informática, pois esta é centralizadora. A democratização da informação depende de ações políticas da sociedade e dos governos. É o que se vê nas lutas sociais por legislações que impeçam a invasão da vida privada, a espionagem política e militar etc.

Como explica Paul Mathias, a Internet é um ponto de convergência entre uma arquitetura industrial, múltiplas linguagens informáticas e um grande número de práticas intelectuais e cognitivas, econômicas, sociais, políticas, artísticas e de lazer. É uma organização de informações, parte da Rede (a Web) na qual o centro está em toda parte e a circunferência em nenhuma, disseminada em uma infinidade de máquinas através do mundo. É um enxame de redes privadas e públicas, institucionais, comerciais, governamentais, associativas conectadas em inúmeros "nós" que formam uma "nebulosa informacional amplamente insondável, diversamente organizada, às vezes aberta e disponível, mas frequentemente fechada e secreta" e que aparece como uma comunicação tecnológica e universal entre as consciências que compartilham opiniões, pontos de vista, experiências, pensamentos, observações, hábitos e mesmo as banalidades da vida cotidiana. A Internet nasce em uma infraestrutura econômica que ela mantém invisível, como ocorre em todas as esferas da sociedade capitalista. Mais do que um instrumento da economia ou uma estratégia econômica, ela é o novo exercício da ideologia da competência ao aparecer como um ambiente universal de informação e comunicação globalmente uniforme, como capaz de trazer proveitos cognitivos, sociais, artísticos e políticos e como instrumento de pesquisa, de tal maneira que seu usuário pode instantaneamente se beneficiar com todos os serviços que a potência de seu dispositivo técnico é suscetível de lhe dar. Na verdade, onde se encontra nossa incompetência? Embora o uso das redes possa envolver usos técnicos diversos, nossa experiência reticular está circunscrita a um número restrito de programas aplicativos que permitem as múltiplas operações desejadas em um número limitado de gestos previstos e uniformes em todo o planeta, sem que tenhamos a menor ideia do que são e significam os protocolos informáticos que empregamos. De fato, "o objeto que cintila na tela" (a expressão é de Paul Mathias) não é um texto ou uma imagem, mas um sistema aplicativo opaco do qual percebemos apenas a interface que utilizamos, sem jamais conhecer sua complexidade técnica, que permanece invisível sob a visibilidade contínua. Ignoramos os procedimentos operatórios que a criaram e a conservam, as leis de sua formação e configuração, sua arquitetura funcional. Em outras palavras, não sabemos onde estamos nem o que fazemos. Como meros usuários, ocupamos a posição de incompetentes.

Não só isso. Como observa Laymert Garcia dos Santos, o capital global privatiza as telecomunicações, coloniza a rede e faz o loteamento do campo eletromagnético, visando controlar o acesso ao chamado ciberespaço, não sob a forma tradicional da relação de compra e venda com seus clientes, e sim de fornecimento e uso. Trata-se, portanto, de um novo tipo de mercado em que o cliente, ou melhor, o usuário é transformado em mercadoria porque a estratégia de venda não consiste mais em vender um produto para o maior número de clientes, mas em vender o usuário para produtos ou empresas. De fato, os provedores de acesso traçam o perfil do usuário em termos de preferências de acessos (escolhas e rejeições), idade, gostos etc., perfil que serve de base de cálculo para o valor de tempo de vida em termos de sua virtualidade de acesso e consumo. O indivíduo se reduz a um fluxo de dados que pode ser reorganizado e vendido de acordo com os interesses de potenciais anunciantes que, de posse dessas amostras compradas, invadirão os acessos dos indivíduos ao ciberespaço com propagandas já direcionadas para seus gostos. O controle é feito sobre senhas e acessos, organizados como amostras de bancos de dados, bases com que *o* mercado financeiro se articula com a especulação de possibilidades, isto é, do valor da informação, única mercadoria que conta, tornando-se a medida de todas as coisas, pois para o capital global a informação é a medida quantitativa de tudo.

O mundo virtual e a cibercultura

Merleau-Ponty escreveu uma *Fenomenologia da percepção*. Nessa obra, o filósofo retomava uma questão que tem ocupado praticamente toda a história da filosofia, qual seja, a relação entre corpo e espírito, consciência e mundo, humano e natureza. Merleau-Ponty recusou a separação entre a consciência e o corpo, entre a consciência e o mundo, ou entre sujeito e objeto, separação que predominava na filosofia e na ciência.

Propôs uma filosofia fundada nas ideias de *encarnação da consciência* e de *corpo cognoscente* de cuja sensibilidade e motricidade nascem o espaço, o tempo, o desejo, a linguagem, a intersubjetividade, o pensamento e a liberdade. Merleau-Ponty dizia: não somos consciência cognitiva separada do corpo, mas uma consciência *encarnada* em um corpo; e nosso corpo não é um objeto descrito pelas ciências, mas um corpo *humano*, isto é, habitado e animado por uma consciência. Não somos pensamento puro, pois somos um corpo; não somos uma coisa, pois somos uma consciência. Além do mundo como conjunto racional de fatos científicos, há o mundo como lugar onde vivemos com os outros e rodeados pelas coisas, mundo qualitativo de cores, sons, odores, figuras, fisionomias, obstáculos, caminhos, distâncias e proximidades, mundo afetivo de pessoas, lugares, lembranças, promessas, esperanças, conflitos, lutas.

Somos seres temporais: nascemos e temos consciência do nascimento e da morte; temos a memória do passado e a esperança do futuro, pois somos seres que fazem a história e sofrem os efeitos da história.

Somos seres espaciais: para nós, o mundo é feito de lugares – o perto e o longe, o caminho e a mata, a cidade e o campo, a terra e o céu, o mar e a montanha –, é feito de dimensões – o grande e o pequeno, o maior e o menor – e é feito de qualidades – cores, sabores, tessituras, odores, sons.

O que é nosso corpo?

A física dirá que é um agregado de átomos, certa massa e energia, que funciona de acordo com as leis gerais da natureza; a química acrescentará que é feito de moléculas de água, oxigênio, carbono, de enzimas e proteínas, funcionando como qualquer outro corpo químico. A biologia dirá que é um organismo vivo, um indivíduo membro de uma espécie (animal, mamífero, vertebrado, bípede), capaz de adaptar-se ao meio ambiente por operações e funções internas, dotado de um código genético hereditário e que se reproduz sexualmente; e a psicologia acrescentará que é um feixe de carne, músculos, ossos, que formam aparelhos receptores de estímulos e emissores de respostas, por meio dos quais apresenta comportamentos observáveis. Essas respostas dizem que nosso corpo é uma coisa entre as coisas, uma máquina ou um autômato, cujas operações são observáveis direta ou indiretamente, podendo ser examinado em seus mínimos detalhes nos laboratórios, classificado e conhecido.

Merleau-Ponty indaga: será isso o corpo que é *nosso*?

Meu corpo é um ser visível no meio dos outros seres visíveis, mas tem a peculiaridade de ser um visível vidente: vejo, além de ser vista. Não só isso. Posso me ver, sou visível para mim mesma. E posso me ver vendo.

Meu corpo é um ser táctil como os outros corpos, podendo ser tocado, mas também tem o poder de tocar, é tocante; e é capaz de tocar-se.

Meu corpo é sonoro como os cristais e os metais, podendo ser ouvido, mas também tem o poder de ouvir. Mais do que isso, pode fazer-se ouvir e pode ouvir-se quando emite sons. Ouço-me falando e ouço quem me fala. Sou sonora para mim mesma.

Meu corpo é móvel, mas dotado do poder de mover – é um movente. Móvel movente, o corpo tem o poder de mover-se movendo – é móvel movente para si mesmo.

Meu corpo não é coisa nem máquina, não é feixe de ossos, músculos e sangue nem uma rede de causas e efeitos, não é um receptáculo para uma alma ou para uma consciência: meu corpo é sensível para si e é meu modo fundamental de ser e de estar no mundo.

Meu corpo estende a mão e toca outra mão em outro corpo, vê um olhar, percebe uma fisionomia, escuta outra voz: sei que diante de mim está um corpo que é meu outro, outro humano habitado por consciência, e eu o sei porque me fala e, como eu, seu corpo produz palavras, sentido. Os corpos formam uma intercorporeidade e, porque são habitados pela consciência ou consciências encarnadas, formam a intersubjetividade. Mas não só isso. Vejo e me vejo vendo. Toco e me toco tocando. Ouço e me ouço ouvindo. Enlaçado no tecido do visível, meu corpo continua a se ver; atado ao tangível, continua a se tocar; movido no tecido do movimento, não cessa de mover-se. Sentindo-se sentir, vendo-se ver, tocando-se ao tocar, o corpo *reflexiona*, volta-se sobre si como interioridade e ensina à consciência o que é a reflexão.

Diante dessa filosofia, podemos indagar: que se passa quando a espacialidade e a temporalidade de nosso corpo e de nossa experiência se perdem na atopia (ausência de lugares ou de espaço) e na acronia (ausência de tempo), próprias do mundo virtual?

Em *Condição pós-moderna*, David Harvey aponta como consequência da nova forma de acumulação do capital (a chamada globalização) uma transformação sem precedentes em nossa experiência do espaço e do tempo, designada por ele como a *compressão espaçotemporal*.

De fato, a fragmentação e a globalização da produção econômica engendram dois fenômenos contrários e simultâneos: de um lado, a fragmentação e dispersão espacial e temporal da produção; de outro, sob os efeitos das tecnologias eletrônicas e de informação, a compressão do espaço – tudo se passa aqui, sem distâncias, diferenças nem fronteiras – e a compressão do tempo – tudo se passa agora, sem passado e sem futuro. Do espaço topológico da experiência, passamos à *atopia*; da diferenciação de si consigo que define o tempo vivido, passamos à *acronia*. Volátil e efêmera, hoje nossa experiência desconhece qualquer sentido de continuidade e se esgota em um presente reduzido a um instante fugaz – nada exemplifica melhor essa fugacidade do tempo ou sua redução ao instante sem passado e sem futuro. Como diz Paul Virilio, vivemos sob o signo da telepresença e da teleobservação, em que tudo parece nos ser imediatamente dado sob a forma da transparência das imagens, apresentadas como evidências.

A cibercultura como ideologia

Se compararmos as análises de Merleau-Ponty sobre nosso corpo e a situação contemporânea de atopia e acronia, poderemos dizer que há um mundo novo, o *mundo virtual*, desprovido de espessura temporal e espacial. Um mundo no qual nosso corpo se reduz, de um lado, à percepção visual de imagens planas e fugazes e, de outro, à atividade mecânica de controle de operações e sinais propostos pelos autômatos. Um mundo sem lugares, distâncias, profundidade, qualidades, um mundo sem tempo, no qual nada passa e nada fica, pois tudo coexiste sem passado e sem futuro, em um presente interminável.

Que significa *virtual*? Para melhor compreendermos esse conceito, vale a pena mencionar outro com o qual tende a ser indevidamente confundido: o conceito de possível, bem como distinguir entre o modo de relação do possível com o real e o do virtual com o real.

Na tradição filosófica, como vimos ao estudar a ética e a política, o possível é aquilo que pode vir a existir se houver um agente ou circunstâncias que o façam passar à existência – o real é o que existe efetivamente; o possível, o que pode vir a existir graças à nossa ação. Também na tradição filosófica, tendia-se a identificar o potencial e o virtual (a semente é a árvore virtual ou a árvore potencial), isto é, considerava-se o virtual como potencialidade latente que poderia vir à existência; portanto, distinguia-se entre o virtual (o que pode vir a existir) e o real (o existente). Assim, na perspectiva da tradição filosófica, uma expressão como *realidade virtual* é um não senso, pois o virtual é irreal, é um mero possível ainda inexistente.

A revolução informática e a cibernética, porém, modificaram o conceito de virtual: o virtual já é real e já existe, não se opõe ao real, e sim ao *atual*. Agora, entende-se por virtual algo real e existente que aguarda uma *atualização*; é o que pode ser infinitamente atualizado. Isso significa que o virtual é o que não pode ser determinado por coordenadas espaciais e temporais, pois ele existe sem estar presente num espaço ou num tempo determinados – ou seja, para ele, *a atopia e a acronia são seu modo próprio de existência*. No mundo virtual, a atualização é o modo de relação dos indivíduos humanos com sistemas informacionais.

A virtualização dispensa aquilo que sempre foi o núcleo da experiência humana: a presença. Em seu lugar, operam redes de comunicação ou processos de coordenação dotados de espacialidade e temporalidade próprias, isto é, atópicas e acrônicas.

Com o virtual surge a chamada *cibercultura*.

Segundo Pierre Lévy, em uma obra intitulada *Cibercultura*, a cibercultura encontra-se ligada ao virtual de duas formas: direta e indireta.

Diretamente, a digitalização da informação pode ser aproximada da virtualização. Os códigos de computador inscritos nos discos rígidos dos computadores – invisíveis, facilmente copiáveis ou transferíveis de um nó a outro da rede – são quase virtuais, visto que são quase independentes de coordenadas espaçotemporais determinadas. No centro das redes digitais, a informação certamente se encontra fisicamente situada em algum lugar, em determinado suporte, mas ela também está virtualmente presente em cada ponto da rede onde seja pedida. O que é um *mundo virtual*? Responde Lévy: um mundo virtual – como um conjunto de códigos digitais – é um potencial de imagens que é atualizado durante uma imersão na virtualidade, atualizando esse potencial em um contexto particular de uso.

Indiretamente, o desenvolvimento das redes digitais interativas favorece outros movimentos de virtualização que não o da informação propriamente dita. Esse mundo virtual ou o ciberespaço encoraja um estilo de relacionamento quase independente dos lugares geográficos (telecomunicação, telepresença) e da coincidência dos tempos (comunicação assíncrona). Não se trata de uma novidade absoluta, uma vez que o telefone já nos habituou a uma comunicação interativa e com o correio (ou a escrita em geral), chegamos a ter uma tradição bastante antiga de comunicação recíproca, assíncrona e a distância. Contudo, apenas as particularidades técnicas do ciberespaço permitem que os membros de um grupo humano (que podem ser tantos quantos se quiser) se coordenem, cooperem, alimentem e consultem uma memória comum, apesar da distribuição geográfica e da diferença de horários. Lévy afirma também que a extensão do ciberespaço acompanha e acelera uma virtualização geral da economia e da sociedade e que os suportes de inteligência coletiva do ciberespaço multiplicam e colocam em sinergia as competências, concluindo que "o ciberespaço é o vetor de um universo aberto, a dilatação de um espaço universal".

Destaquemos, em primeiro lugar, a afirmação de que o ciberespaço encoraja um estilo de relacionamento quase independente dos lugares geográficos e da coincidência dos tempos e que a extensão do ciberespaço acompanha e acelera uma virtualização geral da economia e da sociedade. Destaquemos, em segundo lugar, a declaração de que existe outro espaço ou um espaço outro, o ciberespaço, e que este "é o vetor de um universo aberto, a dilatação de um espaço universal". Coincidência dos tempos – ou o tempo apenas como *agora* – e espaço universal – ou o espaço como *aqui*: essas duas características do mundo virtual significam um processo ilimitado de *descorporificação* ou *desencarnação* (para conservarmos o vocabulário de Merleau-Ponty) ou a *desincorporação* dos seres humanos e do mundo perceptivo.

Não há, portanto, de causar surpresa o fato de que muitos dos idealizadores e defensores do ciberespaço a ele se refiram significativamente como espaço *desincorporado e espiritual*, possibilidade, segundo alguns, de nos transformarmos em seres de pura luz, livres da brutalidade e do caos próprios de nossos corpos, livres do espaço e do tempo, novos anjos de um novo paraíso terrestre no qual, evidentemente, não haverá morte porque podemos fazer o *download* de nossas mentes para computadores e, transcendendo a materialidade, viver para sempre no espaço digital.

Reencontrando nosso ponto de partida: natureza e cultura

É interessante observar a oposição entre duas atitudes predominantes no mundo contemporâneo. De fato, enquanto a genética, a biologia molecular, a bioquímica e a neurobiologia propõem a pura materialidade do espírito, ou seja, a indistinção entre cérebro e alma, cérebro e consciência, a cibercultura propõe a desmaterialização do ser humano, sua transformação em um ser de pura luz, sem espaço e sem tempo. Estamos diante de duas concepções reducionistas: o reducionismo naturalista da ciência e o reducionismo espiritualista da cibercultura. Esses dois reducionismos, que se fundamentam reciprocamente, são a expressão da perda de nosso ser como corpo cognoscente e de nosso espírito como consciência encarnada. Numa palavra, estamos diante de uma nova formulação da ideologia, com duas faces aparentemente antagônicas.

Esses dois reducionismos incidem sobre distinção entre natureza e cultura, com que abrimos este livro.

De fato, sob os efeitos da categoria da informação, parece ocorrer uma espécie de "culturalização" da natureza. Termos como inteligência artificial, armas inteligentes, remédios e medicamentos inteligentes, edifícios inteligentes, semáforos inteligentes, roupas inteligentes, cosméticos dotados de memória são algumas expressões que penetraram em nosso cotidiano sem que nos demos conta do que significa usar a expressão – inteligência e memória – para objetos técnicos, ou seja, usar a *mesma* expressão para todos eles, e, sobretudo, não nos damos conta do *animismo* aí inscrito, de tal maneira que, no fim das contas, podemos dizer que o espiritualismo da cibercultura retorna às primeiras elaborações da cultura com a presença dos espíritos benéficos e maléficos que governam todos os seres. Não se trata, porém, de mitologia, e sim, pura e simplesmente, de ideologia.

Leituras Recomendadas

Adorno: *Lírica e sociedade*; *Minima moralia* **Adorno e Horkheimer:** *Dialética do esclarecimento*

Aristóteles: *Ética a Nicômaco*; *Política*

Bacon: *Novo Organon*; *Nova Atlântida*

Benjamin: *A obra de arte na época de sua reprodução técnica*; *Teses sobre a filosofia da história*

Deleuze: *O que é a filosofia?*; *Lógica do sentido*

Descartes: *Discurso do método; Princípios da Filosofia,* parte I

Erasmo: *Elogio da loucura*

Espinosa: *Tratado da correção do intelecto* (também traduzida como *Tratado da reforma da inteligência*); *Tratado teológico-político*

Foucault: *O nascimento da clínica*; *Microfísica do poder*; *Vigiar e punir*; *O cuidado de si*

Freud: *Cinco lições sobre a psicanálise*; *O mal-estar na civilização*

Giordano Bruno: *Do universo finito*

Habermas: *Técnica e ciência enquanto ideologia*; *Consciência moral e agir comunicativo*

Hegel: *Propedêutica filosófica*; *O sistema da vida ética*; *Introdução à história da filosofia*

Heidegger: *O que é isto: a filosofia?*; *Sobre a essência da verdade*; *Ser e tempo*

Hobbes: *Leviatã*

Hume: *Investigação sobre o entendimento humano*; *Ensaios morais, políticos e literários*

Husserl: *A filosofia como ciência rigorosa*; *A ideia da fenomenologia*

Kant: *Prolegômenos a toda metafísica que pretenda apresentar-se como ciência*; *A religião nos limites da simples razão*; *Projeto de paz perpétua*

Leibniz: *Discurso de metafísica*; *Monadologia*

Locke: *Carta sobre a tolerância*; *Segundo tratado sobre o governo*

Marcuse: *Eros e civilização*; *O homem unidimensional*

Marx: *Manifesto do partido comunista*; *Salário, preço e lucro*; *Para a crítica da economia política*; *O 18 Brumário de Luis Bonaparte*

Merleau-Ponty: *Elogio da filosofia*; *O olho e o espírito*

Montaigne: *Ensaios*
Montesquieu: *O espírito das leis*
Nietszche: *O nascimento da tragédia*; *Genealogia da moral*; *Assim falou Zaratustra*
Pascal: *Pensamentos*
Platão: *Laques*; *Apologia de Sócrates*; *A República*
Rousseau: *Ensaio sobre a origem da desigualdade*; *Ensaio sobre a origem das línguas*; *O contrato social*
Sartre: *O que é literatura*; *Questões de método*
Schopenhauer: Seleção de textos no volume da Coleção Pensadores
Sêneca: *Da vida feliz*; *Da tranquilidade da alma*
Thomas Morus: *A Utopia*
Voltaire: *Cartas inglesas*
Wittgenstein: *Tratactus logico-philosophicus*

Indicações Bibliográficas

1. Obras de apoio

ABBAGNANO, N. *Dicionário de filosofia*. São Paulo: Mestre Jou, 1982.

ABBAGNANO, N. *História da filosofia*. Lisboa: Presença, 1969. 14 v.

BRÉHIER, E. *História da filosofia*. São Paulo: Mestre Jou, 1977. 6 v.

CHÂTELET, F. (Org.). *História da filosofia. Ideias, doutrinas*. Rio de Janeiro: Zahar, 1974. 8 v.

JAPIASSU, H. *Dicionário de filosofia*. Rio de Janeiro: Zahar, 1990.

LALANDE, A. *Vocabulário técnico e crítico da filosofia*. São Paulo: Martins Fontes, 1996.

2. Nascimento da Filosofia

JAEGER, W. *Paideia:* a formação do homem grego. São Paulo: Martins Fontes, 1966.

VERNANT, J.-P. *Mito e pensamento entre os gregos*. Rio de Janeiro: Paz e Terra, 1990.

WOLFF, F. *Sócrates. O sorriso da razão*. São Paulo: Brasiliense, 1982.

ZINGANO, M. *Platão e Aristóteles. O fascínio da Filosofia*. São Paulo: Odysseus, 2002.

3. Obras introdutórias sobre os filósofos

Recomendamos:

os volumes da Coleção Lógos, da Moderna;

os volumes da Coleção Encanto Radical, da Brasiliense;

os volumes dedicados à Filosofia na Coleção Passo a Passo, da Zahar Editores.

4. Obras introdutórias sobre as várias disciplinas filosóficas

ALVES, R. *Filosofia da ciência*. São Paulo: Brasiliense, 1982.

BARBOSA, J. C. *O que é justiça*. São Paulo: Brasiliense, 1986. (Primeiros Passos)

BARTHES, R. *Mitologias*. São Paulo: Difel, 1985.

BERNARDET, J.-C. *O que é cinema*. São Paulo: Brasiliense, 1980.

CASAROTTO, O.; LEITE, M. P. S. *O que é psicanálise.* São Paulo: Brasiliense, 1984. (Primeiros Passos)

CHAUI, M. *O que é ideologia* (rev. e ampl.). São Paulo: Brasiliense, 2001. (Primeiros Passos)

COLLI, J. *O que é arte.* São Paulo: Brasiliense, 1981. (Primeiros Passos)

COSTA, C. T. *O que é anarquismo.* São Paulo: Brasiliense, 1980.

ELIADE, M. *O sagrado e o profano. A essência das religiões.* Lisboa: Livros do Brasil, s.d.

GRANGER, G. G. *Lógica e filosofia das ciências.* São Paulo: Melhoramentos, 1955.

GULLAR, F. *Sobre arte.* São Paulo: Avenir, 1982.

KREMER-MARIETTI, A. *A ética.* Campinas: Papirus, 1989.

LEBRUN, G. *O que é poder.* São Paulo: Brasiliense, 1985. (Primeiros Passos)

LYRA FILHO, R. *O que é direito.* São Paulo: Brasiliense, 1990. (Primeiros Passos)

MORIN, E. *Cultura de massas no século XX:* o espírito do tempo. Rio de Janeiro: Forense, 1969.

NUNES, B. *Introdução à filosofia da arte.* São Paulo: Ática, 1989.

OMNÈS, R. *Filosofia da ciência contemporânea.* São Paulo: Editora da Unesp, 1996.

PAULO NETTO, J. *O que é marxismo.* São Paulo: Brasiliense, 1986. (Primeiros Passos)

PINTO, P. R. M. *Introdução à lógica simbólica.* Belo Horizonte: Editora da UFMG, 2001.

QUIRINO, C.; SOUZA, M. T. S. de (Orgs.). *O pensamento político clássico:* Maquiavel, Hobbes, Locke, Montesquieu, Rousseau. São Paulo: T. A. Queiroz, 1980.

RUBY, C. *Introdução à filosofia política.* São Paulo: Editora da Unesp, 1998.

SANTOS, J. F. *O que é pós-moderno.* São Paulo: Brasiliense, 1983.

SOARES, A. S. *O que é informática.* São Paulo: Brasiliense, 1988. (Primeiros Passos)

VALLS, A. *O que é ética.* São Paulo: Brasiliense, 1986. (Primeiros Passos)

VASQUEZ, A. S. *Ética.* Rio de Janeiro: Civilização Brasileira, 1986.

5. Coletâneas de seleções de textos, com apresentação e comentários

BORNHEIM, G. A. (Org.). *Os filósofos pré-socráticos.* São Paulo: Cultrix, 1977.

LIMA, L. C. (Org.). *Teoria da cultura de massa.* Rio de Janeiro: Paz e Terra, 1978.

MARCONDES FILHO, D. (Org.). *Textos básicos de filosofia. Dos pré-socráticos a Wittgenstein.* Rio de Janeiro: Jorge Zahar, 1999.

WEFFORT, F. (Org.). *Os clássicos da política.* São Paulo: Ática, 1991.

6. Textos dos filósofos

Recomendamos:

a coleção Os Pensadores, da Nova Cultural, São Paulo. Os volumes vão desde os filósofos pré-socráticos até os contemporâneos;

a coleção Textos Filosóficos, das Edições 70, de Lisboa, com traduções antecedidas de pequenas introduções;

as traduções de obras filosóficas clássicas, modernas e con temporâneas da Martins Fontes, São Paulo;

as traduções de textos filosóficos da coleção Travessias, da huisMAn, d. *A estética.* Lisboa: Edições 70, 1984.

1 2 3 4 5 6 7 8 9 10
2026